調査・朝鮮人強制労働④
軍需工場・港湾編

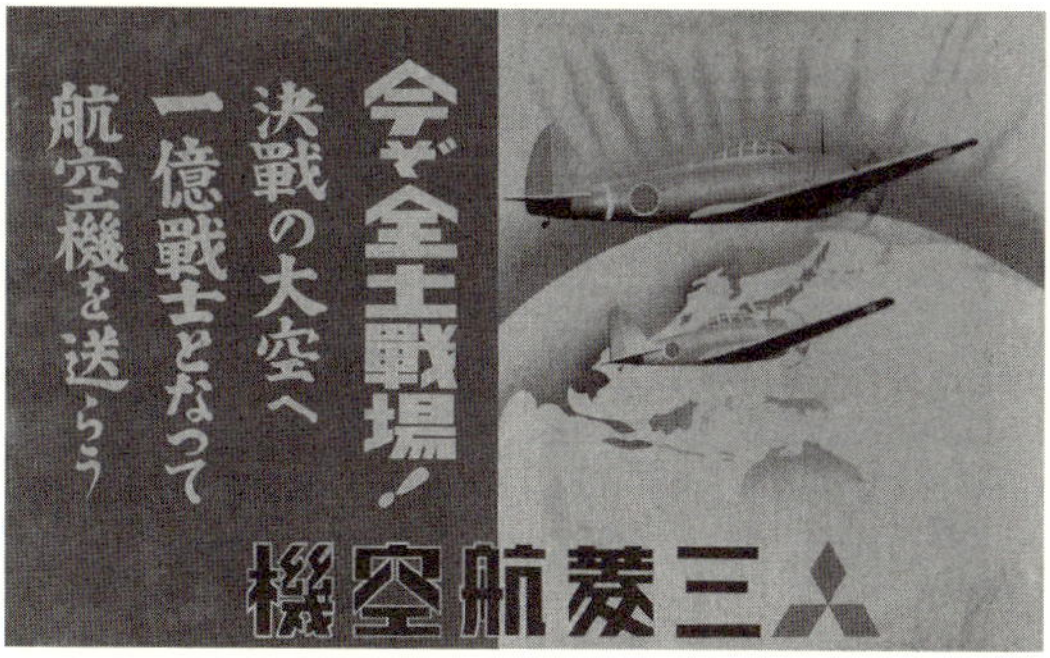

竹内康人

社会評論社

調査・朝鮮人強制労働④軍需工場・港湾編　＊目次

第8章● 港湾 243

凡例

◎この本での朝鮮人強制連行とは、国家総動員法の下での一九三九年からの労務動員計画による朝鮮本土からの連行、国民徴用令による日本国内からの動員や現員徴用、一九三八年からの志願兵や一九四四年からの徴兵による軍人としての動員、軍要員、工員、軍夫など軍属としての動員、軍や事業所関係での「慰安婦」としての動員など、戦時下の朝鮮人への甘言や暴力による強制的な動員・連行を示すものとして用いている。労務動員は「募集」「官斡旋」「徴用」の三段階でなされた。この本では朝鮮人強制労働を、さまざまな形で連行・動員された朝鮮人の労働実態を示すものとして用いている。

◎この本での朝鮮人とは、民族の総称を示すものであり、南北朝鮮の国籍を示すものではない。

◎当時使用されていた言葉で、人種差別にあたる表現を、そのまま使用した箇所がある。

◎多くの先行調査・研究を参照した。出典名・頁などは文中に( )で記載した。参考文献については章末に一括して掲載した。

◎文書史料から連行の状況を明らかにし、その連行と労働の実態を明らかにするために既刊書での証言を利用した。記載の際、証言については要約した。

◎章末には作成時期や研究誌での初出年月を記した。この本を編集するにあたり大幅に加筆した。初出の際に紙幅の関係で掲載できなかった表なども挿入した。

◎炭鉱や鉱山名については、炭砿、砿業所、鉱業所、鉱山など、事業所によって表記が異なるが、ここでは炭鉱、鉱山と記した。会社名で「株式会社」を略した箇所がある。

◎掲載写真は、筆者が撮影したもの、あるいは所持しているものである。撮影時期は章末に記載した調査・発表の時期以前であるが、後に撮影して、挿入したものもある。複写したものは所蔵先を記した。

◎旧字体については、新字体に改めたが、旧字体を使用した箇所もある。

◎年号は西暦を用いたが、史料名で「元号」を用いた箇所がある。

はじめに

『調査・朝鮮人強制労働④軍需工場・港湾編』では、各地の軍需工場、地下工場建設、港湾での朝鮮人強制労働の調査について記し、地域調査として静岡県の強制連行についてまとめ、強制連行調査に関する文献資料の紹介と今後の課題を記した。

第1章では、長崎の三菱造船所での強制連行の状況、強制連行裁判の経過、未払い金の状況、長崎兵器の地下工場、追悼碑などについて記した。

第2章では、東京の軍需工場について、サクション瓦斯機関、内外製鋼、陸軍需品本廠芝浦出張所、中島飛行機武蔵工場などでの連行の状況についてまとめ、朝鮮人犠牲者追悼の動きについて記した。

第3章では、兵庫と大阪の軍需工場への強制連行の状況についてまとめ、甲陽園、高槻などでの地下工場建設と朝鮮人動員、神戸港平和の碑について記した。

第4章では、愛知の航空機工場について三菱重工業名古屋航空機への朝鮮人女子勤労挺身隊の連行を中心にまとめ、三菱大府飛行場工事や中島飛行機半田製作所への連行、三菱の久々利地下工場や愛知航空機の瀬戸地下工場工事への連行などについて記した。また、韓国での三菱名古屋訴訟での光州地方法院判決の意義について記した。

第5章では、東京麻糸紡績沼津工場での朝鮮人女子勤労挺身隊について、裁判の経過について記し、証言から強制労働の実態をまとめた。また、女子勤労挺身隊による動員があった富山の不二越鋼材についても記した。

第6章では清水の港湾と軍需工場での朝鮮人の連行について記した。強制連行前の在留朝鮮人の歴史についてもまとめ、朝鮮人無縁納骨堂の遺骨について記した。

第7章では、静岡県の地下工場、中島飛行機原谷地下工場の建設工事、軍の地下施設工事、焼津のトンネル工事などについて記した。

第8章では、小樽、函館、室蘭、横須賀、呉、舞鶴、下関などの港湾での強制労働についてについてまとめ、関係する軍需工場や軍事基地について記した。

第9章では、静岡県の朝鮮人強制連行について、連行先と連行者数、統制と抵抗、帰国と監視の状況の順にまとめた。

第10章では、今後の調査に向けて、朝鮮人強制連行関係の文献と資料の所在について記し、今後の課題をあげた。

第1章●三菱重工業長崎造船所

1　三菱重工業長崎造船所への連行

戦時下の長崎の地図をみると、長崎を流れる浦上川沿いの平地を三菱の兵器、製鋼、造船、電機の工場が占め、さらに長崎の湾に沿って三菱の造船所の大きな工場が続いていることがわかる。この長崎の三菱の工場では軍艦や魚雷などの兵器が製造された。真珠湾攻撃では長崎で製造された航空魚雷が使われ、長崎への原爆は三菱の工場群を狙って投下された。そのため、アメリカとの戦争は長崎で始まり、長崎で終わったといわれる。この長崎市の三菱の工場群で地域の労働者の九割が雇用されていたという。また、これらの工場や地下工場建設現場には数多くの朝鮮人が連行された。

厚生省勤労局「朝鮮人労務者に関する調査」長崎県分によれば、三菱重工長崎造船所には五九七五人、三菱長崎製鋼所には一四三人が連行されたことがわかる。三菱電機長崎製作所と三菱長崎兵器工場については不明とされているが、連行があったことは確実である。この厚生省調査史料で名簿が残っているのは長崎製鋼所分であり、造船所については連行者の数字だけが記されている。この史料の統計表では三菱重工長崎造船所へと連行された

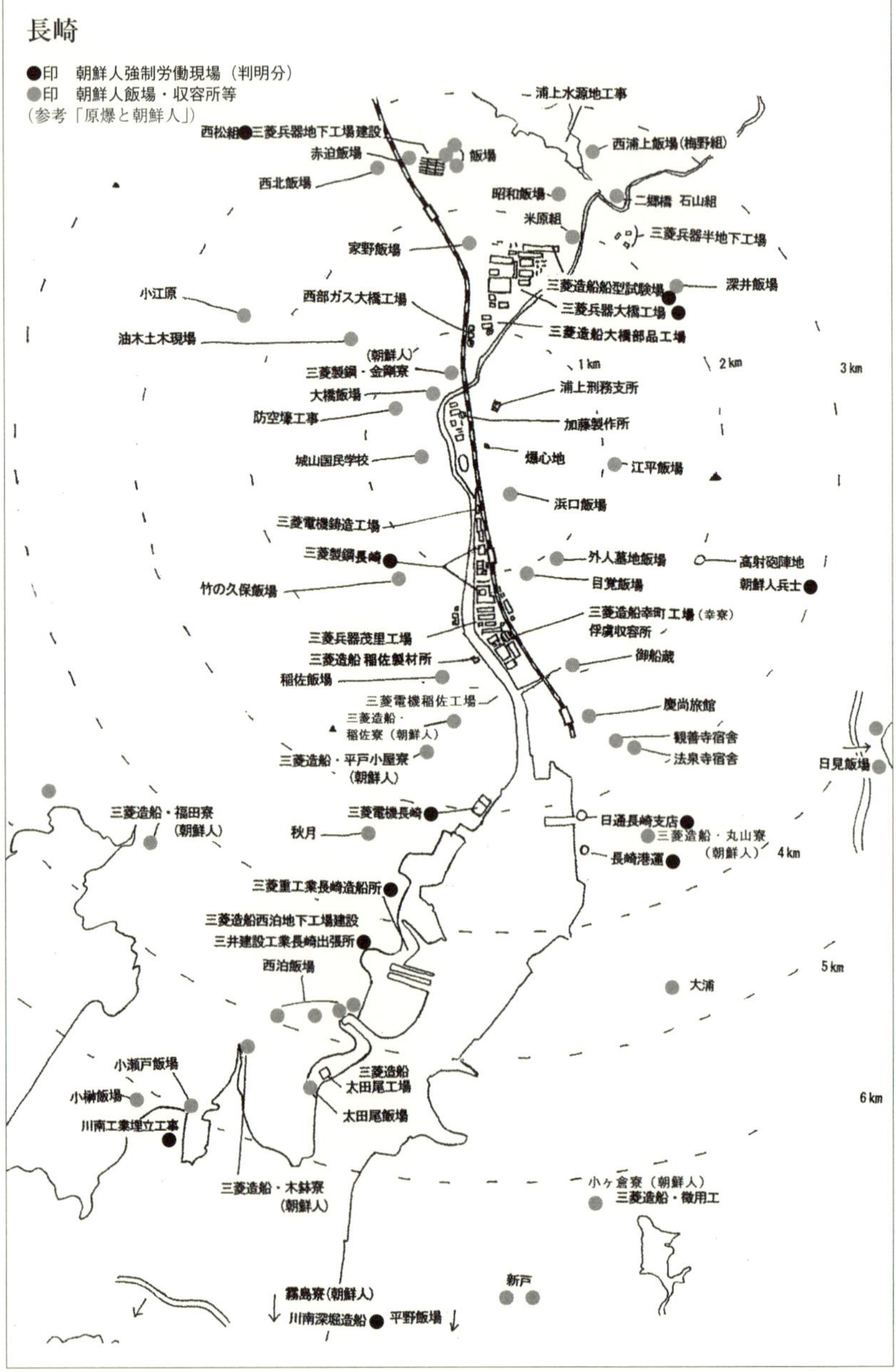
長崎
●印　朝鮮人強制労働現場（判明分）
●印　朝鮮人飯場・収容所等
（参考「原爆と朝鮮人」）
浦上水源地工事
西松組●三菱兵器地下工場建設
赤迫飯場
飯場
西浦上飯場（梅野組）
西北飯場
昭和飯場
二郷橋　石山組
米原組
三菱兵器半地下工場
家野飯場
深井飯場
三菱造船船型試験場
小江原
西部ガス大橋工場
三菱兵器大橋工場
油木土木現場
三菱造船大橋部品工場
（朝鮮人）
三菱製鋼・金剛寮
1 km
2 km
3 km
浦上刑務支所
大橋飯場
防空壕工事
加藤製作所
爆心地
城山国民学校
江平飯場
浜口飯場
三菱電機鋳造工場
外人墓地飯場
高射砲陣地
三菱製鋼長崎
目覚飯場
朝鮮人兵士
竹の久保飯場
三菱造船幸町工場（幸寮）
俘虜収容所
三菱兵器茂里工場
三菱造船 稲佐製材所
御船蔵
稲佐飯場
三菱電機稲佐工場
慶尚旅館
三菱造船・
稲佐寮（朝鮮人）
観善寺宿舎
法泉寺宿舎
日見飯場
三菱造船・平戸小屋寮
（朝鮮人）
三菱造船・福田寮
（朝鮮人）
三菱電機長崎
日通長崎支店
秋月
三菱造船・丸山寮
（朝鮮人）
長崎港運
4 km
三菱重工業長崎造船所
三菱造船西泊地下工場建設
三井建設工業長崎出張所
5 km
西泊飯場
大浦
小瀬戸飯場
三菱造船
太田尾工場
6 km
小榊飯場
太田尾飯場
川南工業埋立工事
三菱造船・木鉢寮
（朝鮮人）
小ヶ倉寮（朝鮮人）
三菱造船・徴用工
新戸
霧島寮（朝鮮人）
川南深堀造船
平野飯場

五九七五人の内訳を、一九四四年に三四七四人、一九四五年に二五〇一人としている。

厚生省勤労局調査の長崎県分から長崎市分（島部を除く）をみると、三菱以外では川南工業深堀造船所四九六人、川南工業建築部（人数不明）、三井建設工業長崎出張所（西泊・人数不明）、日通長崎支店三二人、長崎港運一一二人などがある。川南工業深堀造船所は、現在では三菱の造船工場となっている。川南工業深堀造船所へは一九四四年一〇月に咸鏡北道から連行された。

三井建設工業長崎出張所は西泊での工事であることから、三菱長崎造船所関連の工事とみられる。運輸港湾関連の日通や長崎港運は三菱の工場関連のものを数多く輸送した。長崎市への連行者のほとんどが三菱関係のものであったとみることができる。

これらの長崎市への連行者のうち、厚生省勤労局調査には、三菱長崎製鋼所・川南工業深堀造船所・日通長崎支店・長崎港運などの七八三人の氏名がある。六〇〇〇人近い朝鮮人を連行した長崎造船所については、その他の史料から福田寮の九〇人ほどの被爆者など、一〇〇人ほどの氏名が判明する。

三菱長崎造船所に連行された朝鮮人は木鉢寮や福田寮に収容された。これらの寮は二〇〇〇人規模で朝鮮人を収容した。他には平戸小屋寮、幸町寮などにもそれぞれ三〇〇人ほど収容された。小ヶ倉寮や丸山寮にも収容された。

二〇一〇年、三菱長崎造船所に連行された金漢洙さんが長崎を訪問した。その証言内容をまとめてみよう。

金漢洙さんは二〇一〇年で九一歳になる。当時、黄海道延白郡海城面の専売会社で仕事をしていた。一人息子であり、七歳の子どももいたが、連行された。一九四四年八月二六日に徴用の通知を受け、職場の同僚（李ジェド、ソンジュヨプ、李ソングン）と午前八時に延白郡の延安駅に移送された。駅から一八〇人ほどが鉄道で釜山に運ばれた。釜山から船で下関に送られ、三菱長崎造船所に連行された。宿舎は粗末な木造で、中央に通路があ

図表 1-1　長崎県への朝鮮人強制連行

事業所名	1939	1940	1941	1942	1943	1944	1945	計	名簿記載数
三菱重工業長崎造船所						3474	2501	5975	無
三菱電機長崎製作所								不明	無
三菱長崎兵器製作所（長崎精機）								不明	無
三菱製鋼長崎製鋼所							143	143	143
川南工業深堀造船所							496	496	496
川南工業建築部								不明	無
三井建設工業長崎出張所								不明	無
日通長崎支店						23	9	32	32
日通大村支店							18	18	18
長崎港運						78	34	112	112
清水組（下請 水口組）				63		111		174	174
室原組	30			20	15	12	8	85	無
江藤組						3	1	4	4
金子組・海軍工事							55	55	無
町営溜池工事				44	15	35	20	114	114
竹中工務店・大村							97	97	97
梅林組・大村							約 25	約 25	無
東邦亜鉛　対馬鉱業				93				93	93
原上晃明鉱山				3	77	17	39	138	無
三菱鉱業　高島炭鉱				314	516	241	228	1299	1299
三菱鉱業　崎戸炭鉱								2899	2899
住友鉱業　潜龍炭鉱								不明	無
日鉄鉱業　鹿町炭鉱？		15	15	231	366	286	109	1022	1022
日窒鉱業　江迎炭鉱	6	4	55	138	105	110	29	683	683
野上東亜鉱業　神林炭鉱		29	186	62	102	201	70	676	676
中島鉱業　鯛ノ鼻炭鉱				194	134	457	153	938	938
中島鉱業　徳義炭鉱						227	49	276	276
昭和鉱業　平田山炭鉱						191	69	260	260
昭和鉱業　土肥ノ浦炭鉱					2	12	41	55	55
吉原鉱業　大志佐炭鉱					66	249	132	447	55
長崎鉱業　伊王島炭鉱					116	340	22	478	447

註　厚生省勤労局調査長崎県分から作成。
　名簿記載数は実際に名簿に記されている人数を示す。年度ごとの連行者数は動員統計に記されている数値であるが、統計がない事業所については名簿から動員数を計算して記載した。

図表 1-2　川南工業深堀造船所への朝鮮人強制連行

連行年月日	連行者数	連行者出身郡	逃走	病気・解雇	入営	死亡	8・15 後帰国
1944.10.6	326	咸北清津 158 城津 65 吉州 103	3	29	2（うち刑務所 1）	2	289
1944.10.28	170	咸北鏡城 120 鶴城 50	3	13	2	3	149
計	496		6	43	4	5	438

註　厚生省勤労局調査長崎県分川南工深堀造船所名簿から作成。連行は官斡旋分。

り、両脇に寝るようになっていた。八月二九日の早朝から伍長の引率で、七日間の教練がなされた。そこでの講話の内容には、前線で首を切ったり、女性を強かんしたりというものがあったが、それは脅すためのものだった。宿舎の後方には捕虜収容所があった。教練ののち、二キロほど離れた三菱の福田寮に移され、一棟に八〇人ほどが収容された。朝、六時に起床し、夜一〇時に就寝した。安田、金村、金山が班長にされた。

熊本組に配置され、銅工場で作業した。鉄管に砂を入れ、ハンマーでたたいて固め、木の栓をした後、ガスの火で熱して、ウインチで見本どおりに曲げる作業だった。過酷な労働であり、工場内はいつも煙であふれていた。食事は豆油を絞った粕に米を少し入れて炊き、さつまいもの蔓を茹でて汁にしたものだった。空腹に苦しんだ。四五度に曲げる作業中にチェーンが切れて、左足を骨折した。病院の医師はヨーチンを塗り、「大丈夫だ」と言って工場に送りかえした。金さんは杖をついて工場に行き、そこで作業をさせられた。退勤時間になると足の指が卵のように腫れた。友人の助けを借りて宿舎に少し遅れて到着したが、夕食はとれなかった。

その後、亜鉛鍍金のメッキ工場に移された。山口組長の下で、地下の窯に石炭をくべる仕事だったが、夜間も石炭を入れ、徹夜が繰り返される職場だった。ところてんを何皿かを買える程度の小遣い金が支給されたが、他の金は故郷の家族へと送っているということだった。だから熱心に仕事をしたが、後に故郷で確認してみると、そのような金は一銭も受け取っていなかった。全てをあきらめて工場で働き、残業や徹夜をした代価が、パン数切れ、腐ったさつまいも、組長が時々くれたスルメ二枚だった。

毎日、故郷の父母と家族を思い、生きて必ず会うことを心に誓って生き抜いた。空襲の警戒警報がなっても工場で仕事をしたが、ある日、来襲の鐘が鳴らされ、人々とともに逃げた。防空壕に入ろうとしたら、中から石を投げられた。その防空壕に爆弾が落とされた。作業と空襲が繰り返される日々だった。

八月九日、空襲のサイレンが鳴り、突然、真っ青な光が窓からパッと入り、身体が上にぷかりと浮かんでドスンと落ちた。鉄板がぶつかる音、喚き声が聞こえた。外に出ると、血だらけの人や抜け落ちた目を片手で握って歩く人がいた。海にも数多くの死体があった。それは地獄だった。爆心から三・五キロほどの地点で被爆した。

被爆した朝鮮人たちは板床で苦しんでいた。同郷の李ジェドとともに彼らを看病した。顔にやけどして話すことができず、手を握って泣くばかりの者、口が裂け、竹を口に噛ませて重湯を飲ませた同郷の者の姿は、今でも忘れられない。同僚は、お前だけで故郷に帰り、私たちが生きていると伝えてくれ、すぐに帰ると伝えてくれといった。

帰国することになり、船に乗り、四〜五日のちの一〇月二八日の朝、釜山に到着した。桟橋で老母がくれたおにぎりを一口飲み込み、故郷の地で限りなく泣いた（筑豊での証言集会で配布された聞き取り資料と証言集会での発言から要約）。

▲…証言する金漢洙さん

金さんは事実を忘れることなく、再び起こらないようにすることが正しいことだと語った。金さんは集会での証言の後、長崎を訪問し、原爆被害者手帳を受け取った。

三菱高島炭鉱端島から長崎造船に転送された朝鮮人もいた。徐正雨さんは幸町寮に収容され、労働を強いられた。

三菱長崎兵器大橋工場については戸畑から徴用され、西山寮（本蓮寺）に収容された李康寧さんの証言がある。

李康寧さんは、日本出国と同時に被爆者の権利を失効させるという厚生省公衆衛生局長通達（四〇二号通達、一九七四年）により、健康管理手当が支給されなくなった。それに対して健康管理手当の支給を求めて一九九九年に提訴した。二〇〇一年の長崎地裁判決、二〇〇三年の福岡高裁判決では、李さんが全面勝訴した。二〇〇六年の最高裁判決は、支払いを国ではなく、長崎市がおこなうというものだった。

三菱広島の朝鮮人徴用工裁判では、二〇〇七年に最高裁が、広島高裁の厚生省の四〇二号通達を違法とし、国に損害賠償の支払いを命じる判決を支持した。しかし最高裁は、強制連行・強制労働については、不法行為の事実は認定しても、時効・除斥や日韓請求権協定後の措置法（法律第一四四号）を理由にして賠償を免じるという高裁判決を変えようとはしなかった。

2　三菱長崎・強制連行裁判

つぎに三菱重工長崎造船所に連行された金順吉さんの裁判から、連行の実態についてみていきたい。金順吉さんは、一九九二年七月に長崎地方裁判所に提訴し、日本政府と三菱重工業によって奴隷労働を強いられたことに対する損害賠償を求めた。裁判での訴状や意見書、手帳などの資料から連行の経過をまとめるとつぎのようになる。

金順吉さんは釜山の海雲台の出身である。当時、水田を八〇〇〇坪ほど所有する農家の長男であり、旧制中学を卒業して生薬の統制組合の書記の仕事をしていた。金さんは一九四四年一二月末に徴用令を示され、一九四五年一月八日に徴用された。一月九日に釜山を出発し、長崎に到着、三菱長崎造船の裏手にある平戸小屋寮に連行された。平戸小屋寮には三〇〇人ほどの慶尚道からの連行朝鮮人が収容された。配属前の訓練は一か月続き、寮では第一中隊第二〇分隊などに組織された。金さんは造船工作部輔工係の水上遊撃班員とされ、鉄材を木船に積み、各船台に舟艇で引いて運ぶという仕事をさせられた。六時に起床し、引率されて仕事場に連れていかれた。毎日の酷使と空腹により、逃亡者が続出し、けが人や栄養失調者もでた。

二月末には一・二月分の給与明細を受け取った。その内訳は、賃金八七円二七銭、加給金七円九九銭、精勤手当四円三五銭、家族手当一五円、皆勤賞与一円七一銭であり、そこから、国民貯蓄七一円二八銭、退職積立金三円八五銭、健康保険一円五銭、立替金一円、下宿寮費八円八〇銭、国体会費三四円などが引かれていた。現金は渡されなかった。三月には、半島応徴工赴任手当二一円五〇銭、日当一円五〇銭を支給されるが、支給金の全額二三円は国民貯蓄とされ、手渡されなかった。四月以後、六月に中元賞与二〇円（預金六円・税金三円六〇円）、七月に国民貯蓄二〇円の払い下げを受けた以外は、賃金を受け取っていない。

金順吉さんは八月九日、太田尾付近でトンネル工作用鉄材の運搬作業中に被爆した。金さんは地獄のような長崎のありさまを見て、生きて帰ろうと決意した。八月一二日に同胞数人と長崎を脱出して、八月一九日に釜山の岸壁に到着した。帰還の船代は七〇円だった。

金順吉さんは一九九一年八月七日に長崎造船所を訪問し、一、未払い賃金に年六分の利息をつけ、現在の貨幣価値に換算して支給すること（この未払い賃金の内訳は、一九四五年四月から八月までの賃金全額、退職金、帰還旅費、一九四五年一・二・三月支給の賃金と六月の中元賞与から差し引いた退職積立金・国民貯蓄などの全額）、二、徴用に対する謝罪と慰謝料の支給、三、徴用された同胞の名簿の公表、四、被爆者健康手帳の交付に必要な在職証明書の交付などの四項目を要求した。三菱側は、一から三については即答しなかった。四については、翌日、金さんが工場見学の際に当時の状況をよく知っていたことを理由に、三菱重工業長崎造船所に一九四五年八月九日に在籍していたことを証明する在職証明書の発行を通知し、翌日、手渡した。金さんはこの証明書によって長崎市から被爆者健康手帳を取得できた。

金順吉さんと金さんから交渉を委任された全国一般長崎連帯支部長崎造船労働組合に対して、三菱側は交渉のなかで、未払い賃金は一九四八年に供託済みであり、弁済されている、徴用は国家総動員法による国家の強制的動員であり、三菱の責任問題ではないと対応した。社内にあるはずの供託の名簿については「紛失しているようだ」と示さなかった。そのため、金さんは自らの賃金に関する資料を手にすることができなかった。供託先の長崎法務局は「名簿はない」と回答し、長崎県や労働基準局にも供託資料がなかった。そのため、金さんは自らの賃金に関する資料を手にすることができなかった。日本政府は、朝鮮人関係の供託名簿が各地の法務局にあることは認めたが、一九六五年の日韓条約・請求権協定に基づく国内法（法律第一四四号）により、金さんの請求権は消滅していると対応した。

そのため金順吉さんは一九九二年七月、長崎地方裁判所に不法行為による損害賠償、および未払い賃金とその遅延損害金の支払いを求めて提訴した。

金順吉さんは、裁判での意見書で労働奴隷とされた経緯を記すとともに、三菱が戦争中、膨大な軍需品をつくり、その武器で幾百万人が死んだこと、戦争の責任が三菱にもあること、被爆した朝鮮人が何の補償も受けられないまま自らの不幸を恨んで死んでいること、これまで日本国と三菱はこの戦争の罪を反省することなく過ごしてきたが、自らの歴史的な過ちの反省なくして友好はないことなどを記し、この裁判が金目当てのものではなく、無念の思いを抱いて亡くなった同胞のために、日本と企業の責任を明らかにするものであることを記した。

金さんら原告側は、三菱重工による強制連行が同意の要素を欠く違法なものであること、私企業による強制労働禁止や労働時間・賃金等に関する規制を定めている「強制労働に関する条約」（ＩＬＯ二九号条約）に反する違法なものであり、奴隷狩り・奴隷輸送に該当すること、日本国が朝鮮人民を奴隷化し、強制連行・強制労働に駆りたてる行為を法制化し、行政的に運用したことは共同不法行為であり、そこには損害賠償の責任があると追及した。

他方、三菱側は、戦前の会社は戦後解散し、現在の会社は別会社であること、仮に原告の権利がかつて存在していたとしても日韓条約での協定による国内法（法律第一四四号）で韓国国民の請求権は消滅していること、旧会社は原爆投下後、徴用工に賃金を清算し、集団帰国させており、無断で帰国した者にはその機会がなかったことなどをあげた。国側も損害賠償の法的根拠がないことをあげた。ともに賠償を拒否したのである。

このように被告側は、日韓条約後の国内法（法律第一四四号）で原告の権利が消滅したとしたわけであるが、原告側は、その主張は日本国憲法第二九条（財産権）などに反し、国際法の強行規範に抵触するものであり、無効と反論した。

長崎地裁の判決は一九九七年一二月に出された。判決は国と三菱による違法な手段での連行と半ば軟禁状態での労働の強制を認定し、その責任を認定した。しかし、旧三菱重工は解散しており、新会社には未払い賃金債務は継承されない、また、旧憲法下では国の権力作用による個人の被害への賠償責任はないとし、金さんの請求を棄却した。それは、三菱と国による不法行為と責任は認定するが、別会社論と国家無答責論を採用して、未払い金の支払いと賠償の責任を免じるというものだった。

金順吉さんは控訴したが、一九九八年二月に肺がんのために釜山で亡くなった。七五歳だった。遺族は裁判を継承したが、一九九九年一〇月、福岡高裁は一審判決を支持して、控訴を棄却した。遺族は最高裁に上告したが、最高裁は二〇〇三年三月に上告を棄却した。最高裁は同年三月に、三菱長崎金順吉裁判をはじめ、釜山軍隊「慰安婦」・女子勤労挺身隊、東京麻糸紡績女子勤労挺身隊、在日「慰安婦」、江原道など六つの戦後補償裁判をつぎつぎに棄却したのである。

戦後補償裁判は、戦争被害者がその尊厳を回復し、戦争被害者個人への賠償権を確立させる闘いである。しかし裁判所は、不法行為は認定するが、賠償は免除するという判決をつくりあげ、戦争被害者への救済を拒んだ。間違いに対しては謝り、償うことで和解がうまれるものであるが、このような判決では、尊厳と権利は回復されず、不法が継続することになる。裁判での闘いを経て、立法による被害者の救済が求められるようになった。

3 供託金・郵便貯金・厚生年金

この金順吉裁判では供託金、郵便貯金、厚生年金など、今後明らかにすべき課題が提示された。金さんの要求に対して三か月後の一一月に、三菱側はつぎのように回答した。賃金の支払い遅延や不払い等は一切なく、一九四五年四月から七月までの賃金は支払っている。一九四五年八月二〇日の徴用解除を待って帰国した人々には賃金・預金など一切を清算し、慰労金も支給した。それ以前に連絡もなく帰国した人々の未渡し賃金等すべての債務を一九四八年に法務局に供託した。徴用は国家による強制的動員であり、三菱には責任がなく、謝罪し慰謝料を払う理由はない。

このような回答から供託の解明が課題となった。解放後、朝鮮人連盟が連行朝鮮人に関する情報提供、慰謝料や未払い金の委託などを要求して企業交渉をおこなっていたが、政府と企業はその要求をかわすために未払い金の供託をおこなった。六〇〇〇人ほどを連行した三菱長崎造船所もこの動きの中で未払い金を供託している。供託により、氏名・住所・未払い金の内訳などを記した供託名簿が長崎造船所、長崎法務局、長崎県知事の三者に保管されたはずである。しかし、金さんが長崎造船所、法務局、県に供託名簿の所在を問い合わせても、名簿は発見されなかった。

三菱重工長崎造船所の供託金額、供託件数などについてはその後も不明であったが、二〇〇八年に発見された『経済協力 韓国一〇五 労働省調査 朝鮮人に対する賃金未払債務調』の三菱長崎造船所に関する記載から供託の状況が明らかになった。それによれば、三菱長崎造船所は一九四八年六月二日に、三四〇六件分の現金八五万九七七〇円七八銭(給料・団体積立金・退職金)を長崎司法事務局に供託している。この供託金を、仮に一〇〇〇倍して現在の価値に換算すれば、八億円を超える金額となる。長崎造船の供託金はこのような価値を持っているわけであるが、供託を証明する供託名簿が長崎法務局には保管されていないという。

二〇一〇年に日本政府は現存する供託名簿を地方法務局から収集し、韓国政府に提供したが、そこに三菱長崎造船の名簿は含まれていなかった。この名簿は多額の弁済を示す重要な資料であり、企業内部で保管されている可能性が高い。三菱製鋼長崎製鋼所は一九四六年五月二二日に一三六件分の現金三八七七円五二銭を朝鮮人連盟長崎本部に支払っている。朝鮮人連盟は長崎製鋼とともに長崎造船とも交渉を続けていたはずである。長崎造船は供託によってその債務の弁済を図ったが、金順吉さんはその供託の通知を受けてはいない。長崎造船への連行者は黄海道など朝鮮北部からのものも多かった。それらの人々の未払い金は日韓条約とその協定では処理することができないものである。供託金は通知も返済もないまま、保管されつづけた。

金さんの給与明細に「国民貯蓄」の項目があることから郵便貯金についても問題になった。「国民貯蓄」は三菱重工による強制的な貯金であり、給与の六割ほどを占めていた。それにより金さんに渡される現金はわずかなものになった。この「国民貯蓄」は会社によって保管され、貯金されていたとみられる。金さんは長崎中央郵便局に貯金原簿の調査を依頼した。しかし、郵便局は未払いの朝鮮人名義の貯金原簿約六〇〇〇件を探したが見当たらないと回答した。そのなかで郵政省第二業務課が一九六二年一二月三日付けで「朝鮮人名義等の現在高の調査について」の通達を長崎地方貯金局(長崎貯金事務センター)に出し、一九四五年八月一五日までと一九五二年四月までの二段階での残高集計をおこなっていることも明らかになった（「長崎新聞」一九九二年一二月三日付）。この調査は日韓交渉が進むなかでの調査である。金さんとの交渉のなかで、郵政省は払い戻しのない朝鮮人名義の貯金名簿が今も保管されていることを認めた。

さらに厚生年金保険についても調査がすすめられた。金さんの支払い要求に対して、一九九六年一〇月、社会保険事務局長崎北事務所は厚生年金保険脱退手当金を支払った。金さんに対して、社会保険庁は脱退手当金の受給権は請求時に発生すると解釈し、三五円を支払ったのである。

支払いに至る経過をみれば、金さんが一九九一年に支払いを求めたところ、社会保険事務所は不支給処分とした。しかし、厚生省の社会保険審査会が一九九五年一二月にその処分を取り消したため、社会保険事務所は支払いの準備をすすめた。ところが、外務省は日韓協定に抵触するおそれがあると妨害し、支払いは留保された。そのため、八月九日の原爆忌に金さんは菅直人厚生相に直訴するなどの行動で支払いを要求した。そこで金さんは、受給権は請求した時点から生じるという請求主義の主張を展開した。その結果、日韓条約と法律一四四号による未払いの壁を破り、支払いが実現した。

一九九七年二月には三菱長崎造船に連行された呉道根さんら二四人が厚生年金保険脱退手当金の集団申請をおこなった。金順吉さんや呉道根さんらは「長崎徴用工被爆者同志会」を結成していた。同年七月、金さんら同志会は現在の貨幣価値での支給を要求して、脱退手当金の受け取りを拒否した。

連行朝鮮人は労働者年金保険（厚生年金保険）に加入していた。労働者年金保険の取得届、被保険者台帳、被保険者名簿の作成手順についてみておけば、企業（事業主）は「資格取得届」や「資格喪失届」を作成して社会保険事務所に提出、社会保険事務所は企業別に「被保険者台帳」を作成し、社会保険庁が「被保険者名簿」を作成するという形をとる。企業には取得届（喪失届）が残され、社会保険事務所や社会保険庁にはその台帳や名簿があることになる。

社会保険事務局長崎北事務所には、三菱重工業長崎造船所一八冊、三菱長崎製鋼所四冊、三菱長崎兵器三冊、三菱長崎精機一冊、三菱電機長崎三冊、川南工業香焼六冊、川南工業深堀一冊、三菱崎戸七冊、三菱高島（端島・双子）六冊、松島炭鉱大島四冊などが保管されていることが明らかになった。これらは労働者年金保険が始まった一九四二年六月以降の記録という（『長崎新聞』二〇〇〇年八月二八日付）。これらの名簿は真相解明のために公開されるべきである。

供託名簿、貯金名簿、年金保険名簿などさまざまな名簿を照合することで、強制連行の実態の解明がすすむ。これらの名簿が公開され、連行被害者の尊厳回復、被害の救済、原爆手帳の交付などをすすめることが求められる。

（二〇一〇年調査）

4　三菱長崎兵器地下工場

一九九四年一一月末、長崎を訪れた。長崎滞在中に見た二つの記事が印象に残っている。それは被爆者援護法制定に関する長崎公聴会での被爆者の反論と軍隊「慰安婦」などアジアの戦争被害者への戦後補償をもとめる意見広告の掲載である。ともに国家の戦争責任を問い、戦争被害者個人への補償をもとめる内容であった。二年前の長崎の旅では、日本へのプルトニウム輸送の記事が長崎へと投下されたプルトニウム型原爆のイメージと重なり印象に残ったが、今年は戦争責任がひとつの話題となっていた。

長崎の爆心地から約二キロ先にある三菱長崎兵器地下工場跡を歩いた。この工場跡は被爆当時の姿を残す遺跡であり、軍需生産拠点としての長崎を考えるうえで重要なものである。またこの地下工場は朝鮮人の強制連行・強制労働によって掘削されたものであり、戦争加害を示す遺跡でもある。

アジア太平洋戦争末期、三菱長崎兵器の疎開のための地下工場建設がはじまり、住吉・赤迫地区に六本のトンネルが掘削された。そこでは魚雷の生産が計画された。当時、長崎には三菱造船・三菱兵器・三菱製鋼・三菱電機などがあり、長崎は三菱の軍需生産の拠点であった。これらの工場には朝鮮人を含む多くの人々が動員され、労働を強いられていた。

三菱兵器地下工場の掘削は西松組が請け負い、その下に多くの組が集められ、朝鮮人が連行された。現場周辺に飯場が建てられ、被爆時には約八〇〇人の朝鮮人がいたという。地下工場用トンネルは約一〇メートル間隔で六本掘削され、長さは約三〇〇メートル、幅は約五メートルであり、コンクリート製の頑丈なつくりである。

▲…三菱兵器地下工場

韓国在住の石任順さんはつぎのように語る。

「未婚の女性は日本へ強制連行されるからと早く結婚させられた。夫と甘言で誘われ、長崎にきて飯場の炊事係になった。授乳中に日本人監督に胸を鉄棒でさされた。同じときにきた「岩本」さんは肋膜炎を患って吐血し、帰国させられたが死亡した。トンネル建設は汽車の窓から見えないように大きなテントを張って目かくしをした。飯場の食事は日毎に乏しくなり、主食は麦、あとは大豆粕ばかりだったが、上の人はお米や牛肉などを食べていた。被爆後に帰国したが、夫は病気ばかりして苦しみ、一九七二年に死亡した。長崎で一年九か月働いたが、帰るときもらったのは二〇円だった」（長崎在日朝鮮人の人権を守る会編『原爆と朝鮮人』六から要約）。

一九四五年八月九日、爆心から約二キロのこのトンネルを熱線と爆風と放射線がおそった。上半身裸で働いていた人々は体を焼かれ、トンネルの山の上にあった飯場は直撃を受けた。被爆後、このトンネルは被爆者の避難所として使われた。トンネル内で息絶えた人々も多かったという。

長崎市で被爆した朝鮮人の数は約二万人という。生き残った人々は傷つき、後遺症に苦しみ、帰国した。人々への治療・補償は不十分なままであり、日本に残り、被爆者健康手帳の交付を申請したが、「証人不備」の理由で交付されなかった朝鮮人被爆者のケースもある。戦後補償運動のたかまりのなかで、三菱長崎造船所へ徴用され被爆した金順吉さんは、国と三菱に対し補償を求めて裁判をおこした。

一九九〇年にこの地下工場跡を梁ヨンチュルさんが訪れた。梁さんは連行され、ここで働いた体験者である。梁さんは当時を回想し、亡くなった仲間の名を記した紙を涙とともにトンネル内で燃やした。

千今洛さんは知り合いに雇われ、住吉の現場で掘削機に空気を送るコンプレッサーを管理する仕事をした。現場には朝鮮から連れてこられた同胞が数多くいたという（「朝日新聞」一九九五年七月一九日付記事）。

三菱兵器地下工場跡にはたくさんの歴史が刻みこまれ、現在もトンネルはその歴史を語りつづけている。コンクリート製のトンネルは、今では車庫・物置などに転用されている。この遺構の保存を求める市民運動もはじまった。

この地下工場跡を訪ねたのち、長崎教育文化会館と書店で資料をあつめた。教育文化会館には丸木夫妻の「原爆の図」が展示されていた。そこから近くの二六聖人記念館を訪れた。二六聖人記念館は一五九七年に長崎西坂で処刑されたキリスト者を記念して建てられたものである。入口に、人間は旅人であり、旅は人間を精神的に豊かにする、人間は永遠性の憧れをもつ巡礼者である、すべての旅のうち神への心の旅が最もすぐれたものである、という内容の詩が記されていた。この詩は長崎を訪れる者たちへのメッセージである。人間を精神的に豊かにしていく心の旅は、飾られてきらめき消費の欲望をあおるリゾート用の「ランド」にあるのではなく、ひなびた風景のなかから真実を読みとり表現していくところにあるのだろう。

吉山秀子さんは平和講話で「平和の原点は人間の傷の痛みのわかる心」であり、「生きている間は平和の語り部としてがんばりたい」と語る。その話のあった日、三菱長崎造船所近くに行くと、沖に海上自衛隊の最新ハイテク護衛艦であるイージス（神の盾）艦「きりしま」が浮かんでいた。この艦はかつて戦艦武蔵をつくった三菱長崎造船所で建造された。その風景は、核による殺戮にあい「生きるも地獄」というなかで、被爆体験を思想化し、その体験を語り継ぎはじめた被爆者たちの思いを踏むようだった。

（一九九四年調査）

5　三菱長崎造船の追悼碑

二〇〇三年の秋、『原爆遺構・長崎の記憶』（長崎原爆遺構を記録する会編）と被爆建造物と碑めぐりの地図を手に長崎の街を歩いた。

今回は、浦上天主堂の被爆天使の像、鐘楼ドーム、三菱兵器の標柱、三菱重工長崎研究所船型試験場、三菱関係被爆死者追悼碑、山王神社の鳥居と楠、坂本国際墓地、岡正治長崎平和資料館、二六聖人記念館、コルベ館などの被爆史跡を中心に見て歩いた。山王神社の倒れた柱の近くには「国威宣揚」と刻まれた石柱があった。戦争にむかう中でつくられたこのような遺構は現場を歩かなければ知ることのできないもののひとつである。

▲…三菱長崎の原爆犠牲者追悼碑

◀…追悼碑の朝鮮人名（長崎造船所）

長崎は戦時中三菱の軍艦や魚雷などの軍需生産の拠点であった。長崎大学にはかつて三菱兵器大橋工場があった。大学の塀の脇には三菱兵器の標柱が残っている。風雨と排気ガスで大学の側壁のコンクリートはくすんでいる。三菱のマークをつけた小さな柱は長崎の兵器生産の歴史を示す貴重な史跡である。

当時、城山小学校には三菱兵器の給与課、鎮西中学には三菱電機と三菱製鋼が疎開し、各地に地下工場の建設がすすんでいた。工場や疎開工場にはたくさんの人々が動員されていた。そのなかには、連合軍俘虜や植民地朝鮮からの連行者もいたのだった。三菱兵器工場の近くには三菱造船の船型試験場の建物があり、爆風の影響で今も建屋が少し傾いている。そこにも長崎市による案内板があった。

この試験場と三菱兵器の標柱の中間の地点に三菱長崎造船と三菱兵器の追悼碑があった。原爆殉難者芳名碑（一九八九年）である。原爆供養塔（一九五二年）と戦時中三菱兵器には一万五〇〇〇人もの人々が動員されて魚雷生産に従事していたが、一九四五年八月の原爆により全滅に近い状況となった。戦後、三菱長崎精機製作所となるが、一九五一年に三菱長崎造船所に吸収された。芳名碑は三菱重工業長崎原爆供養塔奉賛会によって「従業員・応徴士・女子挺身隊・動員学徒全員」の名前を「精査して」建てたとある。

碑を見ると、長崎造船所長崎兵器製作所報国隊のところに湊川孟弼・村川治珍・山内奎典、新川床聖、長崎造船所のところに益山光植、柳川仁聖、柳川孝赫、山田義味、李承宇、李昌大燐、李藤炳学、金本大植、金山致星、金原択瑞、金白熊彬などの名前があった。これらは朝鮮人とみられる。碑に記された名前は、植民地支配により「創氏改名」で名前を朝鮮人名から日本名へと無理にかえた歴史を示すものである。

▲…長崎朝鮮人犠牲者追悼碑（平和公園内）

平和公園には朝鮮人被爆者の追悼碑があり、その碑の解説には強制労働の下で約二万人の朝鮮人が被爆し約一万人が死亡とある。長崎原爆死七万人余のうち一万人前後が朝鮮人であった。この長崎造船の碑に刻まれた人々はその中の一部である。ここに刻まれていない三菱関連の死亡者も多いとみられる。

如己堂は永井隆の活動を語り継ぐものであり、建物の名は「己の如く人を愛せ」という言葉からきている。この隣人愛は異郷の人びとへの博愛を含むものである。永井隆は被爆し、自らの白血病とたたかいながら、『いとし子よ』（一九四九年）を書いている。そのなかでかれは、新憲法についてわが子につぎのように呼びかけている。

憲法は条文どおり実行しなければならないから難しい。実行するだけでなくこれを破ろうとする力を防がねばならぬ。これこそ戦争の惨禍に目覚めた日本人の声なのだ。しかし理屈は何とでもつき、世論はどちらへもなびくもの。国際情勢しだいでは憲法を改めて戦争放棄の条項を削れと叫び、世論を日本再武装へと引き付けるかもしれない。そのときこそ、誠一よ、カヤノよ、たとえ最後の二人になっても、どんな罵りや暴力を受けても、きっぱりと「戦争反対」を叫び続け、叫び通しておくれ！　たとえ卑怯者とさげすまれ、裏切り者とたたかれても「戦争絶対反対」の叫びをまもっておくれ！（要旨、『平和都市長崎における三菱の兵器生産・正編』記事）。

妻を原爆で失い自らは白血病となった永井はこのとき四二歳、子の誠一は一四歳、カヤノは九歳だった。この一節は、被爆後六〇年を迎え、イラク派兵と憲法改悪にむかう動きが強まるなかで、より新鮮なものになっている。平和公園に「長崎平和の母子像」（金城実作）があり、その碑文に、「戦争も核兵器も許してはならない」「この緑の大地を、地球を守ろう」「それぞれの「あの日」を生きつづける女たちの、たぎる思いをひとつにあわせ、再び、あの惨禍をくり返さぬ誓いをこめて」とあった。

永井が『いとし子よ』で死の前に語ったこの言葉と母子像の碑にある「たぎる思い」とは重なる。その言葉は、無数の誠一とカヤノに向けられたものである。

わたしは当時の永井よりも少し長く生き、同じくらいの年齢の子を持つ親となった。今回の長崎の旅は、永井をはじめとする人びとの「たぎる思い」を受け止め、この時代のなかで人間の方向を見つめ、信念を持って行動していくことを学び、確認するものだった。

（二〇〇三年一一月調査）

参考文献

厚生省勤労局「朝鮮人労務者に関する調査」長崎県分一九四六年
久保田達郎『問われている戦後責任とは何か』一九九二年
『三菱重工と日本政府の戦後責任を問う』全国一般長崎連帯支部長崎造船労働組合一九九二年
『平和都市長崎における三菱の兵器生産・正編』全国一般長崎連帯支部長崎造船労働組合二〇〇三年
『金順吉裁判資料集』一～三　金順吉裁判を支援する会一九九二年・九三年
平野伸人「日本の民衆の加害責任も告発」『日本企業の戦争犯罪』創史社二〇〇〇年
『追悼徐正雨さん その誇り高き人生』岡まさはる長崎平和資料館ほか二〇〇二年
三菱広島・元徴用工被爆者裁判を支える会『「恨」三菱・廣島・日本』創史社二〇一〇年
長崎原爆遺構を記録する会編『原爆遺構・長崎の記憶』(新版) 海鳥社二〇〇五年
長崎在日朝鮮人の人権を守る会編『原爆と朝鮮人』六　一九九四年
前川忠良「松尾造船、川南工業、三菱造船─長崎香焼島に於ける造船業の変遷」『経営と経済』四九─一長崎大学一九六九年
舟越耿一「朝鮮人強制連行における企業のイニシアチブ」『長崎大学教育学部社会科学論叢』五三　一九九七年

＊韓国の日帝強占下強制動員被害真相糾明委員会は口述集『わが身に刻まれた八月』を二〇〇八年に、調査報告『広島長崎原爆被害に関する調査』を二〇一一年に発刊した。長崎在日朝鮮人の人権を守る会は真相糾明委員会によって収集された口述記録を翻訳し、『原爆と朝鮮人』七（二〇一四年）に収録した。

第2章●東京の軍需工場と空襲

1　サクション瓦斯機関製作所

京浜の工業地帯には軍需工場が多数あり、連行朝鮮人も多かった。東京の江東区で朝鮮人が連行されていた主な労働現場をあげれば、石川島造船、興国鋼線索、サクション瓦斯機関製作所、宮製鋼所、吾妻製鋼、東京シャリング砂町、内外製鋼所砂町、日本特殊鋼管砂町などがある。江戸川区では東洋製鉄、内外製鋼所船堀、足立区では東京瓦斯千住、東京製鉄、足立製鋼などの工場への連行があった。鉄道や港湾の荷役でも多くの朝鮮人が動員され、海軍芝浦補給部にも多くの朝鮮人が連行された。朝鮮人の集住区もあり、空襲によって多くの被害が出たとみられる。

このうち、江東区のサクション瓦斯機関製作所については『半島労務者ニ関スル書類』が発見されている。そこには「半島応徴士赴任者名簿」、徴用関係資料、内外製鋼所「移入労務者発疹チブス罹災状況」、東都製鋼宮製鋼所からの逃亡者の記事などが収録されている。「移入労務者発疹チブス罹災状況」には内外製鋼所の船堀工場・砂町工場への連行経過についても記されている。

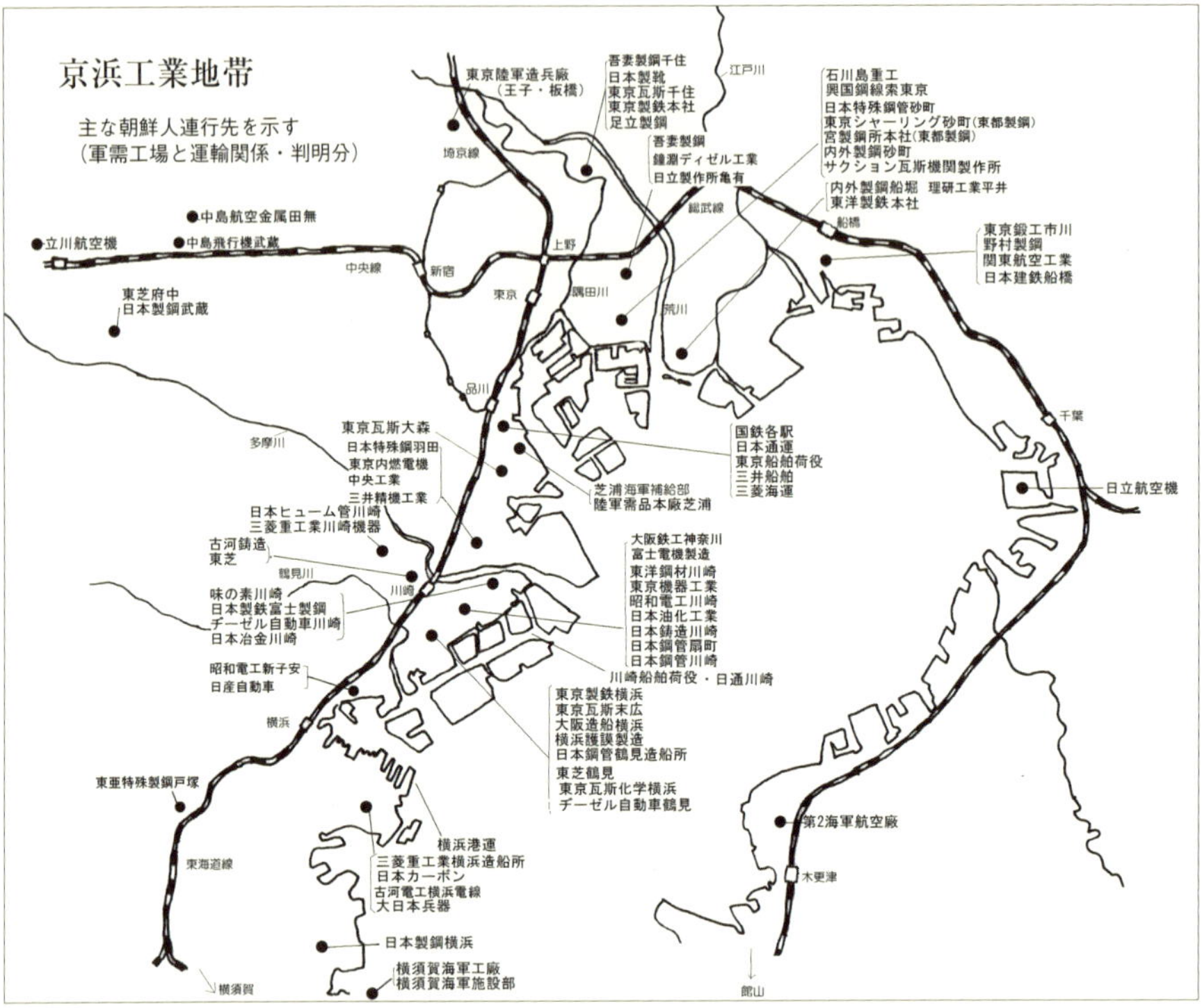

ここではこのサクション瓦斯機関製作所『半島労務者ニ関スル書類』の文書から連行の状況をみていきたい。

一九四四年は造船統制会による朝鮮人の連行が増加した時期であったが、造船統制会は一九四四年一二月一七日付で「朝鮮造船工員移入上要注意事項ニ関スル件」を出し、連行朝鮮人を引率する事業所に、連行の要領を示した。この通知には、造船統制会が一九四四年八月から一〇月にかけて三か月間、京城・釜山・麗水に開設した「朝鮮造船工員移入事務所」の事務を当分、三井物産京城支店と三井物産釜山出張所に依頼し、その了承を得たことも記されている。

添付された「朝鮮人移入取扱方要領」には次のような指示が記されている。引率者の一部は釜山まで出向き、朝鮮側輸送員から引き渡しを受けて、下関まで来ている引率者とともに自己の工場に連行する。釜山まで出向く引率者は五〇人に付き一人、下関からの引率者は一〇〇人に一人位とする。たとえば一〇〇人の移入では釜山に二人、下関に一人の計三人とする。出港日の三～四日前に釜山に到着して引き受けの準備をする。

その準備としては、桟橋の東亜交通公社・釜山渡航保護事務所（朝鮮総督府労務課の出張所）と連絡し、移入朝鮮人の釜山到着日時、人員、宿舎の打ち合せをおこなうこと、引き受け後は工場側の責任で連行すること、釜山共同事務所からすでに連絡してあるが、官庁方面に挨拶をすること（水上警察署長・高等主任等、釜山警察署長・経済主任・保安主任等、釜山埠頭局・監視課長等、海軍武官府、広島鉄道局釜山営業所、埠頭長）、移入工員腕章・帽子や小旗を用意することなどがある。特に列車発着時の逃亡に注意することも指示されている。

官庁等との連絡事項としては、逃亡者が出た場合には水上警察署、釜山警察署、釜山渡航保護事務所に様式にそって事故届を提出すること、伝染病患者が出たときにも釜山警察署、釜山渡航保護事務所に報告すること、到着人員・乗船人員を水上警察署、釜山渡航保護事務所に報告することなどがあげられている。また、釜山渡航保護事務所では、道庁係員から、徴用令書・身元証明書・前収調書・人員名簿・団体乗車券・その他の参考書類などを受け取り、引き継ぐ。東亜交通公社桟橋事務所では労務者到着時間・宿舎割当などの打合せをおこなうことも指示されている。

このような形で引率者に対して連行の手順が示されたわけである。

造船統制会は一月九日付の朝鮮造船工員移入に関する文書で、第四・四半期の移入に対する費用を各社に請求している。その費用は、総督府予納金として割当人員一人に対して一〇〇円（徴用費、徴用地から釜山までの旅費・宿泊費・食事費・雑費）、朝鮮勤労動員援護会費を割当人員一人に対して三円、船車費（京浜の場合は一人六五円）、朝鮮造船工員移入共同事務所費を一人に対して一〇円とするものであり、遅滞なく払い込むことを求めている。

しかし、納入状況は悪かったようであり、一月二二日に朝鮮造船工員移入に関する文書が再度出され、移入費用の至急の納入を求めている。その通知では、応徴マークを造船統制会京城移入事務所で準備するから、代金（一個一五銭）と引き換えに現品を受け取ること、移入のために総督府と折衝する際には事前に三井物産支店長（または担当の鬼塚）と打ち合わせること、申請書の写しを統制会に急送すること、朝鮮造船工員移入事務所への文書は支店長宛とすることなども求めている。

このような記載から、朝鮮造船工員移入事務所が三井物産内に置かれ、三井物産が朝鮮人の動員業務を担っていたことがわかる。

サクション瓦斯機関製作所は朝鮮総督へと徴用令による徴用申請書を一九四五年一月一一日に出している。この書類には、一月二四日付での警視総監による朝鮮労務者五〇人の集団移入雇用を支障がないとする認可も記されている。徴用申請書には、徴用の理由として、船用主機関の緊急増産と拡充工事中の戦時標準船改E型船主機関の専門工場での労務員充足をあげ、第二二次徴用申請に当たっての配当がなく生産に障害が出たためとしている。徴用申請人員は五〇人だった。徴用機関としては一九四五年二月から一年を提示している。申請時の従業員現在数は一三六五人であり、そのうち労務者数は八二四人、学徒数は二三六人である。

一月二四日、在東京海軍監督長から「艦本系第一・四半期半島人徴用希望員数調査」がなされ、サクション瓦斯機関からは五〇人が申請された。サクション瓦斯機関への連行はこの艦本系第一・四半期での動員計画によっておこなわれた。

サクション瓦斯機関製作所に朝鮮人が連行されてくるのは三月一六日のことであるが、二月に入ると連行に向けての細かな指示が出された。そこでは、引率者は二〇～三〇人に対して一人とし、乗船日の一〇日前には出向き、割当の道と緊密な連絡をとること、乗車駅・乗船地で作業服・戦闘帽・巻脚絆・地下足袋・会社名入りの腕章・応徴士用徽章を着用させること、「朝鮮人労務者受入ニ関スル調書」を作成し、総督府・道知事に報告することなどが示されている。造船統制会によって、動員協力費一人一〇〇円が朝鮮労務協会に、朝鮮勤労動員援護会（総督府商工奨励館内）に援護会費一人三円が納付された。

二月二八日に作成されたサクション瓦斯機関製作所「朝鮮人労務者受入ニ関スル調書」には、三月に艦政本部の割当動員による五〇人を受け入れ、鋳造に二八人、仕上げに一〇人、整備に一二人を使用すると記されている。全羅南道知事は徴用令書を三月六日付で発行した。サクション瓦斯機関への動員を命じる徴用令書は珍島郡を対象とした。郡庁への出頭日は三月一三日である。徴用令書には、サクション瓦斯機関製作所、住所・東京都城東区南砂町七丁目七七、職業・労務、従事場所・東京都内などと記されている。

サクション瓦斯機関製作所は三月二二日に砂町警察署長宛に移入朝鮮労務者の赴任通知を出している。到着は三月一六日であり、二九人分の朝鮮人名簿が添付されている。名簿には四七番までの徴用番号が記されていることからも徴用は五〇人分が出された。そのうち二一人が徴用を逃れたということである。本籍地はみな、全南の珍道郡であり、珍島、郡内、古郡、義新、臨淮、智山などの面から連行されたことがわかる。ほとんどが農民である。年齢は、八人が一九二六年生まれ、二一人が一九二七年生まれであり、一七、八歳ほどの青年だった。住所は市川市のサクション瓦斯機関製作所の市川寮とされている。

連行者のその後は明らかではないが、このようなサクション瓦斯機関製作所への連行は江東区の軍需工場地域への連行の一端を示すものである。連行者の到着は東京大空襲後のことだった。

2　内外製鋼所

つぎに内外製鋼所への連行についてみよう。「移入労務者発疹チブス罹災状況」には連行時からの経過が記されている。

内外製鋼所は鉄鋼統制会の斡旋により、厚生省、警視庁、朝鮮総督府の許可を受け、一九四三年第四・四半期の割当分として咸鏡南道から一〇〇人の連行を計画した。一九四四年二月一三日には労務課長らが朝鮮に渡った。京城で統制会や総督府と連絡をとった後、二月一八日に咸興に着いた。咸鏡南道での連行に向けて、咸興府一五人、元山府一五人、咸州郡一〇人、定平郡一〇人、永興郡一〇人、高原郡一〇人、文川郡一〇人、安辺郡一〇人、洪原郡一〇人の割当をおこなった。会社側が各府郡庁を回り、案内や経費を納入し、府郡が人員を供出することで割当分が集められた。

三月一二日に人員を咸鏡南道の道庁に集合させ、咸興の文化旅館と玉泉旅館に分宿させた。三月一三日には健康診断を行い、三人を送還させ、九四人に服を支給した。三月一四日に咸興駅で道庁から正式に引き渡されることになったが、その数は九二人だった。京元線で咸興から京城を経て、黄海の黄州から兼二浦へと向かった。三月一五日に鉄鋼統制会の兼二浦訓練所に入所したが、この訓練所は約七〇〇人を収容できるものであり、同時期に数社分が入所した。ここで四月一〇日まで訓練を受けさせた。訓練所では逃亡や病気送還のため一七人が減少した。

四月一一日、七五人を兼二浦から黄州、京城を経て釜山に連行し、密陽旅館と新興旅館に宿泊した。一三日には関釜連絡船で下関に到着し、全南旅館などに分宿した。一四日に列車で東京に向かい、一五日夜に到着した。

砂町工場分の三八人は亀戸駅で、船堀工場分の三七人は平井駅で降ろして、貨物自動車で各現場へと運んだ。兼二浦で収容されていたときから発熱患者が出たが、かぜとみなして日本に連行してきた。内外製鋼に連行後も発熱患者が発生し、五月になって発疹チフスと診断された。各職場への配置直前のことだった。

内外製鋼への連行はこのような経過でなされたわけである。

海州にあった兼二浦訓練所の状況については趙鏞壽さんの証言がある。趙さんは一九四四年二月に入隊した。訓練所長は陸軍少将であり、軍隊式の生活の中で午前に軍事教練と学科、午後は実習がおこなわれた。入所して三か月後、五月のはじめに趙さんら四期生のうちの六〇人が東京製鉄に送られることになった。東京に着くと宮城遥拝をさせられ、足立区千住の東京製鉄の圧延工場で働いた。解放までに四期生で現場に残っていたのは二〇人ほどであり、逃亡するものが多かった。趙さんは右手を機械に挟まれ、入院して治療することになった（『百萬人の身世打鈴』四四八～四五二頁）。趙さんが兼二浦の訓練所にいた時期は咸鏡南道から内外製鋼へと送られる人々が兼二浦の訓練所に入所させられたころである。

『半島労務者ニ関スル書類』には東都製鋼宮製鋼所への連行途中での逃亡者についての記事がある。それによれば、一九四四年一二月一一日午前四時から五時ころにかけて義城出身の金本仁模は連行途中に釜山で逃走した。東都製鋼は宮製鋼所と東京シヤリングが一九四三年に合併してできた企業である。

江東区の工場への連行の証言としては、江東区の「東京特殊鋼管砂町製鋼所」（当時城東区南砂六―七三）に連行されたという宋正浩さんのものがある（「朝鮮新報」二〇一〇年一月二五日付）。宋さんによれば、一九四三年一〇月頃に平安北道から連行された四〇人のうち大空襲で生き残ったことを確認できたのは二人だけという。証言の工場名から、連行された場所は日本特殊鋼管の工場とみられる。

江東区の軍需関係工場の現場には多くの朝鮮人が連行された。その実態把握は今後の課題である。また、三井物産は造船統制会の朝鮮人連行の業務を委任され、実行したが、そのような行為への歴史的な責任も問われる。

3　陸軍需品本廠芝浦出張所

陸軍需品本廠は軍事物資の輸送や集積を主な仕事としていたが、陸軍「工員名簿」には陸軍需品本廠芝浦出張所分の四人の名簿がある。この四人は在留朝鮮人であり、徴用され、芝浦出張所の月島集積所（現・中央区）に配置されることになった人々である。

大原済元（大邱出身）は深川区に居住し、月島の製材工場などで働いていた。一九四三年四月に芝浦の木材科の試工員となり、七月には木材科普通工員となった。

延圭復（玉岡墺、槐山出身）は一九四一年から月島の製材工場で働いていたが、一九四三年四月に需品本廠工員となった。

廣澤光彦（麗水出身）は麗水の小学校を出ると渡日し、神戸、大阪を経て東京の運送会社などで働いていた。一九四二年一〇月、木材科の普通工員になった。

この三人は一九四五年一月に、芝浦出張所の月島集積所に動員された。

木戸喜元（順天出身）は一九四三年から陸軍航空整備学校の運転手だったが、一九四四年八月に木材科の自動車手見習いとなり、一一月に自動車手となった。

▲…芝浦埠頭

陸軍需品本廠の工員とされた朝鮮人については芝浦出張所の木材関係の四人と静岡県の清水集積所で死亡した一人の名がわかる。ほかにも数多くの現場に朝鮮人が動員されていたとみられる。

芝浦には海軍の芝浦補給部が芝浦海岸通り一丁目にあり、ここにも多くの朝鮮人が連行され、南太平洋各地に送りだされている。東京港は南太平洋への派兵の拠点だった。

4　朝鮮人犠牲者追悼国際シンポジウム

二〇一〇年二月二七日、東京の江東区で東京大空襲六五周年朝鮮人犠牲者追悼国際シンポジウム（主催東京朝鮮人強制連行真相調査団主催）がもたれた。墨田区の東京都慰霊堂では追悼会がもたれた。

東京都慰霊堂の遺骨堂で四〇数体の朝鮮人とみられる遺骨が確認されたのは二〇〇五年のことである。それ以後、聞き取りや「被徴用死亡者連名簿」などの資料調査で一七〇人ほどの死亡者名が確認された。二〇〇七年からは慰霊堂で追悼会がおこなわれてきた。

二〇一〇年の国際シンポジウムには韓国からは日帝強占下強制動員被害真相糾明委員会の鄭恵瓊さんや崔鳳泰弁護士が参加した。朝鮮からは朝鮮日本軍「慰安婦」・強制連行被害者問題対策委員会が報告書を送った。

シンポジウムは追悼の演奏ののち、李一満さん（東京調査団）が経過を報告した。李さんは遺骨の発見の経過、遺族の招請、八丈島での調査について話し、日本政府は空襲で亡くなった全員の名前を明らかにすべきとした。

荒井信一さんは、戦略爆撃は軍事目標の破壊だけでなく労働者の殺害と戦意低下をねらったものである。すでに一九四四年四月には東京などの都市攻撃が計画され、大空襲があった三月は風が強く、「焼夷」弾が効果をあ

▲…東京シンポで発言する鄭恵瓊さん

げた。日本各地の空襲を指揮したルメイは戦後、天皇から勲章をえた。占領軍が戦災者の慰霊塔建設を認めなかったように空襲被害が封じ込められてきた。空襲の記憶は抹殺され、戦災被害者は放置された。この記憶の抹殺のいちばん深いところにあるのが朝鮮人被災者であると指摘した。

朝鮮の強制連行被害者問題対策委員会の報告文は、日本政府が北出身の遺骨問題については何の措置もとっていないこと、二〇〇四年、〇六年と遺族や関係者の入国を拒否したこと、名簿などを公開しないこと、企業の責任が追及されずに企業の犯罪行為が隠蔽されていること、犠牲者の遺骨が粉砕処理され、ゴミのように扱われてきたことなどを挙げ、真相調査をすすめ、犠牲者の遺骨数を確定すること、謝罪・賠償と遺骨返還をすすめることを呼びかけるものであった。

韓国の真相糾明委員会の鄭恵瓊さんは、糾明委員会の調査と被害真相管理システムを活用して作成した東京空襲の被害者名簿を紹介し、今後の課題を提示した。調査で本名が確定した死亡者は七六人であり、芝浦海軍補給部をはじめ、石川島造船などでの死者も判明した。芝浦海軍補給部への連行年月日は、ほとんどが一九四五年一月五日であり、慶北からの連行者が多い。かれらの遺骨は不明である。鄭さんは、空襲による朝鮮人被害の本格的な研究と名簿分析による犠牲者の真相糾明が必要であり、韓国に居住する遺族が生々しい資料であるとした。

最後に東京大空襲訴訟の弁護団の中山武敏さんが報告した。二〇〇九年一二月の東京地裁判決では原告の賠償請求は棄却されたが、判決文は受忍論には依拠できず、苦痛に計り知れないものがあったことを認め、立法を通じての解決を示した。裁判では朝鮮人被災者についても言及してきたが、控訴審では外国人被災者を含め差別なき補償を求めていくと語った。

東京空襲での朝鮮人死者は一万人ともいわれるが、その実相は明らかではない。戦後六〇年を経てやっと朝鮮人死者の名簿作成がおこなわれたのである。消されたままの名前を真相究明の活動を通じて取り戻すことが求められる。

この日にもたれた追悼会は四回目であり、黙祷、読経、追悼の辞、追悼歌、焼香・献花がおこなわれた。追悼歌では朝鮮学校の生徒が「故郷の春」や「花」などを歌った。歌声が慰霊堂の薄暗い空間に響いた。それは人権と正義の回復への希望の声だった。

公園内の復興記念館の事務室近くに名簿の閲覧ができると記されていた。追悼会ののち、閲覧の希望を申し出ると、閲覧したい具体的な名をあげなければ見せないという。館員が持ってきた名簿は「戦災死者遺骨名簿」であり、東京都によって一九七二年に作成されたものである。その名簿は慰霊堂にある約三七〇〇人分の資料であり、名前や納骨段、火葬地が記されている。表紙の写真撮影も断られたが、すでにこの名簿は東京調査団が別の図書館で発見しているものである。

東京空襲での死亡者の名は公開されていないが、追悼とは具体的な一人ひとりへの行為であり、個人情報保護の名で隠蔽されるものではない。大阪や沖縄では死者名が明らかにされ、碑に刻まれている。東京でも死者名が刻まれ、そこに朝鮮人名も記されていくべきだろう。

（二〇一〇年二月調査）

5　中島飛行機浅川地下工場

二〇一三年三月、強制動員真相究明ネットワークの主催により第六回強制動員真相究明全国研究集会が開催され、集会後に浅川地下壕の見学会がもたれた。中島飛行機浅川地下工場については、斎藤勉『地下秘密工場中島飛行機浅川地下工場』、浅川地下壕の保存をすすめる会『フィールドワーク浅川地下壕』や中田均作成「フィールドワーク用資料」などがある。中島飛行機武蔵製作所と朝鮮人労働の調査については、梁裕河「ノート中島飛行機と朝鮮人」がある。ここではそれらの資料から中島飛行機武蔵製作所とその疎開工場となった浅川地下工場についてまとめておこう。

(1) 中島飛行機武蔵製作所

一九三八年に建設された中島飛行機武蔵野製作所はエンジン生産の拠点だった。一九四一年に多摩製作所ができ、一九四二年には武蔵野工場から東伏見に抜ける地下壕工事がおこなわれたが、その工事には朝鮮人労働者が動員された。一九四三年一〇月、両工場は統合されて武蔵工場となった。中島飛行機武蔵工場の門前の関前（八幡町三丁目）には朝鮮人の飯場ができた。

米軍は一九四四年一一月に武蔵工場を空爆し、その後も空爆が繰り返された。一九四四年一一月の『特高月報』には、軍監督下での工場拡張工事で二五〇人の朝鮮人を使用し、工場内では二〇〇人の朝鮮人が労働していたことが記されている。この工場内の二〇〇人は連行された朝鮮人の可能性が高い。また、工事労働者の二五〇人も軍の監督下での労働であり、動員された人々とみられる。

空襲では二〇〇人ほどが亡くなったが、その中には朝鮮人もいた。東伏見稲荷の中島飛行機殉職者慰霊碑には、宋乙栄、金本正鎬、豊田在興、完山玉信など朝鮮人とみられる名前が記されている。多摩の工場にも朝鮮人が集団で連行され、寮に収容され、監視の下で労働を強いられた。

武蔵工場の北方の中島航空金属の田無工場にも朝鮮から徴用された人々がいた。元学徒は、同年くらいの朝鮮の男の子たちがたくさん来ていて、最も低い身分とされ、牛馬以下の扱いをされていた。反抗しようものなら、罰として広場を何周も走らされていた。その見張り番をわたしたちがさせられたと語っている（『武蔵野女性史　あのころ　そのとき―国家に絡め捕られて』八八頁）。

中島航空金属田無工場に徴用された朝鮮人の証言としては、一九四四年に徴用された廉正燮さんの証言がある（『強制連行された朝鮮人の証言』所収）。証言によれば、徴用後まもなく、一五歳から一六歳の朝鮮の少年五人が同じ旋盤仕上げの職場に配置された。幼い彼らは監視付きの寮に入れられ、故郷に帰りたいと言っていたという。

これらの証言から、一九四四年に一〇代半ばの少年が田無工場に連行されてきたことがわかる。

(2) 中島飛行機浅川地下工場

陸軍は中央線高尾駅の南西部に巨大な地下施設の建設を計画した。この地下壕工事は東京では最大級のものであり、「ア工事」と呼ばれた。陸軍東部軍経理部が施主となり、工事は一九四四年九月から鉄道建設興業に発注してはじめられた。鉄道建設興業の下で工事を請け負ったのは佐藤工業であり、その下に多数の朝鮮人が動員された。

一九四四年末、東京への空襲が激しくなり、中島飛行機武蔵製作所が被害を受けるなかで、この浅川の地下施設は中島飛行機武蔵工場の地下工場として利用されることになった。

一九四五年二月には第一期工事である落合のイ地区工事が完成し、工作機を据え付けて発動機生産がはじまった。さらに第二期工事がおこなわれ、イ地区の整備・拡充、金比羅山のロ地区、初沢山のハ地区の掘削などがすすめられた。この工事でロ地区は佐藤工業が、ハ地区では新たに大倉土木が請け負った。

また、地上の倉庫・事務所・宿舎などの建物の建設や引込線の敷設工事もすすめられた。地上施設の建設には

▲…浅川地下壕

大倉土木、青木組、海軍工作学校、陸軍経理部特設作業隊があたった。六月に「派遣演習」として動員された海軍工作学校の生徒には台湾と朝鮮の「特別志願兵」が含まれていた。本部は料亭高橋屋におかれ、生徒は旅館や寺に分宿した。引込線の工事には青木組の下で五〇〇人の朝鮮人が動員され、飯場が一二棟ほど建てられた。

朝鮮人は高槻や平牧での地下壕建設のように、東部軍経理部特設作業隊、地下施設隊、建設勤務中隊、国鉄熱海地方施設部（第一特設建設隊）、大倉土木や佐藤工業の配下の組など、さまざまな形で動員されていたとみられる。

イ地区の佐藤工業の労働者の飯場は、落合や浅川国民学校の南東側につくられた。下請けの組には岡田組、林

組、山田組、米林組、竹田組、木田組などがあり、その配下に約五〇〇人の朝鮮人がいた。佐藤工業は落合と初沢の両方から掘り進んだ。

ハ地区の工事は一九四五年四月ころからはじまったが、そこには大倉土木の日本坂トンネル工事現場から転送されてきた池田組の朝鮮人もいた。飯場は浅川町原にあり、転送者は三角兵舎に詰め込まれた。

一九四五年に、大倉土木へと浅川の工事のために朝鮮人二〇〇人を「斡旋」する計画があったように、軍による建設計画を実行するために朝鮮人が労働力として計画的に動員・連行された。浅川での地下壕工事へと集められ、労働を強制された朝鮮人数は二〇〇〇人ほどになるだろう。

このような形で、地下工場が建設されていったわけであるが、地下工場は湿気が強く、低温であり、換気も悪かった。生産の能率は上がらず、空襲の増加により出勤率も低下した。空襲が増加し、地下壕の建設に動員されるなかで、敗戦による解放は近いと感じた人々もいただろう。それは地下壕の暗闇の中に光る希望だった。

当日のフィールドワークでは、朝鮮人飯場の跡地や巨大な地下壕のなかを歩き、発破やトロッコの跡などをみた。当時の労働の現場に立ち、その歴史を考えることができた。

（二〇一三年三月調査）

参考文献
サクション瓦斯機関製作所『半島労務者ニ関スル書類』一九四四〜四五年
『百萬人の身世打鈴』東方出版一九九九年
陸軍「工員名簿」（陸軍需品本廠芝浦出張所分）
『東京大空襲六五周年朝鮮人犠牲者追悼国際シンポジウム資料集』東京朝鮮人強制連行真相調査団二〇一〇年
斎藤勉『地下秘密工場　中島飛行機浅川地下工場』のんぶる舎一九九〇年

浅川地下壕の保存をすすめる会『フィールドワーク浅川地下壕』平和文化二〇〇五年
中田均作成「フィールドワーク用資料」
『武蔵野女性史　あのころ　そのとき―国家に絡め捕られて』むさしの女性史の会二〇一三年
梁裕河「ノート中島飛行機と朝鮮人」（『武蔵野女性史　あのころ　そのとき―国家に絡め捕られて』所収）二〇一三年

第3章●阪神の軍需工場

1　兵庫の軍需工場への連行

⑴　兵庫の軍需工場・港湾への強制連行

兵庫県の軍需工場への連行は尼崎、神戸、姫路などの工業地帯を中心におこなわれた。三菱重工業神戸造船所、川崎重工業艦船工場、播磨造船所などの造船工場では二〇〇〇人規模の連行がなされ、川崎重工業の葺合工場（製鈑）でも同様の連行がなされた。鉄鋼・金属関係では日本製鉄広畑、神戸製鋼、尼崎製鉄、尼崎製鋼、久保田鉄工、大同製鋼、中山製鋼、日亜製鋼、住友金属工業などで数百人の規模で連行された。

戦時の兵庫県での朝鮮人の強制労働現場と人数については、厚生省勤労局「朝鮮人労務者に関する調査」兵庫県分から、鉱山、土木、港湾、軍需工場へと連行された人々の氏名、出身地がわかり、約一二〇か所、一万三〇〇〇人分が明らかになった。一九四三年・四四年に入っての軍需工場への連行状況もわかった。この名簿とその他の史料から兵庫県の軍需工場への朝鮮人の連行状況を示すと、表のようになる。

図表 3-1　兵庫県の軍需工場への朝鮮人強制連行

	事業所	所在地	連行数	連行状況	備考・未払い金等
1	尼崎製鋼	尼崎			42年6月までに100人連行。42年12月75人、43年8月65人、43年11月益山·金堤·井邑97人。44年5月逃亡計画。44年7月270人在籍。賃金31件5714円
2	尼崎製鉄	尼崎			42年春、忠北忠州から連行、42年11月忠州・陰城150人連行、44年5月60人争議。45年8月156人在籍
3	大阪機械製作所尼崎工場	尼崎			43年3月148人強制貯金争議
4	大谷重工業尼崎工場	尼崎			42年黄海海州から連行、44年3月150人在籍、同年6月抵抗組織検挙、同7月3人逃走検挙
5	神東塗料尼崎工場	尼崎			貯金5件456円
6	園森製作所	尼崎	12	45年1月全南麗水12人·川崎重工泉州から転送	
7	久保田鉄工尼崎工場	尼崎			42年に連行あり、43年9月頃80人スト。43年11月195人在籍。
8	久保田鉄工武庫川工場	尼崎		名簿欠	43年11月99人連行、44年4月に150人就労。戦災保険金31件21764円
9	神戸製鋼尼崎工場	尼崎			43年11月全北井邑20金堤42益山40計101人連行
10	城戸口軽合金	尼崎	27	募集	
11	住友金属工業鋼管製造所	尼崎		名簿欠	広野に地下工場建設
12	大同製鋼尼崎工場	尼崎	75	44年4月忠南牙山·礼山·扶余・大徳等75人連行	42年6月までに89人連行。45年8月44人在籍。退職諸給与181件24963円
13	大同製鋼神崎工場	尼崎			45年8月に67人在籍
14	中山製鋼尼崎工場	尼崎			42年3月までに100人連行、45年8月6人在籍
15	日亜製鋼	尼崎	474	41年5月忠北丹陽等19人、42年4月慶北達城31人、8月江原横城・通川・寧越・平康・伊川・原州78人、43年2月忠北清州87人、6月忠北等119人、44年9月黄海安岳54人、45年2月慶北尚州86人の連行。逃走263人、8・15残留211人。	42年6月までに164人連行。42年4月に慶南1 20人、42年10月に435人動員あり、43年5月忠州197人連行、以後計680人連行。43年11月30人差別に抗議。連行者数は社史資料に680人。

16	日本硝子工場尼崎工場	尼崎			賃金2件49円伊丹供託局
17	日本パイプ製造園田工場	尼崎	136	44年12月咸南洪原100人、45年3月江原春川35人連行など	
18	富士産業	尼崎	14	募集	
19	古河電気工業大阪伸銅所	尼崎	80	44年12月黄海80人連行	
20	三菱電機伊丹製作所	尼崎	78	44年12月全北錦山51人連行、募集27人	
21	旭工機製造	西宮	20	官斡旋20人	37件2221円朝鮮人連盟支部
22	昭和電極	西宮			571件54908円朝鮮人連盟
23	大日本ビール西宮工場	西宮			貯金11件77円、退職手当8件359円
24	東洋製鋼西宮工場	西宮	8	45年4月京畿開城漣川8人連行	賃金36件597円神戸供託局
25	吉原製油西宮工場	西宮	110	44年10月江原江陵100人連行、募集10人	
26	川崎重工業西宮工場	西宮			44年4月打出寮の200人を西宮へ、44年10月新義州120人連行
27	大阪特殊製鋼伊丹工場	伊丹	10	43年現員徴用10人	未払金3件、通帳3件、計195円
28	神津製作所	伊丹	24	官斡旋12人分	
29	住友電気工業伊丹製作所	伊丹	126	44年12月江原伊川寧越99人連行ほか	給与等7件2443円神戸司法事務局、貯金7件240円、給与等104件10745円朝鮮人連盟
30	中央工業伊丹工場	伊丹	4	割当？	
31	日本圧延工業	伊丹	15	募集	
32	大阪瓦斯神戸支社西工場	神戸	55	44年9月慶南など5人、10月平南平壌等50人	尼崎営業所1件982円、神戸支社24件1797円神戸供託局
33	鐘渕紡績神戸造機工場	神戸	33	44年1月徴用23人ほか	賃金18件、貯金7件、計2458円
34	川崎車両	神戸	216	44年12月黄海載寧・長渕・殷栗169人、45年3月甕津47人	
35	川崎重工業艦船工場	神戸			44年8月1221人労働、501人争議、9月咸南300人連行、11月までに1600人連行、44年須磨寺に寮。賃金4624件333895円、貯金1061件50684円
36	川崎重工業兵庫工場	神戸	221	43年110人、44年91人、45年16人連行、出身未記入	45年8月198人在籍。賃金100件12098円、貯金2860円
37	川崎重工業葺合工場	神戸	1398	43年江原499人、44年咸北平北698人、45年黄海201人連行	44年1月868人労働・打出寮で抵抗、44年4月打出寮に600人連行（葺合に400人・西宮工場に200人）、44年5月大手寮に75

					人。45年8月110人在籍。賃金1189件48798円、貯金1344円
38	川西航空機甲南製作所	神戸	38	43年9月徴用19人、44年1月徴用10人ほか	
39	川西機械製作所	神戸			未払金23件646円、貯金23件200円
40	神戸製鋼所本社工場	神戸	413	44年3月平北厚昌・慈城86人、京畿19人、45年5月京畿24人ほか連行日・出身等未記入	45年8月352人在籍。賃金160件32756円、銀行預金46件285円、貯金51件1899円
41	神戸鋳鉄所	神戸			44年11月神戸・播磨両工場へと平安道から100人
42	中央ゴム工業	神戸	98	44年8月江原鉄原から連行	寮積立金59件1010円
43	日本制動機	神戸	118	45年3月慶南河東・全南宝城・康津・霊巌94人、5月河東24人	賃金等58件1556円神戸供託局
44	阪神内燃機工業神戸工場	神戸	51	45年3月全北長水・鎮安から連行	
45	東出鉄工所	神戸	24	44年12月全南麗水22人連行ほか	
46	三菱重工業神戸造船所	神戸	1984	44年9月平南992人、10月平南992人連行	賃金等1101件318698円朝鮮人連盟
47	川崎産業明石工場	明石			賃金28件1140円神戸供託局
48	川崎機械製作所	明石			賃金23件846円
49	神戸製鋼所大久保工場	明石			未払金4件1140円
50	東亜金属工業土山工場	明石	47	45年3月・80人連行	
51	日本工具製作	明石	34	44年9月江原三陟34人連行	
52	三菱化成工業伊保工場	高砂	48	44年12月京畿富川・仁川48人連行	
53	三井造船高砂工場	高砂			45年8月50人在籍
54	日本砂鉄鋼業高砂工場	高砂			45年8月5人在籍
55	日本製鉄広畑製鉄所高砂炉材工場	高砂			44年2月100人連行
56	日本製鉄広畑製鉄所赤穂炉材工場	赤穂	94	44年12月江原楊口94人連行	賃金19件2199円供託
57	石産金属工業飾磨工場	姫路	27	45年5月全北長水27人連行	賃金17件312円神戸供託局

58	永興産業姫路工場	姫路	17	募集	
59	大阪窯業セメント広畑工場	姫路	24	45年5月黄海新渓24人連行	
60	神戸鋳鉄所播磨工場	姫路	73	44年11月平南安州・孟山73人連行	44年11月神戸・播磨両工場へと平安道から100人
61	山陽製鋼飾磨工場	姫路	47	45年3月全北鎮安47人連行	45年8月28人在籍
62	芝浦工機網干製作所	姫路	3	44年3月徴用3人	
63	大日本セルロイド網干工場	姫路	144	45年1月忠北清州144人連行	
64	滝川工業網干工場	姫路	42	44年5月全北淳昌42人連行	
65	東京芝浦電機網干工場	姫路	15	徴用1人、募集14人	
66	中尾工業野里工場	姫路	1	44年官斡旋1人	相生工場2件142円
67	日輪ゴム工業姫路工場	姫路	2	44年官斡旋2人	
68	日本砂鉄鋼業飾磨工場	姫路	49	45年4月慶北慶州49人連行	45年8月14人在籍。32件1381円神戸供託局
69	日本製鉄広畑製鉄所	姫路	153	44年12月楊口50人、45年2月寧越20人、4月江原伊川・平康84人連行	45年8月112人在籍。貯金賃金45件4061円神戸供託局
70	日本農林工業車崎工場	姫路	42	募集	
71	日本フェルト工業	姫路	32	45年3月京畿京城など32人連行	
72	浜田鉄工所	姫路	9	全南麗水9人連行	賃金14件2095円
73	播磨造船所	相生	2202	41年慶南110人、43年慶南126人、44年9月平北465人、10月全南1203人連行、約280人は在日の動員	42年6月までに125人を連行。44年9月全南1710人連行、45.7.28空襲で至誠寮で死亡者。貯金61件3453円
74	吉坂鍛工	—	5	5人中逃亡3人	

註　厚生省勤労局調査・兵庫県分名簿から作成し、「帰国朝鮮人労務者に対する未払賃金債務等に関する調査統計」(『経済協力 韓国105　労働省調査　朝鮮人に対する賃金未払債務調』)、中央協和会「移入朝鮮人労務者状況調」、『終戦直後ノ鉄鋼労務』、『朝鮮人強制連行調査の記録兵庫編』、『神戸港強制連行の記録・朝鮮人中国人そして連合軍捕虜』などで補足した。

連行状況と連行数の欄は厚生省勤労局調査名簿の記載による。備考・未払い金の欄には、他の史料から連行と未払い金の状況を記した。未払い金額は銭を四捨五入し、円単位で記した。

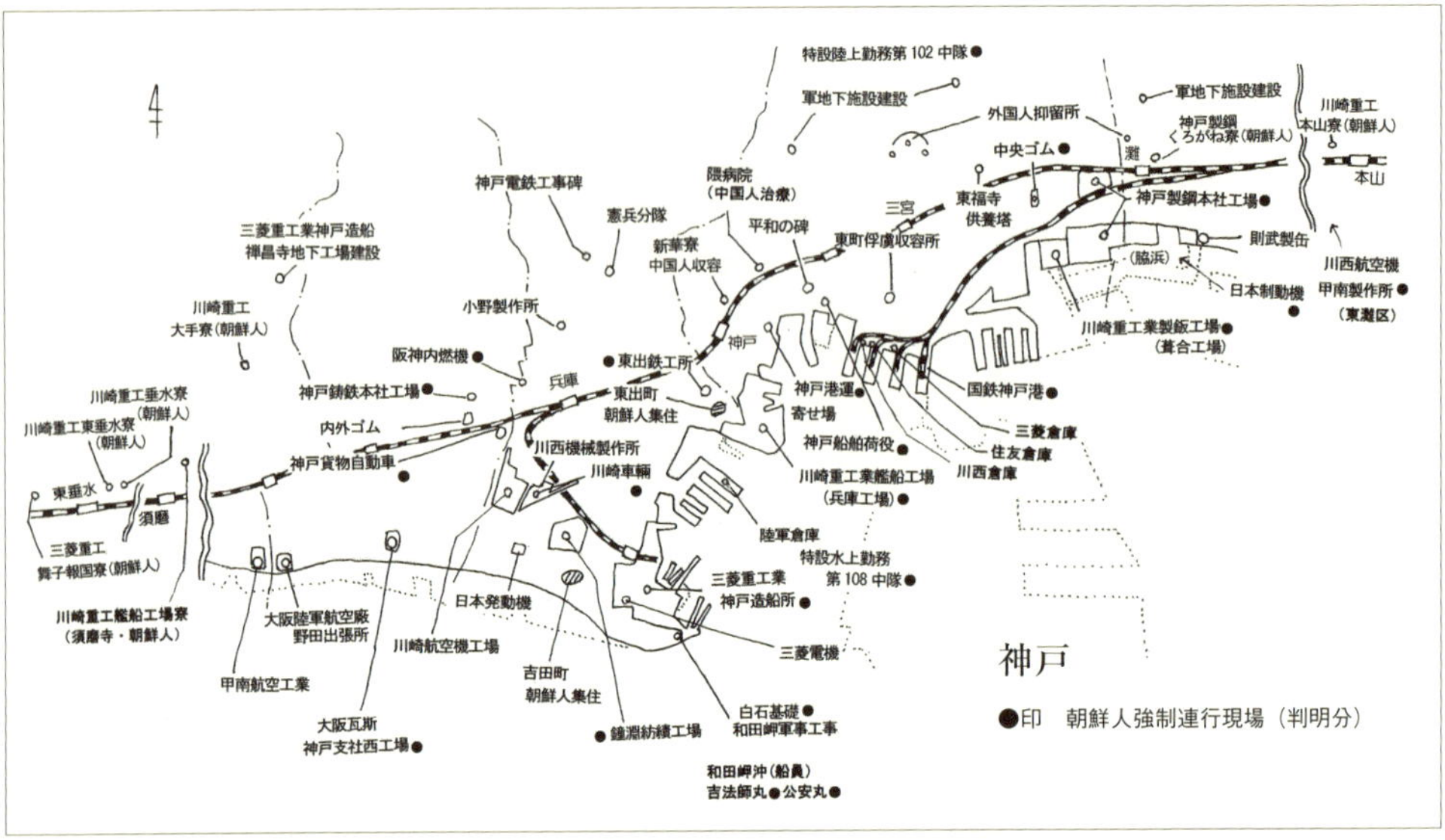

神戸地域をみれば、厚生省勤労局名簿での朝鮮人の連行数は五三〇〇人を超える。名簿からは川崎重工葺合工場・同兵庫工場、三菱重工神戸造船所、川崎車両、神戸鋳鉄、神戸製鋼、阪神内燃機、大阪ガス神戸支社、中央ゴム工業、日本制動機、鐘紡神戸造機、川西航空機甲南、神戸貨物自動車、神戸船舶荷役などへの連行が確認できる。

この他に、日通、国鉄など港湾・運輸部門に朝鮮人が連行され、軍需物資や兵員を輸送する船舶にも朝鮮人が徴用された。

連行朝鮮人数は、川崎重工業（艦船・葺合・兵庫工場）と三菱重工業神戸造船への連行者を合わせると五〇〇〇人を超え、それに神戸の各事業所へと連行された人々を加えると七〇〇〇人を超える規模になる。

中国人は神戸の港湾労働に一〇〇〇人ほどが連行された。連行は七次に及んでいる。神戸から函館、七尾、敦賀へと転送された中国人もいた。この間の調査で、連行中国人の収容所であった新華寮、連行中国人を診療した隈病院などが確認されている。

神戸には大阪俘虜収容所神戸分所がおかれ、当初、約

図表 3-2　朝鮮人徴用船員関係会社・兵庫県分

	船舶会社	供託件数	供託金額
1	新日本汽船	55	23380.89
2	川崎汽船	44	81534.64
3	宮地汽船	37	41713.09
4	山下汽船	25	10192.62
5	大同海運	21	23625.50
6	中村汽船	19	74512.46
7	松岡汽船	15	31549.62
8	甲南汽船	13	1750.08
9	沢山汽船	7	5634.37
10	日本近海汽船	7	24800.00
11	大図汽船	6	7852.19
12	八光汽船	6	14442.00
13	武庫汽船	5	6998.00
14	日下部汽船	4	14874.73
15	明治海運	4	24350.09
16	玉井商船	3	8613.28
17	図南汽船	3	9024.50
18	東和汽船	3	6659.02
19	旭汽船	2	8032.00
20	山下近海汽船	2	5847.16
21	大洋海運	2	923.46
22	浜根汽船	2	1056.63
23	丸正海運	1	400.00
24	大蔵海運	1	2845.00

註　東京法務局「金銭供託受付簿」「金銭供託元帳」から作成。1950 年 8 月供託。供託金は賞与・退職金・死亡手当・所持品喪失手当・葬祭料など。松岡汽船は芦屋、他はすべて神戸。

四〇〇人が連行された。連合軍俘虜は川崎重工業、昭和電極などの軍需工場や日通湊川支店、神戸船舶荷役、兵庫港駅、三井倉庫、住友倉庫、三菱倉庫などの港湾運輸関係の現場で労働を強いられた。敗戦時の収容人員は四八八人、収容中の死者は一三四人だった（POW研究会調査による）。

神戸港の鉄鋼・造船と港湾・運輸などの現場で朝鮮人・中国人・連合軍俘虜の強制労働がおこなわれたわけである。

(2) 川崎重工業の造船工場

神戸の川崎重工業の工場と三菱重工業神戸造船所への連行状況についてみてみよう。

川崎重工業の神戸での造船業は、一八八一年の川崎兵庫造船所の設立と一八八六年の官営神戸造船所の払い下げから始まる。日清戦争による造船の需要拡大のなかで一八九六年に神戸に川崎造船所が設立された。

川崎造船所は鉄道車両製造、航空機生産、海運業などへと事業を展開した。一九一九年に川崎汽船、一九二八年に川崎車両、一九三七年に川崎航空機工業が分離した。また、一九三七年に岩手県に久慈製鉄所を作り、砂鉄の精錬をおこなった。アジア太平洋地域での侵略戦争の拡大と軍拡のなかで、川崎造船所では駆逐艦や潜水艦が建造された。一九三七年までに八つの船台が設置され、一九三九年には川崎重工業となり、神戸の造船所では航空母艦も建造された。戦争による資本の増殖がすすんだのである。葺合工場は一九一七年に完成し、鋼板の生産をおこなった。

厚生省調査名簿には、川崎重工業葺合工場（製鈑工場）の一三九八人分と兵庫工場二一九人分がある。葺合工場への連行状況をみれば、一九四三年一月から四月にかけて江原道の一〇の郡から五〇〇人ほどが連行された。月別では、一九四三年一月に横城・洪川・原州から九九人、三月に金化・鉄原・通川・高城・鉄原から一八五人、四月に春川・横城・洪川・金化・原州・平昌・麟蹄から二一五人が工場に連行された。

また、一九四四年三月・四月には、咸鏡北道会寧・茂山・城津・鏡城・富寧・慶源・清津・明川・吉州・城津・羅津から二九四人、四四年一〇月・一二月には平安北道博川・雲山・竜川・定州・博川から四〇四人が連行された。さらに一九四五年四月には黄海道平山・安岳・延白から二〇一人が連行された。葺合工場への連行は朝鮮北部からおこなわれ、連行者のうち五〇〇人ほどが逃亡し、死亡者は二六人を確認できる。

一九四三年四月に江原から葺合工場に連行された鄭壽錫さんの証言をみよう。鄭さんは一九四四年四月一日に横城郡三〇人、洪水郡三〇人、春川郡四〇人の計一〇〇人とともに連行され、四月三日に芦屋の打出寮に収容された。兄に徴用が来ていたが、兄は母を世話するために逃げた。兄の代わりに行ったのではないが、当時は一九歳で、翌一九四四年に徴兵されることがわかっていたので、その前に慣れておこうと考え、行くことにした。母に言うと反対されると思い、横城郡庁での選考に合格するとそのまま原州に向かった。原州から列車で釜山に送られ、釜山から下関を経て兵庫まで行った。三か月の軍事訓練の後、七月に製鉄所で働き、二年後の四五年四月に期間満了で退所した（『神戸港強制連行の記録・朝鮮人中国人そして連合軍捕虜』九一〜九八頁）。

一九四五年六月の神戸空襲では、川崎の葺合工場に連行されていた朝鮮人が三か所の防空壕に逃げたが、多くが亡くなった。東福寺には神戸大空襲後に神戸製鋼や川崎重工などで働いていた朝鮮人の遺骨が石炭箱に入れられて持ち込まれた。東福寺の観音堂はそれらの死者を追悼してつくられた（『朝鮮人強制連行調査の記録　兵庫編』六六頁）。遺骨は日本人のものとともに寺の仏舎利塔（無縁塔）に収められている。

厚生省名簿によれば、兵庫工場へは出身郡は不明であるが、一九四三年一二月に一一〇人、一九四四年八月に九一人、一九四五年五月に一八人が連行された。

▲…東福寺無縁塔

川崎重工業の社史では、一九四四年に艦船工場で一六〇〇人の朝鮮人を「産業戦士」として迎え、一一月には朝鮮人徴用工が入所とあり、葺合工場、兵庫工場のほかに艦船工場にも連行があったことがわかる。

艦船工場に連行された朴球會さんの証言をみてみよう。朴さんは一九四四年八月、咸南咸州郡から連行された。咸鏡南道から三〇〇人が連行され、咸興から釜山、下関を経て神戸の川崎重工業の垂水寮の第一寮に収容された。寮は三棟あり、第一寮には北中隊と南中隊があり、北中隊はさらに八つの小隊に分けられ、小隊は六班で編成されていた。一班が一〇から一二人ほどだった。一か月ほどの訓練後、艦船工場で潜水艦の伝言管用パイプを曲げるという労働をさせられた。六月の空襲では第三寮が焼けて朝鮮人青

図表 3-3　川崎重工業葺合工場への朝鮮人強制連行

連行年月日	連行数	連行者出身郡	逃走	送還・解雇	満期	徴兵	死亡	8/15解放	不明
1943.1.11	99	江原横城 30 洪川 29 原州 40	22	2	72	1	2		
1943.3.21	70	江原金化 35 鉄原 35	26		43	1			
1943.3.27	115	江原通川 49 高城 50 鉄原 15 忠南 1	34	6	70	5			
1943.4.4	115	江原春川 40 横城 30 洪川 30 金化 15	21		89	2	3		
1943.4.14	100	江原原州 40 平昌 30 麟蹄 30	29	4	60	1			6
1944.3.18	104	咸北会寧 27 茂山 20 城津 23 鏡城 13 富寧 9 慶源 8 清津 4	59	1		2	2	34	6
1944.3.26	125	咸北清津 36 明川 42 吉州 22 城津 10 鏡城 7 羅津 2 富寧 2 他 4	57			4	3	52	9
1944.4.3	65	咸北吉州 32 城津 27 清津 3 明川 3	23	1		3	2	30	6
1944.10.24	141	平北博川 96 雲山 45	30	10			5	89	7
1944.12.5	263	平北竜川 114 定州 84 博川 61 慈城 2 他 2	92	5			9	149	8
1945.4.9	201	黄海平山 65 安岳 79 延白 50 他 7	110					85	6
計	1398		503	29	334	19	26	439	48

註　厚生省勤労局調査・兵庫県分川崎重工業葺合工場名簿から作成。
　一時帰郷は逃走に入れた。退職は送還・解雇に入れた。満期は 2 年後に帰国したものを示す。不明は判読不明と未記載の数を示す。名簿では 8・15 解放による徴用解除を「自由」と記している。連行は官斡旋とされ、44 年 10 月から徴用による連行も併用された。

図表 3-4　川崎重工業兵庫工場への朝鮮人強制連行

連行年月日	連行者数	連行者出身郡	逃走	送還・病気	徴兵	死亡	8/15解放	不明
1943.12.2	110	不明	62	6	9	1	32	
1944.8.10	91	不明	6	6	3	4	68	4
1945.5.15	18	不明					18	
計	219		68	12	12	5	118	4

註　厚生省勤労局調査・兵庫県分川崎重工業兵庫工場名簿から作成。
45 年 5 月は徴用による。

図表 3-5　三菱重工業神戸造船所への朝鮮人強制連行

連行年月日	連行数	連行者出身郡	逃走	病気・送還	徴兵	死亡	8/15解放	備考
1944.9.11	992	黄海海州 3 安岳 11 黄州 12 載寧 6 松禾 5 信川 3 瑞興 3 谷山 4 鳳山 6 遂安 5 殷栗 7 他 4、平南安州 4 江西 144 江東 52 順川 8 成川 9 大同 184 中和 104 寧遠 4 平原 25 孟山 3 龍岡 142 价川 4 平壌 122 鎮南浦 27 他 4、平北雲山 3 朔州 2 定州 6 寧辺 3 昌城 2 宣川 2 泰川 2 博川 6 熙川 3 他 3、全羅 23 慶尚 11 江原 5 忠清 5 京畿 6 咸鏡 4	408	61	2	9	511	平南 836 人 平北 32 人 他 異動状況不明 1
1944.10.13	992	平南平壌 6 安州 94 江西 127 順川 133 江東 3 成川 3 徳川 3 鎮南浦 3 寧遠 2 大同 124 中和 89 平原 146 龍岡 131 价川 56 他 2、平北昌城 4 寧辺 4 博川 2 義州 2 江界 2 雲山 2 熙川 2 他 4、黄海黄州 3 遂安 3 他 8、江原 2 京畿 2 全羅 11 慶尚 9 咸鏡 4 忠南 6	215	60	1	3	713	平南 922 人 平北 22 人 他
計	1984		623	121	3	12	1224	不明 1

註　厚生省勤労局調査・兵庫県分三菱重工業神戸造船所名簿から作成。労働不能は病気・送還に入れた。

年が犠牲になった。この頃から逃走が増え、寮生の半分ほどがいなくなった。川崎重工業は連行した朝鮮人を芦屋の打出寮、本山寮、須磨の大手寮などに収容した。西宮にあった川崎重工の特殊鋼工場にも連行朝鮮人がいた（『朝鮮人強制連行調査の記録　兵庫編』六一～七〇頁）。

西宮の特殊鋼工場については、一九四四年一〇月に新義州で連行に向けて選考がなされたことが、『朝鮮検察要報』一〇号に記されている（『神戸港強制連行の記録・朝鮮人中国人そして連合軍捕虜』一二五～一二七頁）。その記事によれば、一〇〇人の徴用割当をこなすために三六八通の出頭命令書（二二歳と二三歳）が出されたが、一一二人が出頭しなかった。選考で適格とされた者は九一人であり、割当数に足りなかった。そのため、二九人を適格者にくりあげ、一二〇人に徴用令書を出すことになった。

徴用を免れようとする機運が極めて濃厚であり、身体の故障を誇大に告げて不合格となろうとするものが多いこと、徴用と言えば地獄にでも引っ張られるような気がする、当局の命令でやむなく応じるといった言動も記されている。現地では徴用を忌避する気運があり、動員に対する抵抗が根強かったのである。

(3) 三菱重工業神戸造船所

三菱重工神戸造船所は一九〇五年の三菱合資会社神戸造船所からはじまる。一九三四年、船舶、重機、航空機、鉄道車両の統合によって三菱重工業が設立されることで、三菱重工業神戸造船所となった。ここでは軍用に潜水艦を建造した。

この神戸造船所にも朝鮮人が連行され、厚生省名簿からは一九四四年九月一一日に平安南道を中心に九九二人、一〇月一三日には九九二人が連行されたことがわかる。連行名簿から平安南道の出身郡をみると、大同三〇八人、龍岡二七三人、江西二七一人、中和一九三人、平原一七一人、順川一四一人、平壌一二八人、安州九八人、价川六〇人、江東五五人、鎮南浦三〇人、成川一一人、寧遠六人、徳川三人、孟山三人などであり、一七五〇人ほどになる。徴用によって朝鮮北部から一〇〇〇人規模で二波にわたる大動員がなされたわけである。

連行された人々は舞子報国寮に収容された。舞子報国寮は二階建てで一八棟あり、二〇〇〇人を収容できた。神戸造船所には一九四三年に徴用された在日朝鮮人もいた（『朝鮮人強制連行調査の記録　兵庫編』五七～五八頁）。神戸造船所にはこの名簿以外にも数多くの朝鮮人が動員されていたとみられる。

(4) 尼崎・日亜製鋼

尼崎の日亜製鋼については厚生省勤労局名簿から、一九四一年五月二七日に忠北丹陽等一九人、四二年四月二一日に慶北達城三一人、八月二一日に江原横城・通川・寧越・平康・伊川・原州七八人、四三年二月五日に忠北清州八七人、六月一〇日に忠北等一一九人、四四年九月一五日に黄海安岳五四人、四五年二月一七日に慶北尚州八六人などの計四七四人分の連行状況がわかる。このうち逃走が二六三人、八・一五残留が二一一人である。

他の史料からは、日亜製鋼へと、一九四二年四月に慶南から一二〇人、四二年六月までに一六四人が連行され、四二年一〇月に四三五人が在籍していたこと、四三年五月には忠州一九七人が連行されたことがわかる。厚生省勤労局名簿での四二年六月までの数は五〇人であり、他の史料と比べると一一四人が欠落していることになる。また、厚生省勤労局名簿では、四二年一〇月までの数を一二八人としているが、三〇〇人以上が欠落していることになる。『創業五〇年史資料』では七次六八〇人としているが、厚生省勤労局史料の日亜製鋼分の名簿と他史料との比較から、連行された朝鮮人は八〇〇人以上とみられる（連行状況は、中央協和会「移入朝鮮人労務者状況調」、『特高月報』、日新製鋼『創業五〇年史資料』、『尼崎市史』八、『朝鮮人強制連行調査の記録 兵庫編』の年表による）。

忠北清州から尼崎の日亜製鋼に連行された朴相億さんによれば、すでに江原道からの連行者がいた。壁に囲まれた寮に入れられ、三か月間の軍事訓練があった。朝六時に起きて武庫川まで行軍させられた。見張り付の団体行動訓練であり、軍人が前へすすめなどの号令をかけ、姿勢が悪いと木刀で殴られた。日本刀を抜いて威嚇されることもあった。軍事訓練が終わると工場での強制労働が始まった。劣悪な労働条件のなかで逃走し、高野山の林道工事の飯場で解放をむかえた（『強制連行された朝鮮人の証言』五二〜五六頁）。

一九四三年一一月に神戸製鋼尼崎工場に連行された崔東奎さんによれば、協和隊の訓練で武庫川へと走らされ、軍事訓練をさせられたという（『在日朝鮮人九〇年の軌跡　続・兵庫と朝鮮人』二一八頁）。尼崎の日亜製鋼や神戸製鋼などの軍需工場に連行された朝鮮人に対しては、このような軍事訓練が協和の名でおこなわれたのである。

2　播磨造船所と相生平和記念碑

(1) 播磨造船所への朝鮮人連行

兵庫県相生市にある播磨造船所の歴史は一九〇七年の播磨船渠株式会社の創設からはじまる。一九一二年には播磨造船株式会社が設立され、戦争経済のなかで経営を拡大していった。鉄道工事や造船工場の工事には朝鮮人の労働者の姿もあった。戦争が拡大されるなかで、日の浦をはじめ、佐方、旭、赤穂線橋脚近く、野瀬海岸の南側などに朝鮮人が集住するようになった。

アジア太平洋地域での戦争の拡大にともない、海軍の管理下に入り、海軍用の貨物船建造にむけての拡張がすすめられた。松の浦工場は改E型戦時標準船（貨物船）建造の専門工場とされ、一九四三年から四五年はじめにかけて、二本の船台で一六三隻を建造した。戦争末期、播磨造船所では特殊潜航艇も建造された。このような戦時の増産により、播磨造船所には二〇〇〇人を超える朝鮮人が連行され、さらに中国人四八七人、連合軍捕虜五〇〇人も連行された。播磨造船所の労働者は一九四四年には二万二〇〇〇人ほどになった。磯際山には松の浦工場の地下壕が掘られたが、拡張工事や地下工事に動員された朝鮮人もいた。戦争の拡大により、播磨造船は南組み立てた。

社史からは、朝鮮からの動員が一九四一年一月に現地に派遣し、方出張所をおき、インドネシアのスラバヤなどで艦船の修理をおこない、ハルビンの播磨工廠では警備用砲艦を

『播磨造船所五〇年史』から朝鮮人強制連行の状況についてみてみよう。

社史からは、朝鮮からの動員が一九四〇年一二月に許可されたため、社員を一九四一年一月に現地に派遣し、慶尚南道から一二三人を連行したことがわかる。連行した人々は大部分が「退散」（逃亡）し、残ったものは二〇人ほどだった。その後、在留朝鮮人の動員がすすめられ、一九四二年九月末の動員数は、造船部七六人、造機部四三人、電気部一人、女工九五人の計二一五人となった。

社史には、播磨造船所への徴用による一七一〇人の大動員が一九四四年九月から一〇月にかけて全羅南道からおこなわれたことも記されている。連行された人々は一二の中隊に編成され、至誠寮に収容された。至誠寮は、連行がすすめられた一九四四年一〇月に完成した。収容棟は一二ほどあり、二二〇〇人を収容できた。一九四二年三月に完成した一〇〇人ほどを収容できる前山寮にも連行者が入れられた。連行された人々のうち六五三人が「無修学」であり、「無断退散者」が続出した。四五年一月二三日には至誠寮の一部が焼けた。八・一五解放をむかえ、一九四五年一〇月六日に朝鮮人八七二人が朝鮮に帰国していった。

植民地からの強制的な連行は動員しても逃走者が続出するという結果になったのである。

厚生省勤労局名簿の兵庫県分のうち、播磨造船所の名簿は二二〇〇人を超えるものであり、記載者数が最も多い現場である。名簿の統計表からは、一九四一年に二〇〇人、一九四四年に一七五〇人の集団的連行の割当があったことがわかる。雇入数は、一九三九年一五人、四〇年四七人、四一年一八八人、四二年二二人、四三年一五〇人、四四年一七八九人、四五年三人の計二二一五人とされている。日本に住む朝鮮人の徴用とともに一九四二年と四四年での集団的な連行によって労働力が集められたのである。統計では、徴用による朝鮮人労務者数を

図表 3-6　播磨造船所への朝鮮人強制連行

連行年月日	連行数	連行者出身郡	逃走	送還・解雇	死亡	8・15在籍
1941.2.21	54	慶南陜川 49 他 5	41	2		11
1941.3.6	56	慶南咸陽 50 他 6	51	2		3
1944.9.17	186	平北慈城 53 碧潼 48 渭原 38 雲山 33 他 15	20	1	2	163
1944.9.19	37	平北厚昌 12 楚山 4 慈城 3 他 18	4		9	24
1944.9.20	249	平北寧辺 74 楚山 56 泰川 44 昌城 37 厚昌 18 他 20	24		1	224
1944.10.9	61	全南海南 53 他 8	32			29
1944.10.10	165	全南霊巌 65 長城 63 長興 15 他 22	55	3	2	105
1944.10.11	109	全南高興 40 霊光 31 莞島 17 霊巌 10 他 11	63	4	1	41
1944.10.12	117	全南霊光 81 長興 22 済州 3 他 11	39	1		77
1944.10.13	361	全南務安 171 海南 71 高興 62 長興 32 済州 7 他 18	175	1		185
1944.10.14	191	全南莞島 57 康津 51 珍島 37 光陽 34 他 12	98			93
1944.10.15	207	全南済州 183 海南 14 他 10	49	1	5	152
計	1793		651	15	20	1107

註　厚生省勤労局調査・兵庫分播磨造船名簿から作成。この名簿は 2215 人の氏名・住所などが掲載されている。この表では一般募集、在日の徴用者は除き、朝鮮からの集団的連行者 1793 人分を集計した。この表から播磨造船所への 1800 人ほどの集団連行の実態をみることができる。欠落が 30 人ほどある。

集計にあたり、行方不明や無届連休は逃走に入れた。犯罪は送還・解雇に入れた。8・15 以後の会社都合や家族都合による解雇、徴用解除は 8・15 在籍に入れた。なお、8・15 後に徴用解除がなされたが、その後に逃走した者は逃走に入れた。名簿では 41 年の連行を官斡旋、43 年以後の連行を徴用と扱っている。判読が困難な箇所については推定して記入した。

一八九一人、死亡者は六〇人、負傷者を四人、逃亡者を六五一人としている。

この名簿から一九三九年以後の動員者を集計した。集計に利用した名簿には三〇人ほどの欠落があり、ここに示す表は二一八〇人ほどの連行状況を示すものである。なお、重複者は除いた。

この名簿の集計から連行状況をみると、一九四一年二月に慶南陜川から五四人、三月慶南咸陽から五六人の計一一〇人を連行し、一九四四年九月、平北厚昌・寧辺・楚山・泰川・昌城・慈城・碧潼・渭原・雲山などから四七二人、一〇月には全南海南・霊巌・長城・長興・高興・霊光・莞島・務安・済州・康津・珍島・光陽などから一二一一人を連行したことがわかる。社史の記述とほぼ同じ連行数となる。厚生省名簿は戦後の転記資料であり、転記上の誤りや判読困難な箇所があるが、社史の記述には一九四四年九月以後の平安北道分がないこと

図表 3-7　播磨造船所への在日朝鮮人の動員

動員年月日	動員数	出身道郡	逃走・無届休	解雇・退職等	入営	死亡	8・15在籍
1939.2	1	高霊					1
1939.3	1	済州		1			
1939.7	9	済州 6　ほか	4	4			1
1939.9	2	高興・東莱		1			1
1939.11	1	固城		1			
1940.1	2	慶州ほか	1	1			
1940.3	3	清道ほか 2	1	2			
1940.6	1	義城	1				
1940.7	1	昌寧	1				
1940.8	4	高興	1	3			
1940.9	13	陝川 3 蔚山 3 ほか	6	6			1
1940.10	6	安東 2 ほか	5	1			
1940.11	15	蔚山 5 済州 2 ほか	3	11			1
1940.12	7	済州 2 慶南 5	2	4			1
1941.1	21	慶北 10 ほか	11	7			3
1941.2	14	慶南 7 ほか	4	3		1	6
1941.3	2	尚州・泗川		1			1
1941.4	4	陝川 2 ほか	4				
1941.5	6	慶南 4 ほか	1	3			2
1941.6	6	慶南 3 全南 3	2	3			1
1941.7	5	慶南 3 全南 2	2				3
1941.8	7	慶南 5 ほか	3	4			
1941.9	4	居昌 2 ほか	1	1			2
1941.10	3	慶南 2 ほか	2				1
1941.11	2	慶州・江華	1				1
1941.12	1	晋州					1
1942.1	2	慶南 2		2			
1942.4.22	6	晋州 3 ほか				1	5
1942.6	3	居昌 2 ほか	1	1			1
1942.8	3	咸陽 2 ほか	1				2
1942.9	1	咸陽					1
1942.10	1	東莱					1
1942.11	1	昌原					1
1942.12	2	全南 2					2
1943.1	1	達城					1
1943.2	4	咸安 2 ほか					4
1943.4	7	慶山 2 ほか	4	1			2
1943.5	1	寧辺				1	
1943.10	3	慶南 3					3
1943.11.20	6	慶南 2 慶北 2 全南 2					6
1943.12.9	127	咸安 15 昌原 5 普州 5 済州 10 ほか		19	2	1	105

1944.1	3	統営1ほか					3
1944.2	4	康津ほか3	1				3
1944.3	7	全南3ほか					7
1944.3.21	30	咸安4昌原3済州2永同2義城2ほか	3				27
1944.3.30	13	慶南4慶北4ほか		2		1	10
1944.4	5	慶南2慶北2ほか	1	1			3
1944.6	7	達城2ほか		1			6
1944.7	1	霊巌					1
1944.9	1	務安				1	
1944.11	1	昌原					1
1944.12	1	安東		1			
1945.2	1	安東					1
1945.3	1	安東		1			
1945.5	1	安東					1
計	385		67	86	2	6	224

註　厚生省勤労局・調査　兵庫分播磨造船名簿から作成。播磨造船への在日朝鮮人の徴用や募集による動員状況を示す。

無届連休・行方不明は逃走に入れた。8・15在籍はその後の徴用解除や会社都合退職を示す。

動員は、当初は一般募集であったが、43年5月からは徴用による動員がおこなわれた。募集で現場に入り、その後、現員徴用された者もいた。また、挺身隊員として動員された女性も1人いた。8・15まで在籍した者は徴用解除とされているものが多い。43年12月には127人の徴用がなされた。

なお、44年9月・10月の全南・平北出身の動員者については集団連行者の表に入れたものがあり、この表には含まれない。

がわかる。

平安北道渭原郡から一九四四年九月一七日に連行された金明俊さんの証言がある。金さんは、貧しい生活から逃れるためには行かなければならない、逃げたら家族に危害を加えると言われて連行された。造船所では鋲打ちをさせられたが、コークスの熱で蒸され、臭気のなかで気を失うこともあった。食事は極端に少なく、腹が減って耐えられなかったという（「朝鮮新報」二〇〇二年一〇月四日付記事）。

播磨造船所名簿のうち三八〇人ほどが在日の動員者とみられる。名簿の記載からは、在日朝鮮人が一九四三年一二月に一三〇人ほど、四四年三月には五〇人ほどが徴用と記されている。在日者が集団的に動員されたことがわかる。また、個別に「一般募集」され、解放後「徴用解除」とされている者も多い。これは現員徴用された人々であり、朝鮮人の強制動員の一形態である。

このような形で一九四一年に動員された金台祚

さんの給与関係資料がある。金さんは、鋲打ちやかしめ作業をさせられた。当時の給料明細からは貯金や退職積立金、年金などが控除されている（『朝鮮人強制連行調査の記録　兵庫編』八四〜八五頁）。

連行された朝鮮人を収容した至誠寮や前山寮は佐方三丁目方面にあった。軍隊式の労務管理が導入され、朝、中隊ごとに点呼し、中隊長が造船所まで引率した。名簿の統計では死者を六〇人としているが、名簿上で確認できるのは二六人である。三四人の名前がわからない。今後の調査課題である。

以上みてきたように、厚生省勤労局名簿からは一九四四年秋に川崎重工業、三菱重工業、播磨造船所をはじめ兵庫県の軍需工場へと徴用や官斡旋によって数多くの朝鮮人が連行されたことがわかる。

一九四四年九月に入ってからの集団的連行の状況は、北海道炭礦汽船の文書『釜山往復』にある「臨時輸送表」からも知ることができる。この文書は釜山駐在員向田力男が北炭本店労務課長に宛てたものであり、一九四四年九月二三日から一〇月四日にかけての一二日間の朝鮮人の連行状況を示すものである。この表から、九月下旬から一〇月初めにかけて朝鮮の各道から一万八〇〇〇人ほどの朝鮮人が連行されたこと、連行途中で八〇〇人ほどが逃走し、一万七〇〇〇人を超える人々が釜山から日本へと連行されたことなどがわかる。このうち四〇〇〇人ほどが朝鮮北部からの連行である。

徴用令を適用し、動員の強制力をいっそう強め、官斡旋分とともに一か月で四万人をこえる大動員が計画されたのである。一九四四年の秋に兵庫の造船工場や鉄鋼工場に集団連行された人々はこのような大動員のなかで送り込まれてきたのである。

朝鮮北部での証言には、李浩俊（川崎重工業泉州）、安成得（東京芝浦仁川工場）、梁弘浩（鶴見造船所）、鄭竜翊（川南工業香焼造船所）、李成民（三菱重工業名古屋航空機）、李仁賛（日立造船広島）など、軍需工場への

図表 3-8　徴用適用期の朝鮮人強制連行（1944 年 9 月 23 日〜 10 月 4 日）

道名	動員形態	割当人員	引継人員	釜山事故	釜山事故内訳		乗船人員	割当人員に対する引継人員歩合	割当人員に対する乗船人員歩合
					病気	逃走			
京畿	官斡旋	650	350	15		15	335		
	徴用	2950	2273	72	8	64	2201		
忠北	官斡旋	50	41	5		5	36		
	徴用	850	824	27	1	26	797		
忠南	官斡旋	150	83	6		6	77		
	徴用	2200	1854	72	4	68	1782		
全南	官斡旋	100	51				51		
	徴用	3150	2135	94	3	91	2041		
全北	官斡旋	400	251	27	1	26	224		
	徴用	2050	1120	82	3	79	1038		
慶南	官斡旋	550	354	31	2	29	323		
	徴用	2250	2096	93	2	91	2003		
慶北	官斡旋	450	247	16		16	231		
	徴用	2600	2197	199	37	162	1998		
黄海	官斡旋	200	143	4		4	139		
	徴用	1050	953	46	1	45	906		
平南	官斡旋	250	186				186		
	徴用								
平北	官斡旋								
	徴用	750	709				709		
江原	官斡旋	150	118				118		
	徴用	1200	1084	50	1	49	1038		
咸南	官斡旋								
	徴用	850	850	1		1	849		
咸北	官斡旋								
	徴用	300	299				299		
計	官斡旋分	2950	1824	104	3	101	1720	61.8	58.3
	徴用分	20200	16394	736	60	676	15637	81.2	77.5
総計		23150	18218	840	63	777	17377	78.7	75.1

註　北海道炭礦汽船『釜山往復』所収、「臨時輸送状況表」釜山駐在員向田力男文書（北海道炭礦汽船本店労務課長宛）から作成。徴用が開始された 9 月下旬の各道からの 1 万 8000 人ほどの朝鮮人の連行状況を示す。

動員に関するものが多くなる（『告発・証言集二　強制連行編』）。
それは一九四四年に入って造船関係での四万人をはじめ軍需工場への朝鮮人の動員が数多くおこなわれ、その動員が朝鮮北部に及んだことによるものである。

(2) 相生平和記念碑

▲…相生平和記念碑

相生市の善光寺には約六〇体の朝鮮人遺骨が保管されていた。朝鮮人強制連行真相調査団による善光寺での調査により、これらの遺骨が強制連行された朝鮮人や造船所の埋め立て工事などに動員された朝鮮人の遺骨であることがわかった。貧しくて葬式もできず、預かる寺もほとんどないなかで、寺に持ち込まれた遺骨を先代の住職が守ってきたという。

一九九一年八月、民団と総連が共同して追悼会を持ち、その後、相生市韓国朝鮮人強制連行犠牲者無縁仏慰霊碑建立実行委員会が結成された。相生市議会はこの実行委員会の陳情を受けとめ、市が管理する東部霊園の一角を無償で提供することを決めた。兵庫県内を中心に募金活動がおこなわれ、播磨造船所の継承企業である石川島播磨重工業も募金に応じた。一九九五年一一月、朝鮮式の納骨堂をもった相生平和記念碑（韓国朝鮮人無縁仏之碑）が完成した。納骨堂には阪神淡路

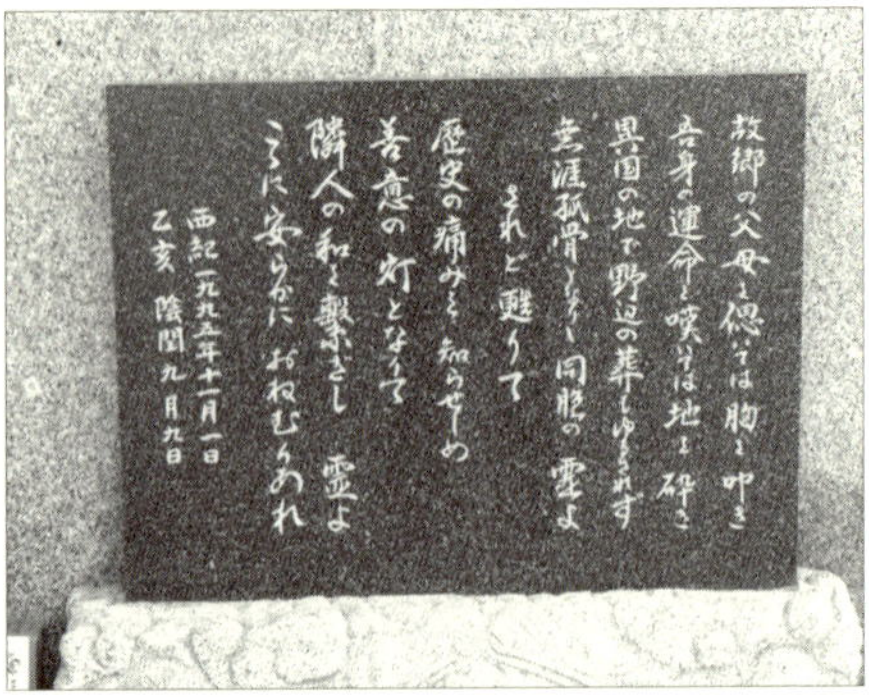

▲…追悼堂の碑文

大震災での朝鮮人無縁遺骨も入れられた。以後、毎年一一月の第一日曜日に相生平和記念碑を守る会による追悼会がもたれている。

納骨堂の碑の横には、「故郷の父母を偲いては胸を叩き　吾身の運命を嘆いては地を砕き　異国の地で野辺の葬もゆるされず　無涯孤骨となりし同胞の霊よ　されど甦りて　歴史の痛みを知らせしめ　善意の灯となりて　隣人の和を繫ぎし　霊よ　ここに安らかにおねむりあれ」と日本語と朝鮮語で記されている。

強制労働の時代に、無縁となることを強いられた多くの遺骨があった。人びとは分断線を超えて手をつなぎ、この地に納骨堂と平和碑を建てた。その遺骨の前に立ち、その歴史に思いをはせ、平和にむけて誓いを交す活動が続いている。碑の前に立つ人々に、分断と対立という現実を変えて新たな平和な関係を創っていくことを、無縁を強いられた人々のまなざしが呼びかける。

（二〇一四年一一月調査）

3　川西航空機甲陽園地下工場

一九九一年七月、第二回朝鮮人中国人強制連行強制労働を考える全国交流集会が兵庫県西宮市でもたれた。集会では、三井造船玉野、川崎重工業泉南工場、ウトロ、海軍日吉台地下壕、ＢＣ級戦犯、丹波マンガン鉱山、中島飛行機浅川地下工場、高槻地下壕、松代大本営地下壕、長生炭鉱、三菱重工亀島山地下工場など全国各地からの報告があった。集会の分科会は、入門講座、花岡蜂起、土木建設、炭鉱・鉱山・軍需工場、地下工場・地下施設、軍人軍属・「慰安婦」、教育実践、映像記録、地域史見直し、戦後補償など一〇のテーマでもたれた。

炭鉱・鉱山・軍需工場の分科会には、兵庫・大阪・京都・東京・山口・石川・福岡・長崎・佐賀・広島からの参加があった。この分科会では、調査や研究が賠償の運動に耐えられるものであること、相互批判による突き詰めた論議が必要であること、実態を解明し、連行に関する具体的な数値を示していくこと、未払い金問題を明らかにすること、知事引継書の公開と実態調査をすすめることなどの意見が出された。

集会では、「アリランのうた―オキナワからの証言」(朴壽南監督)が上映され、川西航空機の甲陽園地下工場のフィールドワークが企画された。甲陽園は甲山の山麓にあり、戦時期には山林地であったが、現在では開発がすすんで住宅地となっている。この住宅地の下に七か所の地下壕がある。地下壕は川西航空機の地下工場や海軍大阪警備府用施設として使われた。

川西航空機の設立は一九二八年であり、一九三〇年に西宮の鳴尾に工場を移転した。神戸(甲南)、宝塚、姫路などにも工場があり、海軍の水上偵察機、飛行艇、戦闘機「紫電改」などを生産した。川西航空機は海軍の指定工場とされ、空襲が激しくなると、甲陽園、山芦屋、苦楽園、北条、福地山などに地下工場を建設した。

兵庫朝鮮関係研究会の『地下工場と朝鮮人強制連行』には一〇か所の現地調査の報告記事があるが、そのうち五か所がこの川西飛行機の地下工場の調査である。甲陽園の地下壕工事は海軍大阪警備府の下で海軍施設部第二〇〇設営隊が担い、大林組・西松組・鴻池組・奥村組・飛島組が請け負った。飛島組配下で多奈川などの現場から転送された者、朝鮮から直接連行されて各組に割り当てられた者など、一〇〇〇人以上の朝鮮人が動員されたとみられる。八・一五解放の夜には甲陽園の谷間の広場で朝鮮人が「戦勝祝賀会」を開いたという。

▲…甲陽園地下壕の朝鮮國独立の文字
（鄭鴻永氏提供）

甲陽園地下工場跡では一九八七年の現地調査によって「朝鮮國獨立」の文字が発見された。また、万池谷墓地の調査により四人の朝鮮人の火葬認許証が発見され、その記事から海軍施設部による朝鮮人動員が確認されている。

各地の報告では地下工場関係のものが多かった。静岡の中島飛行機原谷地下工場を含め、詳細な調査が必要であると思った。

＊その後、甲陽園の地下壕は埋戻しや崩落によって数が減り、最後の壕を二〇一四年に埋め戻すという計画が報道された。

（一九九一年七月調査）

4　神戸港平和の碑

二〇〇〇年九月、神戸で強制連行調査ネットワークの集会がもたれた。集会では、はじめに兵庫で強制連行などの朝鮮人史を研究してきた鄭鴻永さんを偲ぶ会がもたれ、その後、神戸港、七尾港、敦賀港、安野発電工事、日本製鉄、土谷クロム、大江山、兵庫県、静岡県、茨城県など各地の調査報告がなされた。翌日は討論集会の後に、神戸港のフィールドワークがおこなわれた。

神戸では、神戸港における戦時下朝鮮人・中国人強制連行を調査する会が結成され、現地調査がすすめられた。神戸船舶荷役へは全北の金堤や忠南の錦山から連行された人々が多いが、その連行者のひとり、金堤出身の李南淳さんの証言を現地でえている。

フィールドワークでは、神戸電鉄工事朝鮮人労働者の像、強制連行者が多かった川崎重工業と三菱重工業の近辺、連行中国人の収容所であった新華寮、連行中国人を診療した隈病院、朝鮮人無縁仏がある東福寺などを見学した。

神戸の強制連行前史としては、神戸電鉄の敷設工事がある。この工事には、一九二七年から二八年の神戸有馬電鉄による神戸と有馬温泉を結ぶ有馬線工事と一九三六年から三七年の三木電鉄による鈴蘭台と三木を結ぶ三木線の工事の二つがある。この二社が一九四七年に合併して神戸電鉄となった。

▲…神戸電鉄工事追悼碑

▲…東出の監視塔

これらの工事はともに山間部での難工事である。この工事を請け負ったのは日本工業合資会社だった。工事には一〇〇〇人を超える朝鮮人が集められ、死者も出た。現在判明している死者数は一三人である。一九二七年の朝鮮人の争議には一〇〇〇人を超える朝鮮人が参加し、在日本朝鮮労働総同盟も支援に駆けつけた。

神戸電鉄の朝鮮人の歴史調査がすすむなかで、一九九四年に神戸電鉄敷設工事朝鮮人犠牲者追悼会がもたれた。一九九六年には追悼の意を込めた朝鮮人労働者の像が置かれた。

軍需工場が集中していた神戸は米軍の空襲を受け、多くの市民が生命を失った。そのなかには動員された朝鮮人もいた。朝鮮人が集住した地域でもある東出には川崎重工業の監視塔が残っていた。

鄭鴻永さんは、資料などの問い合わせには笑顔で丁寧に答え、資料提供を惜しまなかった。神戸新聞の記者が鄭鴻永さんについて「知らない者には寛容に、知ろうとする者には粘り強く、どんなときも全身で語ってくれた」（二〇〇〇年三月七日記事）と記している。鄭さんの孫が集会で上映されたビデオで、鄭さんの書かれた本を読みます、書きますと語っていた。鄭鴻永さんの思いは『歌劇の街のもうひとつの歴史　宝塚と朝鮮人』や『地下工場と朝鮮人強制連行』の形で生き続けている。

二〇〇九年七月には、神戸で第四回在日朝鮮人運動史研究会・日韓合同部会が開催された。七月二四日には韓国での強制動員被害者への支援状況、占領期の在日朝鮮人政策、三井財閥と強制連行についての報告があり、二五日には神戸港平和の碑の見学がおこなわれた。

神戸港には戦時下、朝鮮人・中国人・連合軍捕虜が連行され、労働を強いられた。神戸の市民グループはこの強制連行の問題の共同調査をすすめ、二〇〇四年に『神戸港強制連行の記録　朝鮮人中国人そして連合軍捕虜』という本にまとめた。

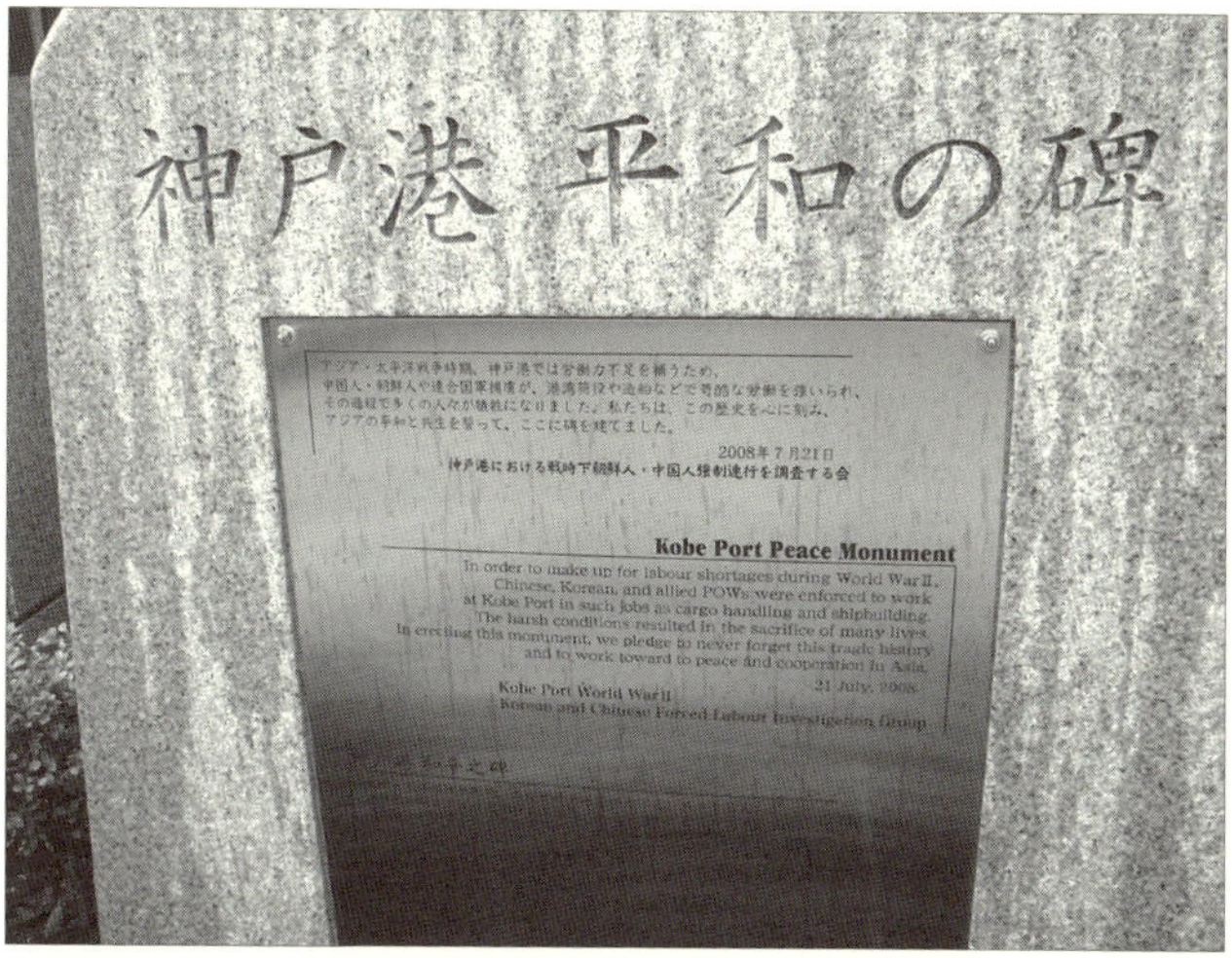

▲…神戸港平和の碑

二〇〇八年七月には、日英朝中の四か国語で、神戸の港湾と造船などで苛酷な労働を強いられ、多くの人々が犠牲になったこと、それを心に刻み、平和と共生を誓うことなどを記した「神戸港平和の碑」を建てた。碑は神戸市中央区海岸通りの神戸華僑歴史博物館が入っているＫＣＣビルの前に、「非核神戸方式の記念碑」とともにある。

（二〇〇〇年九月、二〇〇九年七月調査）

5　大阪の軍需工場と港湾

二〇〇一年九月、強制連行調査ネットワークの集会が大阪の茨木市でもたれた。集会では三菱の強制連行、西松組裁判、敦賀港、高槻地下倉庫、朱鞠内遺骨発掘、大江山裁判、軍人軍属裁判、済州島調査などの報告があった。翌日には大阪港などのフィールドワークがおこなわれた。

「中国人強制連行と大阪臨港地帯」のフィールドワークでは、大正橋の安政津波遭難者供養碑、尻無川水門工事殉難者碑（一九六九年の事故）、中山製鋼などの大正区の工場、港区の第三突堤、築港の天保山、安治川トンネルなどを見学し、大阪の港湾の形成から侵略の拠点化、軍需生産と港湾荷役、戦時の強制連行などについて学んだ。

大阪には一二〇〇人を超える中国人が連行され、そのうち一〇〇〇人以上が大阪港湾の現場で労働を強いられた。大阪の大阪中国人強制連行受難者追悼実行委員会は中国での現地調査を重ね、四〇人近くの生存者と一〇〇人以上の遺族を確認し、強制労働の実態を示す証言を収集してきた。一九九八年には追悼会を港湾の現地で開催し、一九九九年には『大阪と中国人強制連行』を発行した。大阪港湾には朝鮮人や連合軍俘虜も連行されている。朝鮮人の連行については一九九三年に朝鮮人強制連行真相調査団『朝鮮人強制連行の記録　大阪編』が出されている。以下はフィールドワークの後に、資料を集めてまとめたものである。

(1) 大阪の港湾と強制労働

戦時下、大阪の港湾は戦争の拠点となっていた。港区の浪速貨物駅には軍需物資が運搬された。陸軍専用とされた第三突堤からは軍用船で大砲、戦車、軍馬などを輸送した。大阪の陸軍造兵廠からの物資も輸送されてきた。陸軍の糧秣支廠や運輸部の倉庫などもおかれた。港に面した西淀川区、此花区、大正区、住之江区、西成区には鉄鋼や造船などの軍需工場が立ち並び、軍需生産を担った。そのために各地から大阪へと石炭や鉄や銅などの金属が輸送され、軍需品が生産された。三井や三菱、住友などの倉庫がならび、原料や製品を輸送するために多くの港湾労働者が必要になった。そのため、大阪の港湾に多数の朝鮮人、中国人、連合軍俘虜が連行されてきた。

港湾業者として上組、共進組、高島組、桑名組などが荷役を担っていたが、戦時下の統制がすすむなかで一九四一年には港湾運送業等統制令がだされ、一港一社化による動員態勢が取られるようになった。大阪では港湾業者によって一九四二年一二月に大阪港運㈱が設立されたが、この会社は日本通運、鴻池組運輸部、大正運輸、住友倉庫、三菱倉庫などによるものであった。同月にはこの大阪港運の業種別子会社として、大阪船舶荷役㈱、大阪河川運送㈱、大阪筏㈱なども設立された。石炭運送部門では、大阪港石炭運送㈱も設立された。

一九四三年四月には工場・倉庫・沿岸の三つの統制組合の連合による大阪沿岸荷役業統制組合連合会が設立された。中国人の強制連行を担ったのはこれらの大阪港運、大阪船舶荷役、大阪港石炭運送、大阪沿岸荷役業統制組合連合会といった統制会社・組合である（『大阪と中国人強制連行』八八～九〇頁）。

『大阪港史』三には、一九四二年六月での荷役労働者数調が掲載されているが、船舶荷役、沿岸荷役、石炭荷役などで約三〇〇〇人の不足とされている。そのため連合軍俘虜五〇〇人が連行され、さらに中国からの連行がなされた。朝鮮人の港湾荷役への配置について朝鮮総督府と交渉して朝鮮の労務者の「移送」を要請し、一九四四年一〇月頃までに朝鮮の労務者が大阪など主要一二港に配置された。特に倉庫荷役については東京・大阪・神戸・関門へと二〇〇人を増配させた。敗戦時に全国の港湾で労働していた朝鮮人は三三万人に及んだ。全国的な港湾での朝鮮人の配置先（連行先）は、大阪港四〇〇人、大阪倉庫五〇人、神戸港二〇〇人、神戸倉庫五〇人、名古屋港二〇〇人、八幡港八〇〇人、関門港二五〇人、関門倉庫五〇人、博多港二〇〇人、東京倉庫五〇人、若松港二〇〇人、長崎港一〇〇人、広島港一〇〇人、敦賀港一〇〇人、舞鶴港一五〇人などである（『大阪港史』三、六六～六九頁）。

厚生省勤労局調査には、秋田港運・長崎港運・清水港運送・神戸船舶荷役・広畑港運・博多港運・唐津港運・長崎港運などの名簿が残されている。このほかにも室蘭、函館、伏木などの港運に連行されるなど、全国各地の港運へと連行がなされた。大阪の港湾については、『大阪港史』に記されている以外にも様々な形での朝鮮人の動員があったとみられる。

国鉄の「半島労務者配置状況」によれば、一九四四年の第三・四半期までに大阪の港町駅四五人、梅田駅二三〇人、安治川口駅一四四人、大阪港駅九五人、大阪東駅三七人、桜島駅二四三人、汐見橋駅四八人の朝鮮人が配置されている。この段階で一〇〇〇人ほどが連行されていた。さらに一九四五年には梅田・大阪港・大阪市場・玉造・天王寺・津田・桜島・安治川口・淀川・浪速などの各駅に二〇〇〇人ほどの連行が計画されていた。

この計画によってどれほどが実際に連行されたのかは不明であるが、一〇〇〇人を超える朝鮮人が大阪の国鉄の駅に連行され、運輸労働を強制されたことは明らかである。この国鉄のほかにも日本通運大阪支店などへの連行もあった。陸軍関係物資の運搬には特設水上勤務隊が編成されたが、この部隊にも朝鮮人が多かった。大正区には数多くの朝鮮人が集住し、港湾での労働に就くことも多かった。連行者以外にも大阪での港湾や陸上輸送には数多くの朝鮮人が動員されていた。このような輸送部門での労務動員によって軍需工場での材料や製品の輸送が可能になった。

連合軍俘虜も大阪の港湾に連行され、三菱倉庫、日清倉庫、渋沢倉庫、住友荷役、大阪鉄道局、日通大阪支店などの港湾・運輸や大阪製鉄、淀川製鋼所、大阪窯業セメント、久保田鉄工所、中山製鋼所、日立造船、名村造船、藤永田造船、佐野造船などの軍需工場などでの労働を強いられた。

(2) 軍需工場への連行

港湾沿いの鉄鋼関係の軍需工場には多くの朝鮮人が連行されている。その連行は一九四二年六月以降におこなわれたものが多い。「移入朝鮮人労務者状況調」によれば、一九四二年に連行を計画していた工場には、大阪製鋼西島工場・大同製鋼大阪工場・大谷重工業大阪工場・淀川製鋼所（西淀川区）、大谷重工業恩加島工場・中山製鋼所本社（大正区）、大和製鋼本社（西成区）、川崎重工業大津工場（泉南郡）などがあった。一九四三年以後

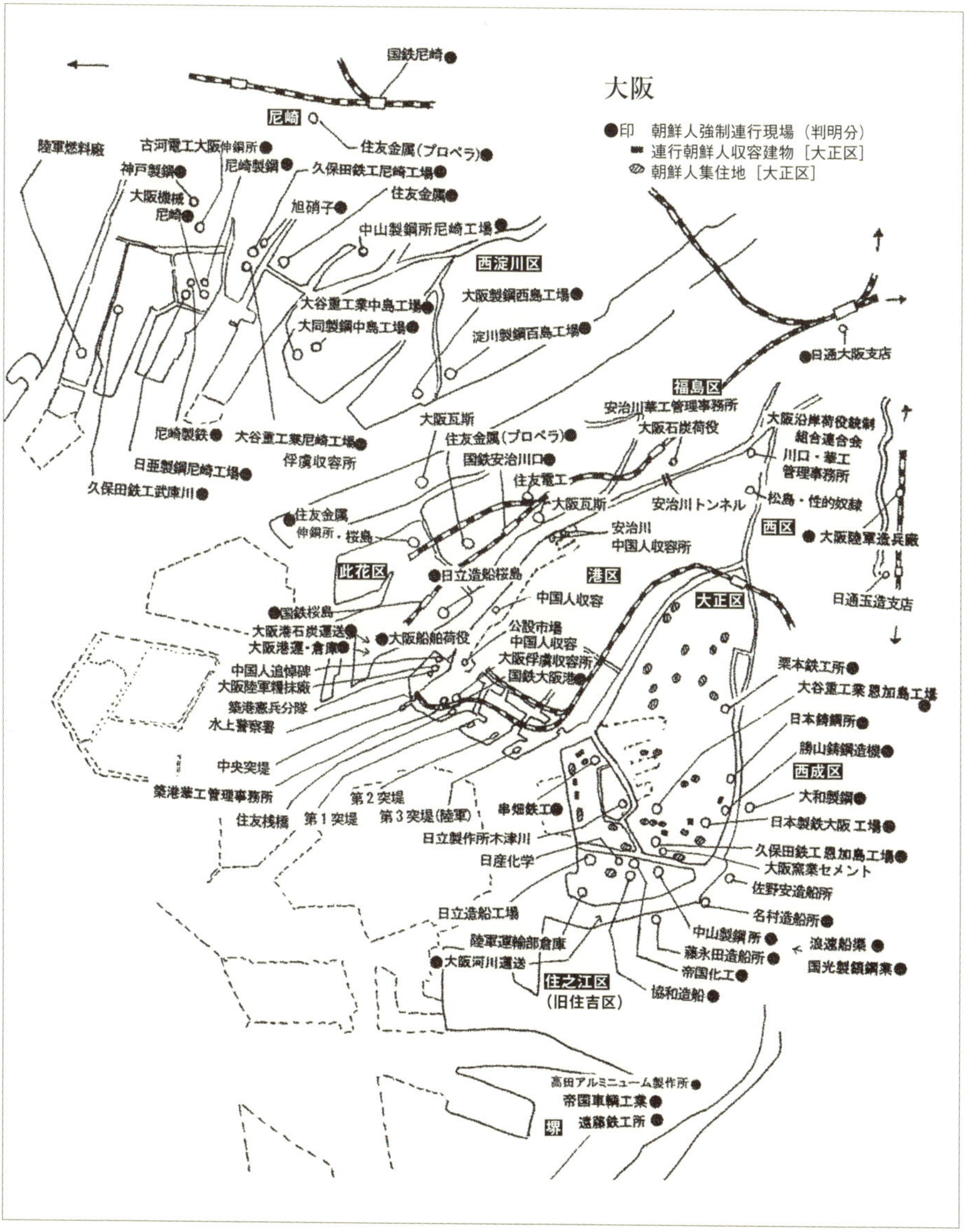
大阪
●印 朝鮮人強制連行現場（判明分）
連行朝鮮人収容建物［大正区］
朝鮮人集住地［大正区］
国鉄尼崎
尼崎
住友金属（プロペラ）
陸軍燃料廠
古河電工大阪伸銅所
神戸製鋼
尼崎製鋼
久保田鉄工尼崎工場
住友金属
大阪機械
尼崎
旭硝子
中山製鋼所尼崎工場
西淀川区
大谷重工業中島工場
大阪製鋼西島工場
大同製鋼中島工場
淀川製鋼百島工場
日通大阪支店
福島区
安治川華工管理事務所
大阪石炭荷役
大阪沿岸荷役統制
組合連合会
川口・華工
管理事務所
尼崎製鉄
大谷重工業尼崎工場
俘虜収容所
日亜製鋼尼崎工場
久保田鉄工武庫川
大阪瓦斯
住友金属（プロペラ）
国鉄安治川口
住友電工
大阪瓦斯
安治川トンネル
松島・性的奴隷
住友金属
伸銅所
桜島
安治川
中国人収容所
西区
大阪陸軍造兵廠
此花区
日立造船桜島
港区
日通玉造支店
国鉄桜島
中国人収容
大正区
大阪港石炭運送
大阪港運・倉庫
大阪船舶荷役
公設市場
中国人収容
大阪俘虜収容所
国鉄大阪港
中国人追悼碑
大阪陸軍糧抹廠
築港憲兵分隊
水上警察署
栗本鉄工所
大谷重工業恩加島工場
日本鋳鋼所
勝山鋳鋼造機
西成区
中央突堤
築港華工管理事務所
第２突堤
住友桟橋
第１突堤
第３突堤（陸軍）
串畑鉄工
大和製鋼
日本製鉄大阪工場
日立製作所木津川
久保田鉄工恩加島工場
日産化学
大阪窯業セメント
佐野安造船所
日立造船工場
名村造船所
中山製鋼所
浪速船渠
陸軍運輸部倉庫
藤永田造船所
国光製鎖鋼業
大阪河川運送
帝国化工
住之江区
（旧住吉区）
協和造船
高田アルミニューム製作所
帝国車輌工業
堺
遠藤鉄工所

には工場への連行がさらにすすめられ、此花区の住友金属工業、日立造船所桜島、大正区の久保田鉄工所恩加島工場、日本製鉄大阪工場、協和造船所、帝国化工大阪工場、住之江区の藤永田造船所、平野区の大阪金属工業などへの連行がおこなわれた。

大正区では一九四三年ころには軍需工場への連行が九か所の工場に及んだが、このころの連行朝鮮人の配置と朝鮮人の集住区の状況を示す「内鮮要覧　大正区警察署管内」という地図が発見されている。この大正区の地図には連行工場として、栗本鉄工所、日本鋳鋼所、大谷重工業、勝山鋳鋼造機、日本製鉄大阪工場、中山製鋼所、久保田鉄工所、協和造船、串畑鉄工が黒い丸印で示され、その近くには連行朝鮮人の収容所である「集団移入鮮人宿舎」が黒い長方形で記されているものが多い。また、朝鮮人の集住区が、泉尾浜通り（二か所、六〇世帯二三五人）、北恩加島（一か所、六〇世帯二一九人）、小林（四か所、八九世帯三三四人）、北泉尾（二か所、世帯等未記入）、南泉尾（三か所、一一五世帯九二〇人）、平尾（二か所、一二〇世帯九八四人）、南恩加島東（二か所、二一四世帯一三四四人）、南恩加島東（五二世帯三五〇人）、南恩加島西（二か所、七五世帯三三四人）、船町（世帯等未記入）、鶴町南（九八世帯三八八人）、鶴町北（二か所、八五世帯三四〇人）という形で記載されている。

この地図からは連行企業が増加したこと、警察にとって集団連行朝鮮人と朝鮮人集住区がともに治安監視の対象であったことなどがわかる。また、この大正区の地図には、大阪窯業セメント、陸軍運輸部倉庫などの名も記されている。これらの現場にも朝鮮人が動員されていたとみられるが、詳細は不明である。

大阪の軍需工場については連行者の名簿は、厚生省勤労局調査では大阪特殊製鋼分の二九人しか残されていない。一九四四年に入っての鉄鋼や造船の現場には朝鮮北部からの連行者が増加する。大阪の軍需工場でも同様とみられるが、詳細は不明である。

▲…安治川隧道のプレート（1944年9月）

▲…隧道の内部

なお、二〇〇五年一〇月には大阪中国人強制連行連行受難者追悼実行委員会によって築港の天保山公園に追悼記念碑『彰往察来』が設置された。

大阪陸軍造兵廠への連行については留守名簿や工員名簿に氏名があることがわかった（二〇一〇年調査）。この連行の実態についての解明は今後の課題である。

（二〇〇一年九月調査）

6　川崎航空機高槻地下工場

一九九五年七月、第六回朝鮮人中国人強制連行強制労働を考える全国交流集会が大阪市高槻でもたれた。日本の戦争責任に関する講演の後、入門講座、教育、「慰安婦」、調査・研究・保存、戦後補償裁判、強制連行と在日、戦争責任の七つの分科会がもたれた。翌日には全体討論と高槻の地下壕の見学などがおこなわれた。

調査・研究・保存の分科会では、大阪築港での中国人連行、日吉台海軍地下壕、広島・因島での朝鮮人労働史、高槻地下倉庫などについての報告がなされた。この分科会では坂本悠一さんが高槻の地下倉庫について詳細な報告をおこなった。高槻地下倉庫については、戦争の記録を残す高槻市民の会による資料集二『戦争の傷跡　地下軍需工場の記録』、資料集三『わが街たかつきの戦争の記録　高槻の空襲・続地下軍需工場』などが出され、地下施設工事に関する資料や回想記などが収録されている。

坂本さんの報告には、今後の各地の地下工場建設の調査についての有益な史料や論点が提示されていると思うので、その後に発表された論文も含めてここで紹介しておきたい。

以下、坂本悠一「『高槻地下倉庫』工事と労働力動員」『ヒストリア』（一五二）、「『本土決戦』と『高槻地下倉庫』」（『戦争と平和』四）を参考にしてまとめていく。

高槻の地下壕は大阪府内では最大級のものであり、全国的にも大きなものである。それは陸軍によって建設がすすめられた五つの「緊急地下施設工事」のひとつであり、建設当時は「地下倉庫」と呼ばれた。五つの工事は高槻の他には長野の松代、東京の浅川、愛知の楽田、福岡の山家がある。地理的には東京・名古屋・大阪・福岡の陸軍拠点の近くにあり、その防空施設として建設が始まったが、浅川・楽田・高槻の地下壕は航空機生産の地下工場に転用された。

建設は陸軍、運輸通信省、建設会社が連携してすすめられた。陸軍の各軍管区司令部の経理部が施主となり、国策会社である鉄道建設興業に発注され、その傘下の有力株主会社に配分された。工事にあたり、運輸通信省の国鉄の地方本部が建設隊を組織し、工事を担った。

陸軍は一九四五年二月から五月にかけて二〇の地下施設隊を編成し、四月からは航空総軍の隷下とした。このうち第一一から第二〇の地下施設隊の将校・下士官以外の兵員は朝鮮人で編成された。

高槻の地下工事の場合、中部軍管区司令部経理部が施主となり、工事を施工するために、国鉄岐阜地方施設部と間組が「高槻地下建設隊」を組織した。岐阜地方施設部は第二特設建設隊から人員を動員したが、この隊は一九四五年一月に運輸省地下建設本部所属の第二地下建設部隊に編入された。この下に三〇〇〇人を超える朝鮮人が動員され、地下壕の掘削にあたった。二つの地区に計画された床面積は二万七九〇〇平方メートルであるが、一地区に一六本の壕が掘られた。

高槻の地下施設は一九四四年九月ころに調査・測量がはじまり、陸軍用地下壕として建設がはじまった。しかし、空襲が激しくなり、航空機工場の緊急疎開がすすめられるようになると川崎航空機明石工場の地下工場に転用された。ここでは陸軍戦闘機「飛燕」のエンジン生産が計画された。

この高槻の地下壕工事にはさまざまな形での労務動員がなされている。坂本論文から判明分をみてみよう。中部軍管区特設作業隊の朝鮮人徴用者二〇〇人が奈良の北宇智村の航空燃料貯蔵庫の建設現場から一九四五年三月頃、高槻の現場に転送された。

第三一航空通信隊の一部が磐手国民学校に駐屯し、工事に動員された。工兵第四連隊が高槻市内に駐屯していたが、この部隊の動員の詳細については不明である。

一九四五年六月末に京都師管区工兵補充隊で編成された建設勤務五一四中隊、五一五中隊約五〇〇人が動員された。大阪師管区歩兵第一補充隊員の朝鮮人兵士の動員もあった。

間組は各地の現場から高槻へと朝鮮人を動員してきたが、特に東海道線の逢坂山トンネル工事現場からの動員の可能性が高い。この現場は一九四一年一一月に着工し、一九四四年八月に竣工している。この現場は強制連行者のいた現場である。

日窒鉱業土倉鉱業所からは一九四五年六月に七〇から八〇人が動員された。この集団には朝鮮人が含まれていた。この鉱山も強制連行があったところである。岐阜の神岡鉱山から来たという証言もある。

証言によれば、京都・大阪・岐阜・長野・静岡・四国・東北など各地から動員されていた。京都から吉村組の配下として労働したという証言もある。在日朝鮮人の地下工場建設の協力団体一心会による動員もあった。

学徒としては彦根工専、浪華商業、北野中学などから動員があり、技術的な業務や資材運搬や偽装などの雑役をおこなった。住民の勤労奉仕や天理教による動員もあった。

人口統計から朝鮮人数をみると、一九四二年に男七七五人、女七〇九人であったが、一九四五年一一月には男三〇〇九人、女六七四人となっている。男の増加分は地下壕工事関係者によるものとみられる。

以上、坂本論文と分科会発表で提示された資料から高槻への朝鮮人の動員についてまとめた。

分科会では、日本土木建築統制組合の一九四五年の第一次割当表が紹介された。その表には、中島飛行機藪塚、東京第一造兵廠鹿沼、三菱発動機平牧、名古屋造兵廠帷子、陸軍省松代、陸軍省山家、函館本線増設、東北本線増設、中島飛行機浅川、萱場製作所地下、函館船渠防空、宇久須鉱山土木、日軽金仁科選鉱場施設、川崎工業用水道拡張などの工事での割当朝鮮人数四五〇〇人分が記されていた。

愛知県平牧の三菱の地下工場建設では、陸軍の東海軍管区経理部のもとで三菱重工第一臨時建設部、運輸通信省第二地下建設隊、飛島組施工隊が組織されて工事がすすめられた。高槻でも同様な建設態勢がとられたわけである。

高槻の調査では、地下壕工事への動員が陸軍の特設作業隊、建設勤務隊、航空通信隊などの兵員、間組の逢坂山工事現場からの転送、土倉鉱山からの転送、全国各地からの動員、下請けの吉村組などの配下での動員、学徒や住民の動員など、さまざまな形でおこなわれたことが明らかになった。

朝鮮人が多数含まれていたとみられる軍特設作業隊、大阪師管区歩兵第一補充隊、間組の転送者、陸軍地下施設隊などの実態の解明が今後の課題である。陸軍、運輸通信省、土木業者が一体となって地下壕工事をすすめた実態が高槻での調査で明らかにされたことの意義は大きい。また、一九四五年の人口統計調査も参考になる。

一九九九年には、高槻「タチソ」戦跡保存の会によって『朝鮮人強制連行・強制労働ガイドブック　高槻「タチソ」編』が出版された。

大阪の特高関係文書からは、高槻地下壕が大規模なものであったこと、高槻工事に連行された二五〇〇人のうち、五か月で一〇〇人が逃亡していたこと、四五年五月ころには一九〇〇人の朝鮮人労働者と七〇〇人の家族がいたこと、高槻署が臨時出張所を置いていたことなどが判明した。また、大阪での朝鮮人連行現場には、これまでに判明していた企業の他に、大阪港石炭運送、大阪河川運送、高田アルミ、遠藤鉄工所などがあることがわかった（塚崎昌之編『大阪府特高警察関係資料　昭和二〇年』）。

（一九九六年七月調査）

参考文献

中央協和会「移入朝鮮人労務者状況調」一九四二年
『終戦直後ノ鉄鋼労務』（鉄鋼労務問題六）鉄鋼統制会一九四五年九月
『釜山往復』北海道炭礦汽船一九四五年
「帰国朝鮮人労務者に対する未払賃金債務等に関する調査統計」『経済協力 韓国一〇五 労働省調査 朝鮮人に対する賃金未払債務調』一九五三年
『播磨造船所五〇年史』播磨造船所一九六〇年
兵庫朝鮮関係研究会『兵庫と朝鮮人』ツツジ印刷一九八五年
兵庫朝鮮関係研究会『地下工場と朝鮮人強制連行』明石書店一九九〇年
兵庫朝鮮関係研究会『在日朝鮮人九〇年の軌跡 続・兵庫と朝鮮人』神戸学生青年センター出版部一九九三年
朝鮮人強制連行調査団編『強制連行された朝鮮人の証言』明石書店一九九〇年
朝鮮人強制連行調査団編『朝鮮人強制連行調査の記録 兵庫編』柏書房一九九三年
朝鮮人強制連行調査団編『朝鮮人強制連行調査の記録 大阪編』柏書房一九九三年
神戸電鉄敷設工事朝鮮人犠牲者を調査し追悼する会『神戸電鉄敷設工事と朝鮮人労働者資料集』一九九三年
神戸電鉄敷設工事朝鮮人犠牲者を調査し追悼する会『鉄路にひびくアリランの唄』一九九六年
鄭鴻永『歌劇の街のもうひとつの歴史 宝塚と朝鮮人』神戸学生青年センター出版部一九九七年
『告発・証言集二 強制連行編』朝鮮日本軍「慰安婦」・強制連行被害者補償対策委員会二〇〇三年
神戸港における戦時下朝鮮人・中国人強制連行を調査する会『神戸港強制連行の記録 朝鮮人中国人そして連合軍捕虜』明石書店二〇〇四年
神戸港における戦時下朝鮮人・中国人強制連行を調査する会『アジア・太平洋戦争と神戸港』みずのわ出版二〇〇四年
『人権歴史マップ（神戸版）』ひょうご部落解放・人権研究所二〇〇五年
在日本朝鮮留学生同盟兵庫地方本部強制連行真相究明サークル『朝鮮人強制連行（兵庫）に関する資料的研究』二〇〇七年
こちまさこ『一九四五年夏はりま 相生事件を追う』北星社二〇〇八年
飛田雄一「アジア・太平洋戦争下、神戸港における朝鮮人・中国人・連合軍捕虜の強制連行・強制労働」『世界人権問題研

究センター研究紀要』一四　二〇〇九年
茶園義男編『大日本帝国内地俘虜収容所』不二出版一九九三年
『戦争の傷跡　地下軍需工場の記録』資料集二　戦争の記録を残す高槻市民の会一九八二年
『わが街たかつきの戦争の記録　高槻の空襲・続地下軍需工場』資料集三　戦争の記録を残す高槻市民の会一九八四年
高槻「タチソ」戦跡保存の会『朝鮮人強制連行・強制労働ガイドブック　高槻「タチソ」編』解放出版社一九九九年
大阪・中国人強制連行をほりおこす会『大阪と中国人強制連行』一九九九年
大阪中国人強制連行連行受難者追悼実行委員会「民衆史としての碑と中国人強制連行」（フィールドワーク資料）二〇〇〇年
辛基秀「大正区の朝鮮人一九三五〜四五」『戦争と平和』九　大阪国際平和研究所紀要二〇〇〇年
坂本悠一「『高槻地下倉庫』工事と労働力動員」『ヒストリア』一五二　大阪歴史学会一九九六年
坂本悠一「『本土決戦』と『高槻地下倉庫』」『戦争と平和』四　大阪国際平和研究所紀要一九九五年
浜淵久志「太平洋戦争期における三菱財閥の再編過程　二」『経済学研究』三一―四　北海道大学一九八二年
塚﨑昌之編『大阪府特高警察関係資料　昭和二〇年』不二出版二〇一一年
塚﨑昌之「鉄鋼統制会の名簿（一九四五・八・一五）から」『強制動員真相究明全国研究集会報告集』二〇一一年

第4章●愛知の航空機工場

1　三菱重工業名古屋航空機への連行

三菱重工業は中島飛行機とともに軍用機生産の中心企業であり、侵略戦争とともに拡張された。名古屋の航空機工場はその拠点であり、静岡から熊本にかけて一九四五年には機体関係で六、発動機関係で一一の製作所を持つようになった。工場は転換工場や疎開工場、地下工場を入れれば一〇〇か所以上となり、二〇万人ほどの労働者を動員するに至った。

三菱の名古屋の主要工場には、名古屋航空機製作所（大江）、名古屋発動機製作所（大幸）、名古屋機器製作所（西枇杷島）、名古屋金属工業所（岩塚）などがあり、名古屋航空機製作所の分工場には南郊工場、道徳工場、瑞穂工場、知多工場、大高工場などがあった。名古屋航空機製作所の労働者は三万人ほどになり、そのなかには朝鮮人徴用者や台湾の少年工もいた。

空襲がはげしくなると名古屋航空機、名古屋発動機を中心に疎開工場への移転がすすみ、地下工場の建設がすすめられた。主な疎開工場や地下工場をあげれば、名古屋航空機では長野の松本、三重の四日市・桑名・津、岐

▲…三菱重工名古屋航空機道徳工場・東南海地震追悼碑

阜の川辺、富山の大門、名古屋発動機では愛知の楽田、岐阜の久々利、平牧、大垣、福井の鯖江などがあった。地下工場建設では土建業者の下に多くの朝鮮人が動員され、富山の大門・福野工場には朝鮮女子勤労挺身隊員が転送された。長野の松本や川辺の地下工場建設、知多（大府）の飛行場建設では朝鮮人とともに中国人が強制連行された。朝鮮人徴用工の一部は他の現場に転送され、静岡県西伊豆の明礬石採掘現場に転送された人々もいた。

　このような三菱関係の工場への連行者のなかで、三菱重工名古屋航空機道徳工場に連行された元女子勤労挺身隊員が裁判に立ちあがった。この道徳工場は一九四三年に日清紡績名古屋工場を三菱の飛行機工場に転用したものである。ここでは陸軍の百式司令部偵察機が組み立てられた。一九四四年以降、軍需工場への朝鮮人連行が強化された。航空機生産を担う三菱の名古屋工場へは青年男性だけでなく、全羅南道と忠清南道から小学校を出る頃の女子が勤労挺身隊員として集団連行され、道徳工場に配置された。その数は三〇〇人ほどだった。隊員は飛行機部品の型どり、切断、機体塗装などの労働を強制された。一九四四年一二月の東南海地震では六人の朝鮮人隊員が死亡した。

　女子勤労挺身隊の年齢は一二歳から一五歳と若く、甘言によって騙されて連行され、親元から隔離されて労働を強いられた。行動の自由はなく、賃金は与えられず、朝鮮語も禁じられ、神社参拝などを強要されたのである。

名古屋　軍事基地と軍需工場

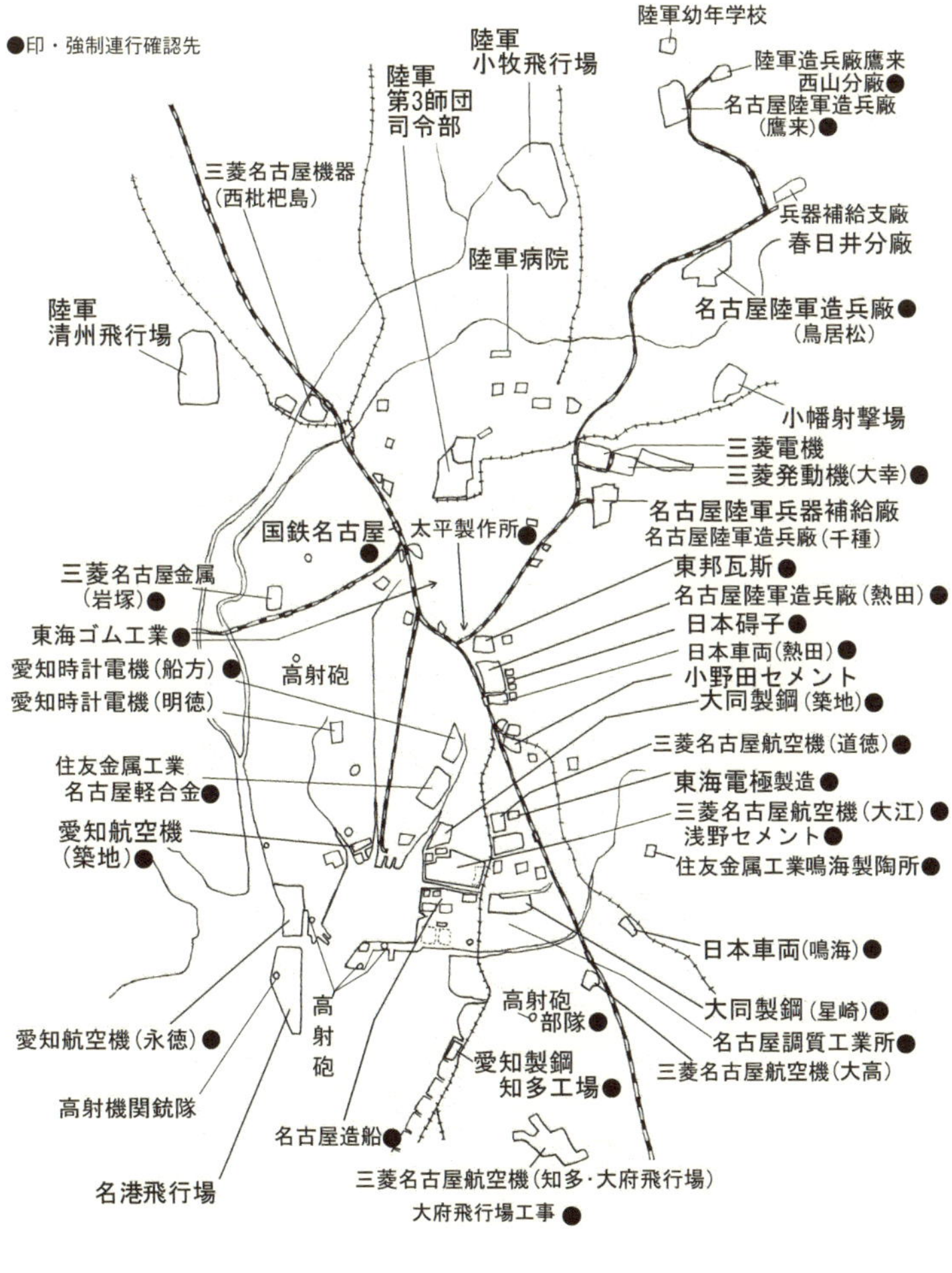

2　三菱名古屋・朝鮮女子勤労挺身隊員証言

一九九八年五月九日、名古屋市内で三菱名古屋女子勤労挺身隊問題を考える集会がもたれた。集会では全羅南道順天から三菱名古屋航空機道徳工場へと朝鮮女子勤労挺身隊員として連行された朴海玉さんが証言した。連行と労働の実態を集会資料と当日の発言からまとめるとつぎのようになる。

わたしは幼くして父を失い、三人の子の末っ子だった。家は貧しく、進学できなかった。順天南国民学校を卒業して一か月後、六年の担任の先生から学校に呼ばれた。校長から日本に行けば女学校に行けるし、金も稼げると言われ、はいと答えた。親に内緒で印鑑を学校に持っていき、担任に渡したところ、五月三〇日に学校に来るように言われた。それを知った母に、だめだ、取り消してきなさいと言われ、学校に行ったが認められなかった。一九四四年五月三〇日、一〇数人が順天南国民学校に集合した。六か月後には一度帰ってこられるとのことだった。泣いて母と別れた。汽車で全羅南道の木浦の約四〇人、羅州の約二〇人、光州の約五〇人とともに麗水まで運ばれ、麗水で二〇数人が合流した。そこから船で下関に向けて出港し、下関から名古屋まで連行された。韓国から舎監の山添三平が引率した。

名古屋では六時に起床し、七時に朝ご飯を食べ、小隊長を先頭に飛行機工場まで四列で行進した。男子職員に監視され、よそ見をしたり、列から離れるとどなられた。工場では木浦、羅州、光州、麗水、順天ごとに配置された。順天隊はジュラルミン板に木型の絵を描いて運ぶという仕事をした。運ぶ途中に板が足に落ち、けがをしたり、やけどすることもあった。夜は痛い足をつかみ、母を思って泣いた。月給をもらった覚えはなく、領収の印鑑を捺印したこともない。手紙を出したくてもお金がなくてできなかった。故郷が恋しくてうんと泣いた。食べ物は不十分で、食事は盛りの少ない茶椀飯とおかず一つだった。空腹で水をおもいきり飲んだ。個人外出は一度もできなかった。団体外出が四回ほどあり、その時には作業着を着て、監視の下で、歌を歌って四列にならんだ。どこにでも職員がつき、監視した。作業着のまま暮らした。

一二月に大きな地震があり、やっと工場から出て、木の下で震えていると、工場がつぶれる音とわめき声が聞こえてきた。地震の恐怖がさめないうちに空襲にあった。宿舎の周りは火の海になり、布団に水を濡らして火を消すことが仕事になった。寒さと恐怖でふるえ、精神と肉体は疲れた。母は「日本に行くことは死にに行くことだ」といったが、その言葉どおりだった。

空襲が続くなかで富山の大門に移動した。トンネルのなかに工場があった。雪がたくさん降った。新しい舎監は片腕の傷痍軍人で、強圧的だった。疲れた体で仕事ができず、工場に行けないと休んだ。舎監に約束通り韓国に帰してくださいとお願いしたところ、一人ずつ呼び出された。言いだしたものはスパイと言われたが、「誰が休もうと言ったのではなく、私たちはただ家に帰りたくて、泣いています。済みませんでした。許してください」と謝り、翌朝出勤することになった。配給のおにぎりでぺこぺこのおなかをいやしながら、命令に従い、死ぬほどの仕事をした。八月一五日の解放で手に手をとり、これで帰れると喜んだ。それから二か月後、お金もなく、作業服のまま身体ひとつで釜山に到着した。

苦痛と恐怖による心の傷は大きく、寝ていてうわごとを言う友人もあり、二〇年以上不眠と神経性胃炎で体重が減った。気持ちは不安定なままであり、治療を受けた。幼い時のショックと病気は大人になっても治らない。今も不眠症でよく眠れない。有毒なペンキのにおいを嗅ぎながらの空腹と栄養失調、空襲と地震による身体の傷、金もなく治療ができないというなかで多くの友人が結核や肋膜炎、神経性関節炎、がんなどで亡くなった。日本から持って帰ったものは恐怖と病気、作業服の一揃え、友人は日本を恨みながら死んでいった。これが、学校にも行ける、賃金も出る、一年に二回帰れると印鑑を押させて約束させた対価なのかと問いたい。韓国では「慰安婦」と勤労挺身隊が区別されずに、挺身隊が「慰安婦」と呼ばれている。そのため元挺身隊員は「慰安婦」とみられると思い、訴えることができない人が多い。

私たちは監獄ではない監獄で暮らした。地震で崩れ落ちたレンガ塀と空襲の火の災いを受け、恐怖症で眠れない日々を過ごした。幼い私たちを戦場の恐怖と労働の場に騙して連れていき、無償で働かせておきながら、しらを切り、謝罪もしない。三菱には個人に賃金を支払う義務があり、私たちには受け取る権利がある。金順吉さんへの年金保険の脱退手当金の支払いが三五円だったと聞いたが、それは犬以下の扱いだ。強制労働に対する正当な対価を支払うべきだ。なぜ戦犯国の国家が出てきて賃金を出させないようにするのか。国と国の間で解決したというが、本人を除いて、何が解決したというのか。

日本に来て、道徳工場の前で献花し、亡くなった同僚を思うと涙が流れた。かの女たちは抗議もできない。私は光州在住の元隊員の友人と提訴を決意した。労働の対価を支払うべきだ。私たちの主張は子孫に受け継がれる。世界に訴える。死んでいった友人たちの魂を合わせて闘いたい。希望はある。皆さんがいる。挺身隊員の犠牲者、強制労働による貧しさや病気に対して、支援してほしい（以上要約）。

集会で、朴さんは、監獄ではない監獄で暮らした、強制労働への対価を支払うべき、三菱には個人に賃金を支払う義務がある、亡くなった人たちは抗議もできない、友人と提訴を決意した、死んでいった友人たちの魂を合わせて闘いたいと、涙とともに思いを語った。

3 三菱名古屋・朝鮮女子勤労挺身隊裁判

三菱重工名古屋航空機の工場へと朝鮮人少女が女子勤労挺身隊として連行されたのは一九四四年六月頃だった。それから五五年後の一九九九年三月、元隊員の朴海玉、梁錦徳、金恵玉、陳辰貞さんら五人が、国と三菱重工業に対して謝罪と賠償を求め、名古屋地裁に提訴した。翌年一二月には金性珠、金福禮さんと遺族の金中坤さんの三人が第二次の提訴をした。二〇〇四年一月には請求趣旨に、解放後被害を加えた。解放後被害とは、日本政府が加害事実を認めず、謝罪を怠ったために、勤労挺身隊員であった事実によって「慰安婦」とみなされ、離婚の被害を受けたことなどをいう。

三菱名古屋裁判では、三菱による強制連行・強制労働の不法行為、賃金の未払い、安全配慮義務違反、強制労働処理の作為義務違反、国による不法行為、立法不作為、作為義務違反（未調査や未謝罪）などが問われた。原告は、生きているうちに償いをすべきであり、歴史を明らかにして後の世代に伝えたいと訴えた。裁判を支援して名古屋の市民を中心に名古屋三菱朝鮮女子勤労挺身隊訴訟を支援する会が結成され、一〇〇〇人を超える市民が会員となった。多くの市民から情報が寄せられた。そのなかには、当時の三菱重工業名古屋航空機製作所の給料袋があり、そこには「われ等は　天皇陛下の御ために生き　われ等は　天皇陛下の御ために働き　われ等は　天皇陛下の御ために　死なむ」と記されていた。

結審までに口頭弁論が二二回開かれたが、二〇〇五年二月、名古屋地裁は日韓請求権協定を理由に原告の請求を棄却した。これに対し原告は名古屋高裁に控訴し、七回の口頭弁論が開かれ、原告側証人として金昌禄、山下英愛さんらが証言した。二〇〇七年五月、名古屋高裁は原告の請求を棄却した。二〇〇八年一一月には最高裁が上告を棄却し、高裁判決が確定した。

高裁判決では、請求は棄却したものの三菱の不法行為の責任を認め、それが未解決であるとした。また、少女たちを欺罔や脅迫で挺身隊に志願させたことを強制連行とし、そこでの労働を、志願の経緯、年齢に比しての労働の過酷さ、貧しい食事、外出や手紙の制限、給料の未払いなどから強制労働とした。元隊員が軍「慰安婦」と混同される被害を受けたことも認めた。さらにこの労働が、強制労働に関する条約に違反するものであるとし、国家無答責論や別会社論を退け、三菱には旧会社と継続性があり、不法行為責任を負う余地があるとしたのである。

被告の強制連行・強制労働の史実は確定し、国家無答責論や別会社論は認められなかった。また、不法行為は認定され、責任の所在が明らかになったのである。

この判決を受け、その後も原告と支援者の闘いは続いた。

三菱による強制連行・強制労働、その不法行為の責任を追及して、東京・品川の三菱重工本社前での金曜行動や社会保険庁との交渉が展開された。裁判での原告側の雇用確認の要求に対して、三菱重工業は雇用を確認できないとし、社会保険事務所は、被保険者期間は一九四四年一〇月から一二月であり、期間が短く脱退手当金は支払えない、名古屋の地震で不操業になった以降は認定できず、転出先の富山の社会保険事務所にも記録がないために認定できないとした。なかには年金保険名簿に名前が見当たらないとされた元隊員もいた。

社会保険庁との交渉は継続され、二〇〇九年九月に、元隊員の厚生年金加入期間を一九四四年一〇月から一九四五年九月までと認定させ、記録がないとされる元隊員の記録も確認させた。名古屋社会保険事務所への「厚生年金保険脱退手当金裁定請求書」の提出により、一二月、元勤労挺身隊員七人にそれぞれ厚生年金保険脱退手当金九九円が支払われることになった。元三菱名古屋挺身隊員が名古屋の熱田社会保険事務所へと社会保険台帳の閲覧を要求したのは一九九八年であり、一一年後の支払いだった。

脱退手当金は平均報酬の日額に、六か月以上一年未満の期間の就労の場合は一五日を乗じるとしているが、三菱名古屋の平均報酬の日額を知る給与記録がないため、標準報酬等級の最高等級の月額二〇〇円が適用され、それを日額に換算し、そこに一五日が乗じられ、九九円が算定された。

二〇〇九年三月には、原告が住む韓国の光州市で「勤労挺身隊ハルモニと共にする市民の会」が結成された。ソウルでの金曜行動や三菱自動車光州展示店前での毎日の昼休みデモがはじまり、三菱自動車の光州展示店は撤退した。光州市の教育委員会は三菱重工業に謝罪と賠償を求める決議をあげた。支援運動が強められていた韓国内で、強制連行から六五年を経ての九九円の支給は、激しい怒りを呼び起こした。

二〇一〇年四月、梁錦徳さんは三菱重工の社長宛につぎのような公開の手紙を出した。

「わたしは韓国の光州で暮らす梁錦徳です。日本にさえ行けば、中学校に通わせてやる、それにお金儲けもできるという言葉にだまされ、貴社に連れていかれたのはわずか一三歳、小学校六年生のときでした。幼い歳で連れていかれ、工場で強制労働をさせられた苦痛は、二言三言では説明できません。また、郷里に帰ってから受けた苦しみはもっと大きいものでした。夫はわたしのことを日本に行って体を売っていた女だと勘違いし、他の人のように暖かい家庭を営むことは一度もできませんでした。今や残されたのはぼろぼろの体だけです。すべて日本のあなたたちの会社のせいです。わたしの歳はもう八二です。そろそろ死に対しても考えなければならない年頃です。最後にお聞きします。あなたたちには愛しい幼児や孫娘がいないのですか。死ぬ前に申し訳なかったという謝罪の言葉を一言聞きたいというのは、わたしの度の過ぎた欲心なのでしょうか。わたしにはもう時間がありません。いつまでも待っていることはできないのです。あなたの手で結末をつけてください。わたしはあなたたちの良心を、最後まで見守ります。たとえ死を迎えても、両目を見開いて闘い抜きます」（支援する会ニュース五七号)。

このような元隊員の思いを受けて、支援する会は二〇一〇年六月に三菱の株主総会での宣伝行動をおこない、問題解決を求める一三万人を超える署名と韓国国会議員一〇〇人分の署名を提出した。東京品川の三菱重工業本社前での抗議行動も継続して取り組まれた。このような行動により、三菱重工業は原告団・弁護団との協議を求めるようになった。同年七月に三菱は、解決に向けて協議の場を持つことに同意し、交渉がはじまった。この交渉は二年間で一六回に及んだ。しかし三菱側は日韓請求権協定で解決済みであり、当社に法的責任はないという立場を崩さず、被害者への金銭的解決を拒否した。そのため、二〇一二年七月、和解交渉は決裂した。

和解決裂の直前の二〇一二年五月、韓国大法院が三菱広島と日本製鉄の高等法院判決の差し戻しを決定した。

▲…三菱重工本社前での行動

この決定は被害者の損害賠償権を認めるものであり、差し戻し審で、三菱広島の被害者が勝訴し、三菱が賠償を命じられる可能性を示すものだった。このような動きのなかで、三菱名古屋の元勤労挺身隊員らは韓国での訴訟を決意した。支援する会は、三菱重工本社前での金曜行動の再開、韓国での裁判闘争への連帯、名古屋での平和のための戦争展での展示、日韓高校生交流会の開催、宣伝行動や記念碑での追悼活動などの方針を決めて、問題解決に向けてさらに闘っていく意思を固めた。

八月、支援する会は東京の三菱重工本社前での金曜行動を再開した。再開の当日、韓国から原告の梁錦徳さんやハルモニと共にする会のメンバーも参加した。そこで梁錦徳さんは「明日死ぬかもわからない私たちハルモニに、正直に、心を合わせて、謝罪し、対処してほしい」と訴えた。この訴えを受けて支援する会は「ハルモニに、返せ！青春、償え！人生」と呼びかけた。

韓国内では二〇一二年に光州市で、元勤労挺身隊員への生活支援条例が制定され、生活補助、診療費、葬祭費などの支援金が支給されるようになった。このような条例は京畿道、全羅南道、ソウル市などでも制定された。

4　二〇一三年光州地方法院判決

二〇一二年五月の韓国大法院の差し戻し決定を受け、同年一〇月、名古屋三菱の元勤労挺身隊員は光州地方法院に提訴した。この訴訟の判決は二〇一三年一一月一日に出され、原告が勝訴した。判決は、元勤労挺身隊員四人に一人あたり一億五〇〇〇万ウォン、遺族一人に八〇〇〇万ウォンの支払いを命令し、仮執行ができるとした。一九九九年の日本での提訴以来、一四年ぶりの勝訴だった。判決書からその内容をみておこう。

三菱の不法行為については、元隊員への強制連行・強制労働を認定した。強制連行・強制労働を日本が一九三二年に批准した強制労働条約に反するものとした。また、強制連行・強制労働は日本政府による朝鮮半島に対する不法な植民地支配と侵略戦争に参加させるものであり、反人道的不法行為にあたるとした。さらに東南海地震では救護措置がとられず、安全配慮義務を放棄するという不法行為があったとし、賠償責任を認めた。

日本の判決の既判力については、日本判決には植民地支配を合法的とし、日本帝国主義の国家総動員法、国民徴用令、女子勤労挺身隊令を原告らに適用することを有効と評価した部分が含まれている。このような日本判決は、侵略戦争遂行のための日帝強制占領期の強制動員を不法とみる大韓民国憲法の核心的価値と正面から衝突するものであり、中日戦争と太平洋戦争を国際法から容認できない侵略戦争であったとする国際社会の価値認識にも反する。日本判決を承認することは、韓国の道徳的信念と社会秩序に違反することになるから、判決の効力は認められないとした。

三菱の別会社論に対しては、日本での戦後処理のための特別な国内法を理由に旧三菱の韓国国民への債務を免じることは韓国の公序良俗に照らして容認できない。旧三菱重工業と被告の三菱重工業は、その実質において同一性を保持しているとみるのが相当である。原告らは旧三菱に対する請求権を被告に対しても行使できるとした。

請求権協定による請求権の消滅論に対しては、請求権協定は日本の植民地支配への賠償を請求するものではなかった。交渉過程では日本は植民地支配の不法性を認めないまま、強制動員被害の法的賠償を原則的に否認した。韓日両政府は植民地支配の性格に対して合意に至らなかった。このような状況で、日本の国家権力が関与した反人道的不法行為や植民地支配に直結する不法行為に対する損害賠償請求権が、請求権協定の適用対象に含まれたとみるのは難しい。請求権協定で個人請求権が消滅しなかったのはもちろんのこと、韓国の外交保護権も放棄されなかったとみるのが相当とした。

また、仮に原告らの請求権が請求権協定の適用対象であるとしても、国民個人の同意なしに国民の個人請求権を直接的に消滅させたとみることは、近代法の原理と相いれない。請求権協定に個人請求権の消滅に関して韓日両国の意思の合致があったとみる十分な根拠はない。日本の国内措置で該当請求権が日本国内で消滅したとしても、韓国が外交的に保護する手段を喪失することになるだけであるとした。

三菱の消滅時効の主張に対しては、信義誠実の原則に反するものであり、権利濫用であって認められないとした。判決では、日本による反人道的不法行為や植民地支配に直結した不法行為による損害賠償権は請求権協定で消滅していないという見解が一九九〇年代後半から明らかにされ、二〇〇五年の韓日請求権協定文書の公開によって、官民共同委員会が公式見解で、この損害賠償請求権は請求権協定で消滅したとみることはできないと表明したこと、日本での訴訟後、二〇〇八年から補償のための三菱との交渉がおこなわれたこと、大法院が強制労働の損害賠償請求の棄却は韓国の公序に反し、承認できないと判決したことなどをあげ、消滅時効を認めなかった。

損害賠償の額については、一三・四歳の女性であり、強制労働条約に反すること、その期間が一年五か月に及んだこと、進学や賃金で欺罔し、家族に危害を加えると脅し、強制連行したこと、家族と離別し、保護を受ける機会を奪い、教育や職業選択の機会を剥奪し、強制労働させたこと、賃金の支給もなく、食事も粗末で、手紙を制限し、検閲したこと、地震で亡くなる者や工場で指を切断した者もいたこと、戦後は「慰安婦」と混同され、正常な結婚生活が営めなかったこと、戦後、世界各国が戦争による強制労働被害者への賠償のために努力してきたのに日本は責任を否定したことなどをあげ、算定した。

このように、光州地方法院の判決は強制連行・強制労働を反人道的不法行為とし、それに対する損害賠償請求権は請求権協定では消滅しなかったとして損害賠償を命じたのである。

判決文の最後の「結論」にはつぎのように記されている。

「小学校を卒業したばかりの少女たちは、学校に通わせてくれ、お金も儲けさせてくれるという虚言に騙されて故郷を離れるしかなく、日本で非人間的な待遇と過酷な強制労働に苦しめられるしかなかった。少女たちのうち、ある者は日本で生き残れなかった。生き残った者たちは故郷に帰って来たが、慰安婦と非難されるのが怖く、自らの被害に対して沈黙しながら、わが韓国社会から疎外されて暮すしかなかった。五〇年以上もの歳月が流れ、老婆になった少女たちは大韓民国政府に無視されたまま、韓国の市民団体と日本の良心的知識人、弁護士らの助けで一〇年余りをかけて日本を行き来し、裁判をおこなった。そして今や八〇歳を越し、杖と車椅子に頼りながらこの法廷に立つ原告らを見ながら、われわれはみな、同じ人間として原告らのような歴史の被害者たちに今後も関心を持ち続けるべきであろう。最後に、日本政府と被告のような企業は、これからでも、原告らのような強制徴用被害者の痛みについて関心を持ち、積極的に解決に向かった時、両国の市民と政府の間のわだかまった感情の問題も解決できるだろうと思う」。

この結論の最後にあるように、同じ人間として歴史の被害者に関心を持ち続けるべきであり、強制労働被害への痛みを分かち合うことから日韓間の友好が形成されるのである。この判決は新たな歴史の創造に向かう画期的なものとなった。

この日の光州での報告集会の幕には「私たちが歴史だ」と記されていた。判決は被害者の権利と尊厳の回復を示すものであり、新たな歴史の始まりを告げるものだった。

（二〇一三年記事）

5　三菱重工久々利・川崎航空機瑞浪地下工場

一九九〇年八月二五・二六日と名古屋で第一回朝鮮人中国人強制連行強制労働を考える全国交流集会が持たれ、岐阜の地下工場跡のフィールドワークがもたれた。呼びかけは名古屋のピッタム（血と汗）の会であり、全国から二五〇人ほどが参加した。今回の集会は韓国大統領の訪日と連行関係の名簿の要求、それにともなっての各地での名簿の発掘という時期にもたれた。

交流集会では、瀬戸・兵庫・相模湖・高槻・東京・三重など各地の報告がおこなわれ、さらに参加者からの発言が続き、夜は分科会形式で交流会がもたれた。各地の調査に取り組む市民運動の仲間や研究者、在日一世世代などが顔を合わせて活発に議論を交わした。翌日は軍需工場の疎開先である岐阜の久々利と瑞浪の地下工場跡を見学した。

　集会では各地の調査活動をふまえて次のような発言があった。「事実、真相を明らかにしていきたい」「知事引継書の公開を求めよう」「企業や政府に名簿を提出させよう」「八月に政府が公表した名簿は連行者全体の一〇分の一ほど」「政府にも実態を明らかにするよう要求すべき」「市史などの誤った記述を改めさせたい」「地域史の中で正しい記述を」「大企業に質問状を出して調査をすすめたい」「埋火葬関係書類の調査が求められる」「政治的外交解決が被害者を踏みにじってきた」「失われている歴史をわたしたちの歴史として取り戻そう」「労働した人たちが自ら名乗りをあげ、語り始める運動を」「日本人と朝鮮人の関係が問われている」「侵略によって殺されたアジアの死者について考えよう」「地下壕の現場の地平から歴史を見るべきだ」。

▲…名古屋・強制連行強制労働を考える全国交流集会

　集会会場で『ピッタム　地下軍需工場建設と朝鮮人強制連行の記録』（一九九〇年）を入手した。この冊子は名古屋の軍需工場の歴史と釜戸や久々利の疎開用地下工場についての調査報告書である。この冊子を参考に名古屋の軍需工場の疎開についてまとめるとつぎのようになる。

　名古屋は陸軍の第三師団の拠点であるとともに航空機などの兵器生産の拠点でもあった。名古屋には陸軍造兵廠がおかれた。北方の岐阜の各務原には陸軍

▲…三菱名古屋発動機・久々利地下工場

飛行場があり、各務原には川崎重工業の航空機工場がおかれた。名古屋では、三菱重工業名古屋航空機や愛知航空機などで航空機が生産され、三菱重工業名古屋発動機は全国の発動機生産の四割を占めるなど、航空機生産の拠点となった。また、半田には中島飛行機の工場もおかれた。他にも軍需工場として大同製鋼、岡本工業、東海電極、神戸製鋼、住友金属、日本車両、名古屋造船などの工場があった。

　三菱重工業の名古屋工場が航空機生産の拠点であり、他にも軍需工場が多数あったことから名古屋は米軍による空襲の対象とされた。空襲が激しくなると三菱などの軍需工場は北方の岐阜の山地などに多くの地下工場を建設した。岐阜県可児市の久々利と平牧の地下壕は疎開をすすめた三菱重工業のエンジン疎開工場のひとつである。

　久々利には四〇本近い地下壕が固い岩盤を貫いて作られ、その延べ距離は七キロメートルを超えるものだった。そこに朝鮮人が動員された。久々利の工事は大林組が請け負った。その下請けには宮下組、石田組、岩田組、坂本組などがあったが、動員された朝鮮人は二〇〇〇人ほどという。柿下側には二八本の穴が掘られた。

　鄭戊陵さんはこの工事現場へと一九四五年の春に大阪から徴用された。鄭さんは大林組の下請けの石田組の下でトンネルを掘る仕事をさせられた。柿下の農家の一間に住み、二人一組で二四時間二交代の労働だった。配給でもらえたのはとうもろこしの粉ばかりだったという（『ピッタム』五六頁）。

　久々利の近くの平牧にも三菱のエンジン生産用の地下工場が掘られたが、『ピッタム』に収録された「平牧地下工場建設組織」によれば、東海軍管区経理部のもとに三菱重工第一臨時建設部、運輸通信省第二地下建設隊、飛島組施工隊が組織されて工事をすすめたことがわかる。この下に多数の朝鮮人が動員されて工事がすすめられた。なかには強制連行された朝鮮人もいたわけである。

フィールドワークで久々利の地下壕に入ったが、岩盤は硬いものであり、それを掘り進んだ痕跡が四五年を経たいまも残されていた。湿気のある岩盤の現場は工事が終わったばかりのようだった。

つぎに訪れた瑞浪の明世の地下壕は川崎航空機の地下工場として作られたものだった。川崎航空機の各務原の工場は岐阜県瑞浪の明世や八百津の和知に移転する計画を立て、川崎航空機の明石工場は大阪の高槻への移転を計画した。瑞浪の地下壕工事は間組が請け負い、戸狩山などに地下壕が掘られた。工事は一九四四年一〇月ごろから始まり、一〇〇〇人を超える朝鮮人が動員された。さらに一九四五年四月頃には、御岳のダム建設現場から中国人三三〇人が転送され、三九人が亡くなった。

この地帯は化石の産地であり、壕口の一部は博物館が化石の見学用に利用している。戸狩山には「日中不再戦の誓い」を記した中国人強制連行死者を追悼する碑が建っている。しかし、連行された朝鮮人について記すものはない。これらの地下壕の壕口は強制労働の歴史を語り、また見るものに語り継いでいく努力を求めているように思われた。この集会に参加して、調査の課題や一世世代の思いを聞くことができた。

（一九九〇年八月調査）

＊その後、ピッタムの会などによる愛知と岐阜の地下工場の調査は『証言する風景―名古屋発　朝鮮人・中国人強制連行の記録』（同刊行委員会編、風媒社一九九一年）の形でまとめられた。

6　三菱重工・大府飛行場工事

(1) 大府飛行場中国人強制連行殉難者追悼式

二〇一三年九月一四日、第五回大府飛行場中国人強制連行殉難者追悼式が愛知県東海市の玄猷寺で大府飛行場中国人強制連行被害者を支援する会の主催でもたれた。玄猷寺は連行中国人五人の遺骨が一時保管されていた場所である。仏式の詠歌と読経、焼香の後、追悼の会がもたれた。

主催者を代表して日中友好協会愛知県連合会会長が、連行され、労働を強いられて亡くなった中国人の怒り、苦しみ、哀しみを継承し、その記録を伝えるという決意を述べた。

追悼の言葉を、大府飛行場の工事現場で土砂の下敷きになって亡くなった宋学海さんの弟、宋殿挙さんが述べた。宋さんは、兄が八路軍に入り、日本軍が村に来ることを事前に伝えるなど命を懸けて村人を守ったこと、日本に連行され、大府で土砂の下敷きになって亡くなったこと、兄が抗日烈士として認定されていることなどを話した。また、兄の苦しみをともにする日本の友人と、岩田地崎建設（旧地崎組）に事故の説明を求めたい、私がいなくなっても、甥や孫が後を引き継いでいく、兄よ、安らかにお眠りくださいと語った。

続いて、強制連行問題を調査してきた劉宝辰さん（元・河北大学）が、強制連行の原因や労働の実態について話した。劉さんは連行企業の責任を、安全配慮義務を果たさなかったこと、生存する条件を与えなかったこと、自由を制限したこと、死者や負傷者への補償がなかったこと、逆に連行企業が戦後、政府から補償金を得たことの五点にまとめた。そして、今も死者の家族に対しては何の説明もないままであり、岩田地崎建設は説明すべきとし、謝罪・補償と記念碑の建設による和解は歴史的な意義があり、日中友好をすすめ、企業の名誉をも高めることになるものとした。

最後に、支援する会の代表委員である南守夫さんが支援する会の活動報告をおこない、つぎのように話した。地崎組は中国人強制連行を提言した企業であり、戦犯にはされなかったが、訴追対象とされていた。大府では、中国人強制連行裁判が終わった二〇〇九年の時点から追悼と調査活動がすすめられてきた。二〇一一年、二〇一三年と中国での生存者への聞き取り調査をおこなった。地崎組による連行中国人四九六人のうち、各地の工事で計三一人が死亡した。岩田地崎建設は二〇一二年に謝罪・補償と記念碑の建設を求める提訴書がだされた。岩田地崎建設は二〇一二年一〇月、裁判により損害賠償の支払義務はない、今後はいかなる申し入れに対しても対応しないと回答してきた。このような状況の中で新たに被害者を支援する会を結成した。先日、九月一二日の札幌本社での交渉には遺族も参加したが、岩田地崎建設側は、要求内容を理解する、死者に哀悼の意を示す、今後、真摯に考えるという対応であった。追悼の活動と調査をすすめ、全面的な解決に向けて力を合わせていきたい。

追悼会の後、宋殿挙さんが寺の境内で紙銭を燃やした。残暑のなかを吹き抜ける秋風に紙銭は瞬時に燃えあがり、灰となって渦巻き、見守る人々の肩に落ちた。

連行した政府と企業は、遺族に対して、どこに連行し、どのようにして亡くなったのかを説明してはいない。戦後補償裁判では企業側との和解がなされたものもあったが、連行被害者の声を無視したままのものが多かった。今後は、政府と連行企業が共同し、賠償基金をつくって全面的な解決をめざすべきである。

支援する会では『愛知・大府飛行場における中国人強制連行・強制労働　改定増補版』を作成している。朝鮮人の連行についての記載は少ないが、その他の資料を含め、以下、三菱重工・大府飛行場工事についてまとめておこう。

(2) 三菱重工・大府飛行場工事

名古屋にある三菱重工業名古屋航空機大江工場は航空機生産の拠点だった。戦争の拡大によって、この大江工場の南東、東海道線の西側に飛行場をもった機体組立工場が新たに建設されることになった。それが三菱重工の知多工場と知多飛行場であり、この知多飛行場は大府飛行場と呼ばれた。この三菱知多工場では陸軍の要請で主に爆撃機が組み立てられ、陸軍の飛行場へと空輸された。

工場と飛行場の建設に向けて軍と三菱は大府町(現大府市)と上野町(現東海市)で用地を獲得し、一九四一年一〇月に起工式をおこなった。知多半島の丘陵を削り、谷を埋めて滑走路や誘導路、組立工場や整備工場などが建設された。大府駅からは組立工場へと鉄道線も引かれた。これらの建設労働力の中心は朝鮮人だった。工事にともない、姫島、吉田など各地に朝鮮人飯場ができた。飛行場南方、組み立て工場近くの吉田国民学校では、一九四三年度には児童数四〇九人のうち、朝鮮人児童が五四人になった。

中央協和会「移入朝鮮人労務者状況調」には大林組が三菱重工整地工事で一九四一年度に一〇〇人の連行を承認され、一九四二年六月までに二一四人を連行したとある(現在員数は八八人)。この整地工事は知多の工事とみられる。朝鮮人が連行されていたとみていいだろう。

一九四二年九月には協和会知多工事場分会が工事場の中央広場で殉職者慰霊祭をおこなったが、そこには全従業員三〇〇〇人が参列したという(「東亜新聞」一九四二年九月二六日)。この慰霊祭の主催が協和会であることから、朝鮮人の死者が出たことが明らかであり、参列者の多くが朝鮮人であったとみられる。

知多（大府）工場と飛行場の完成は一九四四年四月のことだった。この工場では主に陸軍の四式重爆撃機（飛龍）が製作された。敗戦までの知多工場での飛龍の生産機数は五八六機という。

「日本土木建築統制組合請負工事一覧」（一九四四年八月現在）には、大林組が三菱重工の「チタ工事」を請け、四四年七月から一二月の完成にむけて道路工事や排水工事を担ったことが記されている。完成後も大林組は関連工事をおこなったわけである。

▲…大府・民家の庭に残る滑走路地盤

三菱重工大江工場は一九四四年一二月の東南海地震と名古屋空襲によって大きな被害を受けて疎開・移転をすすめることになった。その移転先のひとつが大府であり、所長事務所や現場管理部門事務所、機体部品工場、陸軍航空本部分駐所などの移転工事がおこなわれることになった。一九四五年一月には、東海道本線共和駅の東側、横根山の丘陵に地下壕を掘って、半地下式の疎開部品工場の建設がはじまり、大府駅近くには管理部門が疎開した。これらの工事を担ったのも朝鮮人であり、横根地区に飯場ができた。

一九四四年一一月末、北海道のイトムカ鉱山と置戸鉱山の沈澱池工事現場から中国人四八〇人が大府へと連行されていくが、それはこのような疎開工事がはじまる直前のことだった。

連行中国人は地崎組が一九四四年三月に中国から連行してきた人々であり、石門収容所から二九六人、済南収容所から二〇〇人の計四九六人が青島港を出発している。地崎組は新たに大府飛行場の滑走路の拡張と誘導路の新設工事を請け負って、大府へと中国人を転送したのだった。飛行場の拡張工事は一九四四年一二月からはじまったが、連行された中国人は滑走路北側にテントを張って居住し、労働を強いられた。

中国人は一九四五年六月末に、北海道赤平の日本油化工業の建設工事現場に転送された。大府では中国人五人が死亡し、遺骨は玄猷寺で保管された。戦後に遺骨は中国へと返還されたが、天津市の殉難烈士労工紀念館に保管され、遺族の手元に戻ってはいない。

地崎組は北海道各地の現場に、政府から一九三九年から四一年にかけて一五〇〇人ほどの朝鮮人の連行の承認を受け、一九四二年六月までに一〇〇〇人ほどを連行している（「移入朝鮮人労務者状況調」）。その後も連行が続けられた。地崎組の現場には連行朝鮮人も存在し、各地に転送されたのである。

大府飛行場跡地を歩くと、東海市上野台には、滑走路跡を示すまっすぐな道がある。滑走路跡地の民家の庭には滑走路のコンクリートが残っているところもある。滑走路北側のみかん畑の近くには滑走路の側溝が残っている。整備工場跡地は富木島小学校になり、組立工場があった場所には豊田自動織機長草工場がある。疎開工場が建設された横根地区には、三菱の社宅があり、壕跡が残る。遺骨を保管していた玄猷寺では追悼法要が毎年開催されるようになった。

この三菱重工知多工場・飛行場の建設と大府への疎開工事は、政府（軍）と三菱によってすすめられたものであり、政府による承認の下で、大林組と地崎組が強制連行・強制労働をおこなった。政府と連行に関わった企業はその歴史的責任を早急にとるべきである。

（二〇一三年九月調査）

7　三菱重工額谷地下工場

一九九八年八月、石川県金沢市で第九回朝鮮人中国人強制連行強制労働を考える全国交流集会がもたれた。集会は、朴慶植さんの追悼で始まり、戦時中の朝鮮人労務管理、関釜裁判、太平洋炭鉱遺骨調査、木本事件追悼碑、栃木県調査、茨木海軍地下倉庫、ウトロ、尹奉吉遺骨発掘、北海道調査、紀州鉱山、松代、七尾港などからの報告があった。

各地からの報告の後、入門、教育実践、調査保存、戦争責任、中国人強制連行、朝鮮人抵抗運動などの分科会がもたれた。調査保存の分科会では由良町の紀伊防備隊調査、掛川の中島飛行機地下工場調査報告書、木本事件、丸山ダム、石川の地下壕、甲陽園地下工場保存運動などの報告があった。

集会の後に、尹奉吉義士暗葬の跡、三菱額谷地下工場跡などのフィールドワークがおこなわれた。今回の集会にあたり、実行委員会は『尹奉吉義士と石川の強制連行　現地調査ハンドブック』を発行した。

▲…尹奉吉義士暗葬之跡碑

(1) 尹奉吉義士暗葬之跡碑

尹奉吉は独立運動に参加し、一九三二年四月二九日、上海での祝賀式終了時の「君が代」の時に派遣軍司令官らに向かって爆弾を投げた。逮捕された尹奉

▲…解説する朴仁祚さん

吉は上海派遣軍による軍法会議にかけられた。尹奉吉は五月二五日に死刑とされ、金沢の第九師団に引き渡された。第九師団は「満州」侵略戦争にともない「上海事変」で派兵され、そのまま残留し、当日の祝賀の閲兵式に参加していたからである。尹奉吉は一一月には大阪に移送され、さらに一二月一八日に金沢に移送され、翌日、陸軍の三小牛作業場で銃殺された。

彼の遺体は金沢市野田山の陸軍墓地の崖下の通路に目印もなく、秘密の内に埋められた。これを暗葬という。尹奉吉は死後も人びとによって踏まれ続けられたのである。

解放後の一九四六年三月に朝鮮人の手で発掘作業が行われ、埋葬された場所が突きとめられた。その結果、尹奉吉の二〇一片の遺骨が発掘されたが、眉間には銃弾の跡が残っていたという。ソウルでは臨時政府主催の国民葬がおこなわれた。

死後六〇年にあたる一九九二年の一二月に「尹奉吉暗葬之跡碑」が暗葬の地に完成した。フィールドワークでは遺体の発掘にも関わった朴仁祚さんが碑について思いを込めて解説した。

(2) 三菱重工額谷地下工場

つぎに三菱重工業の額谷地下工場跡を訪れた。この地下工場は額谷石の石切り場を利用したものである。海軍が工廠用に洞窟の改造を始めたが、三菱の航空機用発動機の地下工場として転用されることになった。三菱はこの地下工場を排気タービンと燃料用噴射ポンプの生産の場にしようとした。一九四五年七月には機械などが搬入されはじめたが、稼働の前に敗戦となった。この地下工場建設のために六〇〇人ほどの朝鮮人が動員された。現在も地下工場とされた壕が残っている。

一九九八年三月に建てられた金沢市教育委員会の説明板には、強制的に連れてこられた朝鮮人やその他の手段によって集められた朝鮮人によって掘られたことが記されている。

▲…三菱発動機・額谷地下工場

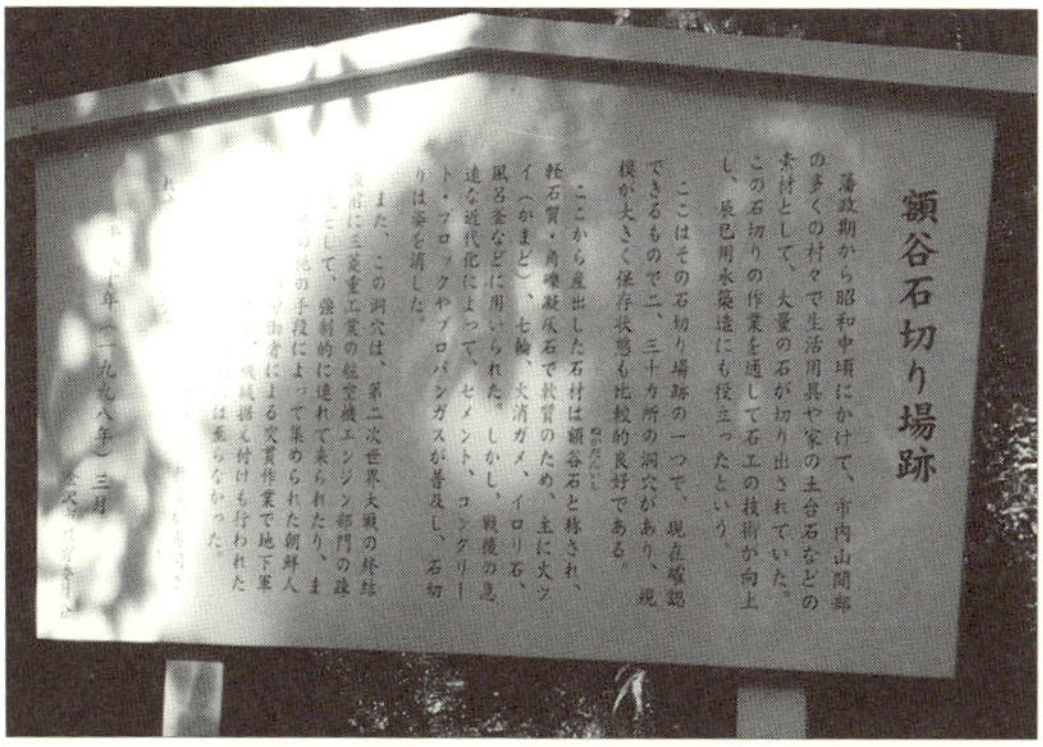

▲…三菱発動機・額谷地下工場解説板

三菱重工の地下工場は全国各地に建設された。米国戦略爆撃調査団報告書では三菱の地下工場は三三か所があるとされ、計画面積は三七三万平方フィート、完成の割合は五九％となっている。中島飛行機は一六か所の地下工場を計画したが、計画面積では三菱と同じほどである。

三菱重工の主な地下工場をあげれば、航空機では、岐阜の久々利・平牧、愛知の楽田、長野の仁古田・里山辺、富山の雄神、石川の額谷、福井の笏谷、鯖江、三重の久居、岡山の亀島山、熊本の上熊本、七城などがあり、造船では、兵庫の禅昌寺、神奈川の保土ヶ谷など、兵器では長崎の住吉などがある。また、三菱電機では岐阜の釜戸、三菱製鋼では福島の広田などに地下工場が建設された。

三菱重工の航空機部門での地下工場が多かったわけである。それらの工事は久々利が大林組、平牧が飛島組、楽田が熊谷組、仁古田が西松組、里山辺が熊谷組、雄神が佐藤工業というように、大手の土建会社が工事を請け負った。これらの地下工場建設に多数の朝鮮人が割り当てられて動員されたのである。額谷の地下工場はこのような三菱重工業の疎開先のひとつである。

三菱関連では、中央協和会「移入朝鮮人労務者状況調」から、大林組が名古屋の整地工事、岡山の水島航空機工場、長崎兵器大橋工場などの建設で連行朝鮮人を使っていたことがわかる。その後も三菱は戦争の拡大にともなって各地に工場を建設した。これらの工場の建設は竹中工務店が請け負っているものが多い。静岡の三菱工場建設工事も竹中工務店が請け負ったが、多くの朝鮮人が動員された。

朴慶植さんは一九二二年に朝鮮慶尚北道奉化郡で生まれ、一九二九年に渡日した。戦後は、朝鮮人強制連行の歴史を調べて資料集などを出版し、『在日朝鮮人史研究』誌を編集してきた。また、朝鮮人中国人強制連行強制労働を考える全国交流集会の顧問として集会に参加、現場を大切にする視点を持ち、現地を歩いて発言してきたが、一九九八年二月に交通事故で亡くなった。七五歳だった。一九九六年には三重の紀州鉱山の調査の後の名古屋に向かう急行列車のなかで話を聞くことができた。もっと多くの話を伺っておけばよかったと思う。

（一九九八年八月調査）

8　愛知航空機瀬戸地下工場

名古屋市の北東にある瀬戸市は焼きものの町である。この町の中心街の北に市民公園があり、その公園内のゲートボール場の北の丘陵に愛知航空機瀬戸地下工場跡がある。ここには平和の散策用に細い道がつくられている。

愛知県名古屋市の工場では三菱をはじめ、航空機生産が盛んだった。愛知時計電機は一九二〇年から海軍機を生産し、一九四〇年には海軍の管理工場となった。一九四三年には政府による軍需増産の動きの中で、航空機部門を独立させて新たに愛知航空機を設立した。ここでは海軍の九九式艦上爆撃機、艦爆機・彗星などを生産していた。空襲が激しくなると愛知航空機は岐阜・北陸・瀬戸へと疎開を始めた。

この瀬戸への疎開は一九四四年末に始まり、五つの地下工場群がつくられた。一九四五年には地下工場への機械の搬入が始まり、生産がおこなわれた。地下工場の建設は大倉土木が請け負ったが、その現場に朝鮮人が動員された。『証言する風景―名古屋発　朝鮮人・中国人強制連行の記録』には朝鮮人徴用者の出身地が忠清南道洪城郡だったことが記されている（六七頁）。地下壕建設のために集団的に連行されたわけである。この地下工場跡は戦時下の朝鮮人の強制労働を示すものである。

現地を歩くと、土に埋まってはいるが、数個のコンクリート製の地下工場の入り口がある。また、約一〇メー

▲…愛知航空機瀬戸地下工場跡

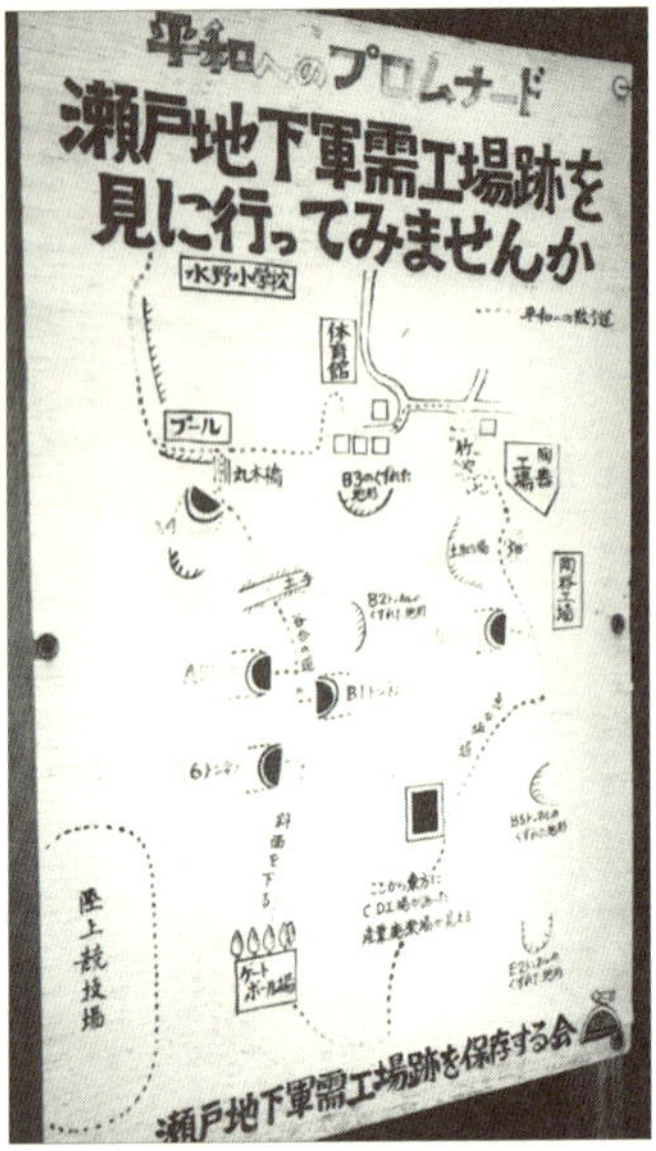

▲…瀬戸地下軍需工場の案内

トル四方の大きな水槽が残っていた。地下工場の入り口をみると、壊れたコンクリートの間から木々が天に向かってその枝を伸ばしているところもある。

森の中は涼しい。公園では子どもたちが、野球や水泳に興じている。地下工場の入り口の多くは破壊され、あるいは埋もれ、その口は封じられている。そのような現場からどのような表現を、今生きる私たちが紡いでいくのかが問われているように思った。

この日、「君が代」の演奏を強要され、それまでは弾いていたが、二〇〇四年春、演奏を拒否した教員の話を聞いた。校長のハラスメントに耐え、弾かないと決意したときのことを語る教員のまなざしは、凛としていた。良心の自由は行動することで示される。人権のある社会とは、そのような行動を受け止めることができる社会である。起立させ、服従させることが、戦争国家のレールの上を滑ることにつながる。

圧制を示す地下工場の時代から六〇年、服従の精神構造は形を変えていまもあり、それに抗する行動は各地で続いている。

（二〇〇四年八月調査）

9　中島飛行機半田製作所

名古屋市南方の知多半島の半田市には中島飛行機半田製作所があった。半田製作所は一九四二年に建設され、ここでは海軍機の機体生産がおこなわれた。この半田工場では海軍の艦上攻撃機・天山、艦上偵察機・彩雲など一四〇〇機ほどが組み立てられ、労働者数は三万人に及んだという。

半田工場には一九四四年一二月、朝鮮半島北部の咸鏡南道の端川、北青、利原、定平、三水、新楽、長津などから一二〇〇人ほどの朝鮮人が連行された。連行者の氏名は企業側が半田市に提供した厚生年金の被保険者名簿から明らかになっている。連行された朝鮮人は半田工場の北方の新池寮と長根寮に収容された。収容された寮から工場まで隊列を組んで出勤したという。

また、中島飛行機半田工場の建設や引き込み線工事・滑走路建設工事は清水組が請け負ったが、ここにも多くの朝鮮人が動員されていた。滑走路は東西一・八キロ、南北二・五キロの長さでの建設が予定されたが、南北八〇〇メートルが建設されたころ、敗戦となった。中島飛行機半田工場は隣の阿久比町や石川県小松市遊泉寺に疎開用の地下工場を建設したが、そこにも朝鮮人が動員された。

一九四五年七月二四日の米軍による空襲では、半田工場や北方にある労働者居住地へと二〇〇〇発以上の爆弾が投下された。死亡者は二七〇人をこえ、収容寮付近では連行朝鮮人四八人が死亡した。

半田に連行された朝鮮人に崔翼天さんがいた。崔さんは一九四四年一二月に咸鏡南道北青郡厚昌面から連行された。結婚したばかりのことである。崔さんは二一歳の者は日本に徴用されると聞き、近くの鉱山に逃げて働いていたが、実家に帰ったときに捕まった。駅から貨車に乗せられ、外から施錠された。翼天さんたちは釜山から下関を経て、半田の乙川駅まで連行された。

半田に連行された朝鮮人は一〇の中隊に編成され、さらに小隊に分けられた。中隊長は日本人だったが、小隊長は日本語がわかる朝鮮人青年が任命された。朝鮮人は部品工場、調整工場、胴体・翼・機体組立工場などに送られて労働を強いられた。崔さんは長根寮に入れられ、天山の翼の組立作業の現場に送られた。朝鮮人は水色の作業服を着たが、海軍の整備兵が大和魂注入棒という棒を振り回して殴った。調整工場では三〇人の朝鮮人が空腹に抗議することもあったが、海軍兵によって制圧された。

空襲の際には横川池の松林に逃げ込んだ。そこに爆弾が投下され、枝にはちぎれた腕や足、腸が垂れさがった。小隊長の林泰駿は破片で背中をえぐられた。知人の金鳳龍は池の中で息絶え、金枝白は爆弾で右手首を失い、鼓膜が破れた。空襲後は跡片付けのような作業が続いた。日本が戦争に負けたと聞き、防空カバーを外して、乾杯して、歌って喜んだ。会社に対して帰国を求め、九月一〇日ころ、翼天さんたちが先発隊として遺骨をもって帰国することになり、残りの一〇〇〇人の本隊は一〇月上旬に帰国した（『知多の戦争物語四〇話』一一〇、一八四頁）。

半田市の雁宿公園にある「平和記念碑」は戦時下での東南海地震、半田空襲、労災などで死亡した人々を追悼するものである。この碑は一九九五年に建てられたものであり、碑文にはアジア諸国をはじめ、全ての戦争犠牲者を追悼し、再び戦争を起こさないという決意が記されている。碑には、植民地とされていた朝鮮北部から連行された朝鮮人の命が空襲によって失われたことが記され、朝鮮人の名前も刻まれている。

空襲の跡を示す遺跡には、半田市の赤レンガ倉庫がある。元はビール工場として使われていたが、中島飛行機が買収して利用した。この倉庫の北壁には一九四五年七月一五日の空襲による機銃弾の跡がある。中島飛行機の滑走路跡が海に向かうまっすぐな道の形で残っている。

半田市は童話作家新美南吉の故郷である。その記念館に南吉が知人に贈った『おじいさんのランプ』が展示されている。南吉は贈った相手に、宮澤賢治の詩から「まことのことばはうしなわれ　雲はちぎれてそらをとぶ」と記した。半田工場が建設された一九四二年のことである。南吉は一九三五年に記した「ひろったラッパ」で年寄りに「せんそうはもうたくさんです」と話させ、男に「げんきをだして、ふみあらされた　はたけをたがやし、むぎのたねをまきましょう」と語らせている。南吉にとって戦争推進のスローガンは真実の言葉ではなかったのだろう。

歴史の修正主義は過去を正当化して、過去の清算を拒む。半田での被保険者名簿の公開や平和記念碑建設の動きは、そのような偽りの言葉を排し、「まことのことば」をつかもうとする民衆の意思の表現である。

（二〇一三年八月調査）

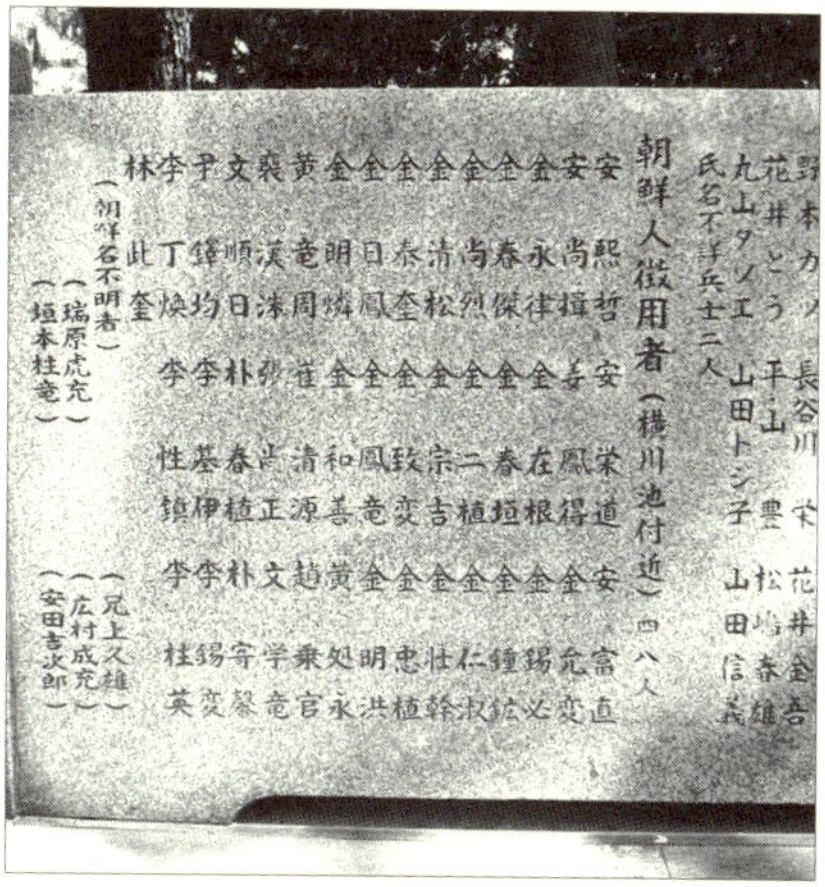

▲…半田平和記念碑の朝鮮人名

参考文献

『悲しみを繰り返さぬようここに真実を刻む』東南海地震・旧三菱名航道徳工場犠牲者調査追悼実行委員会一九八八年

「シンポジウム　三菱名古屋・朝鮮女子勤労挺身隊問題を考える」三菱名古屋・朝鮮女子勤労挺身隊問題を考える会一九九八年

『元朝鮮女子勤労挺身隊員に対する損害賠償等請求事件・訴状』一九九九年・二〇〇〇年

山川修平『人間の砦』三一書房二〇〇八年

韓国光州地方法院「判決書」二〇一三年一一月一日（李洋秀訳）

『ピッタム　地下軍需工場建設と朝鮮人強制連行の記録』一九九〇年
「証言する風景」刊行委員会編『証言する風景―名古屋発　朝鮮人・中国人強制連行の記録』風媒社一九九一年
『愛知・大府飛行場における中国人強制連行・強制労働　改定増補版』愛知・大府飛行場中国人強制連行被害者を支援する会二〇一三年
『みかん畑の大きなテント』同会二〇一三年
中央協和会「移入朝鮮人労務者状況調」一九四二年
「日本土木建築統制組合請負工事一覧」（一九四四年八月現在、仮題）建設産業図書館蔵、伊藤憲太郎資料内文書
朝鮮人強制連行調査団『朝鮮人強制連行調査の記録　中部東海編』柏書房一九九七年
『証言・資料集　瀬戸地下軍需工場』瀬戸地下軍需工場跡を保存する会一九九八年
『知多の戦争物語四〇話』半田空襲と戦争を記録する会二〇〇二年

第5章●東京麻糸沼津・朝鮮女子勤労挺身隊

1　東京麻糸紡績沼津工場朝鮮女子勤労挺身隊訴訟

一九九二年一二月、韓国釜山市などの元日本軍「慰安婦」と元女子勤労挺身隊員の計一〇人が、日本に対し公式謝罪と賠償を求めて三次にわたり山口地裁下関支部に提訴した（関釜裁判）。この裁判の原告のなかの三人は静岡県沼津市にあった東京麻糸紡績沼津工場へと連行された朝鮮女子勤労挺身隊の元隊員だった。

関釜裁判の経過をみると、一九九八年四月の地方裁判所の判決では元「慰安婦」原告に一部勝利の判決が出された。それは元「慰安婦」被害者に対する戦後の国の立法不作為を認めるものであった（下関判決）。しかし、二〇〇一年三月、広島高等裁判所は元「慰安婦」原告に対して逆転敗訴、元勤労挺身隊原告に対しては全面棄却の判決を出し、二〇〇三年三月、最高裁判所は上告を棄却した。

この裁判がすすめられていた一九九七年四月、東京麻糸紡績沼津工場に連行された二人の女性が静岡地裁に提訴し、東京麻糸紡績沼津工場朝鮮女子勤労挺身隊公式謝罪等請求訴訟がはじまった。

一九九七年七月に原告の意見陳述がなされたが、国側は事実の認否を拒否した。九八年四月の第四回口頭弁論

2　東京麻糸沼津工場と朝鮮人

▲…東京麻糸訴訟・地裁不当判決に抗議する原告

で裁判長が認否を求めても、国側は拒否し、資料を提示しなかった。一九九九年に入り、原告の意見陳述、学徒動員者や学者による連行についての証言などがなされた。二〇〇〇年一月に地裁判決が出されたが、この判決は事実の認定さえしないものであった。原告は控訴した。二〇〇一年に学者証人と本人への尋問がおこなわれ、二〇〇二年一月に控訴棄却の判決が出された。原告は上告したが、最高裁は二〇〇三年三月にそれを棄却した。この三月には関釜裁判や東麻裁判など六つの戦後補償裁判がいっせいに棄却された。

韓国内では二〇〇四年に発足した日帝強占下強制動員被害真相糾明委員会による調査がすすめられ、二〇〇八年には同委員会によって調査報告『朝鮮人女子勤労挺身隊方式による労務動員に関する調査』と証言集『朝鮮人女子勤労挺身隊、その体験と記憶』が出された。そこには強制動員の概略が記されるとともに東京麻糸紡績沼津工場関係の四人の証言が収録されている。このほかにも市民団体や研究者によって証言が収集されている。

ここでは裁判と真相糾明委員会などの調査によって明らかになったことがらをまとめていきたい。

東京麻糸紡績が設立されたのは一九一六年のことであり、沼津工場は翌一九一七年に開設された。東京麻糸紡績沼津工場は一九二〇年代後半から朝鮮の女性を三か年契約で募集し、寄宿舎に入れて低賃金や深夜の労働で酷使した。一九二九年二月、朝鮮人の寄宿舎からの火事で朝鮮の女性たちが焼け出された。会社は見舞品として櫛一本と草履一足を与えただけで見舞金は出そうとしなかった（岩崎光好『東静無産運動史』六九頁～）。『静岡新報』（一九二九年二月二三日付）には、寄宿舎は二階建てで一〇の部屋があり、収容されていた朝鮮人女工の数は一二四人、舎監は朝鮮人の尹粉伊（三〇歳）と記されている。

一九三〇年代に入ると、麻糸の軍需用受注が増えて工場は拡張された。東京麻糸紡績は一九三九年には満州麻工業を設立、一九四二年には南方からの資源の収奪をすすめ、一九四四年には三菱商事と提携した。

東京麻糸では一九二〇年代から朝鮮人を使用してきたが、一九三九年に強制連行が始まると東麻沼津工場にも朝鮮女性が連行された。厚生省勤労局調査によれば、一九三九年に四五人、四〇年に五〇人、四一年に一七四人、四二年に二〇〇人、四四年には三〇二人の計七七一人が連行された。紡績の職場は、繊維を解きほぐす精練、繊維の束を一定の方向にそろえる練条、繊維の束を引き伸ばして撚りをかけ太い糸状にする粗紡、糸を一定の長さに伸ばして必要な太さや弾力のある糸にしていく精紡、この糸から布を織る織布などに分かれている。連行された女性たちはこのような現場に入れられたのだった。

繊維・紡績関係では、一九四〇年には鹿沼製糸、広島大和紡績、倉敷絹織への連行があり、郡是製糸や内海紡績、昭和紡績への連行も計画されていた（中央協和会「移入朝鮮人労務者状況調」）。

内海紡績への連行については金世国さん（平安北道義州出身）の証言がある。証言によれば、一九四〇年三月、小学校卒業直前に担任教師に呼び出され、動員を指示された。一九四〇年四月はじめに一〇〇人（少年二〇人・少女八〇人）が和歌山県の内海紡績へと連行された。内海紡績では麻を使って艦船用のロープを生産していた。そこでの一年の実習を経て、新義州の繊維工場へと転送された（金世国証言『告発・証言集二』三五頁～）。

東京麻糸紡績沼津工場は一九四四年二月に軍需工場に指定され、労働者数は三五〇〇人に増加した。朝鮮人女性の数は四〇〇人ほどになった。東麻ではこのころ軍用テント・袋・カバーや軍用機の翼用布などを生産していた。一九四四年になると朝鮮の女性たちが「女子勤労挺身隊」の形で連行されるようになる。その数は三〇〇人ほどとみられるが、工場は一九四五年七月一七日の空襲で焼失し、朝鮮の女性たちは駿東郡小山町の富士紡小山工場へ転送された。

「募集」による連行が始まった頃の証言をみてみよう。

金福萬さんは慶南梁山郡出身、一九三八年ころ（当時一一歳）、面の役人の甘言と暴力によって連行され、解放までの七年間、東京麻糸沼津工場で労働を強いられた（「朝鮮新報」二〇〇七年一二月一二日記事）。

一九四一年ころの連行については金文善さんの証言がある。金さんは一九四一年ころ、一六歳の時に慶南統営の巨済島で「募集」された。沼津には二五〇人ほどが連行された。金さんは、麻を蒸して洗って干すという精練の現場にまわされ、大きな機械の前にたって三交代で働いた。精練は水仕事できつく、ほこりも多かった。何枚も重ねた布を一日中鋏で切る現場に回されたこともあるが、そのときの労働のために右手の指二本は曲がったままである。あこがれて日本に行ったが、がっかりし、友人と逃亡し、二回目に成功した。一度目は年上の友人の知り合いが富士宮の上井出でやっていた飯場に行って、ご飯炊きなどをしていたが、工場の人が探しにきて連れ戻された。会社には三年半ほどいた。解放前に、身を寄せていた知り合いの家で紹介された人と結婚した。相手も一九歳の時に募集され、日本に来た人だった（川崎在日コリアン生活文化資料館による聞き書き事業報告、『在日コリアン一世の労働に学ぶフィールドワークⅡ沼津・伊豆・湯ヶ島への旅』）。

朴伯旬さんは一九四三年ころ、母に内緒で「募集」に応じた。東麻では精練の現場で仕事をさせられた。精練は生の麻を切って皮をむき、茹でて柔らかくし、不純物を取り除き、糸にしやすくする作業だった。湯気が立ち込め、気温も湿度も高く、服はびしょびしょになり、長靴をはいていないと足元も濡れるという環境の悪いところだった。見回りは「早くしろ」、「何やってんだよ」と怒鳴り、打ったり蹴ったりした。そのような環境の中で、病気になる人や逃げる人が多かった。夜、勉強できると言って誘われたが、疲れて勉強する元気が出なかった。給料は月に一度もらったが、小遣い分を残して貯金した。貯金はほんの少しだが、戦後、朝鮮に戻ったときに、母に渡した。空襲で沼津工場が焼けると、朝鮮の女性の多くが富士紡小山工場に移された。朴さんは沼津に残り、戦後、沼津から朝鮮に帰った（『在日コリアン一世の労働に学ぶフィールドワークⅡ沼津・伊豆・湯ヶ島への旅』）。

一九四三年に入っての東麻への連行については、二月ころに鎮海から連行された裵甲先さんへの聞き取りがある。

それによれば、裵さんは一六歳の時に、役所で動員の割当の紙を示され、契約は二年といわれた。鎮海から釜山・下関を経て沼津工場へと三五人が連行された。最初の日は工場見学だった。連行された三五人の職場は別々だった。裵さんの仕事は巻かれた糸を赤い箱に入れて織布現場へと運ぶことだった。朝六時起床、七時三〇分から午後五時か六時まで働いた。朝起きると朝鮮人だけで軍隊式の訓練をさせられた。二年間のうち一度だけ外出許可を受けて、おかゆのようなものを食べた。裵さんは下関まで行き、そこからは一五人が乗った小さな船で韓国に向かい、三日間漂流した。船の穴からの浸水を汲みだしながら、やっとのことで蔚山に着いた（小池善之「戦時下朝鮮人女性の動員」所収証言）。

一九四三年二月ころ、鎮海から連行された女性はつぎのように語る。連行されて三日間の軍隊式訓練を受けるとすぐに働いた。寄宿舎一部屋に一五人ほどがいた。仕事は機械で糸を引き抜くことだった。居眠りや体が悪くて座って休むと、班長にひどい目にあわされた。便所に行くにも許可を得なければならなかった。仕事中、手首を傷つけて病院で縫った。日本人女性が夜間作業中に帽子がローラーに吸い込まれて死んだことがあった。空襲で避難したとき、日章旗を踏んだといって日本人から容赦なく叩かれた。富士紡小山工場に移動しても空襲に悩まされた。賃金は一円も貰えず、貯金した話も聞いていない。舎監の五二歳の女性が、逃亡して捕まった少女をひどく叩くだけでなく、「この女ども、私の言うことを聞かねば身体を売らせるぞ」とおどした。「こっそり外出すれば叩き殺される」と怖れての生活だった（余舜珠『日帝末期朝鮮人女子勤労挺身隊に関する実態研究』）。

この証言からは、連行された一六歳ほどの女性たちが人身売買を脅迫され、撲殺されるかもしれないという恐怖のなかにいたことがうかがえる。この鎮海からの連行は一九四二年度分の官斡旋による連行とみられる。

3　沼津工場への朝鮮女子勤労挺身隊の連行

このように連行がすすめられるなかで、朝鮮少女の労働力動員が制度化され、一九四四年八月には女子挺身勤労令が出された。すでに春ころから朝鮮女子勤労挺身隊としての軍需工場への連行がすすんでいた。紡績関連工場のみならず兵器工場へと、勉強もできるといった甘言によって、一二～三歳の少女を募集し、挺身隊として軍事的に組織して連行していった。

このころの動員に向けての記事が『毎日新報』に連載された『戦う半島女工　東京麻糸〇〇工場訪問記』（一九四四年三月一五、一六、一七日）である。そこには、生産第一線の女兵、内鮮一体での増産、殉国精神、生産戦に敢闘、二四時間敢闘、職場の戦友愛、生産決戦場、舎監老女工が陣頭へ、工場即学校、裁縫や家事の教授といった言葉が並ぶ。

記事によれば、工場には加工・練糸・織機・仕上げなどの職場がある。東京麻糸には三〇年の朝鮮人使用の歴史があり、一九四一年からは二年契約の集団募集を始めた。担当者は三好といい、青年学校の責任者でもある。日本人の女性が見回りをする。舎監は釜山出身の「松山」といい、一八歳で渡日し、福山の紡績工場で働き、一九二七年に沼津に来た。舎監は女性たちを直接指導し、戦力増強に向けて労務管理をおこなっている。工場の標語には「この手を緩めれば戦力が減退する」、「職場を守れ、愛の家族」がある。朝鮮の女性たちは皇国女性、女子産業戦士とされ、神社参拝、正座、国語学習によって日本式の生活を教育される。出身は慶南の密陽、梁山、統営、金海などであり、年齢は一三歳から二〇歳未満、国民学校出身は二割である。休日は一か月に二回あるが、それを返上して機械の前に立って仕事をすることが美談である。朝鮮女性の編成では、甲班が午前五時から午後二時、乙班が午後二時から夜中の一一時までとされている。また、昼鮮班があり、午前七時から午後五時まで仕事をし、その後に青年学校で「協和読本」などを読む。

この記事から、生産現場の軍隊化とそのなかでの非人間的な労働をうかがい知ることができる。後の証言でみるように、勉強は全くおこなわれなくなる。記事に記されている労働時間は実態とはかけ離れているものであり、深夜の長時間の労働については詳しく記されていない。実際には一〇時間から一二時間の労働がおこなわれ、深夜労働を含む交代制労働によって工場が稼動していた。この記事は、甘言・詐欺による集団的強制動員が更に強化されていく時期のものであるが、工場労働と寮の現実は、「あこがれてきたが、がっかり」というものであった。

4　朝鮮女子勤労挺身隊員の証言

ここで一九四四年の春に女子勤労挺身隊として連行された人々の証言からその実態をみていこう。

東京麻糸沼津工場へと連行された李英善、姜容珠、鄭水蓮さんらの証言は、関釜裁判での「意見陳述」や「最終準備書面」などにある（『関釜裁判判決文』・『強制動員された朝鮮の少女達』所収）。禹貞順、曺甲順さんの証言は、東京麻糸沼津工場裁判での「訴状」、「準備書面」、「意見陳述」などにあり、聞き取りの記録もある。朴君子、オイルスン（仮名）、金ドクジョン、金ナミの四人の証言が『朝鮮人女子勤労挺身隊、その体験と記憶』（日帝強占下強制動員被害真相糾明委員会）にある。

(1) 関釜裁判での証言

はじめに関釜裁判の原告の証言をみてみよう。この三人は釜山から連行され粗紡の現場に動員された人々である。

李英善さんは一九三一年四月生まれ、当時、慶尚南道釜山の有楽国民学校六年生だった。創氏改名により、岩本栄子とされた。校長と担任は「勤労挺身隊として工場に行けば給料をたくさんやる。勉強もさせてやる。韓国の女はみんな行くことになるのだから、どうせ行くのなら一番に行ったほうがいい。二年の満期だ」などと勧誘した。先生の言葉は神の言葉と信じていたので、行くことを決意した。両親に話せば絶対に反対されると思い、行くことが決まってから両親に話した。一九四四年四月ころ、担任に引率されて旅館に集まった。一泊の後、連絡船で下関に渡り、そこから汽車で東京麻糸沼津工場に着いた。

朝五時に起床し、朝食をとり、掃除をして出勤した。寄宿舎の部屋は一〇畳ぐらいで一二人ほどが一緒にいた。外出は許可が必要だった。食事は主にさつまいもで量が少なく、いつもおなかを空かしていた。両親といるときには食事に困っておなかを空かしたことはなかったのに、夜になるといつもおなかが空き、家族を思い出して泣いた。始業時間は午前七時ころ、終業は午後七時ころまで、一二時間働かされた。仕事は、綿状になった麻の繊維を電動の心棒にまきつける際に、ローラーに巻きついた繊維を取り除く作業だった。おなかを空かして一日中立ちっぱなしで力仕事を強いられ、辛くて毎日泣いた。

辛いときにはつぎの数え歌を歌った。「一つとや、人も知らない静岡の、麻糸会社は籠の鳥。二つとや、二親別れてきたからは、二年の満期を勤めましょう。三つとや、皆さん私の事情を見て、哀れな女工さんと見ておくれ。四つとや、夜は三時半に起こされて、(途中不明)。五つとや、いつも見回り言うとおり、心棒遅れず糸を取れ。六つとや、向こうに見えるは沼津駅、乗って行きたいわが故郷。七つとや、長い間の散る涙、流しているのも国のため。八つとや、山中育ちの私でも、会社の芋飯食い飽きた。九つとや、ここで私が死んだなら、さぞや二親嘆くでしょう。十とや、とうとう二年の満期が来、明日はうれしい汽車の窓」。

空襲が数日に一回はあるようになり、空襲警報が鳴るたびに防空壕に逃げ込んだ。爆弾でけが人が出たこともあった。四五年七月一七日には空襲で工場や寄宿舎が燃えた。爆弾の大きな音におびえ、田んぼの水に浸かったり、岩場に隠れたりして避難した。このときの空襲の爆弾の音や恐怖から、いつも頭痛がするようになった。焼失により、富士紡小山工場に移された。戦争が終わると日本人たちは幼い私たちを残していなくなり、家に帰れない状態になった。給料は貯金しておいて帰るときに渡すと工場長に言われていたが、一銭ももらえず、勉強もさせてもらえなかった。空襲にあったときのままの姿で船に乗って帰郷した。鼻緒が切れた下駄をぶら下げて、オンマー（お母さん）といって家に入った。

現在、夫と息子と三人で暮らしているが、今も頭痛に悩まされ、全身のあちこちに痛みを感じ、通院している。日本は戦争中に犯した非人道的な犯罪に責任を負うべきであり、言い訳も無視も許されない。良心ある謝罪を期待する。

姜容珠さんは一九三〇年一二月生、当時慶尚南道釜山の有楽国民学校六年生、創氏名を河本ハナ子とされた。担任が「これからみんな順番で行くようになる。どうせ行くなら先に行ったほうが給料も多いし、勉強もゆっくりできる。立派な寄宿舎生活ができる」などと日本の工場に働きに行くことを勧めた。先生を神様のように思っていたので、どこに行くのか知らなかったが、勤労挺身隊に入ることを担任に承諾した。日本に行くことが決まった後に両親に告げたところ、両親にとても叱られた。

東京麻糸へと動員され、激しい労働と空腹と空襲の恐怖におびえながら日本国民として働かされ、一銭も貰えず、戦争が終わると朝鮮人として捨てられた。工場では、心棒に巻きつけ中に切れた糸を紡ぐ作業をした。一日一二時間働かされ、いつも腹をすかして一日中立ちっぱなしだった。とても苦しく辛い毎日だった。仕事中になんども地震や空襲に襲われた。生まれて初めての体験だったので非常に恐ろしかった。空襲によって麻糸の建物のほとんどが焼失したので富士紡小山工場に移された。戦争が終わり、仕事をしなくてよくなった。外出許可を貰って数時間外出していたら、普段はしまっている鉄の門が開いていて、寄宿舎には誰もいなくなっていた。誰もいない工場にいるのが怖くなり、泣きながら外に飛び出し、あてもなくみんなを探した。五〜六〇歳の朝鮮人の男性が同情し、家に連れて行った。一か月後、その男性の家族とともに汽車で下関に行き、船で釜山に戻った。船の中でけがをしたが、止血しかできなかった。父母はみなが帰ってくるのに戻ってこないため、死んだのではと心配し、泣き暮らしていた。波止場に父が迎えに来た。

給料は一円ももらっていないし、勉強もさせてもらえなかった。小山工場ではぐれてしまい、一人でさまよい歩いた。息子は脳出血のため働けず、今は息子とその家族を抱え、夫が残してくれた借家の家賃で暮らしている。あの時失った健康は今も体を苦しめている。勤労挺身隊として動員され、朝鮮人ゆえに捨てられたことに対し、ほんとうの謝罪と補償を求める。

鄭水蓮さんは一九三一年一月生、有楽国民学校の六年生であり、姜容珠さんと同じ組だった。創氏改名によって「東本」の姓にされた。父母は入隊に泣いて反対したが、担任の先生を日本人だからと信頼し、先生の話は聞かなくてはと思い、承諾した。姜容珠さんらとともに連行され、東京麻糸に来た。沼津の駅前には楽隊が来て出迎えの式をして、三〇分くらい歩いて工場に行った。仕事は糸状になった麻の繊維を電動の心棒に巻き付ける作業だった。日本は幼い自分たちを動員し、天皇に忠義を誓わせ、愛国者としてもちあげておきながら、賃金も支払わず、朝鮮人として捨てた。

以上が関釜裁判の原告の証言の要約である。

(2) 東麻裁判原告の証言

つぎに東麻裁判の原告二人の証言をみてみよう。二人は慶南の昌原と鎮海からの連行者である。

最初に喜甲順さんの証言をみてみよう。喜甲順さんは一九三〇年一月生まれ、昌原郡上南面の出身である。喜さんは次のようにいう。

家庭は父が農業をし、人も使う中農だった。兄弟姉妹は六人だった。上南国民学校では日本語が使われ、日本語を使わないと全員が罰を受けた。自宅では朝鮮語を使っていた。四〇年ころ創氏改名によって、「夏山」という姓になった。父母は怒ったり悲しんだりしていた。幼い心にも失望感を持った。父は卒業するころ四九歳で亡くなった。

母は父を失い、六人の子を抱えていた。私は小学校六年を出て家事の手伝いをしていた。学校を出たばかりだったが、面の書記が尋ねてきた。学校も出て日本語も読める、二年満期の挺身隊で働く、日本に行って働く、甲順が該当すると令状のようなものを示して言った。母は驚き、行かせないと断った。再度、面書記と刀を持った巡査が来て、娘を出さないと長男の喜甲を徴兵すると脅した。長男は馬山中学を出ていたが家にいた。母は涙を流して、仕方がないと泣く泣く承諾した。私は一三歳だった。母のやり取りを横で見ていた。ひとつ上のいとこは兄がいなかったので、母方の祖母の家に身を隠して逃れた。隣の邑でも先輩と後輩が兄の身代わりとなった。

そのころ父の服喪のため白い服を着ていたが、その姿で鎮海の邑事務所に連れて行かれた。同じ年頃の五〇人ほどが集められていた。兄の代わりに日本に行くが、どこに行くのかわからなかった。鎮海駅から汽車に乗ったが、釜山の慶尚南道の道庁（現釜山高等法院）で総勢一〇〇人くらいになった。わたしも他の少女も泣いていた。役人が、泣くのをやめなさい、あなたたちの父母は保護するから心配しないで行きなさいといった。注意事項を聞かされ、関釜連絡船に乗った。船酔いに苦しんだ。船で会社の国防色の制服、女子勤労挺身隊の産業戦士のタスキをかけられた。

指示されるままに、下関から汽車で沼津に行き、東麻工場に着くと、運動場に役員が並んでいた。そこは軍需工場であり、麻糸を茹でて飛行機用の布を作っているとのことだった。爆撃されてここで死んでしまうのかなと思った。会社は「お国のために働く工場」といっていた。寄宿舎は月の寮七号室だった。一二人が同じ部屋で畳は一二畳ほどだった。部屋長は背も高く体の大きな年上の人だったが、私は体も小さく弱かった。布団一枚に二人で寝た。

身体検査ののち、粗紡課へ配属された。機械の前に一二人の女子が立ち、上からの糸を直した。悪い糸をはさみで直し、切れた糸をつなぐという仕事で、立ちっぱなしの大変な仕事だった。足が腫れ、痛くてしゃがみこんだこともあった。座っていて見回りの日本人に見つけられるとひどく叱られ、「朝鮮人は仕方がない」と差別され、侮辱された。生き地獄だった。運が悪いと機械に手を挟まれてけがをした。一緒に来た隣の邑の二人は精練課にまわされた。そこは黒い長靴を履いて茹でた麻を水の中で踏みながら濯ぐという重労働だった。

四時半ころに起床し、運動場で朝礼、愛国歌や勤労挺身隊の歌を歌わされた。五時半から六時の間に食事をしたが、大豆や麦のご飯と味噌汁に漬物で、自宅の食事とはまったく違った。六時か六時半ころから仕事、一二時間労働だった。休めなかった。夕食は七時か八時ころだった。遅番の時には夜の一〇時か一一時ころになった。給与の話はなかった。

冬は寒く、右手にはしもやけの跡が残っている。寮も寒く、暖房がなかった。防空壕に駆け込む訓練もおこなわれた。靴を履いたまま眠った。故郷の母に手紙を書いたが、寮長の検閲があり、仕事については秘密にする命令があり、本当のことが書けなかった。安心させるために元気ですと書いた。

空襲警報が何度も出され、工場が爆撃された。そのとき足のすねをけがした。その痛みは今も消えない。四五年七月の沼津大空襲の時には布団をかぶって逃げた。寄宿舎は焼けてしまい寝泊りできなくなった。

集団で小山工場に汽車で行った。仕事は二交代で綿を織ることだった。富士山は哀れな私たちを励ますかのようだった。八月一五日、天皇の放送があった。長い悪夢から覚めてやっと帰れる、これで故郷に帰れると喜んだ。

責任者の引率で故郷に帰ることになり、新潟から釜山に送られた。日本に連行した責任者が同行した。船の中で旅費を渡され、これまでの積立金を賃金として自宅に送って支払うというので住所と氏名を書いた。渡されたお金で切符を買った。母は、九死に一生で帰った私を喜んで迎えた。その後、東麻からは一銭も送ってこない。

日本に問い合わせたくても、李承晩・朴正煕の時代にはできなかった。

帰国後、鎮海高等女学校に編入した。朝鮮戦争が始まる直前、二二歳のときに結婚した。夫には勤労挺身隊のことは話したことはなかったが、長女が生まれたころ、行ったことがあるのかと聞かれた。反日の雰囲気が強い時期であり、英語の教師だった夫はそれを嫌い、「日本に協力した不潔な女」といって殴り、子どもは引きとるからと別居を求め、結局、離婚することになった。別居中に長男が生まれ、その子は私が引き取り、保険の外務員などをしながら苦労して育て、大学も出した。

挺身隊として連行されたことを夫が知って暴行され、親類縁者も夫の側に立って離婚させられた。今、息子と娘がいるが、一生傷を抱いている。誰もわかってくれない。結婚しても不幸だった。骨が折れるほど働かされた。五〇年以上待ってきた。話をすれば涙が出て、心臓が張り裂けそうだ。今は心臓病を患っている。一年前には胃がんの手術を受けた。治療費がかかるが、収入はほとんどない。長兄が、若いとき代わりに挺身隊にいってくれたことを恩に感じ、生活費を援助してくれている。元挺身隊員は「慰安婦」だったと誤解されるのを恐れ、罪人のように生きている。

五〇年以上前のことだが、目の前に鮮やかによみがえる。苦労は語りつくせない。虐待され酷使され、賃金さえもらえない。奴隷のようだった。自分が不幸に思えて仕方ない。熱い涙をおさえることができない。日本は何を考えているのか。こういった気持ちを日本人に言わずにどこに訴えればいいのか。経済大国といっているが、日本は産業戦士として働かせた財貨を返せ。これ以上延ばさないでほしい。祖先が解決していない問題の責任を痛感して正当な代価を支払ってほしい。年老いた弱き者を助けてほしい。

日本政府に訴える。幼い少女が命がけで働いた賃金を生きているうちに受け取りたい。それで胸の痛みの一万分の一が慰労されるくらいだが、すぐに支払え。積極的に対処してほしい。一九か月間の未払い賃金を支払ってほしい。責任と使命を持って願いを聞け。あの時、天皇と為政者たちの犯した過ちを問うている。正しい判断を信じている。七五歳目前となり、残った命はどれくらいかわからないが、恨みを抱いて死ぬ前に、解決を求める。以上が曺甲順さんの証言である。その後、曺さんは亡くなった。

次に禹貞順さんの証言をまとめてみよう。禹貞順さんは一九二九年五月生まれ、鎮海市慶和洞の出身である。五人姉妹の二番目だった。創氏改名で「新山」とされた。鎮海の慶和国民学校を卒業すると高等科に進学した。朝鮮人は私だけで、家は貧しく、食事のときにもからかわれ、中退した。女子青年団で防空訓練などをさせられた。

当時一四歳だった。一九四四年三月ころ、青年団が持った国民学校での集まりに東京麻糸紡績沼津工場の幹部二人と鎮海邑の事務員が来て、会社の紹介をした。会社の写真を見せ、富士山も見える、昼は産業戦士として働き、夜には勉強ができる、施設は最高のもの、二年の満期と勧誘した。学校にも行けるし給料ももらえる、故郷に帰ると土地も買えるといわれたため、一四～五歳の五〇人がみな志願するといった。勉強ができると思い、姉の手を振りはらって志願した。親の承諾書はなかった。

邑の事務所に集められ、鎮海駅から釜山に行った。昌原・金海・密陽・釜山などからも連れてこられ、一〇〇人が集められた。道庁で知事が、君たちは産業戦士となり故郷にお金をたくさん送れる、特別待遇であり一生懸命仕事をするようにと訓示して激励した。連絡船内で東京麻糸の職員から服・帽子・鉢巻・タスキをわたされた。タスキには女子勤労挺身隊と書いてあった。船中では救命具を抱えていた。下関には医者や看護婦がいた。汽車に二四時間ほど乗って沼津工場に行った。

月の寮五号室に入ったが、一二畳に一五～六人が生活した。身体検査の後、甲班・乙班に分けられた。甲班になり、粗紡第三工場に配置され、後に第二工場へと移動した。乙班は雪の寮で、七時くらいからの仕事だった。

▲…証言する禹貞順さん

一四歳の幼い娘が働かされた。つらい毎日だった。一日一〇時間から一二時間の労働だった。麦の混じったおこげのご飯で、いつも空腹だった。いつになったら腹いっぱい食べられるのかと思った。韓国に手紙を書いた。母からあとになって聞いたが、姉が粉を煎って作ったものを送ってくれた。それを水に溶いて食べた。姉は夜寝るとき、日本にいった貞順はどこに行ったのかと泣いていたという。私も故郷を思い出しながら泣いた。

約束された勉強はなく、嘘だった。勉強を目的に来たが、防空訓練の説明があっただけだった。日本人にだまされたと思った。食事は粗末でいつも空腹だった。外出は八時三〇分まで、点呼の時間に寮に入った。大きな麻糸の塊三〇個を、二回に分けて一五個ずつ荷車に積み上げて、粗紡から精紡課に持っていった。わたしは背も高く体格もよかったから、荷車を一人で押した。日本人よりつらい重労働だった。今でも腕が痛く、重いものを左手で持ちあげられない。遅番と交代するまで一二時間の仕事だった。機械の横に生産量を測る時計があり、数字の確認をされ、催促され、叱られた。生産性が悪いと「朝鮮人」と罵った。どんなにやっても見回りは怒鳴ったり、叱ったりした。少しでも座ると厳しく叱られた。工場は埃っぽかった。冬の工場は暖房がなく寒かった。凍傷になり、今もよくない。日本人も働いていたが、私たちのほうがつらい仕事だった。何よりも差別がつらかった。

一九四五年の七月中旬に爆撃を受けた。舎監が逃げろといった。川のほうに走り、木の陰に隠れて避難した。

運動場に一人二人と集まってきた。一人の死者も無かったが、工場はすべて焼け、食堂だけが残った。食堂でつくった白いご飯のおにぎりをはじめて食べた。その後、富士紡小山工場に連れて行かれた。木綿の力仕事をした。食堂で昼飯を食べていると、天皇の放送があり、日本人は泣いていたので、戦争が終わったことがわかった。故郷に帰れると思い、うれしかった。わたしたちは「さらば鎮海よ、また来るまでは」といった歌を歌ったり、跳びはねたりした。その日からご飯を腹いっぱい食べ、休みを取ることができた。

韓国へ帰ることになり、服を支給されて新潟から帰った。船には、杉山さんと工場の人がついて来た。そのとき、名前を呼び、現住所を書きとめた。旅費を渡し、稼いだ金は貯金してあり国に帰ったら送るという話だった。しかし五〇年たった今も、会社からも国からも連絡は無い。故郷に帰っても生活が困難で、妹たちのために進学はできなかった。戦後、体験を自由に語ることはできなかった。挺身隊に行ったと聞くと「慰安婦」と間違えられ、男たちは避け、結婚もままならない。三〇歳をこえて結婚できた。今も連行された五〜六人と連絡があるが、夫に隠して生きてきた。東京麻糸への連行は残酷な仕打ちだった。過去をたどれば限りなく悲惨だった。

沼津や静岡はこんなに発展した。日本は第二の故郷でもある。腕が曲がるほど働いたのに、勉強もできず、給料も受け取れなかった。一日も早く支払ってほしい。私たちが死ぬのを待っているような日本人の気持ちがまったくわからない。問題の本質を見極め、過去を反省する国民であってほしい。

以上が、裁判のなかで明らかにされた女子勤労挺身隊員の連行と労働の実態、被害回復への思いである。

(3) 韓国委員会の調査

つぎに韓国で収集された証言をみてみよう(『朝鮮人女子勤労挺身隊、その体験と記憶』)。以下の四人は鎮海、釜山、晋州からの連行者である。

朴君子さんは一九二八年生まれ、鎮海の慶和国民学校を卒業し、一九四四年五月ころに東京麻糸に連行された。一六歳のときに慶和国民学校に集められ、募集の話を聞いた。一年後輩と一年先輩も集められた。募集に応じることになり、庁舎に集められた。進一旅館に泊まり、釜山に送られた。釜山、金海、昌原などから集められた人々と合わせて二〇〇人ほどになった。消毒を受け、連絡船に乗り、下関で会社の幹部と舎監の出迎えを受けた。鎮海は軍港市であり、日本人も多く、子どものころ日本人と遊ぶこともあり、日本語ができた。沼津工場から看護学校に通い、看護と産婆の資格を取って、工場の看護員に配置された。看護員は五人いたが、二人が朝鮮人だった。工場ではけがをする人があり、それを看護した。しかし、挺身隊員としてきていたため、月給はなかった。

工場は朝、昼、夜の三交代制だった。甲、乙、丙の三班に分けられた。力のある人は長靴をはいて麻を煮て洗う現場に行った。親戚が面会に来て、そのまま工場を抜け出す人もいた。それまでに動員されてきた人は貧しくて弟たちを勉強させるために来た人が多く、字を知らない人もいた。

空襲によって沼津工場が破壊されると小山の工場に移された。工場で事務と書記をしていた姉さんらの三人で工場を抜け出して逃亡し、下関に行った。船の切符が二人分しか取れず、一人残ったが、下関で叔父さんと出会った。そこで八・一五を迎えたが、友人たちのことが気がかりで小山工場に戻り、友人たちと帰国した。

連れて行かれるときの会社の話は、お金が稼げ、夜間中学にも通えて勉強もできる、日本見物もできる、何もかもよいというものであったが、それは嘘であり、騙された。給料は何ももらえなかった。

オイルスンさん（仮名）は一九二八年生まれ、鎮海の慶和国民学校を卒業して海軍施設で給仕をしていた。創氏名は「伊原マキコ」だった。

一九四四年四月の土曜に校長が慶和国民学校の校庭に卒業生を集めた。校長は、東京麻糸の工場や学校の写真を見せ、「朝鮮では進学したくてもできない人が多いが、東京麻糸という工場で昼働けば、夜は中学校課程を受けさせてくれる」と話し、「内鮮一体」について語った。当時、学校に行きたかったが、進学の道は閉ざされていた。日本に行けば中学校の課程を勉強できる、二年間という話を聞き、勉強したい、学校の先生になりたいという思いから、海軍施設を辞め、行くことにした。

学校での勧誘により、先輩の卒業生からは七人ほど、卒業したばかりの後輩からは二二人、伊原さんの学年からは三六人中一二人が募集に応じ、四〇人ほどが東京麻糸の工場に行くことになった。

鎮海の庁舎で書類を書き終え、近くの進一旅館に泊まったが、そこに一〇人ほどの上南国民学校からの募集者も来た。鎮海から釜山に向かい、旅館に泊まり、翌日の午前に小島で消毒され、午後、連絡船で下関に向かった。船内で日本式のモンペに着替えさせられた。腕に徴用の腕章をつけるように言われたが、皆は拒んだ。すると今度は「挺身隊」の腕章をつけるように言われたため、言い争いになった。上南国民学校の子は出発時から鉢巻をして挺身隊の腕章をつけてきていたが、慶和の子は挺身隊の話は聞いていなかった。下関で混雑し、列車に乗るための目印として必要という理由で腕章をつけさせられた。下関では「東京麻糸女子挺身隊歓迎します」の旗で迎えられた。夜の七時頃列車に乗り、翌日の午後二時頃に到着した。工場の塀は刑務所のように高く、そこに「女子挺身隊歓迎」と掲げられていた。

寄宿舎は二階建てで五棟あり、二つが朝鮮人用だった。一部屋は一〇畳ほど、二〇個の部屋があり、最初は一部屋に一〇人が入り、後に再配置された。二年前に来た姉さんたちが満期になるとのことだったが、解放を迎えるまで一緒だった。空襲で工場が焼失し、小山工場に向かうときには姉さんたちは半分以上がいなくなった。

東京麻糸では、乙班に入れられ、九号の室長になった。粗紡の現場に配置された。体格のいい姉さんたちは精練の大洗機などの現場に送られた。一週間は昼働き、一週間は夜働き、日曜に交代した。一日に一一時間ほど働いた。豆粕やサツマイモを混ぜた少量のご飯と味噌汁一杯の食事のため、毎日空腹だった。手紙に空腹と書くと、母がもち米や炒り麦を送ってくれた。冬には国防服を着た。

沼津が空襲された夜、甲班は仕事をし、乙班は寝ていたが、盧ハルモニ舎監が空襲だと寝ていた乙班を寄宿舎の非常口から外に出した。空襲で寄宿舎は全焼し、所持品は皆、燃えてしまった。空襲の後、小山の富士紡の寄宿舎に送られた。そこでは国防色の軍服や靴紐などを生産していた。撚り糸を作る仕事をあてられ、昼夜働いた。富士紡も空襲を受け、機銃掃射を受けて、銃弾が頭の先をかすめて食堂の壁に当たったこともあった。日本の敗戦によって日本に親戚がいる人は連れに来たこともあった。叔母が大阪から連れに来たが、友人たちと帰ることにした。

汽車に乗って小山から東京を経て、新潟まで送られた。途中、車内で女性に、こんなに痩せて骨と皮だけになり、目だけ大きくなって、と同情された。新潟では捕虜収容所だったところに泊まった。二隻の木船のひとつに乗船し、台風の中、二日かけて釜山に着いた。出迎えた青年団員は日本人の付き添い者に、子どもたちに俸給も与えず、苦労させて、あんなに痩せこけさせて連れてきたと怒った。家族は、連絡船は途絶え、沼津は空襲にあって工場が焼失したと聞き、みな死んでしまったと思っていた。鎮海で家族と再会し、互いに泣き喚き、抱き合った。暦を見たら一〇月三〇日だった。

金トクジュンさんは一九三〇年生まれ、釜山の出身である。東莱国民学校を出て、釜山府庁の庶務課で給仕をしていたが、一九四四年に東京麻糸に動員された。工場には、密陽・三浪津・馬山・鎮海・昌原・進永などからも集められていた。寄宿舎で一部屋に七人が入れられ、そのなかで班長が決められた。同室は密陽・三浪津の人だった。工場では麻を撚る仕事や糸を繋ぎあわせる仕事をさせられた。朝四時半に起こされて五時から働き、昼過ぎに交代するという三交代制だった。休みの日はなく、籠の中の鳥の状態だった。姉さんたちは二年満期を待ち望み、「ままならぬ浮世はね」「籠の鳥」「朝は四時半に起こされて、目こすり、目こすり仕事する」などと唄っていた。浴場は大きく食堂もきれいだったが、自由がなかった。機械的に動き、朝起きても話すことはなく、洗濯して寝て、起きて働くという日々だった。

沼津の空襲の後、小山の工場に移されたが、小山では二階建ての家に入れられた。小山の工場も空襲にあい、機銃掃射を受けた。「まもなく皆死ぬんだ、それだけ辛い」と手紙を書いたが、手紙が着いたのは解放後のことだった。帰国は新潟からだった。

所持品もないままで動員され、お金もたくさんやるといったが、くれなかった。コンクリートの床での仕事で、足は凍傷になり、足の爪がなくなった。毎日、凍傷になった指を縛り、血を抜いた。逃亡はできなかった。いじめはなくとも、ひたすら仕事をさせられ、ご飯を食べて機械のように働く日々であり、リスがふるいの丸い枠を、ぐるぐると回るような生活だった。甘言を弄され、そそのかされて連れて行かれた。

金ナミさんは一九二九年生まれで慶南晋州出身、令状を示され、一九四四年に東京麻糸に動員された。大きな船の下層に入れられて海を渡り、沼津へと連行された。寮の姉さんたちは河東出身の人が多かった。姉さんたちは「麻糸工場いやじゃありませんか、麻糸いやでもないけれど、いやなあの奴いるために、好きの麻糸いやになる」などと唄っていた。休日に「朝鮮人汚い」と石ころを投げてからかわれたこともあった。沼津空襲で工場が燃えてしまい、小山の工場に移された。小山には全羅道出身の人の飯場があり、その家族とともに下関に行き、小船で帰国した。

以上が『朝鮮人女子勤労挺身隊、その体験と記憶』に収められた四人の証言である。

証言から、甘言による連行、空腹と長時間の工場労働、空襲の恐怖、帰国の経過など、具体的な状況とそこで働いた人々の思いを知ることができる。暴力のみならず甘言による詐欺も強制である。向学心に燃える子どもたちの心を操って連行し、労働を強制したのである。

(4) 動員日本人の証言

東京麻糸へと動員されていた日本人女性四人の証言をみておこう。

鈴木孝子さんはいう。動員学徒は精紡、朝鮮人は粗紡に配置されていた。精練は麻の原木を砕く大変な仕事だった。防空頭巾を歯車にはさまれて労働者が死亡するという事故があった。沼津空襲まで働いていた。指導教官が朝鮮人には近寄るなといった。洗濯場も学徒は日当たりのよいところだったが、朝鮮人は隅の方だった。暗く陰鬱な隔離されたところにいた。朝鮮人を見下す人もいた。だからこそ今はできるだけ支援したい（聞き取りおよび『読売新聞』二〇〇〇年一月二八日付記事）。

杉山敏子さんはいう。一九二九年六月生まれ、高等小学校高等科二年を終えて、東麻の募集に応じて、一九四四年四月から同級生三人と挺身隊に入った。寮で毎日さびしい思いをした。一部屋に三人、五～六人で暮らした。寮は朝鮮人と別だった。食事は高粱や大豆、芋の粉で大変まずかった。週一回の休日には自宅に帰った。勤務は朝五時から午後二時と午後二時から九時の二交代、職場は精紡での糸紡ぎ、給与は一八円だった。男性の見回りが棍棒のようなものを持ちあるき、怖かった。朝鮮人が棍棒でたたかれる現場も塀越しにそっと見た。朝鮮人の職場を覗くことは厳しく禁じられていた（支援する会ニュース一九九八年六月）。

斎藤初音さんはいう。一九二九年七月生まれ、沼津女子商業在学中、一九四四年四月ころから学徒動員され、織機の作業をした。空気は埃っぽくて湿気が多く、毛髪に埃がたまった。一日中立ち仕事だった。朝鮮人は織機部門にはほとんどいなかった。朝鮮人は精練職場で大きな釜で麻糸の原料を煮ていた。いつも暗い感じがした（支援する会ニュース一九九八年六月）。

鈴木静子さんはいう。一九二八年四月生まれ、沼津女子商業三年のとき、学徒動員されて約一〇か月、東麻で働いた。午前八時から午後三時まで働いた。私の仕事は糸を調整する仕上げの職場だった。日本人はほかに織機や撚り糸の職場があった。数はわからないが朝鮮人の少女たちが働いていた。朝鮮人は精練や粗紡の仕事だったが、精練は一番過酷で大変な仕事だった。狩野川に糸を晒し、大きな熱湯の釜に入れた。見回りの扱いが日本人と違い、見回りが棒を持って歩き、手を抜いたりすると叩いたと聞いている。仕事場を覗きに行ったら、やくざのような人たちから怖い言葉で帰りなさいと言われたことがある。朝鮮人は寂しそうな雰囲気だった。昔、人さらいのように連れてきたり、金で買われた人があると母から聞いていて、動員先が麻糸と聞いてがっかりした記憶がある。「朝鮮人」と差別的な言葉が周辺では交わされていた。食堂で高粱・大豆などを食べさせられていた。暗い感じで笑い声もなかった（裁判での陳述、支援する会ニュース一九九八年六月）。

朝鮮女性と同世代の住民は、当時の状況について、休み時間になるとシーソーをして楽しんでいた。たぶんその時だけが悲しみや寂しさを忘れさせるものだったのだろうと回想している（『戦争体験記』県老人クラブ連合会六頁）。

以上が、動員された日本の女性や住民の証言である。朝鮮人の配置場所が主として精練・粗紡の現場であり、棒を持った見回りに監視されていたこと、動員学徒とは隔離されていたことなどがわかる。

5　精神の奴隷化

以上の証言から連行と労働の状況についてまとめておこう。

朝鮮から女子勤労挺身隊として連行された少女たちは「勉強ができる」などといった甘言とともに「志願」させられた。連行されることで親元から隔離され、学業の場を奪われた。寄宿舎に拘束され、生活を監視された。軍需用麻糸の生産現場で、空腹で一〇時間から一二時間の間、立ち続けるという長時間の労働を強いられた。精練や粗紡に送られるなど日本人の学徒動員者よりもきつい労働を強いられた。棒を持った見回りに監視され、児童であるのに酷使された。空襲の標的にもなり、賃金は支払われなかった。

少女たちは、皇民化教育によって日本語を植えつけられ、日本への愛国心を注入された。それによって父母よりも日本人教師を信用するような心情を作られた。かの女たちは幼かったために逃亡できたものは少ない。向学心は利用され、甘言によって動員され、軍需工場の労働現場に追い込まれた。

一九四四年は労務動員での集団的な連行が行き詰まり、徴用の適用がもくろまれていた時期である。そのなかで国民学校卒業前後の少女たちが、皇民化された従順な労働力として、女子勤労挺身隊の名で労働現場へと連行された。それは「人間の精神に対する人権侵害」であり「人格の破壊」による連行であった（山田昭次意見書『朝鮮人女子勤労挺身隊公式謝罪等請求訴訟高裁編』七五頁）。

皇民化とは精神の奴隷化である。朝鮮女子勤労挺身隊は、天皇制国家による精神の奴隷化とそれによる強制連行を象徴するものである。それは他の民族の少女の人格を操作し、詐欺と強要で動員し、戦争のための生産へと組み込んだ歴史である。

東京麻糸裁判の中で連行された女性たちの名前が一部であるが、わかっている（支援する会ニュース東京高裁編三号　二〇〇一年二月）。

鎮海関係で動員された人々の名前と創氏名を記せば、金玉仙（金本玉仙）一九一九年生、裵甲先（竹原甲先）一九二七年生、尹任珠（伊原美賀子）一九二八年生、金成南（金本成南）一九二八年生、洪玉今（豊山玉子）一九二八年生、厳孟連（大林孟連）一九三〇年生、姜泰任（青丘泰任）、釜山・馬山ほかの関係者は、金尚今（海金静子）一九二八年生、朴君子（月本君子）一九二八年生、具外先（栗山外先）一九二九年生、金正玉（金原正子）一九二九年生、禹熙生（丹羽菊子）一九二八年生などである。これらは七〇〇人を超える東京麻糸への連行者の一部にすぎない。厚生省名簿には死亡者があったとされているが、その名前は不明である。

戦後、東京麻糸沼津工場は帝人に吸収合併されている。高裁での訴訟とともに、原告らは継承企業である帝人に対し、未払い賃金の支給を要求した。最高裁判決以後も、鎮海から連行された尹任珠さんらは帝人と交渉を継続した。それに対し、帝人は株主への説明を経て「見舞金」の支給を決め、二〇〇四年一月に一〇数人に一人二〇万円を支払った。被害者の要求が継承企業を動かしたが、それは「見舞い」というかたちであり、企業が連行の責任を認めて賠償するというものではなかった。政府は裁判においてその事実を認知しようとしなかった。

東京麻糸紡績沼津工場での朝鮮人の未払い賃金の供託については、二〇〇八年に発見された労働省の集計史料「帰国朝鮮人労務者に対する未払賃金債務等に関する調査統計」一九五三年（『経済協力　韓国一〇五　労働省調査　朝鮮人に対する賃金未払債務調』所収）から明らかになった。

それによれば、当時の金額で七一件分の三〇〇〇円を超える退職金と退職精算金が、一九四八年五月に静岡司法事務局沼津出張所に供託されている。また、一〇七件の四万円を超える貯金と一〇八件の一〇〇〇円を超える退職積立金が未供託である。この一〇七件の貯金は一九五〇年一〇月に東京麻糸国民貯蓄組合預金へと移され、

▲…東京麻糸紡績沼津工場看板

一〇八件の退職積立金は一九四五年九月に駿河銀行本町支店預金に個人別に保管とある。

このときの調査資料の静岡県分のメモには、「未供託の積立金、貯金等は一定の利子を付す条件を持って確実に預金してあり、各個人別に口座を設け、何時でも債権者の要求によって払い戻しが許されるようになっているので供託する必要がないとの監督官庁から指示があったため供託はしていない」と記されている。集計表にある、静岡県分の未供託金は、東京麻糸分の退職積立金と貯金だけであることから、このメモは東京麻糸の未供託金についてのものである。メモに「何時でも債権者の要求によって払い戻しが許される」と記されていることは重要である。

これらの四万五〇〇〇円ほどの供託関連の金銭は払い戻されてはいない。その支払い請求権は一九六五年の日韓請求権協定では消し去ることができない個人の権利である。

一九九〇年代初めには東京麻糸沼津工場の事務所や看板が残っていたが、裁判が始まるころには建物の取り壊しがおこなわれ、駐車場となった。敷地内には一九九一年に建てられた東京麻糸沼津工場の碑が残っている。しかし、ここで働いた人々の歴史については記されていない。精神の奴隷化をすすめていった皇民化政策とその下でおこなわれた強制労働の清算は、新たに明らかになった未払い金の問題を含め、終わってはいない。

（二〇〇七年調査）

6　不二越・朝鮮女子勤労挺身隊

(1) 第二次不二越訴訟

富山市に本社工場がある不二越は、戦時下の一九四四年から一九四五年にかけて、朝鮮人の女子勤労挺身隊と徴用工、計一六〇〇人ほどを強制連行した。第一次訴訟は、一九九二年に被害者三人が原告となって、不二越に対して賠償を求めておこされた。地裁、高裁と原告の請求は棄却されたが、二〇〇〇年に最高裁で、原告やカリフォルニアで提訴を予定していた被害者らに不二越が「解決金」を支払うことで「和解」した。不二越はその際、謝罪しなかった。

二〇〇一年、不二越に他の被害者が未払い金などを求めたところ、不二越側は「解決済み」と対応したため、二〇〇三年に二三人が原告となり、第二次不二越訴訟がはじまった。第二次訴訟では国を被告として加えた。二〇〇七年に富山地裁が原告の請求を棄却したため、原告は控訴した。二〇一〇年三月八日、控訴審判決が名古屋高裁金沢支部であった。判決は日韓請求権協定により裁判で請求する権能がないとして控訴を棄却するものであったが、他方、国の国家無答責を採用せず、国と不二越の共同不法行為を認定し、不二越の債務不履行も認定するというものだった。

原告らは裁判所内外で激しく抗議し、つぎのような声明を出した。本日の高裁「棄却」判決を徹底弾劾する。歴史の真実を覆い隠すことはできない。皇民化教育によって本名も言葉も奪った。「勉強できる」とだまして連れてきて、軍需工場で重労働を強いた。これらは、ほかならぬ日本帝国主義と不二越が、我々に対して犯した戦

▲…富山・不二越前でもたれた追悼会

▲…富山・不二越前での抗議集会

争犯罪である。すでに四人の仲間が亡くなった。居直り続けるなら、我々は未来永劫不二越を許さない。そして、韓国はもとより、世界がその門から、反省なき戦犯企業を閉め出すであろう。未来への扉は固く閉ざされ、二度と不二越のために開かれることはない。おまえたちこそが歴史によって裁かれるのだ。我々は、真の謝罪と補償がなされるまで、命の限り闘う。民族の怒りと恨を胸に、何度でも門前に立つ。不二越は歴史を直視し、真摯に反省せよ！

判決の翌日の三月九日には、富山の不二越正門前で抗議集会がもたれた。吹き荒れる雪の中、原告たちは正門前に座り込み、不二越による事実認定と謝罪・賠償を求めた。また、抗議集会後には南門などで抗議行動もおこなった。

抗議集会では原告が次々に発言し、「とんでもない判決！」「裁判官の資格はない！」「抗議したら手足を持って排除された」「死ぬまで闘う！」など、最後まで闘っていくという強い意志を示した。連帯のアピールでは、石川県七尾での中国人強制連行裁判の原告も参加し、不二越の門前で闘うみなさんの姿に感銘を受けた、勝利に向けて共に闘いをすすめると決意を述べた。さらに、これまで朝鮮人女子勤労挺身隊訴訟に関わってきた東京、名古屋、福岡、静岡の市民が発言し、大阪の関西生コン労働組合は労働運動弾圧の経験をふまえてアピールした。

この行動の後に、原告と支援は東京に行き、三月一二日に国会要請と院内集会を持ち、不二越東京本社への要請行動をおこなった。しかし、不二越は面会を拒否した。

不二越裁判については、第一次訴訟の裁判記録『不二越訴訟裁判記録』（全三巻）が発行されている。それを見ると、不二越には供託金明細書などの供託金関係資料、朝鮮人労務者調書や従業員名簿などが存在していることがわかる。それらの資料は日本政府へと提示され、日本から真相糾明をすすめている韓国政府へと渡されるべきものである。

二〇〇八年に発見された大蔵省の『経済協力　韓国一〇五　労働省調査　朝鮮人に対する賃金未払債務調』には、富山県の軍需工場関係の朝鮮人の供託金や未供託金の状態が記されている。その史料には、不二越鋼材をはじめ、日本鋼管富山、日本高周波、扶桑（住友）金属工業、保土谷化学、日本海船渠、日本マグネシウム、燐化学工業、立山重工、日本カーボン、日本曹達高岡、日本カーバイド魚津、日本人造黒鉛、日通富山支店、伏木海陸運送などの富山の事業所もある。これらの事業所を含め、富山の工業地帯での朝鮮人強制労働の実態についての解明も求められている。

(2) 不二越東京本社行動

第二次不二越裁判は二〇一一年一〇月に最高裁で棄却された。しかし、原告団と第二次不二越訴訟を支援する北陸連絡会は、勝利まで闘うことを宣言し、株主総会をはじめ不二越本社への闘いをすすめた。強制労働被害が回復されたわけではなく、尊厳の回復への思いはいっそう強くなった。

二〇一二年二月末には、韓国で第二次戦犯企業リストが発表されたが、そこには不二越が追加された。三月には韓国の光州で「光州市日帝強占期女子勤労挺身隊被害者支援条例案」が議決され、被害者支援のための生活保障や医療保障がおこなわれるようになった。

さらに二〇一二年五月二四日、韓国の大法院が新日鉄と三菱重工広島に関する裁判での原告敗訴の判決を破棄し、差し戻すという決定をした。

この大法院判決では、時効については、被告企業が一方的に消滅時効を語ることを信義誠実に反するものとし、権利の濫用とした。別会社論についても、その実質において同一性を維持しているのであり、形式的な別会社論での請求拒否は認められないとした。さらに日韓請求権協定で原告の請求権が消滅したという論に対しては、反人道的な不法行為や植民地支配に直結した不法行為による損害賠償請求権については、請求権協定では消滅していないとし、韓国の外交保護権も放棄されなかったと判断した。

この判決の背景には、植民地合法論を背景とする日本の判決を韓国憲法の核心的価値と正面から衝突するものとし、日本判決を承認することは善良な風俗や社会秩序に反するものであるという認識がある。

三菱や新日鉄はこの判決を受け止めて対応せざるをえなくなった。不二越も同様である。二〇一二年六月八日の不二越東京本社行動はこのような情勢のなかでもたれた。

初夏の太陽の下、不二越の入る住友汐留ビルの階上の通路に風が吹き抜けていく。その風に、「一三歳で不二越へ連行、今や八二歳のハルモニ……」「裁判所は謝罪と賠償を拒否する戦犯企業をこれ以上許さなかった」などの大法院判決をふまえての横断幕が揺れた。集会には韓国からの参加者をはじめ、六〇人が集まった。

今回の行動には金正珠さん、金啓順さん、崔姫順さんの三人の原告が参加した。原告がマイクを握って訴えた。金正珠さんはつぎのように話した。

▲…不二越東京本社行動。左から崔姫順・金正珠・金啓順さん

「一三歳の時に不二越に連行され、天皇のため、日本のため、不二越のためにと働かされた。空襲がはげしくなり、靴を履いたまま床に就き、空襲の度に逃げまどった。宿舎に帰ると翌朝には出勤をさせられた。解放になっても何の補償もなかった。鉄条網で囲まれた寄宿舎のなかに入れられ、奴隷のように働かされた。そんな実態を社長は知っているのか。不二越の若い社員は知っているのか。社長は人間として会うことさえしない。しかし引きさがりはしない。ハルモニと共にする市民の会も闘っている。謝罪と補償を勝ち取るつもりだ。今日は命を投げ出す決意で参加した」。

三菱重工と東京麻糸の朝鮮女子勤労挺身隊裁判、企業裁判全国ネットワークなどの関係者や労働組合の支援者が次々にマイクを握り、解決に向けて問題提起し、連帯の意思を表示した。元勤労挺身隊員と会おうとしない不二越の対応が「私たちをいまも人間として扱わない」という怒りを呼んだ。

不二越本社前での行動の後、戦後補償議員連盟の四人の国会議員が参加して院内集会がもたれた。集会では三人の原告が思いを語り、勤労挺身隊ハルモニと共にする市民の会の金熙鏞さんや李国彦さんが、一九六五年の協定には問題があったが、五月の韓国大法院判決は個人の請求権を認めたものであり、ハルモニの救済に向けて基金などの新たな制度をつくっていく時を迎えていると語った。

一九九二年の富山地裁での第一次提訴以来、不二越の闘いは二〇年となる。闘い続けることで光が見えてきた。韓国の民衆運動が切り開いたこの地平に立ち、解決に向けての新たな行動が求められている。

(3) 全羅北道から不二越への連行

一九九六年八月、全州市で聞き取り調査をおこなった。その時に、不二越に連行された崔姫順さん（一九三一年生まれ、全州市出身）から連行の状態について話を聞いた。以下はその聞き取りのまとめである。

崔さんの家は父と弟が満州に行って行方不明となり、母との二人暮らしだった。母は家政婦や行商で生計を立てていた。当時、海星小学校（国民学校）に通っていた。成績はよく、数学が得意だった。入学は九歳のときであり、一四歳でも小学校六年生だった。当時は「内鮮一体」といわれ、日本がいい国だと思っていた。経済的な理由で進学は無理だった。

学校に日本人が来て「日本に行くといい仕事がある」「お金がたまる」「勉強もできる」「立派な人になれる」と勧誘した。一九四四年一二月頃のことだった。母が行商で不在のため、担任の言うことを信じ、承諾の書類を作成した。それを知った母は学校に抗議したが、立派になって親孝行ができると言いはったため、母は諦めざるをえなかった。成績は良く、勉強して立派な人になりたいという気持ちが利用された。海星小からは七人が行くことになった。

一九四五年二月二五日ころの朝、全州から五〇人の少女が集められ、警察の監視のなかで、全州駅で出発式がおこなわれた。昼には裡里に着き、全北各地から集められた五〇人が合流して、一〇〇人ほどになった。他の地方からは一七~八歳の娘も集められていたが、全北からは小学六年生が

▲…崔姫順さん

連れてこられた。卒業を前にして連行された。母は仮の卒業式をし、全州の駅まで見送った。豊南小学校からは金谷先生がついてきた。

汽車で釜山に送られた。数百人が船に乗せられ、午前三時ころには日本に着いた。連れて行かれる時には「女子挺身隊の歌」を歌った。海底のトンネルを通って玄関に着き、そこから列車で不二越に連れていかれた。到着は三月一日のことだった。

日本に着いて一か月ほど、「歩調を取れ！」など、集合や行進の軍隊式の訓練をした。集合に遅れた隊員は殴られた。殴られると頬が腫れ、痛んで耳がジーンとなったが、怖くて何も言えなかった。まだ寒く、手は凍るように冷たくなった。勧誘の時とは全く違う話に全州に帰りたいと思った。

工場内に合宿所があり、一分隊二五人で一つの部屋に入った。四分隊で一小隊とされた。部屋のなかでは両隅に荷物を置き、二か所に分かれて中央に頭を向けて寝た。宿舎は二階建てで数棟あった。日本人女性の小隊長が外の廊下を巡視した。中隊長・大隊長は男性だった。小隊は第七小隊まであり、崔さんは第二小隊に配属され、軸受二課のベアリングの傷を直す研磨の仕上げ係にされた。

朝六時におき、七時に出勤した。機械の前で一日中立ちっぱなしだった。目がとても疲れて眼病になり、眩しくて見えにくくなったが、病院には行けなかった。寮に帰り、食事して体を洗うとすぐに就寝の一〇時になった。一か月に休みは二回ほどあった。賃金を受け取ることはなく、石鹸や歯ブラシを買うと無くなってしまう程度の小遣い銭が与えられた。

不二越の工場で働くようになるとご飯は少しになった。ご飯が少ないため、お腹はペコペコだった。おかずはたくあんやらっきょう、海草の汁であり、昼食用に薄い三角のパンが三枚でたが、朝のうちに食べてしまい、昼食なしで働く人も多かった。食事中も監視されていた。手紙は検閲され、帰りたいという本当の気持ちは書けずに、元気でやっていますとしか、書けなかった。

三月に連行されてから八月までの間に一度だけ一小隊で集団外出した。その時、特別に米飯を食べた。外出は難しく、出入りは時間を記録された。家族に見せるという工場で働く姿を撮影した映画を一度だけ見せてもらったことがある。お花や書道の時間はなく、勉強も教えてもらったこともなく、勧誘の時に聞いた話はでたらめだった。

研磨の仕上げ係だったが、ベアリングの機械に左手の人差し指を挟まれ、骨が見えるほどのけがをした。その傷を治すために外出して通院したが、仕事は休めず、包帯を巻いたまま仕事をさせられた。

不二越ではけがをする人や逃亡する人もいた。同じ学校から来た城原さんは不二越に来てから体調を壊し、七月頃に韓国に帰されたが、その後病死した。夜、空襲で警報が鳴ることも多く、サイレンが鳴ると用意したものを持って逃げた。空襲警報のため、毎日寝不足だった。八月一日には富山で空襲があり、川辺から焼夷弾がはじける様子が見えた。富山市内は一面灰になった。

そのような工場生活のなかで、皆でつぎのような歌を歌って慰めあった。「不二越行くと誰言った　桜の葉蔭の木の下で　人事部ミツイが言ったそうだ　私はまんまと騙された……」。八・一五の時には、集められてラジオ放送を聞いた。空襲で死ぬだろうと思っていたが、終戦と聞いて生き延びることができたと、ほっとした。食事はもらったが、空腹で、着物と豆を交換した。解放になっても会社は「台風が来るから」「鉄道が切れている」などといって帰そうとしなかった。

全羅北道から職員が派遣され、その人たちが全北の一〇〇人を連れて帰った。そのときには全北の鉢巻きをして帰った。忠北の人は忠北の鉢巻きをした。博多まで行ったけれど船がなく、三日間待たされた。母は娘を連れてこいと、担任の家に押しかけたこともあった。母は解放後の二か月間、毎日全州駅で最終列車が来るまで私を待っていた。全北に到着したのは一〇月末のことだった。全州の市庁前で、皆で写真を撮った。帰国すると足が痛み始め、耐えがたいものになったが、母の看病で回復した。

卒業を前に連行され、日本で上の人から命じられるままに一生懸命に働いた。空腹で仕事をさせられ、けがをしたりと、辛い日々だった。勧誘の言葉を信じ、挺身隊に参加してしまった事を思い出すと今でも後悔する（一九九六年八月談、聞き取り協力・柳永振さん）。

日本政府と不二越は、幼い子どもたちを騙して連れて行ったが、その過ちを省み、謝罪し、補償しようとしなかった。崔さんはそこには良心がないとし、二〇〇三年、第二次不二越訴訟の原告になった。不二越前での抗議集会にも参加し、二〇一四年には京都でもたれた第七回強制動員真相究明全国研究集会で証言した。

＊二〇一四年一〇月三〇日、韓国ソウル中央地方法院は不二越に対し、元隊員一三人と遺族らに総額一五億ウォンの賠償金の支払いを命じた。裁判所は強制連行・強制労働を反人道的不法行為とし、個人の請求権を認定したのである。

（「全羅北道から不二越への朝鮮人少女の連行」『静岡県近代史研究会会報』二三六・一九九八年五月、二〇一〇年三月記事、二〇一二年六月記事、崔姫順証言『第七回強制動員真相究明全国研究集会資料集』二〇一四年から構成）

参考文献
厚生省勤労局「朝鮮人労務者に関する調査」静岡県分一九四六年
岩崎光好『東静無産運動史』東静無産運動史刊行会一九七四年
小池善之「戦時下朝鮮人女性の動員」『静岡県近代史研究』二二　一九九六年
『朝鮮人女子勤労挺身隊公式謝罪等請求訴訟関係資料集』東京麻糸紡績㈱沼津工場朝鮮人女子勤労挺身隊訴訟を支援する会　一九九九年
『朝鮮人女子勤労挺身隊公式謝罪等請求訴訟判決』東京麻糸紡績㈱沼津工場朝鮮人女子勤労挺身隊訴訟を支援する会

二〇〇〇年
『朝鮮人女子勤労挺身隊公式謝罪等請求訴訟高裁編』 東京麻糸紡績㈱沼津工場朝鮮人女子勤労挺身隊訴訟を支援する会
二〇〇一年
山田昭次「朝鮮女子勤労挺身隊の成立」『在日朝鮮人史研究』三一　二〇〇一年
『記事リスト 朝鮮女子勤労挺身隊と勤労動員 朝鮮「毎日新報」から』 愛知県朝鮮人強制連行調査班・日朝協会愛知県連合会
一九九三年
『強制動員された朝鮮の少女たち』 戦後責任を問う「関釜裁判」を支援する会一九九五年
『関釜裁判判決文全文』 戦後責任を問う「関釜裁判」を支援する会一九九八年
『関釜裁判ニュース』一～六一　戦後責任を問う「関釜裁判」を支援する会一九九三～二〇一三年
高崎宗司「『半島女子勤労挺身隊』について」『「慰安婦」問題調査報告一九九九』女性のためのアジア平和国民基金一九九九年
『東京麻糸紡績株式会社と朝鮮人女子勤労挺身隊関係資料集』 静岡県の朝鮮人強制連行を記録する会一九九五年
余舜珠『日帝末期朝鮮人女子勤労挺身隊に関する実態研究』一九九四年
「戦う半島女工東京麻糸〇〇工場訪問記」『毎日新報』一九四四年三月一五・一六・一七日付記事
『告発・証言集二』 朝鮮日本軍「慰安婦」強制連行被害者補償対策委員会二〇〇三年
『戦争体験記』 静岡県老人クラブ連合会二〇〇六年
『「朝鮮女子勤労挺身隊」方式による労務動員に関する調査』 日帝強占下強制動員被害真相糾明委員会二〇〇八年
『朝鮮人女子勤労挺身隊、その体験と記憶』 同委員会二〇〇八年
「川崎のハルモニ・ハラボジ」川崎在日コリアン生活文化資料館 http://www.halmoni-haraboji.net/exhibit/report/kikigaki/halmoni-haraboji.html
『在日コリアン一世の労働に学ぶフィールドワークⅡ沼津・伊豆・湯ヶ島への旅』 記録集編集委員会二〇一〇年
「帰国朝鮮人労務者に対する未払賃金債務等に関する調査統計」一九五三年『経済協力 韓国一〇五・労働省調査　朝鮮人に対する賃金未払債務調』所収　国立公文書館つくば分館蔵
『不二越強制連行未払い賃金訴訟』 太平洋戦争韓国人犠牲者遺族会二〇〇一年
崔姫順証言『第七回強制動員真相究明全国研究集会資料集』二〇一四年

第6章●清水の軍需工場

ここでは静岡県の清水地域での強制労働についてみていきたい。清水は貿易港として知られているが、一九二〇年代から清水の港湾や土木現場へと多くの朝鮮人が労働している。侵略戦争が広がるなかで、清水は港湾、軍需生産、軍事基地の拠点とされ、労働力として朝鮮人や中国人が強制連行された。

朝鮮人の強制連行先では、鈴与・日本軽金属・清水港運送・豊年製油・日本鋼管・黒崎窯業などがある。これらの連行先以外にも港湾、基地工場建設、その他の土木現場に多くの朝鮮人が動員された。強制連行された現場から逃れてきた朝鮮人もいた。また中国人が港湾に連行された。

1　清水の強制連行前史

日本によって朝鮮半島が植民地とされると朝鮮と清水をむすぶ定期航路がひらかれ、清水へと大豆・米・豆かすなどが運ばれるようになった。一九二〇年代後半から清水で働く朝鮮人労働者が増え、三〇年代に入ると四〇〇人から六〇〇〇人ほどになった。

このころ朝鮮人の労働者は土木・港湾荷役・製材・運送などの仕事をしていた。朝鮮人が増えると相互扶助や管理統制のための組織がつくられ、清水融和親睦会（一九二八年）や清水内鮮同和会（一九三〇年）が設立された。当時、朝鮮人が労働していた場所をみれば、静清国道工事・清水上水道工事・港湾埋立工事・日本平道路工事などがある。

恐慌が清水を襲うなかで、朝鮮人は団結して争議をおこした。静岡民友新聞や静岡新報には朝鮮人による争議が記されている。一九三一年には清水上水道工事の現場で二度にわたって争議がおきた。五月には朝鮮人一〇〇人と日本人二〇人ほどの労働者が賃上げをもとめてストライキをおこし、九月には二五人あまりの労働者の解雇撤回をもとめて争議になった。九月の争議では、清水・三保間で埋立工事をしていた朝鮮人五〇人ほどが連帯のストライキをうった（『清水市史資料現代』・『清水隣保館関係資料』）。

この清水上水道争議のリーダーが崔南守である。崔南守は渡日後、一九二四年に駿東郡小山町で朝鮮人労働友和会の結成に関わり、翌年、神奈川で朝鮮労働同志会の代表となり、一九二七年頃には神奈川朝鮮労働組合の結成に参加し、同労組の寒川支部長として活動した（石坂浩一『近代日本の社会主義と朝鮮』二〇〇頁）。

その後、清水に来て、清水上水道工事現場で争議団のリーダーとして活動し、熱海へと移動した。一九三三年に熱海失業者同盟を結成し、翌年この失業者同盟を東豆労働組合へと改組した。東豆労働組合はメーデーの企画や争議に関わり、朝鮮人と日本人との共同の闘いをすすめた。この東豆労働組合は日本無産党支部の柱となり、人民戦線運動を地域で担ったが、一九三七年一二月に弾圧され、解散へとおいこまれた。東豆労働組合のような朝鮮人の民族的・階級的な活動がおしつぶされ、朝鮮人の皇民化と侵略戦争への動員が強められていった。

朝鮮人への皇民化政策の動きをみれば、一九三四年、清水内鮮同和会は二月一一日の「奉祝」に動員された。

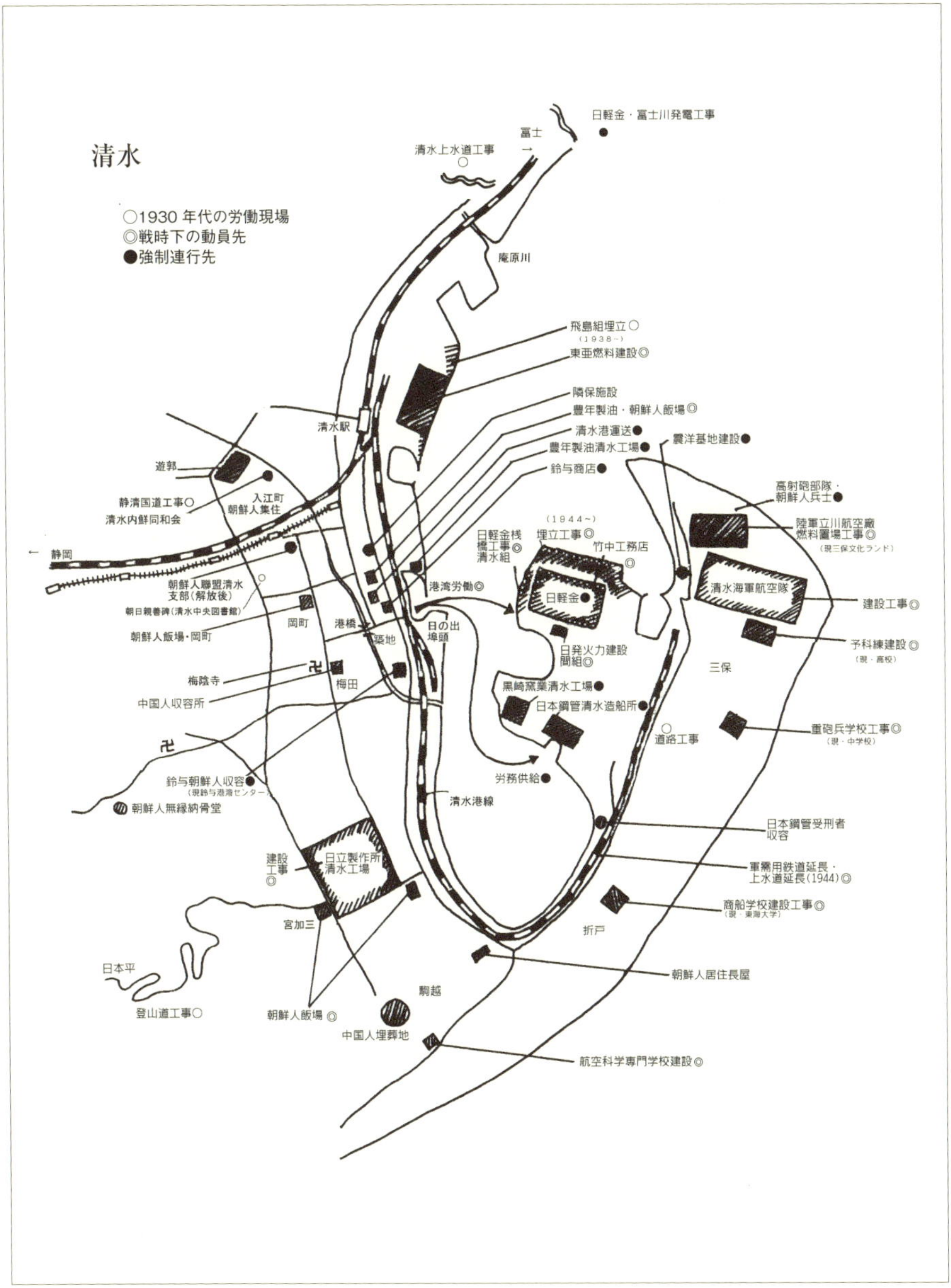
清水
○1930年代の労働現場
◎戦時下の動員先
●強制連行先
日軽金・富士川発電工事●
富士
清水上水道工事○
庵原川
飛島組埋立○
（1938～）
東亜燃料建設◎
隣保施設
豊年製油・朝鮮人飯場◎
清水港運送●
豊年製油清水工場●
鈴与商店●
震洋基地建設●
清水駅
遊郭
静清国道工事○
入江町
朝鮮人集住
清水内鮮同和会
静岡
高射砲部隊・
朝鮮人兵士●
（1944～）
埋立工事◎
日軽金桟
橋工事◎
清水組
竹中工務店
◎
陸軍立川航空廠
燃料置場工事◎
（現三保文化ランド）
朝鮮人聯盟清水
支部（解放後）
朝日親善碑（清水中央図書館）
港湾労働◎
日軽金●
清水海軍航空隊
建設工事◎
岡町
朝鮮人飯場・岡町
港橋
築地
日の出
埠頭
日発火力建設
間組◎
予科練建設◎
（現・高校）
三保
梅陰寺
梅田
中国人収容所
黒崎窯業清水工場●
日本鋼管清水造船所●
道路工事
重砲兵学校工事◎
（現・中学校）
鈴与朝鮮人収容●
（現鈴与港湾センター）
朝鮮人無縁納骨堂
労務供給●
清水港線
日本鋼管受刑者
収容
建設
工事
◎
日立製作所
清水工場
軍需用鉄道延長・
上水道延長（1944）◎
商船学校建設工事◎
（現・東海大学）
宮加三
折戸
朝鮮人居住長屋
日本平
駒越
登山道工事○
朝鮮人飯場◎
中国人埋葬地
航空科学専門学校建設◎

そこでは「君が代」を歌わせ、皇居を「遥拝」させた。中国への全面侵略戦争がはじまると、一九三七年一〇月に「皇軍感謝」のための「慰問金」を集めさせた（『清水市史資料現代』）。

清水地域は軍需生産の拠点とされ、軍需工場がつぎつぎに建設されていった。朝鮮人はこれらの工場建設や軍需生産に動員されるようになった。

朝鮮人の強制連行がはじまると、静岡県協和会清水支会が一九四〇年三月に二二九〇人で設立された（『静岡県社会事業概覧』）。一九四一年秋には協和会清水支会が事業主と共催して日軽金青年学校講堂で六九人の会員に講習会をおこなった（「協和事業」一九四二年一月）。

アジア太平洋地域で戦争が拡大されるなかで一九四二年八月、清水署で協和会清水支会の指導員会がもたれた。そこでは日本語を教育し、勤労報国隊をつくり、報国貯金をすすめ、青年の軍事訓練をおこなうことを決めた。朝鮮人を翼賛体制へと統合していこうとしたのである。一〇月には青年勤労報国隊がつくられ、同じころ、清水市万世町在住の青年が朝鮮人志願兵にされた。一九四三年には勤労奉仕隊による港湾荷役が三日間おこなわれ、傷病兵への「慰問」もとりくまれた（『清水市史資料現代』）。

これらは協和会による皇民化活動の一部である。皇民化とは精神の奴隷化であった。日本は朝鮮人を皇民化し、侵略戦争に動員していったのである。

2　鈴与・清水港運送

(1) 鈴与商店と強制連行

清水の港湾業を握っていた鈴与商店ははやくから強制連行された労働者を使った。中央協和会「移入朝鮮人労務者状況調」によれば一九四二年六月までに一一九人を連行した。鈴与は朝鮮人を築地町の「清和寮」に収容した。夜には訓話や日本語教育をおこなったが、一九四二年六月での実在数が四九人であることから、半数以上が逃走などにより離脱したとみられる。一九四五年八月には四〇人が残っていたと鈴与は厚生省に回答しているが、一九四二年六月から一九四五年八月までの連行状況については不明である。

豊原警察署『朝鮮人関係書類綴』にある集団移住朝鮮人労働者逃走手配関係史料（長澤秀編『戦前朝鮮人関係警察資料集』Ⅲ所収）からは、鈴与商店回漕部から一九四一年三月に逃亡した八人の氏名と出身地がわかる。ともに全南谷城出身であり、鈴与へは谷城からの連行があったとみることができる。清水での住所は築地町三丁目七となっている。

築地町での聞き取りによれば、現在の鈴与港湾センターの敷地に朝鮮人寮（収容所）があったという。築地町には連行された人々のほか、渡日した人々が多く住んでいた。これらの朝鮮人は鈴与の煉炭工場や船内の荷役運搬などで労働していた。

一九四二年八月には港湾業への国家統制が一港一社の形で強められ、鈴与の港湾運送部門を中心に清水港湾運送が設立された。翌年、社名は清水港運送となった。一九四三年には軍と運輸通信省の統制下で日本港湾業界が設立され、鈴与はその設立委員の一人となった。この業界の下に各地の港湾業者がくみこまれた。

清水港の回漕業務は清水港運送へと統合され、のちには鈴与の倉庫業務・燃料販売部門もこの会社へと吸収さ

図表6-1　鈴与商店に連行された朝鮮人（逃亡者）

氏名	生年	本籍	連行場所	逃走日
曲阜周植	1916.9.28	全南　谷城　兼　　大坪	鈴与商店回漕部	1941.3.1
金海容杓	1917.2.28	全南　谷城　達　　牧通	鈴与商店回漕部	1941.3.1
金城学述	1912.3.25	全南　谷城　谷城　旧院	鈴与商店回漕部	1941.3.3
木村勲来	1913.6.20	全南　谷城　谷城　大坪	鈴与商店回漕部	1941.3.3
完山銀岩	1910.1.12	全南　谷城　谷城　張喜	鈴与商店回漕部	1941.3.3
木山景烈	1907.11.19	全南　谷城　兼　　玄亭	鈴与商店回漕部	1941.3.21
井上一洙	1918.12.18	全南　谷城　兼　　雲橹	鈴与商店回漕部	1941.3.21
成田平用	1914.8.5	全南　谷城　兼　　馬田	鈴与商店回漕部	1941.3.21

註　豊原警察署『朝鮮人関係書類綴』（長澤秀編『戦前朝鮮人関係警察資料集』Ⅲ所収）の集団移住朝鮮人労働者逃走手配関係史料から作成。

▲…鈴与港湾センター・鈴与の朝鮮人寮跡

▲…清水の渡船場（労務供給）

れた。このような港湾の再編のなかで鈴与は一九四二年一〇月、業務部を設立し、軍需工場・軍施設へと労働者を派遣し請負うという「労務供給」をおこなうようになった。この業務部が朝鮮人寮の管理をするようになった。業務部の一九四四年～四五年の派遣先と労務内容をみてみれば以下のようになる（『鈴与一七〇年史』三九二頁）。

陸軍需品本廠芝浦出張所清水集積所（清水駅の木材建築材料のトラック輸送、静岡周辺の材料の荷馬車輸送、積みおろし）。横須賀海軍施設部清水集積所（駒越・宮加三の集積場所へ丸太材他を輸送、集積、船積み作業）。

陸軍立川航空廠清水集積所（労務供給・貯油）。東亜燃料工業清水工場（燃料製品を立川航空廠集積所へ運搬、製油原料用ゴム取扱、場内雑作業）。日立製作所清水工場（建設材料の取扱、運搬、場内作業）。三菱重工・住友金属静岡工場（建設材料の運搬、製作機械の運搬、場内作業、静岡駅前に出張所設立）。日軽金清水工場（労務供給）。豊年製油清水工場（原料大豆の揚荷、運搬、製品の貨車積、場内作業）。港湾内船舶（内航船の貨物取扱作業、浜からの荷馬車運搬）。

このような鈴与の労務供給業務に多くの朝鮮人が組みこまれた。鈴与の業務部は戦時下朝鮮人の派遣業務を担ったのである。

清水港運送への強制連行については、厚生省勤労局「朝鮮人労務者に関する調査」から一九四四年九月、忠清北道陰城郡から七四人が連行されたことがわかる。

一九四五年一月、中国河北省出身の中国人一六〇人が清水港に連行された。これらの中国人は日本港運業会清水華工事務所によって管理された。清水では鈴与・清水港運送がこの華工事務所の中心であった。

強制連行された労働力を使うなかで、一九四五年三月、清水港運送で「戦時服務規則」がつくられた。この規則は一九四三年の「応徴士服務規則」（厚生省）をもとにつくられたものであり、兵営規則を職場に導入したものであった。そこでは、「帝国臣民」の本分を貫くため「至誠報国」にむけて「服従」を説き、職場内での「敬礼」をもとめ、「大御心」を「奉載」して事業場を「統率」すると説いている（『鈴与一七〇年史』二〇六頁）。清水港運送は一九四五年四月に準軍需会社の指定をうけるが、職場の統制強化・戦場化はこのようにすすんでいた。この下で、連行された人々への搾取はさらに強められた。

当時の状況について、鈴与で親方として仕事をしていた八木新作さん（一九〇三年生）はつぎのようにいう。

「一九三八年、私は親方になった。当時五〇～六〇人、多いときは二五〇人を使って沖の積み降ろしの仕事をした。缶詰の仕事・お茶の仕事は船が夜中に入ってのことが多かった。昼間は大連からの石炭・木材・大豆の仕事が多かった。当時、鈴与が港湾を一手に握っていた。国策によって清水港運送がつくられ、私は『組頭』から『隊長』とよばれるようになった。『小頭』は『班長』とよばれた。一九四三年には『指導員』となった。五〇～六〇人くらいの朝鮮人が波止場の築地町に住んだ。朝鮮から手紙がきた」（清水在住、当時八九歳、一九九二年談）。

港湾を掌握していた鈴与と清水港運送のもとに多くの朝鮮人が動員されたのである。

(2) 清水への中国人強制連行

つぎに連行された中国人についてみてみよう。

一九四五年一月に清水の港湾へと中国人一六〇人が連行された。日本港運業会清水華工事務所の「華人労務者就労顛末報告書」にはつぎのようにある。

中国人は華北労工協会が河北省などから「自由募集」した。年齢は一六歳から四六歳。三月には一人が新潟から転送されてきた。連行途中と労働による死者は三六人だった。連行直後の死亡者が多かった。連行された人々は、船内の荷役、木材・鋼材・糧秣などの運搬、雑貨貨車積み下ろし、鉱石の運搬・艀揚、大豆の貨車積みや雑作業など、清水港一帯で船内や沿岸での荷役作業を強いられた。朝鮮人とは関係させずに、日本人指導員が作業場で指示をだした。清水警察署から二～三人が派遣され、監視した。戦後、松崎警察署に留置されていた戦線鉱業の八人が清水へと送られてから、「反抗的態度」となった。中国人の宿舎前の梅陰寺に特別警備隊三〇人を配置した。報告書には「酷使、虐待ノ事実ハナイ」と記されている。

連行された中国人の過半数は「半死半生的過労ト衰弱ハ窮極」の状態だった。連行中での飲料水が悪く、食用とした小麦粉には細石粉が含まれていた（前清水保健所医師の記録、田中宏・松沢哲成編『中国人強制連行資料』四八頁）。

中国人の指導員とされた八木新作さんはつぎのように語る。「中国人は「華人」とよばれ、梅田町に寮がつくられた。中国人を阿部労務部長と指導員の私が下関へと迎えにいった。急行を貸し切って連行した。六つの班にわけてあちこちの現場に派遣した。派遣先は荷役・石炭部・日本鋼管・日軽金などだったと思う。青いゲートル姿ではしとコップをぶらさげて仕事にいった。寮内に警察がいて管理していた。新潟に余分な人間がいるということで特高課部長と私とで中国人通訳をひとり、連れに迎えにいった。途中上野駅で空襲にあった。亡くなった中国人は駒越の畑に行って埋めた。戦後それを火葬した」（一九九二年談）。

ここで清水港へ連行された中国人の証言をみてみよう。何天義編『日軍槍刺下的中国労工』四には清水港へと連行された李鳳泰さん、『二戦擄日中国労工口述史』五には、戚田昌さんと楊宝珍さんの証言が収められている。

李鳳泰さんは河北省大城県の日本軍の傀儡軍部隊の兵士だった。一九四四年冬、この部隊は八路軍と連携して蜂起する計画をたてたが、秘密がもれ、日本軍はリーダー二〇人を殺害、残った七三人を塘沽の収容所へと押し込めた。収容所内は湿って汚れ、臭気で息もできないほどだった。粗末な食事と劣悪な環境だった。病気になっても治療されず、死があたりまえの状態だった。四〇日以上拘束されるなかで七三人のうち八人が死んだ。

一九四五年正月すぎのある日、青色服に着がえさせられ、集団にわけられた。写真をとられ、輸送船に押し込められ、日本へと連行された。接岸すると黄色服に着がえさせられ、各地へと分配されることになった。翌日一六〇人が静岡県の清水へと送られた。

清水の収容所は、上に鉄条網をつけた木板で囲まれ、監視場があり銃をもった日本兵がいた。まず訓練がおこなわれ、簡単な日本語と道具の使い方を教えられた。「大東亜共栄圏」の宣伝などの奴隷化教育もされた。食事が饅頭《マントウ》と薄い粥であるために餓え、寝ることもできないほどだった。半月の訓練ののち二〇人が一組となり、駅や海岸の埠頭で貨物の積みおろしや工場の掃除などの雑役をさせられた。激しい肉体労働のため、一日の仕事で力を失い、腰と足が耐えられないほど痛かった。

日本の警察官と監督は中国人を牛馬のように扱い、殴打し、ののしり、体罰を加え、生死をかえりみなかった。飢餓、過労、病気などで多くの人が死んだ。

ある日、船の荷役を終えると、更に次の船の荷役をさせられることになった。空腹のため、劉石頭が荷袋から一キロほどの豆をとって食べようとしたが発見された。劉は服をはぎとられ、ムチで殴られた。かれの体は傷だらけとなり、地面に横たわり動けなかった。次の船がきたため、劉は一〇〇キロ以上の袋を担がされたが、数歩もいかぬうちに踏み板の上に倒れ、血を吐いて動かなかった。かれは荒波の中に投げこまれた。

軽金属の工場で古い倉庫から物を外へ運ばせたが、運びおわらぬうちに日本人が支柱を移動させた。軍刀を抜き、すぐにも倒れそうな倉庫の中に入ることを強要した。倉庫に入ったとたんに倒れ、四人が下敷きとなった。二人が圧死、二人は重傷となり、数日後、死亡した。

郝亭祥と劉虎は逃亡したが捕えられ、リンチをうけた。皮のムチでたたかれ、破れた皮膚に塩水をかけられた。拷問され電気を流されて転倒した。悲惨な叫び声が絶えなかった。

重労働と非人間的な待遇のなかで希望を失い、病死したり、自殺したりと、八か月の間に一六〇人が一二〇人ほどになった。

日本が降伏するとアメリカ軍のジープがきた。アメリカ軍将校が、私たちに対して何者かと聞いたところ、同乗してきた日本人女性通訳は、私たちのことを泥棒や悪人だと言った。孟昭義は英語ができたからアメリカ軍将校に、私たちが一般民であり、迫害され、労務者として連行されたことを訴えた。孟は東京へ交渉に行くことになり、三日後に帰ってきて交渉が成功したことを伝えた。それにより解放され、帰国することになった（『日軍槍刺下的中国労工』四　三一五頁〜）。

戚田昌さんは河北省灤南県扒歯港鎮虫児村在住、連行当時は斉振英といった。一九四四年旧暦一一月はじめに、張各庄の日本軍と特務が村を包囲した。捕らえられ、雷庄に四日間留置され、汽車で塘沽の収容所に送られた。入り口には「冷凍公司」と書いてあった。食事は饅頭、水は二〜三日に一度だけであり、夜、棒を持った監視人が巡回した。そのときに殴られた傷が今も肩にある。周囲の鉄条網には電気が流され、日本兵が塔から監視していた。凍死者・餓死者・撲殺される者が出た。一二〇人を二〇人ごと六班に分けて大隊が編成され、船で下関に送られ、さらに清水に連行された。清水では汽車や輸送船からの物資の荷役をした。病気になっても治療されず、病人への食料は減らされた。日本が敗北し、アメリカ軍の船で帰国したが、日本は賃金を支給しなかった。塘沽に下船し、汽車で唐山に帰った。母は連行された戚さんを案じ、病気になっていた。その病を治すために多額の費用がかかった（『二戦擄日中国労工口述史』五　三三四頁〜）。

楊宝珍さんは、河北省昌黎県安山鎮王各庄の人、当時昌黎県で商店を五人で開いていた。一九四四年、八路軍に関わる経済犯にでっちあげられ、一四人が日本軍の部隊に送られた。さらに秦皇島の部隊に送られ、そこから塘沽の収容所に送られた。収容所では服を脱げと殴られるなど、虐待を受けた。収容所では毎日二〜三〇人の死者が出た。船で日本に送られるとき服に白い布を縫い付けられた。楊さんの布は「日本港運」の六二番だった。船上で昌黎県の仲間、叶銀豪、高玉賢、龍子洋が死んだ。一六〇人が清水に連行されたがほとんどが農民だった。清水では港湾荷役をさせられた。八木という日本人監督は扱いが悪かった。地方の保安隊の隊長だった郝全山が大隊長になった。病気になっても治療されず、数多くの死者が出た。昌黎県から連行された仲間の一三人のうち、帰国できたのは四人だけだった。三〇人ほどが亡くなった。死者は梅陰寺に置かれ、その後火葬された。清水では空襲にあった。日本の敗北によって、生活費や衣服を要求し、生活が改善された。佐世保からアメリカの軍船で同郷の劉子珍、邱子千、張明華、張子文らと帰国した。連行されたために母は悲しみ、精神を病んでしまった（『二戦擄日中国労工口述史』五　三三七頁〜）。

以上が連行された中国人の証言である。日本側の報告書では「自由募集」とされているが、実際には中国での人間狩りだった。連行先では「酷使、虐待」がなされたのである。

鈴与は回漕・倉庫・燃料部門などを中心に清水港の支配的地位にあった。清水地域での強制連行の実態を明らかにするために、鈴与の史料公開が求められる。

3　清水の軍需工場・軍事基地

清水で軍需工場がつぎつぎに建設されたのは一九三九年ころからであった。当時建設された工場をあげれば、日軽金清水工場・東亜燃料・日本鋼管清水造船所・日立製作所清水工場・黒崎窯業清水工場などがある。他の工場での軍需生産への転換もすすんだ。それにともない、工業用水の整備、鉄道、上水道の三保への延長、道路整備、岸壁建設、埋立工事、電力施設の建設などがすすめられた。これらの工事にはたくさんの朝鮮人が動員された。

労働力が不足するなかで、朝鮮人の強制連行によって動員した工場もあった。厚生省勤労局「朝鮮人労務者に関する調査」をみると清水地域での連行の一端を知ることができる。強制連行にかかわりの深い鈴与と日軽金については不明な点が多いが、他の現場への一九四四年以降の連行についてはつぎのようになる。

レンガを生産していた黒崎窯業についてみてみよう。共同出資により一九四〇年八月、鶴見窯業清水工場が完成し、一九四四年九月、この清水工場は黒崎窯業へと合併された。この工場へは一九四四年八月に、慶尚北道高

図表 6-2　清水地域への朝鮮人強制連行（1944-45 年）

連行年月日	連行場所	連行者数	連行者出身郡	逃走	帰国・送還	死亡	徴兵	8.15 残留解雇
1944.9.9	清水港運送	74	陰城 74	8	3			63
1944.8.19	黒崎窯業清水	50	高霊 41 他	47	2		1	0
1944.12.16	黒崎窯業清水	24	開城 24	5	1		1	17
1945.2.15	黒崎窯業清水	39	京城 22 他	11	3		1	24
1944.12.24	日通静岡支店	47	論山 47	27	2	1		17
1945.4.13	豊年製油清水	42	益山 42	19				23
1945.4.16	日本鋼管清水	8	完州 6 他	1				7

註　厚生省勤労局調査名簿静岡県分から作成。

霊郡を中心に五〇人、一二月に京畿道開城から二四人、一九四五年二月にはソウルを中心に三九人が連行された。連行総数は一一三人であるが、このうち六三人が逃走に成功した。連行者から三人が徴兵された。

一九四五年三月には黒崎窯業から一〇人余が逃走に成功した。黒崎窯業での逃走率は五六％であり、この数字から連行された人々の自由への思いをみることができる。なお『黒崎窯業五〇年史』では一九四四年九月現在の推定人員として清水工場での朝鮮人労務者数を四八人としている（四二五頁）。

日本鋼管清水造船所へは一九四五年四月、金羅北道完州郡を中心に八人が連行されている。日本鋼管の清水造船所へと連行されて働いていた朝鮮人は八人だけではなく、他にもいたと思われる。学徒動員された人によれば、「朝鮮人が最も高く危険な所で働いていた」という。

現地調査に同行した趙甫連さんは「日本鋼管は朝鮮人・受刑者・学徒を大量に動員した。受刑者の収容所は折戸の陸上貯木場の近くにあった。戦後すぐに朝鮮人が争議をおこした。日本鋼管への労務動員は日の出埠頭からおこなわれていた。かつて日本鋼管に史料を出すよう求めたが出さなかった」という（一九九三年談）。

豊年製油清水工場へは一九四五年四月、全羅北道益山郡から四二人が連行された。そのうち一九人が逃走した。豊年製油は日本が中国侵略によって奪った大豆を大連から輸送して製油をしていた。この労働に朝鮮人を使ったのである。

▲…松原町・豊年製油朝鮮人収容所跡

清水市松原町には豊年製油で働いていたという朝鮮人の飯場跡がある。近くの岡町にも朝鮮人飯場があったが、そこにいた人々はすでに帰国したという。岡町の飯場の人々がどこで働いていたのかについては不明である。

日本鋼管と豊年製油は全羅北道から連行しているが、全羅北道での生存者調査では数名の生存を確認できた。被連行者の中には一九三〇年生まれで、当時一五歳の人もいた。

日通静岡支店には一九四四年一二月に忠清南道論山郡から四七人が連行されたが、二一人が逃走した。当時日通は軍需関係の輸送部門を担当していた。ここで働かされていた朝鮮人は清水へと仕事にくることもあったであろう。死亡者が一人でた。

日通静岡支店分の史料には「退職手当については後、朝鮮人連盟より一人宛千円（逃亡者五百円）の要求があり、之を一人三百円（逃亡者百五十円）にて承諾せしめたるも委員長・労働部長更迭の結果、要求固執、未解決の状態なり」とあり、朝鮮人連盟の側が要求を掲げて闘いをくんでいたことがわかる。

厚生省名簿にある黒崎窯業・清水港運送・豊年製油・日本鋼管の連行者名簿から逃走率をみれば二四八人中、一一八人が逃走しているから、逃走率は四二％となる。

日軽金への朝鮮人の連行については、『調査・朝鮮人強制労働③発電工事・軍事基地編』の第三章に記した。

厚生省勤労局調査名簿に掲載されている企業が過去の強制連行について自ら究明し、実態を明らかにしていってほしい。

清水地域では軍事基地も建設された。一九四四年九月に開隊した三保の海軍航空隊基地の建設にも朝鮮人が徴用された。三保には「特攻艇震洋」の基地も建設された。三保には今もコンクリート製の収艇庫が残っている。各地の朝鮮人動員による震洋基地建設状況からみて、三保での基地建設にも朝鮮人が動員されたとみられる。周辺での聞き取りによれば、「住民の立ち入りは禁止されていたため、詳細は分からない」とのことであった。

▲…清水・特攻艇基地跡

また袖師と有度山には本土決戦用の壕をもつ砲台の建設がすすめられた。さらに重砲兵学校・航空学校なども建設された。これらの軍関係施設建設にも朝鮮人動員があったと思われる。高射砲部隊については「三保にあった高射砲部隊には朝鮮人兵士五〇～六〇人がいた。日軽金の同胞と兵士が会えば話をしていた」という証言がある（裵周吉さん談、清水・一九九六年）。

清水の三保には陸軍需品本廠芝浦出張所清水集積所がおかれていた。ここにも朝鮮人が動員されていた。日本政府から韓国政府に渡された「工員名簿四」には清水集積所に動員されていた朝鮮人の死亡記事がある。収録された「現認証明書」から、全北淳昌出身の陽本鐘元（福来）が積荷の運搬中に橋梁に衝突し路上に投げ出されて死亡したことがわかる。死亡日は一九四四年七月二四日である。このように軍属とされての連行もあった。

朴得淑さんらは佐世保・長崎・熊本・富士・三保へと軍事飛行場関係の建設工事へと動員された。一九四五年春には清水から掛川の中島飛行機地下工場建設現場へと動員されている。

アジア太平洋戦争期、清水へと二〇〇〇人をこえる朝鮮人が移動した。総動員体制下での朝鮮人の動員状況について明らかにするには、特高警察文書や協和会支会などの関係史料の発掘が求められる。

朝鮮半島から強制連行されたが、その現場から逃走し、仕事をもとめて清水へとやってきた人々もいた。

樺太へ連行されたのち逃走し、清水へきた朴基男さん（故、一九二二年生）の場合をみてみよう。朴さんは二〇歳で一五歳の妻をもつことになった。結婚して七か月後の夏のある日（一九四二年ころ）、外へ出たきり連行されて消息を絶った。徴用され樺太へ連行されたが、逃走して清水へきた。やっとのことで家族に連絡し、出会うことができた。家族が清水へきたのは一九四五年のことだった。朴さんは一九六七年に四五歳で亡くなった。「日本はひどいことをした。忘れません」と妻の全徳順さんはいう（清水、当時六六歳・一九九四年談、『朝鮮人強制連行の記録　中部東海編』）。

九州の飯塚の炭鉱へと連行され、のちに逃走して清水へときた金應斗さん（八三歳）はつぎのようにいう。

日本は怨恨の地、一生を台無しにされた恨の地が日本だ。一九四二年、私は三六歳だった。結婚して子どもが二人いた。二年間の条件で徴用され、勤労報国隊の名で一二〇人が順天から九州の炭鉱へと連行された。腹が減って仕事ができなかった。落盤によって一人、二人と死んだ。私は額に傷を負った。圧迫された。一二〇人のほとんどが逃げた。泣いても泣ききれない。女房や子どもと生き別れにされた。上の子は五六歳になるはずだ。裸で、パンツ一枚で仕事をさせられ、一二時間働いた。九か月後、辛抱しきれず、四人の友達と便所の小窓を外し、一人出ては縄で引っぱりだして逃げた。九キロほど歩くと駅があり、朝六時半ころ切符を買い、今の大村収容所の辺りにいった。そこでは軍の飛行場を建設中であり、親方に人夫にこないかといわれ、飯場に入って仕事を得た。飛行場工事で働いていたのは全て朝鮮人だった。そこでトロ押しの仕事をして四〇日くらい働いた。そこ

▲…金應斗さん（飯塚の炭鉱への連行）

から名古屋の飛行場建設現場へいき、その後、鳥取県米子で堤防工事をし、岩手から姫路へいき、四国では鹿島組の仕事をした。そして日立清水工場の石垣積みの仕事をした。空襲があって八・一五となり、われわれは解放された。つらいのは自分の子ども・女房とはなればなれになったことだ。弟は七四歳、とても気になっている。南北統一すれば故郷へ帰れるのだが……。私から故郷と青春、家庭を奪い、惨めな人生を強いた。悪魔の亡霊のような苦しみを、人生の末路から消してくれる日はくるのだろうか（清水・一九九三年談、『朝鮮人強制連行の記録中部東海編』二九四頁）。

ここで紹介した朴さんや金さんのような人々が清水には数多くいたであろう。これらの人々の多くが軍需関係工場の建設、軍需工場での労働、港湾荷役の仕事へと動員されたとみられる。

日本は一五歳の少年、結婚したてや子育て中の青年をつぎつぎに強制連行した。それによって数多くの人々が故郷と青春と家庭を奪われた。

4 清水朝鮮人無縁納骨堂

一九四五年の八・一五解放にともない、朝鮮人は団結し、帰国や未払い賃金の支払いを求めた。また、民族教育にもとりくんだ。清水市浜田町には朝鮮人連盟清水支部の事務所がおかれた。

清水の中央図書館の敷地に「朝鮮と日本の親善のために」という碑と記念に植樹された松がある。この碑は一九五九年に朝鮮への帰国者と総連清水支部（委員長金竜学）が建てたものである。

清水に住む趙貴連さんの話をまとめてみよう。

趙さんは一九三二年、日本で生まれた。兄弟は八人、東京の品川で生活した。父は全羅南道の光陽の農民だったが、植民地下、故郷では生活できずに渡日した。日本では古物商をしたが、青森の弘前に疎開し、八・一五は弘前で迎えた。祖国へ還りたいと思ったが、生活の基盤が無く、父母と下の四人は一九四六年に帰国し、上の四人は日本に住むことになった。一九五〇年頃、おじさんを頼って清水にきた。

▲…清水・朝日親善碑

当時の在日は生活基盤が無く、闇の焼酎づくりや土木・養豚などをしていた。これではいけない、手に職をつけようと思い、当時盛んだった造船所で仕事をした。三保・金指・日本鋼管などの造船所に孫請けの形で入った。当時清水には七〇〇人ほどの朝鮮人がいた。

そのころ、朝鮮人の青年同盟の仕事もした。その関係か、一九五六年に三保の造船所にいく途中の路上で、外国人登録法違反で逮捕された。そのときは釈放されたが、一九五八年四月、金指造船所で、外国人登録法違反で逮捕され、横浜出入国管理所に五八日間も収容された。その時、長崎県の大村収容所行きだ、韓国に強制送還だと脅かされた。しかし、送還されずに釈放された。

一九四九年には朝鮮人連盟が弾圧され、今の新静岡センターのところにあった静岡県の朝鮮人連盟の事務所などの財産が没収された。県内各地の事務所も同様で、それらの財産は今も返還されていない。

戦争期、清水には強制連行された朝鮮人が数多くいた。港湾で働く朝鮮人も多かった。清水の東海寺に他の寺から無縁の遺骨が集められ、これらの遺骨を安置するための朝鮮人の納骨堂が、火葬場の日当たりの悪いところに作られた。この納骨堂が老朽化するなかで、総連と民団とが市に要求し、一九九三年に新しい納骨堂ができた。これらの遺骨以外にも未収集の遺骨がある。名前だけや日本名のみ、あるいは名前のないものもある。三分の二は不明の遺骨である。企業に対して史料を出すように求めてきたが、出そうとしない。真相を究明して故郷に戻すには、当時の埋火葬関係書類や日軽金や鈴与などの資料の調査が必要だ。

強制連行という用語が歴史教科書から消えるなど、過去の史実の隠蔽がすすんでいる。朝鮮人強制連行は史実であり、アジアの平和と戦争と差別のない社会にむけ、歴史を正しく伝えていくことが大切だ。また、朝鮮人強制連行被害者の遺骨問題の解決についても日本政府は道義的な責任があり、謝罪と補償を含め誠実に対処すべきだ。被害者は決して忘れることができない（清水、二〇〇五年談）。

清水地域へ連行されたり、渡日して働いたりするなかで無縁仏となった人々の骨を納める「清水市朝鮮人納骨堂」が清水市北矢部の火葬場入口左側にある。この納骨堂にある骨は清水の各寺から東海寺へと委託されていたものである。一九五六年五月、総連清水支部が市長に要請して小建物を設置した。一九六五年七月には旧納骨堂が北矢部の火葬場に建てられ、同年九月には石碑もつくられた。

旧納骨堂の石碑には次の詩が朝鮮語で刻まれた。

「異域万里　他国で　つらく　かなしくも　犠牲となり　無住孤魂となった　あなたがたよ　あなたがたの　白骨も　霊魂も　主人があり　祖国が　あるものを　遠くない　将来に　あなたがたを　つれにくる　その日まで　安らかに　ねむりあれ」一九六五年九月五日、清水朝鮮人有志（庾妙達さん訳）。

旧納骨堂は山の斜面にあり、暗く湿気の多いところにあったため、扉は腐り、内側の骨壷用の台は朽ち、遺骨は変色し、包装布などは見るに耐えられない状態になっていた。

▲…清水・朝鮮人納骨堂落成式

一九七七年九月、納骨堂の移転新築を総連清水支部が要求し、改修をおこなった。一九九一年、清水の朝鮮人団体（総連と民団）が共に新築を市に要求し、その結果、新しい納骨堂がつくられることになった。新築をもとめるなかで、一九九一年七月、旧納骨堂内の調査がおこなわれた。そのとき、九三人分の骨が確認されたが、氏名があったのは三〇骨であり、そのうち四骨は判読できなかった。他の六三骨の氏名はわからなかった。
一九九三年三月、新納骨堂前で一二〇人ほどが参加して追悼会がもたれた。この会は新納骨堂の完成を祝い、日帝統治下に渡日し無縁仏となることを強いられた人々を心に刻み追悼する会であった。
そのときの追悼会での追悼文はつぎのようなものだった。
「国を奪われた者は言葉も文字も名前も奪われ、臣民として日本帝国につくすことを強制され、希望も体も奪われて悲運の生涯を送ることになりました。名前も故郷も知ることのできないあなたがたは、侵略者の本性を告発し、全ての原因がどこにあり、元凶がだれであるのかをよく知っています。同胞を強制連行し、無住孤魂の悲惨な姿に落とした者たちの犯罪は決して許されません。歴史は必ずそれを清算するでしょう。日本国民と平和・友好のなかで共存し、民族の自主独立と尊厳を守りぬき、統一された祖国の地へあなた方を安置する日まで、安らかにお眠りください」。

無縁の遺骨は日本帝国主義の植民地支配とその下でおこなわれた朝鮮人強制連行という戦争犯罪を告発するものであった。強制連行の実態はここ数年少しずつ明らかになってきたが、清水地域についてみれば、強制連行にかかわった企業の史料の多くが不明である。無住孤魂となった人々の鎮魂のために、また日本と朝鮮に住む民衆が平和な関係をつくっていくためにも、真相究明は大切な課題である。

▲…納骨堂碑文・最後の追悼会

その後、清水では遺骨奉還推進委員会が結成され、二〇〇八年、韓国で遺族調査をおこなった。この時点で無縁の朝鮮人の遺骨は九四体であり、名前と連絡先が分かるものは一〇数人だった。韓国の役場に手紙を出し、遺族を探したが、連絡が取れたのは二か所だった。一人は釜山、一人は名古屋であり、ともに遠い親戚であり、遺骨は受け取れないとのことであった。そのため、協議の末、遺骨は韓国の天安にある望郷の丘に送られることになった。望郷の丘からは受け入れの回答があり、奉還の際の骨壺への収納や費用についての静岡市との合意もなされた。

旧暦の秋夕の盆にあたる二〇〇九年一〇月三日、清水で最後の追悼会がもたれ、日本人も参列した。納骨堂内の清掃もおこなわれた。

追悼会では、朝鮮総連、韓国民団県本部、遺骨奉還委員会の代表が、追悼の言葉を述べた。一九九三年の新納骨堂建設に尽力した市議会の元議長も日本人を代表して発言した。最後に静岡の朝鮮学校の生徒代表が、植民地支配と強制連行の下で数々の労苦を強いられ、解放六〇年を経た今も遺骨が故郷に帰れないこと、その歴史を二度と繰り返すことなく、歴史を学び、平和な未来の主人公となっていくという追悼と決意の辞を述べた。

火葬場入り口の斜面の森のはずれに、無縁の供養塔がある。その横にある朝鮮人納骨堂は雨が降るとさらに湿気に包まれる。ここに遺骨が移されて五〇年余りになる。それは戦後の朝鮮人の人権状況を物語る。納骨堂の前にはさまざまな食材が並べられた。時折、雨が激しく降り、線香が納骨堂の周囲に煙る。参列者はこれまでの歴史や今後の活動にむけて、それぞれの追想の時を持った。

この清水の無縁遺骨は二〇一〇年三月に韓国の望郷の丘に送られた。

5　産業の軍事化と軍需工場の増加

おわりに、静岡県内での軍需企業の増加についてみておこう。

一九四三年七月の『藤岡今松知事重要事項事務引継書』(『地方長官会議綴』所収文書)のなかに都市計画課「静岡県総合改革開発計画要綱に関する件」がある。そこには静岡県内各地の主要軍需工場の建設状況が記されている。

中部地域をみてみると、静岡では三菱重工業(発動機・建設中)、住友金属(プロペラ・建設中)、内閣印刷局(印刷、建設中)、三光航空機(機械・転換中、三光紡績跡)、鐘ヶ淵紡績(転換済・兵器)、丸国航空機(機械・

転換中、マルクニ鉄工所跡)、小糸製作所(機械・拡張中、綾羽靴下工場跡)があげられている。

清水では東亜燃料(製油・操業中)、日本軽金属(アルミナ・操業中)、日本発送電(火力・操業中)、日立製作所(機械・建設中)がある。清水での高等商船学校、国防理工科大学の建設についても記されている。

藤枝では朝比奈鉄工場(機械・建設中)、島田では海軍工場(建設中)、東亜特殊製鋼(特殊鋼建設中)がある。

富士宮では園池製作所(機械・建設中)、日本精工(ベアリング・買収交渉中)、東亜航空電機(機械・買収交渉中)がある。富士では、日産自動車(発動機・転換中、東京人絹跡)、東京芝浦電気(発動機・転換中、富士瓦斯紡跡)、軍火薬工場(火薬・転換中、王子製紙第三跡)、内閣印刷局(凸版・転換済、大昭和製紙跡)、凸版印刷(凸版・転換中、大昭和鈴川工場跡)があり、蒲原では日本軽金属(アルミニウム・操業中)がある。

東部地域をみると、沼津では海軍工廠(拡張工事中、東京人絹工場利用)、芝浦工作機械(機械・操業開始)、沼津工業(兵器・建設中)、中島飛行機(機械・転換中、日本特殊繊維跡)、三島では明治ゴム(タイヤ・建設中)、中島飛行機(機械・建設中)、電業社(水車・操業中)、国産電機(機械・操業中)、富士精機(機械・操業中)、大東紡三島航空補機製作所(転換中、大東紡跡)があげられている。

西部地域をみると、浜松では日本楽器天竜工場(プロペラ・拡張中)、中島飛行機(組立・建設中)、中島航空金属(機械・敷地交渉中)、磐田では日本楽器見付工場(プロペラ)、新居の中島飛行機(機械・転換中、呉羽紡績)、湖西では日本金属(特殊鋼・買収交渉中)などが記されている。

『静岡県農地制度改革誌』には、一九四一年~四四年の軍施設・軍需工場建設の工事現場について記されている。ここにあげられているのは一〇町歩以上の「農地潰廃」にともなうものである。

軍施設　函南陸軍共済病院・田方郡下海軍施設・駿東郡下陸海軍施設・富士田子浦飛行隊・上井田村少年戦車学校・清水市重砲兵学校・清水市航空隊・清水市高等商船学校・焼津海軍航空隊・大富村海軍市川部隊・榛原郡

下飛行場・白羽村東京造兵廠・小笠郡下陸軍施設・磐田郡航空情報部隊・袖浦村飛行隊・浜松中部第一一三部隊・二俣町需品廠・浜松市陸軍部隊・新居町浜名海兵団。

軍需工場　清水蒲原　日軽金・大岡　芝浦工作機械・三島　中島飛行機・清水　日立製作所・静岡　住友金属・静岡三菱重工・富士宮　園池製作所・富士宮　東亜航空・浜松　日本楽器・東亜特殊鋼・日本火工。

工場については、地方長官会議関係史料と重なるものが多い。このように戦争のために土地が奪われ、軍需工場や軍事基地の用地として使われていった。これらの史料から静岡県内の企業の軍需化と軍需関連企業の増加を知ることができる。これらの工場が多くの下請企業を持っていた。

工業地域が軍需生産を中心に再編成され、特に軽金属、発動機やプロペラなど航空機部門での軍需産業の拡張が目立つ。このような軍需工場の増設が全国各地ですすめられた。軍需工場で作られた兵器はアジア太平洋各地での戦争に使われ、多くの人間を殺傷していった。また、軍需工場は米軍による攻撃の対象となり、多くの市民が命を失うという結末をもたらした。三菱重工静岡、住友金属静岡、中島飛行機浜松、沼津海軍工廠などは、三〇万坪を超える巨大軍需工場だった。これらの軍需工場の建設現場には多くの朝鮮人が動員されていたのである。

参考文献

『清水隣保館関係資料』清水市立中央図書館蔵
『清水市史資料近代』『同・現代』清水市一九七三・七二年
中央協和会「移入朝鮮人労務者状況調」一九四二年
朴慶植編『在日朝鮮人関係資料集成』四・五　三一書房一九七六年
朴慶植編『朝鮮問題資料叢書』四　三一書房一九八二年
中央協和会『協和事業年鑑』一九四二年（復刻社会評論社）

静岡県社会事業協会『静岡県社会事業概覧』一九四一年
「藤岡今松知事重要事項事務引継書」『地方長官会議綴』内文書　静岡県庁蔵
厚生省勤労局「朝鮮人労務者に関する調査」（静岡県分）一九四六年
東京華僑総会蔵「事業場報告書関係書類」一九四六年
石坂浩一『近代日本の社会主義と朝鮮』社会評論社一九九三年
『鈴与一七〇年史』鈴与一九七一年
『黒崎窯業五〇年史』黒崎窯業一九六九年
『日本鋼管株式会社四〇年史』日本鋼管一九五二年
『豊年製油株式会社二〇年史』豊年製油一九四四年
「清水海軍航空隊資料」清水市中央図書館一九九三年
『工員名簿四』韓国強制動員被害調査支援委員会蔵
山本リエ『金嬉老とオモニ』創樹社一九八二年
「朝鮮と日本の親善のための碑」清水市立中央図書館
原口清・海野福寿『静岡県の百年』山川出版社一九八二年
「納骨堂関係資料」朝鮮総連清水支部蔵
『静岡県労働運動史』静岡県労働組合評議会一九八四年
何天義編『二戦擄日中国労工口述史』斎魯書社二〇〇五年
何天義編『日軍槍刺下的中国労工』新華出版社一九九五年

＊金應斗、清水納骨堂落成式の写真は、静岡県朝鮮人歴史研究会提供

（「清水地域での強制連行」『朝鮮人強制連行調査の記録・中部東海編』朝鮮人強制連行真相調査団編　柏書房一九九七年、「清水港へ連行された中国人李鳳泰の証言」『静岡県近代史研究会会報』二七七　二〇〇一年一〇月、「静岡の戦争～朴洋采さんと趙貴連さんの証言から」『静岡県近代史研究会会報』三二四・三二六　二〇〇五年九月・一一月から構成）

第7章●掛川・中島飛行機原谷地下工場

ここでは、アジア太平洋戦争末期の地下工場建設についてみていきたい。

戦争が敗北にむかう局面で、政府・軍は軍需生産を維持するために全国各地に地下工場・地下施設の建設を計画した。一九四四年七月、東条内閣は地下工場建設を決定、それにともない建設部隊が組織され、地下工場建設のための指導要領も作成された。日本への空襲が激しくなるなかで地下工場の研究と建設がすすめられていくわけであるが、地下工場の建設指導要領案作成のために、静岡県の大仁鉱山、福島県の福島市郊外の廃坑が研究施設として利用された。

地下工場建設にあたり、設計・監督を陸軍地下施設隊や海軍設営隊がおこない、施工を土建資本が請け負い、労働力として兵士・学生・地元民や朝鮮人が動員された。工事内容は秘密であり、地元民衆と現場の朝鮮人との接触は禁止された。大阪・高槻の地下工場建設を例にみれば、朝鮮人の出身地は四国・大分・岐阜・静岡・長野・東北などにおよび、朝鮮半島からの強制連行者もいた。

二〇〇一年の「特殊地下壕調査個別データ表」(『平成一三年度特殊地下壕実態調査』静岡県分)をみると、静岡県内では二〇三か所の地下壕が確認されている。このうち半数以上が旧軍によるものであり、軍需工場の壕も多

図表 7-1　静岡県の主な地下壕

	市町村	所在地	壕数	築造主体	備考
1	湖西市	入会地	5	旧軍	
2	湖西市	白須賀	1	旧軍	
3	湖西市	吉美	2	旧軍	
4	湖西市	利木	10	旧軍	
5	新居町	新居・二本松	2	旧軍	浜名海兵団
6	新居町	中之郷	3	旧軍	
7	新居町	浜名	7	旧軍	浜名海兵団
8	新居町	内山	2	旧軍	浜名海兵団
9	浜松市	有玉西	4	旧軍	第143師団関連ヵ
10	浜松市	伊佐地	12	旧軍	陸軍浜松基地関連ヵ
11	浜松市	大人見	3	旧軍	
12	浜松市	神ヶ谷	7	旧軍	陸軍浜松基地関連ヵ
13	浜松市	幸4	7	旧軍	
14	浜松市	蜆塚	2	旧軍	
15	浜松市	高林	1	旧軍	100 m
16	浜松市	冨塚	12	旧軍	陸軍浜松基地関連ヵ
17	浜松市	西鴨江	1		20 m
18	浜松市	西山	2	旧軍	陸軍浜松基地関連ヵ
19	浜松市	花川	4		
20	浜松市	半田山4丁目	1		25 m
21	浜松市	深萩	2	旧軍	第143師団
22	浜松市	二俣町阿蔵	3	軍需工場	鈴木式織機地下工場
23	浜松市	細江町気賀	3	旧軍	第143師団関連
24	浜松市	宮口	1	旧軍	第143師団関連
25	浜松市	都田	3	旧軍	第143師団関連
26	浜松市	和合	23	旧軍	陸軍浜松基地関連ヵ
27	磐田市	三ヶ野	1	旧軍	
28	磐田市	大久保	1	旧軍	
29	袋井市	高尾	7		
30	森町	飯田・太田	1		20 m
31	森町	一宮	9		
32	掛川市	上内田	1		10 m
33	掛川市	上張	2	旧軍	
34	掛川市	掛川	5		10 m
35	掛川市	本郷	33	軍需工場	中島飛行機地下工場
36	掛川市	遊家	19	軍需工場	中島飛行機地下工場
37	菊川市	沢水加・猿田	10	旧軍	大井航空隊地下施設
38	藤枝市	瀬戸新屋	14	旧軍	海軍藤枝基地弾薬庫
39	清水市	三保	7	旧軍	
40	蒲原町	堰沢	5		
41	蒲原町	中	2		
42	蒲原町	蒲原	1		
43	富士川町	木島室野	12	旧軍	
44	富士市	岩本	3	旧軍	
45	富士市	神谷	1	法人	50 m
46	富士市	間門	2	軍需工場	
47	富士市	中野	3		30 m
48	富士市	宮下	2	旧軍	
49	富士宮市	北山・中井出	3	旧軍	
50	沼津市	内浦重須	24	旧軍	特攻基地
51	沼津市	江之浦	8	旧軍	特攻基地
52	沼津市	口野	3	旧軍	特攻基地
53	沼津市	高沢		軍需工場	
54	沼津市	多比	5	旧軍	
55	沼津市	中沢田	1	旧軍	
56	沼津市	戸田・牛ヶ洞	2	旧軍	特攻基地
57	沼津市	戸田・沢海	6	旧軍	特攻基地
58	清水町	徳倉・四方沢	1	旧軍	海軍施設本部壕 30 m
59	清水町	徳倉・谷戸	1	旧軍	海軍施設本部壕 15 m
60	三島市	徳倉	2	旧軍	
61	三島市	加茂川	4		
62	三島市	川原ヶ谷・初音台	1	軍需工場	地下工場

63	三島市	市山新田	1	旧軍	
64	三島市	大場	13		60 m 2 本、10 m 4 本
65	三島市	多呂	4	法人	40 m
66	御殿場市	東田中	4	旧軍	
67	伊豆市	土肥・八木沢	2	旧軍	特攻基地
68	西伊豆町	安良里	3	旧軍	特攻基地
69	西伊豆町	田子	11	旧軍	特攻基地
70	松崎町	江奈	2		20 m
71	下田市	3 丁目	17		特攻基地等
72	下田市	5 丁目	1		
73	下田市	6 丁目	1		20 m
74	下田市	大賀茂	5		
75	下田市	大賀茂・熊野船	1		55 m
76	下田市	柿崎	5		1 本は 55 m
77	下田市	柿崎・腰越	3	旧軍	特攻基地
78	下田市	北湯ヶ野	2		15 m
79	下田市	吉佐美	1		8 m
80	下田市	白浜	19		10 m 1 本
81	下田市	須崎	2		10 m 1 本
82	下田市	立野・柳生	1		20 m
83	下田市	立野・安城山	9		
84	下田市	中	15		
85	下田市	箕作	3		10 m 1 本
86	熱海市	網代・日寄山	4	旧軍	特攻基地
87	熱海市	下多賀・大縄	3	旧軍	特攻基地
88	熱海市	下多賀・奈良川山	4		
89	熱海市	伊豆山	2		

註　「特殊地下壕調査個別データ表」静岡県 2001 年、「特殊地下壕実態調査」静岡県分 2005 年から作成。これらの調査によって県内で 481 箇所ほどの地下壕が確認されているが、数本の壕を一箇所として算定しているものがあり、壕の実際の数は 639 になる。（国土交通省『特殊地下壕実態調査表』）。

県の集約には南伊豆の特攻基地や山中の砲台など地下壕を持つ軍事施設での欠落があり、実数はさらに多いとみられる。空欄は不明なもの、備考は筆者による記載。ここでは町内会内による壕は除き、旧軍関係をあげた。なお築城主体不明のもので軍関係とみられるものもあげた。

い。二〇〇五年の『特殊地下壕緊急実態調査』により、残存地下壕の数は倍増し、静岡県内では四七七か所が確認された（国土交通省『特殊地下壕実態調査表』）。地域別に多いところをみれば、下田一〇四、浜松七五、御前崎四一、沼津四六、静岡三九、掛川二四などである。

全国的には地下壕数は一万か所を超えた。戦争末期に出撃拠点とされた鹿児島が三一四九か所と最も多い。ついで九州の宮崎七四四、長崎七三八、熊本六五五、大分五八六か所などがあり、海軍の拠点であった広島は六一四、神奈川は五一七か所と多い。静岡の四四七か所はそれに次ぐ数である。陸軍浜松基地の本土決戦関連、掛川の中島飛行機地下工場、伊豆の特攻基地などの壕で残存しているものが多い。

1　浜松・鈴木式織機

浜松地域には軍事基地と軍需工場が集中し、アジア太平洋への侵略の拠点となっていた。浜松地域で生産された兵器と訓練された兵士は、侵略戦争に動員された。軍事の拠点である浜松は米軍による空爆の対象となり、軍需工場は疎開や地下工場建設をすすめた。そこに朝鮮人も動員された。

浜松地域の主な軍需工場をあげると、日本楽器（プロペラ・燃料タンク）、鈴木式織機（砲弾・戦車砲・機関銃・手榴弾ほか）、遠州製作（弾丸加工）、浅野重工業（魚雷・高射砲）、河合楽器（弾薬箱・飛行機部品）、西遠織布（軍用綿布・軍服・帆布・翼布）、加藤鉄工所（旋盤・兵器加工）、中島飛行機（エンジン）、国鉄浜松工場（高射砲・航空機部品）などがある。ほかに、日東航空工業、日本無線、浜松航空機工業、東亜航空、東京無線、天竜兵器などで軍需生産がおこなわれ、小さな町工場でも航空機部品を製造した。また、湖西地域では富士兵器、東芝電機、矢崎電線工業、安藤電気などで軍需生産がおこなわれた。

浜松の軍需工場での朝鮮人の連行については、鈴木式織機の朝鮮人連行者名簿がある。朝鮮人は輸送部門にも動員され、浜松駅や日本通運にも連行された。

(1) 鈴木式織機

鈴木式織機は、戦後、鈴木自動車に名称が変わった。現在のスズキである。鈴木式織機の軍需工場化は戦争の拡大とともにすすみ、主として砲弾の製造工場となった。鈴木式織機は一九四二年に陸軍、四三年には海軍の管

▲…河鎮祥さん（鈴木式織機に徴用）

理工場となり、重要な軍需工場のひとつとされ、「護国第五三八八工場」とされた。本社工場は大阪陸軍造兵廠・名古屋陸軍造兵廠・豊川海軍工廠・呉海軍工廠から受注し、手榴弾・各砲弾・航空機用照準器などを製作した。高塚工場が新設されて武器生産を強化し、砲弾・戦車砲・機関砲・照準器などを製作した。

鈴木式織機の朝鮮人名簿（厚生省勤労局調査一九四六年）によれば、一九四五年一月一六日に、平安北道寧辺郡から一一八人（うち一人は五月に追加）が集団連行された。連行された人々は旋盤、鍛工、大工、運搬、雑役などの仕事を強いられた。四月に四人が病気のために帰され、七月に四人が逃亡した。残ったのは一一〇人となり、日本の敗戦により、九月一〇日に帰国した。

鈴木式織機には在日朝鮮人も動員された。慶南昌寧郡出身の河鎮祥さん（一九二二年生）はいう。父のいる浜松へと一九四二年に母妹の三人で来たが、その年に鈴木式織機の鋳物工場に徴用で動員された。そこで土で鋳型を造る仕事をさせられた。一九四五年六月の浜松への空襲の際、東海道線を走って逃げようとしたら爆風で倒された。そのときのけがのために、片方の足の自由がきかず、杖をついて歩いている（一九九五年談）。

一九四五年に入ると鈴木式織機は二俣と金指へと地下工場を含む疎開をはじめた。浜松市天竜区二俣町の阿蔵地区は軍によって土地を強制的に接収された。阿蔵の安野谷から玖遠寺にかけて、畑地から山林の全てが接収された。工場は二棟たてられ、トンネルが六本ほど掘削された。貫通したトンネルは一本だけだった。阿蔵の民家の裏山に、コンクリートで入口が固定されたトンネルが残っていた。二〇〇五年には開発工事にともない、長さ二四メートルから四五

▲…鈴木式織機疎開工場跡・阿蔵

メートルの壕が四本発見された。

地域住民の川島孝二さんによれば、朝鮮人飯場が五〜六棟つくられ、トンネル掘りに従事した。豊岡・二俣・阿多古などから動員された勤労奉仕隊員がトンネル掘りで出た土をトロッコで運び、工場の敷地造成工事に従事した。鈴木式織機は本工場を疎開させようとしたが、地下工場建設は途中でおわり敗戦となった（阿蔵にて、一九九一年談）。一九九一年の調査の際には、鈴木式織機の地上工場として使われた建物が残っていたが、その後撤去された。

白且賛さん（一九一五年生）は、二俣で夫がトンネルを掘る仕事をしていたという。白さんは一九四一年に渡日し、浜松に住んだ。夫はさまざまな事業場で働き、二俣でのトンネル掘りもした。空襲が激しくなると周智郡の気田に疎開した。夫が病に倒れたため、一家は途方にくれた。役場に行き、日本語はしゃべれなかったが、「病気、死ぬ、食べ物くれ」と助けを求めた。何とか米少しと麦、さつまいもの配給を受け、山菜・草木や豆かすと混ぜて、一週間分の食料で二か月を過ごした（『朝鮮人強制連行調査の記録　中部東海編』二八六頁）。白さんたちは、二俣の鈴木式織機の地下工場建設現場に一時期いたのかもしれない。

浜松市引佐区の金指への疎開についてみてみよう。鈴木式織機は工場用地として、現在の引佐赤十字病院から公営住宅におよぶ一帯を接収した。山に六本のトンネルを計画し、四本が掘削され、二本が貫通したという。

永田功さん（一九一六年生）は鈴木式織機に産業戦士として徴用された。永田さんによれば、公営住宅の場所に建設用資材が積まれ、住宅駐車場のところに請負業者の飯場がおかれた。労働者が朝鮮人であったのかはわからない。戦後、住民がトンネルの松丸太、矢板をはずして自由に使った。補強用の板や柱をはずすとトンネルは奥の方から崩壊していったという（引佐にて、一九九一年談）。

(2) 日本楽器疎開工場

日本楽器は陸海軍の共同管理工場としてプロペラ・燃料補助タンクなどを製造していた。日本楽器の疎開工場のひとつが磐田郡光明村（現・浜松市天竜区船明）につくられ、「佐久良工場」とよばれた。工場は山あいを拡張して建設されたが、山を切り開く大規模な作業を担ったのは朝鮮人であった。道路整備の仕事もしたようである。船明国民学校・山東国民学校の上級生が整地・木材運搬の仕事へと動員された。日楽事務所は国道一五二号線沿いに建設されたが、その後、自動車整備工場の建屋として利用された。

日本楽器の疎開工場について、当時、船明国民学校生だった松井誠次さんはつぎのように話した。

「一五号線の東側に六か所ほどの工場が建設され、西側は大谷船明トンネル内に機械が搬入され、工場になった。トンネル出口に工場が二つ建てられた。山東地区にも工場が建てられた。その工場は現・勤労青少年ホームから橋を渡った付近にあった。整地が終わるとすぐに支柱を建て、工場が作られた。工場へむかう道路の拡張もおこなわれ、一メートル半ほどの道を二間の板を敷きながらひろげた。工場の労働者は通勤してきた。ダイナマイトを使い、発破して山を崩す仕事をしたのは朝鮮人だった。そのあとを動員生徒がスコップやモッコで片付けた。校舎は兵舎となり、高射砲部隊が利用した。工場は「一の谷」、「二の谷」工場というように「谷」という名

▲…日本楽器・天竜疎開工場跡

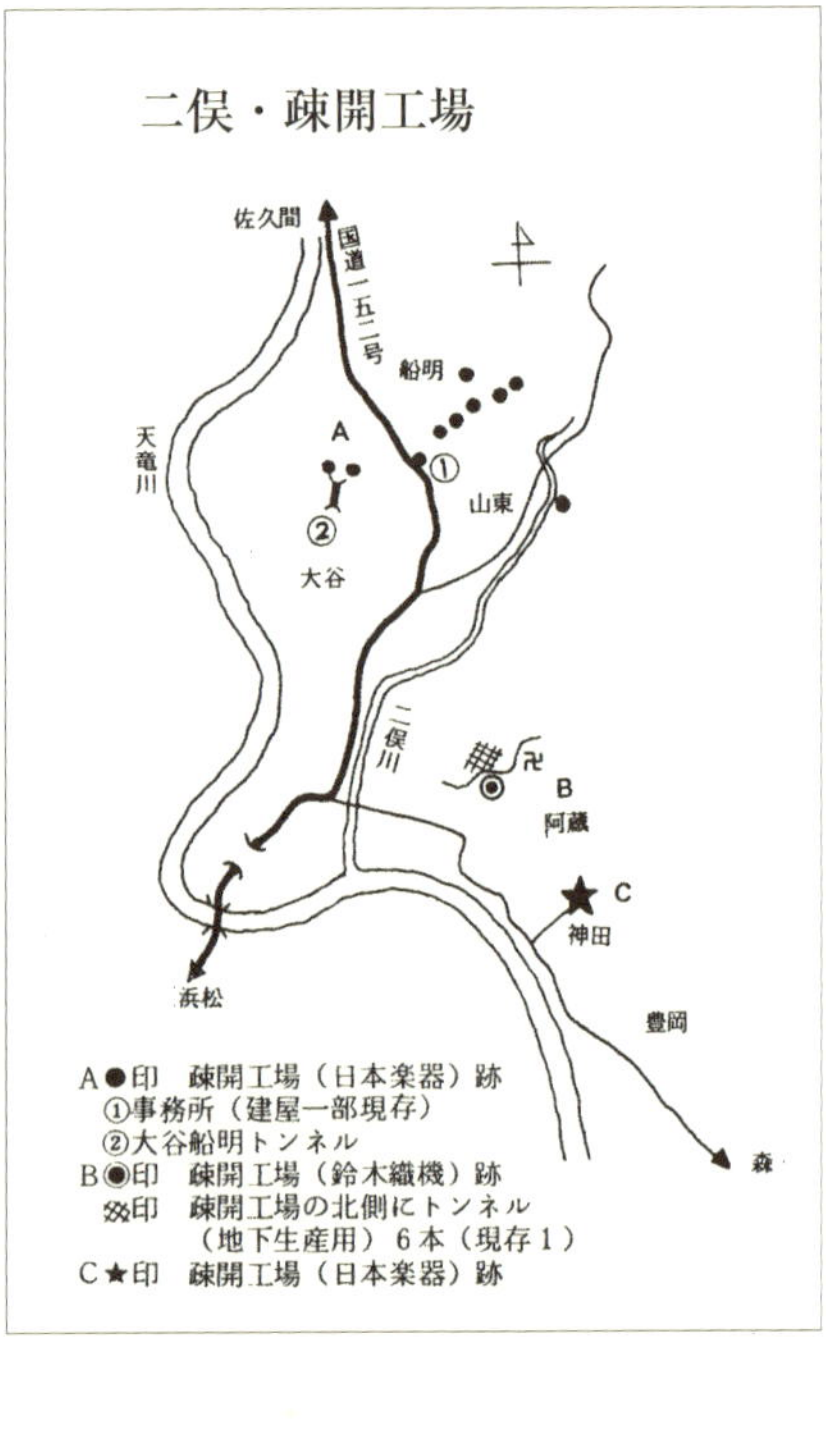

をつけてよばれた。ここでプロペラ生産に入ったが、漏電事故が多く、完全に稼動しなかった」（天竜にて、一九九一年談）。

日本楽器は豊岡村（現・磐田市）の神田地区へも疎開した。地域での聞き取りによれば、軍が土地を強制収用し、接収されて茶木が抜かれた。山林を切りひらき、工場の機械部品を保管するために屋根をつけた。文句を言うと「非国民」といわれたという。

浜松の主な工場の疎開についてみておけば、弾丸加工・工作機械製造工場であった遠州製作は奈良県北葛城郡当麻村に大和工場を建設しようとした。魚雷・高射砲を生産していた浅野重工業は磐田郡敷地村と長野県上伊奈郡赤穂町に分散工場を計画した。魚雷頭部や飛行機の脚の加工をおこなった加藤鉄工所は浜名郡南庄内村和田・

長野県上田市の城の内堀へと分散を計画し、国鉄浜松工場工機部は岐阜県土岐津に地下工場を計画した。

このように浜松地区の軍需工場は戦争末期各地に分散や移転を計画し、その建設工事にとりかかった。それらの現場に朝鮮人が動員された可能性は高い。

大倉土木は日本無線関連の工事をおこなってきたが、浜松工場での工事も担った。空襲によって「殊に朝鮮人労務者は訓練されていない為、麦畑や林の中に逃げ込んだので、相当数の死者を出し、工場内に畳を敷き死体を収容するのに忙しかった」という（『大成建設社史』三七七頁）。空襲によってたくさんの朝鮮人が死亡した。日本無線の疎開工場建設の労働者の中にも朝鮮人が含まれていたとみられる。空襲が激しくなり、日本無線浜松工場は長野に疎開することになった。

日本通運は戦争下で軍需輸送の特別部隊を編成した。厚生省名簿によれば、日通浜松支店へは一九四五年三月二三日に忠清南道礼山郡などから三七人が連行された。このなかのひとり、「青木鳳世」は一九四五年六月一八日の浜松空襲の際に爆死した。逃亡者は二二人であり、連行された人々の約六〇％を占める。五月、病気の二人が帰され、一人は日本軍へと徴兵された。八・一五解放後の八月三〇日、残っていた一一人が帰国した。

2　中島飛行機の地下工場建設

(1) 中島飛行機の機体・エンジン生産

中島飛行機の設立は一九一七年一二月のことであり、群馬県の太田を拠点に機体の組立を始め、一九二四年には東京でエンジンの製作もおこなうようになった。日中戦争がはじまると、中島飛行機は太田製作所を拡張し、武蔵野製作所を新設した。また田無には鋳鍛工場を設立して増産態勢をとった。中島飛行機は一九三八年九月に陸軍と海軍の管理工場に指定され、生産拡充の動きのなかで、小泉と多摩にも工場を作った。

太田では主として陸軍機体、小泉では海軍機体、武蔵野では陸軍エンジン、多摩では海軍エンジンが生産された。さらに、半田で海軍用機体、宇都宮で陸軍用機体、大宮で海軍用エンジン、浜松で陸軍用エンジンを生産した。三島では機関銃を生産し、八戸で銑鉄をおこない、岩手には研究部門をおいた。田無工場は中島航空金属となり、知立や浜松にも工場がおかれた。一九四三年一一月には武蔵野と多摩の工場が統合されて武蔵製作所となった。

このように中島飛行機は、東京・武蔵のエンジン工場、群馬の機体工場中心に愛知県から青森県にかけて生産拠点を拡大し、日本の軍用機生産を担うようになったのである。

当時、軍用機生産をおこなっていた主な企業をみれば、中島飛行機、三菱重工業、川崎航空機、立川飛行機、愛知航空機、日本飛行機、九州飛行機、満州航空機、日本国際航空機工業、川西航空機、日立航空機などがある。米戦略爆撃調査団の統計から一九四一年から四五年までの軍用機生産数をみれば、中島飛行機が一万九五六一機、三菱重工業が一万二五一三機、川崎航空機が八二四三機、立川航空機が六六四五機であり、中島飛行機は日本で最大の軍用機生産企業であった。同時期のエンジン生産では、三菱重工業が五万一五三四台、中島飛行機が三万六四四〇台、日立航空機が一万三五七一台であり、中島飛行機は三菱に次ぐ生産数であった。

中島飛行機が一九三九年から四五年までに生産した軍用機は二万一〇〇〇機を超えた。陸軍の機体工場の太田製作所では一万機を超える機体が生産され、海軍機体工場の小泉製作所は六二〇〇機を超える零戦をはじめ、九〇〇〇機近くを生産した。宇都宮では約七〇〇機、半田では約一三〇〇機が生産された。また、中島飛行機のエンジンは各社の軍用機に搭載された。

三菱と並んで軍用機を生産する中島飛行機には多くの労働力が必要であったが、労働力不足のなかで朝鮮半島から多くの朝鮮人が連行された。

中島飛行機半田製作所の労務課員として朝鮮半島に行って朝鮮人を連行した森田治郎さんの証言がある（『朝鮮人強制連行調査の記録　中部東海編』）。それによれば、一九四四年一一月初めに朝鮮に渡り、京城（ソウル）で受け入れの準備をしたが、浜松、小泉、太田、田無などからも職員が集まっていた。朝鮮北部の咸興に滞在し、端川をはじめ五〜六か所から一〇〇〇人余りを貸し切りの汽車に乗せて輸送したという。

一九四四年末には中島飛行機へと数千人の朝鮮人が連行されたとみられる。半田分については厚生年金被保険者名簿から一二八二人の朝鮮人の名前が明らかになり、そのうち一二三五人が朝鮮半島からの連行者と推定されている。

(2) 中島飛行機の地下工場

一九四四年末からは米軍による空襲が激しくなるが、主要なエンジン生産工場であった武蔵製作所をはじめ、中島飛行機の工場は空襲の標的とされた。このなかで地下工場への分散・移転がおこなわれた。中島飛行機の地下工場の建設は全国一六か所におよんだ。

機体関係では、太田工場は藪塚、小泉工場は群馬県多野、宇都宮工場は栃木県城山、半田工場は石川県遊泉寺、エンジン関係では、武蔵が東京都浅川、栃木県大谷、福島県信夫山、浜松が静岡県原谷、大宮が埼玉県吉見などに地下工場を建設した。この地下工場建設工事にも多くの朝鮮人が動員されたのである。群馬県後閑・藪塚では中国人の強制連行もおこなわれた。

▲…朴聖澤さん（中島飛行機吉見地下工場工事）

福島県信夫山の地下工場建設では各地から朝鮮人が動員され、日立鉱山や佐渡鉱山などに強制連行されていた朝鮮人も転送され、労働を強いられた。東京の浅川地下工場建設では、焼津のトンネル工事現場から転送された朝鮮人もいた。

静岡市の朴聖澤さんは、徴用によって大阪の名村造船へと動員されたが、そこから逃走し、愛知県の軍直轄飯場を経て、埼玉県東松山・吉見百穴の地下工場建設の飯場に入った（朴聖澤「私の徴用体験と戦後静岡の朝鮮人運動」『静岡県近代史研究』一二）。この吉見の現場は中島飛行機大宮工場の地下工場建設地である。

このように地下工場建設現場へとさまざまな形で朝鮮人が集められていた。ひとつの地下工場建設で数千人の朝鮮人が動員された。地下工場建設における動員実態・労働状況・事故などについては、今後の解明がもとめられる。

＊中島飛行機の概略については、高橋泰隆『中島飛行機の研究』、斎藤勉『地下秘密工場』による。中島飛行機の地下工場建設については、朴慶植『朝鮮人強制連行の記録』、兵庫朝鮮関係研究会『地下工場と朝鮮人強制連行』、山田昭次「日立鉱山朝鮮人強制連行の記録」（『在日朝鮮人史研究』七）、埼玉県立滑川高校郷土部『比企』六などに記述がある。

3　中島飛行機原谷地下工場

(1) 中島飛行機浜松製作所

つぎに中島飛行機浜松製作所と掛川での地下工場建設についてみていきたい。はじめに中島飛行機浜松製作所についてみよう。

一九四二年五月、政府は中島飛行機にエンジン生産の増強を指示した。それにともない中島飛行機は浜松工場の建設に着工した。浜松工場の主力は浜松市の宮竹工場である。宮竹工場用地は強制買収され、工場建設が始まった。建設労働力として朝鮮人が動員された。さらに中島飛行機は鷲津・新居の織物工場を接収し、工場として利用した。

浜松工場では一九四四年一一月に第一号試作エンジンが完成した。同月、中島飛行機武蔵工場が空襲にあう。そのため、軍需省は武蔵工場の機能を大宮工場と浜松工場へと移管することを計画した。武蔵工場への空襲により、浜松工場が本格的なエンジン組立工場となった。浜松での軍用機用エンジンの製作・部品組立・最終組立・修理が期待されたのである。ところが、一九四四年一二月の東南海地震で浜松の宮竹工場建屋は倒壊し、大きな被害をうけた。その後、再建されて、エンジン組立がすすむが、敗戦までに生産されたエンジン数は三五〇台ほどという。一九四五年四月、軍需工廠官制によって、中島飛行機は第一軍需工廠となり、国家の直営となった。浜松工場は第一三製造廠、三島工場は第二四製造廠とされた。

韓国の強制動員被害真相糾明委員会には、全羅南道順天在住の金さんからの被害申告書がある。それによれば、金さんは一九三〇年一〇月に大阪で生まれたが、徴用され、中島飛行機浜松工場の部品製造の現場に動員された。委員会が収集した浜松の社会保険出張所のカードには、社会保険の資格取得が一九四四年五月一六日付であり、解雇は一九四五年の八月一六日とされているという。浜松工場にも朝鮮人が徴用されていたのである。

(2) 中島飛行機原谷地下工場の建設

一九四五年春、小笠郡原谷村（現掛川市）に中島飛行機浜松製作所の地下工場の建設がはじまった。この地下工場はマルハ工場とよばれた。工場跡は、原野谷川の東側、天竜浜名湖線・原谷駅近くの本郷地区、遊家地区に残っている。遊家地区には多くのトンネルがあったが、ゴルフ場の建設によって破壊された。遊家地区北西側は宅地造成によって大きく変わった。

静岡県の朝鮮人強制連行を記録する会は一九九二年、掛川市に対して調査と保存を申し入れた。それに対し掛川市は一九九三年に調査費用を計上して調査・記録をはじめ、その報告書は一九九七年に『掛川市における戦時下の地下軍需工場の建設と朝鮮人の労働に関する調査報告書』の形で公刊された。この掛川市の調査で、地下工場の分布や規模が明らかになり、住民の証言や関連資料が収集された。以下、現地調査とこの報告書の記述から中島飛行機原谷地下工場についてみていきたい。

原谷の地下工場で製作される予定の部品はエンジン用のシリンダー・クランクケース・大型歯車・ベアリングプレート・プロペラ軸・マスターロッドなどであった（『米国戦略爆撃調査団報告』一八）。敗戦までに地上の分散工場はほぼ完成したが、地下工場は未完成だった。浜松工場の疎開工場数は三六か所、疎開機械台数は一六〇七台、移動工員数は五八四八人であったという。この数字から疎開の規模を知ることができる（『地下秘密工場』一八一頁）。

工事を請け負ったのは清水組・勝呂組であり、清水組の下請けに古屋組、勝呂組の下請けに長井組があった。

勝呂組が家代地区の第一工区（長井組）、第二工区、第三工区、清水組が遊家地区の第四工区、第五工区、本郷地区の第六工区（古屋組）を請け負った（掛川市報告書二八頁）。掘られた地下壕の数は一〇〇ほどだった。清水

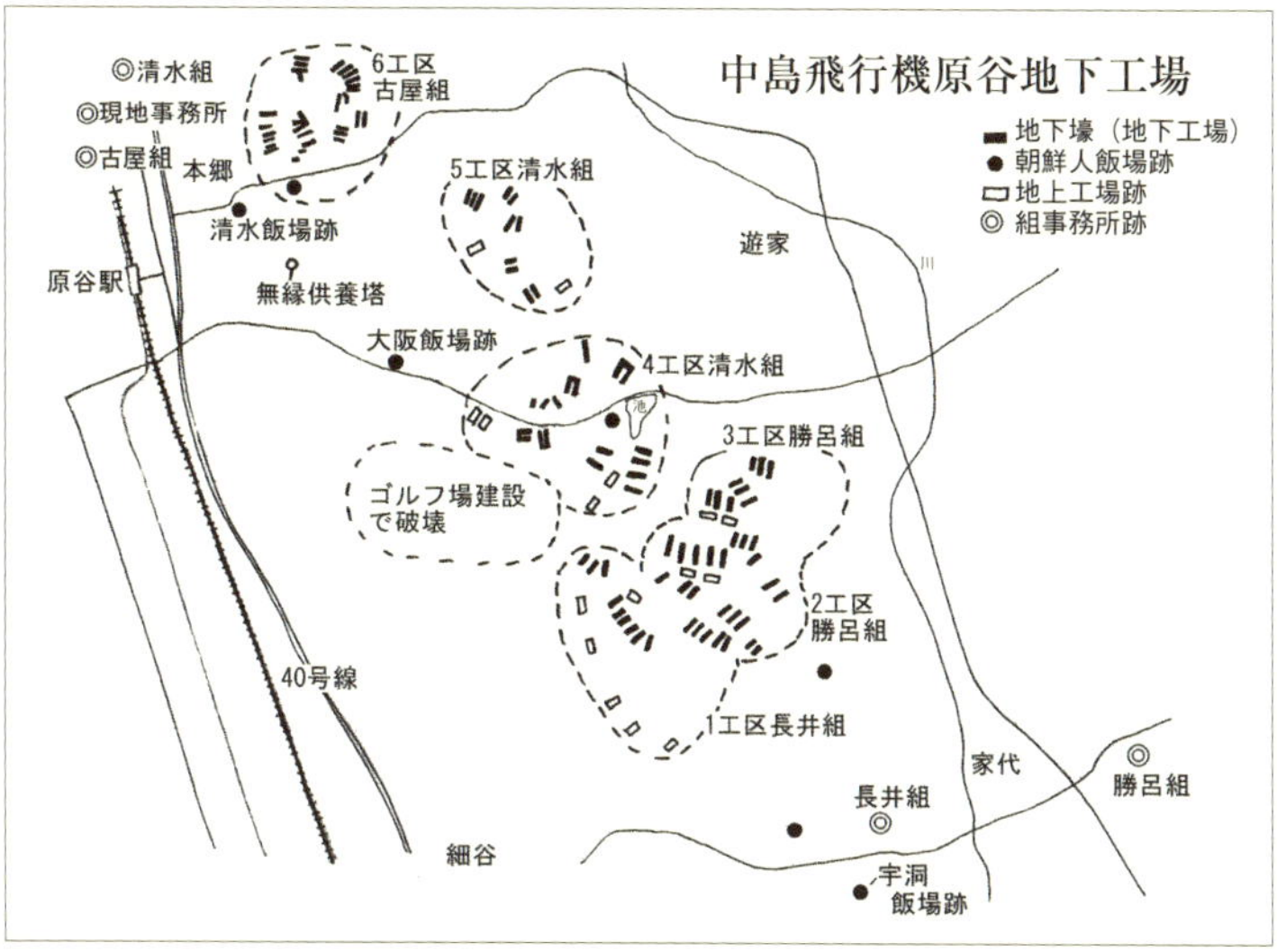

建設名古屋支店の社史『百年の歩み』をみると、一九四五年に中島飛行機浜松製作所の工事をおこなったことが記されている。

ここに地下工場が建設された理由は、浜松での空襲が激しく上陸も予想されたこと、山地で工場が隠蔽しやすいこと、鉄道が近いこと、横穴を掘りやすい土質であることが考えられる。

この地下工場の建設でも朝鮮人が動員された。各地に飯場がつくられ、二〇〇〇から三〇〇〇人といわれる朝鮮人が現場近くに集住した。朝鮮人は壕の掘削、道路拡張などをおこなった。工事内容は極秘事項とされた。工事現場は憲兵に監視されていたという。岩質がもろいところでは、落盤事故も多かったようだ。

家族をともなって移動した朝鮮人もいた。子どもたちは近くの学校へ通った。原谷国民学校の場合、入学式で五六人だった一年生が、一学期末には一一三人となった。桜木北国民学校では三〇人だった一クラスが六〇人になった。元学籍係によれば、子どもたちの親は慶尚南道出身者が多かった（静岡県退職婦人教師の会小笠支部『緋のもんぺ』七頁～、一一一頁）。

掛川中学や掛川高女の生徒たちも雑務や偽装作業に動員された。袋井工業の土木課の生徒はトンネル掘削の測量をさせられた。掛川中学、掛川高女、小笠農学校の校舎は中島飛行機の疎開工場になった。中島飛行機新居工場に動員させられていた浜松第一中学の生徒は七月ころ掛川へと転勤させられた。住民の輸送協力隊が編成され、駅から材料を運んだ。

古屋組の工事事務所は原谷駅近くの柴田ストアのところにおかれていた。地下工場建設工事の担当者がそこで工事指揮をした。柴山ストアは当時八百屋を営んでいたが、戦時統制のもとで、豆・いも・とうもろこしの粉・セリなどが配送されてきた。その野菜を朝鮮人が受けとりにきたという（一九九〇年、柴田ストアでの聞き取り）。古城飯場には金岡、金本、松本、山田、清水組関係の飯場に西山、古城池の近くに石山、幡鎌には広原、柳という飯場頭がいた（高橋一さんの話、掛川市報告書七二頁）。

本郷地区のトンネル群の入り口の民家の田は工事現場にはさまれていた。トンネル工事の土が田に捨てられたため、現在では茶畑になっている。家の前から西にむかって、朝鮮人の飯場がたくさん建てられた。「ここの工事での死者は二人ほどいたのでは」という（本郷・児玉さん宅にて、一九九〇年）。

作業中の死亡者は「上田」「福山」「田口」というが、正確な氏名は明らかにされていない（掛川市報告書五九頁の証言）。

遊家地区西側の人口付近の民家の裏山には、高さ一五〇センチメートル奥行三メートルほどの小さな防空壕が残されていた。壕は朝鮮人が掘削したものであり、空襲時には隠れたという。壕の中は鍵型であり、壕内には「昭和廿年六月廿五日」「岩本・林」という字が刻まれていた。朝鮮人が元号と創氏を使い、自己の存在を記したものとみられた。刻まれた字はその時代に生きた人々の存在を示すものだった。「戦後はここにドブロクをつくり隠していた。鍵型になっているのは爆風をさけるため」という（遊家・山崎さん宅にて、一九九〇年）。この壕は一九九五年ころに破壊され、姿を消した。

朝鮮人の多くは掘立小屋のバラックで寝起きして、トンネル工事や伐採に従事した。一九四五年八月一五日の日本の敗北は朝鮮民衆にとっては解放であり、原野谷川から桜木にかけての朝鮮人の飯場に「万歳・万歳《マンセー》」の声があがった（『金嬉老とオモニ』二三四頁）。

桜木の農民はつぎのように語る。軍がきて、この辺の農家の納屋に何人、何人と強制的に居住させた。飯場もでき、道路は拡張され、軍が食料を配布した。朝鮮から強制的に連れてこられた人が多かった。家の裏の坂道を歩いて現場に通った。発破とツルハシで壕を掘り進み、トロッコで土を出し、周辺の田畑に捨てた。事故で死んだ人もいた。国策のため反対はできなかったが、こんな工場を作って戦争に勝てるのかと思った（桜木・石川さん談）。

一九四五年七月半ば、一部の工場は稼働したが、地下工場全体として生産することはできず、機材を運び込む前に、朝鮮人は解放をむかえた。

戦後直後、この地域に残った人々は牛を屠殺したり、密造酒をつくった。トンネルの入口は松丸太で固定されていたが、戦後、人々が自由にはずして利用したため、今では支柱は残っていない。本郷のトンネル入口付近に丸太が一本倒れたままになっていた。二〇〇〇年ころまで桜木地区の宇洞に飯場が残っていた。

戦後、小笠農学校は原谷の中島飛行機工場の資材を校舎へと転用した。小笠郡下の学校は戦時下、中島飛行機工場として使用されていたところが多く、小笠農学校もそのひとつだった。原谷や桜木の中学の校舎も地上工場の資材を利用した。

一九七九年、本郷の共同墓地に「無縁供養塔」が日韓協会掛川支部によって建てられた。碑文には「この異国の地に眠る御霊よ　日韓友好の絆となりて鎮まり給え」とある。この碑は、地下工場建設工事以降の無縁の死者を追悼するものである。

朝鮮人の移動状況を確認する手がかりを与えてくれるのが、原谷・桜木の学校に残されている学籍簿である。移動の状況・人員などを明確にすることは今後の課題である。その作業は地域の歴史と植民地支配の責任を明らかにし、アジアの和解と共同につながるものである。

▲…中島飛行機・原谷地下工場跡・本郷

▲…桜木（宇洞）の飯場跡

▲…本郷の共同墓地にある追悼碑

(3) 動員された朝鮮人の証言

つぎに原谷へと動員された人々の聞き取りや記録をまとめてみよう。それによって、動員経過・労働状況・生活状態を考えていきたい。

権美嬌さんはいう。

わたしたち（金鐘錫・朴得淑・申宗九ほか）が清水から掛川に来たのは、清水が空襲にあった直後だった。朝鮮人一〇世帯ほどが軍のトラックで運ばれて掛川の原谷へと来た。清水の軍需工場への空襲によって手や首を失った人などの悲惨な状況をあとにしての出発だった。軍命令・徴用による工場建設であり、軍・工場の発行する証明書を持っていないと移動ができなかった。夫の申宗九は清水で「募集」で連行されてきた同胞の世話人をしていた。清水へと連行された人々は中国からの木材や食料を倉庫に運搬する仕事をした。寮もつくられていた。

飯場は桜木・幡鎌・本郷などに作られた。清水から最初に到着したのは幡鎌公会堂だった。動員された人々は〇〇班という形で編成された。夫は古屋組の下で働いた。わたしは西山の農家の別室を借り、子どもを育てながら生活をした。原谷へは、清水・名古屋・大阪などから動員されてきた。工事現場へと労働者はトラックで移送されて仕事をした。飯場へと配給がきたが、それでは足りず、長襦袢や帯を周辺の農家へ持っていき、玉子・砂糖などと交換した。解放後、原谷の同胞たちは、名古屋・大阪・韓国へと帰った。夫は現場の親方だった。戦後、工場側と交渉して給与をとり、労働者に配分したが、自分の取り分はなかったようだ。泥棒に入られたこともあった。トンネル内の松丸太・矢板は燃料用などに使われた（原谷にて、一九九〇年談）。

鄭嘉五さん（一九一九年生、釜山出身）はいう。

長兄は静岡で自動車関連の工場を設けていた。父が亡くなり、母は兄を頼って静岡に行ったため、一九三二年、一四歳のときに長兄と母を追って静岡に来た。しかし兄は病に倒れて亡くなったため奉公に出た。結婚して東京に少し居たが、清水に来た。夫は古物や人夫出しをして生計を立てた。一九四五年になると強制疎開で清水の家は取り壊され、また、激しい空襲をうけた。同胞が人夫頭の仕事を斡旋し、掛川に来ることになった。四人の子どもを連れて幡鎌の公会堂に越した。八・一五解放の喜びもつかの間、失業のなか、食糧確保に奔走した。どんなことが起きても生き抜かなければならないと思い、生きてきた（静岡市、『朝鮮人強制連行調査の記録中部東海編』二八二頁）。

朴在琓さん（一九二五年生、全羅南道麗水出身）はいう。

日本にきたのは一九三二年、八歳のときだった。父が先に渡日し、のちに家族を呼んだ。村へやってきた募集人は「日本へいけばたくさん金が入る」「毎晩風呂に入れる」「白い飯が食える」とうまいことを言った。来日してみれば甘言に反して重労働と低賃金だった。兵庫県御影の住吉の鉄工所で働くようになった。私以外は日本人だった。その鉄工所は川西航空機の建築現場にかかわっていた。

徴用があったが、一度めはなんとか逃れた。二度めは「結婚するから」と逃れた。その時係官が「この次はまちがいなく南方へ連れていくことになるからそのつもりでいろ」と言った。すでに結婚は親の意志ですすんでいた。協和会役員とともに兵庫の御影警察署に行った。そこで渡航証明をとって帰国しようとしたが、戦時下、警察は帰らせようとしなかった。結局、朝鮮から一八歳の嫁がやってくることになった。

徴用から逃れるために、中島飛行機浜松工場の建設現場にむかった。一九四四年ころのことだった。そこで工場建設に従事した。トロッコで土を運び、掘るという基礎工事に従事していたのは同胞ばかりだった。中島飛行機はバラックを建てて居住させていた。飯場は六棟ほどあり、一棟に五～六世帯が入っていた。しかし、建設した工場は東南海地震で倒壊し、空襲も増えた。浜松工場の建設工事で働いていた同胞の多くは地下工場建設のために宇都宮方面へと移動した。

私たち一一人の家族は掛川の地下工場の建設現場にむかった。引越の荷物の運搬をしたのは陸軍の軍用車両であり、大阪飯場に入った。現地で工事を請負っていたのは遊家地区が清水組、本郷地区は古屋組だった。食糧には不自由した。浜松では虫が入っているが、米飯を食べることができた。しかし、原谷では配給だけの生活となり、食糧不足であり、家族も多いために生活は大変だった。

浜松にいたとき、徴兵検査をうけていたため、一九四五年、赤紙（徴兵令状）がきた。赤紙には名古屋の連隊への入隊月日が記入されていなかったため、役場に問いあわせると「スパイが多いから日付は入れない、仕度して待っていろ」という。酒の用意をと、ドブロクを作り待ったが、結局、出頭通知がこないうちに八・一五をむかえた。

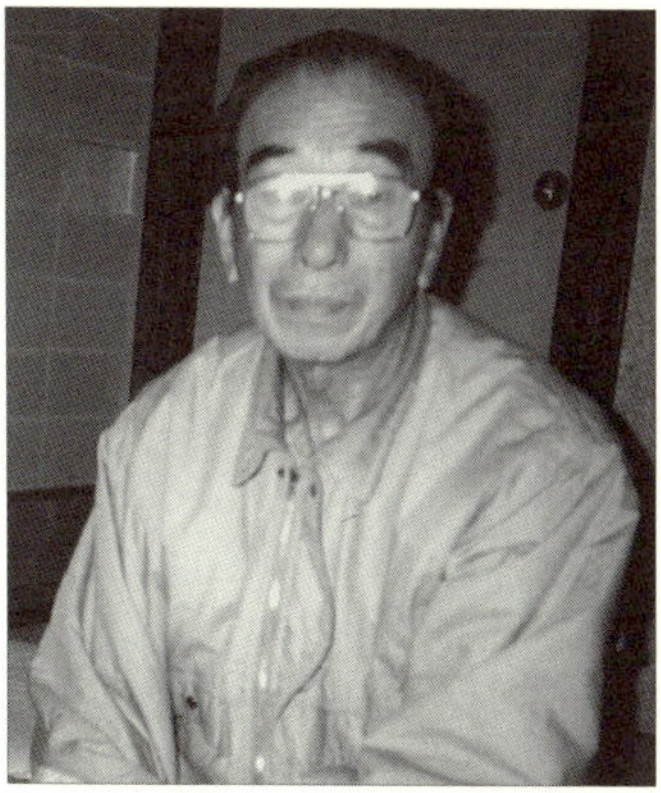
▲…朴在琓さん（大阪飯場・清水組）

原谷では夜明けとともに朝早く起こされ、突貫工事がすすめられた。労働者は全て朝鮮人だった。飯場を作ったり、幡鎌の公会堂に入ったり、牛小屋を片つけて入ったり、自分でバラックを作ったりして暮らしていた。炭鉱から逃亡してきた人もいた。遊家の池の周辺に五～六個のトンネルができた。内部を縦横に連結する予定だったが、途中で終わった。遊家地区の岩盤は固くダイナマイトを使った。穴を四か所あけて発破をかけ、六尺四方に掘りすすんでいった。岩盤がもろい所には支柱を入れた。付近に木造の工場が建てられ、旋盤・機械が搬入されていたが、これらは使われないままだった。戦後、労働者と家族は各地に散った。私

▲…李龍石さん（古屋組）

▲…金桂房さん（古屋組）

たちも帰国する仕度をしていたが、帰国船が出港せず、帰国することができなくなり、原谷に住むことになった。朝鮮人の歴史をきちんと書き残すことが必要だと考える（原谷にて、一九九一年談）。

金桂房さん（一九一五年生、全羅南道高興郡出身）はいう。

一九四一年ころ、賃金がいいからと、日本に渡った。富山のトンネル工事で発破をかける仕事をし、そのときに右足に大けがをした。危険な仕事、汚い仕事、力仕事はほとんど朝鮮人だった。名古屋のガス工事などで働いたが、名古屋空襲で焼け出された。一九四五年の三月ころ、友人をたより、ひとりで原谷へきた。当時は単身、ここなら空襲がないから安心できると思った。飯場は古屋組に入った。飯場頭のもとで暮らしたが、親方は食糧を闇で売ってしまうのか、悪いものばかり食べさせられた。食べたのはさつまいも・じゃがいも・麦・豆カス・ご飯とさつまいもの種の混合物などだった。米は少なく、生活に困った。仕事は一メートルいくらという請負制だった。三～五人でグループを組んで仕事を請け負った。原谷各地に飯場があった。「防空壕を掘れ」と命令され、国民服にゲートルという姿で仕事をした。感電死した人がいた。無学だったけれど、戦後、命がけの仕事をし、やっと土地を買い、生活をしてきた（原谷にて、一九九〇年談と一九九五年の柳根雄さんの調査報告から）。

李龍石さん（一九一五年生・慶尚南道山清郡出身）はいう。

二四歳のとき渡日した。写真家になりたかったが、朝鮮人と蔑まれて夢は壊れ、土木の日当稼ぎで暮らした。愛知県の保見での陶土掘り、愛知時計の拡張工事をした。親方になって諏訪鉄山の鉄道線工事、静岡の三菱工場建設をした。原谷へ移って古屋組の下で働き、掛川城公園の北側、学校の横で防空壕を掘る仕事をさせられた。解放後、朝鮮人連盟ができ、初代の委員長は申宗九がなり、つぎの委員長になった。朝起きると同胞が来て警察や裁判所との交渉を頼んだ。学校を利用して朝鮮語を教えた。これからは、朝鮮人として差別されず、人として生きてほしい（静岡市にて、一九九六年談）。

朴さんはいう。私は横浜の軍需工場で働いていたが、空襲が激しくなって工場が千葉へ疎開することになり、逃げるように掛川へ来た。妻の実家のおやじさんが古屋組の下で飯場をしていたから、そこを頼って来た。私は時たま現場に行った。一つの飯場に三〇～四〇人ほど寝泊まりしていた（『地下工場と朝鮮人強制連行』一四一頁以下）。

▲…掛川城の地下壕

趙英済さんはいう。父（趙順祚）は慶尚南道出身、渡日後、大阪や名古屋で働き、浜松の中島飛行機工場の建設現場で働いた。浜松市中野町に同胞の集落があった。東南海地震により、完成した工場は倒壊した。父は飯場頭として単身の労働者を三〇人ほど使っていた。当時私は五歳だった。戦後、鈴木ストアのところに朝鮮人連盟の配給所を同胞たちがつくった。原谷小学校に民族学級が一～二学級つくられた。当時、二五〇～三〇〇世帯が居住していたと思う。民族学級への弾圧があって子どもたちは日本人学級へ移った（掛川市、一九九〇年談）。

趙順祚さん（一九一一年生）によれば、原谷で使う木材を輸送するために山梨県甲府に行き、駅へと運んだ。それから人を一二〜三人使って突貫工事で壕を掘った。栄養失調で体がぼろぼろになって、医者に行って注射を打ってもらった（掛川市報告書五六頁）。

朴希圭さん（一九一一年生、慶尚南道統営郡出身）の証言をみてみよう。一九三四年、池田組に「募集」され、山口県の徳山曹達で荷役仕事をした。一九四三年に徴用されて高知県中村市の海軍飛行場工事現場へと連行された。発破のときに飛散した石で右足に大けがをした。このけがが原因でのちに膝から下を切断した。中村から小笠郡の中島飛行機の地下壕の建設現場に送られた。連日が厳しい重労働だった（『原爆と朝鮮人』五　二〇五頁〜、『地図にないアリラン峠』九七頁〜）。

鄭明秀さん（一九一六年生、全羅北道長水郡出身）の連行経過をみてみよう。

鄭さんは二度連行された。最初は一九四一年の一二月、結婚二日目のことだった。村の青年一二〇人あまりが連行された。北海道の三井砂川炭鉱に送られ、タコ部屋に入れられた。半年後、坑内での落盤事故により後頭部陥没や腕や足の骨折などの重傷を負った。頭蓋骨の傷はピンポン玉ほどの穴になって今も残っている。日本への憎悪と望郷の念で命をつないできた。帰国したが、一九四三年に再び徴用された。不自由な体であるのに宮崎県の飛行場建設現場へ連行された。周囲は鉄条網で囲まれていた。その後、春日井の飛行場、豊川海軍工廠、半田の軍需工場、新所原の軍工事の現場を経て、一九四五年に原谷へと連行された。掛川の土は砂のようだった。日本の敗戦を知り、「天皇が手をあげた。これで助かった」と監督らが持ってきた樽酒を飲んで踊った。戦後は豊橋から名古屋に行き、庄内川の堤防工事を請け負った（名古屋にて、一九九六年談、『朝鮮新報』一九九一年二月二一日付記事）。

『基地設営戦の全貌』には、横須賀海軍施設部の第五〇一九設営隊が一九四五年七月一日に編成され、掛川の航空機工場の防護施設建設に派遣されたという記事がある。当時海軍設営隊には朝鮮人が軍属の形で徴用されていることが多い。この五〇一九設営隊にも朝鮮人があてられていた可能性は高い。

朝鮮人は地下工場建設にともなう動員により、中島飛行機浜松工場の建設現場から移動させられたり、海軍の建設現場から転送されたり、軍需関連の建設現場から来たり、連行先から逃亡し、同胞飯場に隠れて転々とするなかで集められたり、飯場頭として何人かを率いて仕事を請け負うなかで移動したりと、さまざまな形で集められている。朝鮮半島から運行された人もこのなかにいた。

地下工場が完成する前に動員された人々は八・一五解放をむかえた。地下工場のトンネル内で暗闇の労働を強いられるなか、こんなことをさせるようでは日本が負ける日は早い、われわれが解放される日は近いと考えた人もいただろう。そのとき、解放への希望が胸の中で光を放っただろう。

戦後、原谷には朝鮮人連盟が結成され、原谷の小学校の校舎で民族教育がおこなわれた。解放の喜びとともに生活のために職をもとめての苦闘がはじまった。

▲…フィールドワークで解説する柳根雄さん

一九四五年一二月には勝呂組の労務課職員が朝鮮人を博多まで引率し、帰国用の船に乗せている（小里竹二証言・掛川市報告書八六頁）。

柳根雄さんはつぎのように記す。

「一九四五年五月ころ清水から原谷にきた。六歳のときだった。父は人夫頭の仕事をし、飯場で若い労務者と同居し、朝早くからツルハシとスコップを担いで、一・五キロほど離れた穴掘りの現場に向かった。夕飯がすめば、裸電球のついた薄暗い部屋で疲れた体を横たえていた。五〇年経った今も、手掘りの跡が残っている。戦争が終わると、われ先に祖国への帰還を希望する者、または他の土地に移転していく者……というなかで、原谷には教十世帯が残った。帰国の準備をして待機していたが、はかどらなかった。戦後の混乱期のことであり、同胞にまともな仕事があるはずもなく、そうこうしているうちに朝鮮情勢が緊迫し、祖国への帰国もままならず断念してしまった。私は日本生まれの在日二世、落地生根という。生れ落ちた地にしっかり根を生やして生きていきたい。自己に正直で忠実に生きることと朝鮮人らしく生きることとは在日にとって同意語であるし、そのことがより人間らしく生きることになると思う」（静岡市在住、一九九八年談・手記）。

愛知県の中島飛行機半田製作所への一二〇〇人を超える連行については明らかになっている。地下工場についてみれば、中島飛行機は秋田・福島・群馬・埼玉・東京・石川・愛知・静岡などに一六か所の地下工場を建設している。これらの中島飛行機関連の地下工場建設現場に動員された朝鮮人は仮に一か所を七〇〇人としても一万人をこえる数になる。

原谷には地下工場のトンネルが四〇本ほど残っている。この原谷地下工場についてもさらに調査が必要だ。学籍簿の調査をはじめ関連史料の公開や保存にむけてのとりくみが求められる。建設を請け負った清水建設にも史料が残されているであろう。

掛川の中島飛行機原谷地下工場について鄭明秀さんの話を聞いたのは一九九六年一月のことだった。

鄭さんは七九歳の高齢となり、自宅で横になったままの状態を強いられていた。「結婚してすぐに連行され、身体を壊した。一九九三年にはジュネーブで強制連行の体験を証言し、世界の代表が話を聞いた。女性たちは涙を流し、私の体をいたわったが、日本政府は頭を下げて謝罪しないし、一銭もよこさない。人間だったら恥ずかしいはずだ。国際社会で信用を失えば、若い世代が不幸になる。日本国民のことを考えるべきだ。早く解決すべきだ」「落盤事故のために頭には指が入るほどの穴が残り、右足は動かず、左足もだめになり、今はもう両足が動かない。外にも出れない、死ねもしない、本当に悲しい。こんな体にさせておいて、こんなことがあっていいのか。それが人間のすることか……」と鄭さんは、やり場のない怒りと悲しみのなかで語った。鄭さんはこの年に亡くなった。

鄭さんが住んでいた所は名古屋の庄内川の堤防に沿った朝鮮人集落だった。その場所は市販の地図には掲載されてはいなかった。過去の清算なき日本の経済成長の歴史に対抗し、語られなかった歴史をその存在で示すかのように、黒くコールタールで塗られたトタン板の一〇数軒の家々が、細い道を挟んで並んでいた。そのなかの一室で鄭さんの話を聞きながら、歴史を記すことや調査の意味を考えさせられた。今を生きる人々が連行された人々の恨が解き放たれていく関係を未来に向けて創っていくしかない。

(4) 中島航空金属森町疎開工場

周智郡森町向天方には中島飛行機関連の疎開工場の建設がすすめられた。当時、マルモ工場と呼ばれていた。地下工場は天竜浜名湖線森駅から北東の天方城趾・城ケ平公園にむかう途中の山の中腹部に建設されようとした。『浜松戦災史史料綴』には「浜松市内に於ける疎開工場事業場」の一覧があり、そこには浜松市三島町にあった中島航空金属天竜製作所が向天方に疎開をすすめたとある。マルモ工場はこの中島航空金属の移転工場とみられる。

地域住民の望月鉄さん（一九二六年生）はいう。工場が一棟建設され、さらに建設していこうとしたが、敗戦となり途中で終わった。工場のなかには資材が置かれていた。建設のために朝鮮人の飯場が二か所つくられた。ひとつはマルモ工場近く、もうひとつは天森橋の近くに建てられた。それぞれの飯場に一〇世帯ほど居住し、家族がいた。天森橋近くの飯場は改築され、現在も残っている（一九九一年談）。ここでも建設に朝鮮人が動員され

▲…森・中島航空金属疎開工場飯場跡

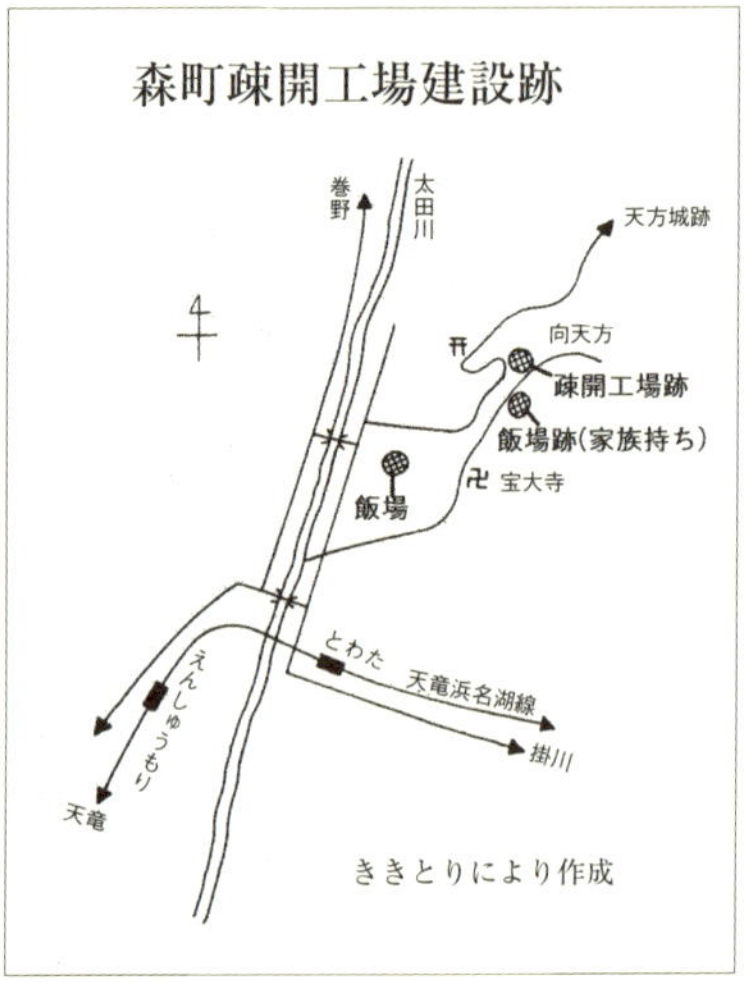

ていたことがわかる。

飯場跡を訪ねてみた。そこに住む朴基植さん（一九一八年生）はつぎのように語った。

私が慶尚北道から日本へきたのは一九三〇年代の中ごろだった。父の朴敬玉は朝鮮で金鉱の採掘をしていたが、労働者を三〇人ほど連れて広島へと移住した。父とともに私たちも移った。私が生まれたのは一九一八年。父は飯場頭として仕事を請け負い、栃木・群馬・埼玉・川崎というぐあいに各地を移勤した。埼玉では桶川の飛行場建設、川崎では、当時軍需工場だった日本鋼管で、同胞の労働者を六〇人ほど請け負って供出していた。私は父を手伝いトラックの運転をした。弟は川崎で死んだ。日本鋼管では連合軍俘虜が働かされていた。小柄な日本人憲兵が大柄な俘虜を連行してきた。われわれが俘虜に食糧をわけてやったこともあった。きんぴらごぼうをやったら「木の根を与えた」と怒ったこともある。空襲で川崎市から焼け出されたため一家で森町に来た。来たのは戦後すぐのこと、マルモ工場にはかかわっていない。

一九四一年末ころ、太平洋戦争が始まってすぐのことだった。私は郷里に結婚するために帰っていた。いとこの朴在萬とタバコ畑で葉を採って仕事をしていると朝鮮巡査と二人の日本人憲兵がやってきて在萬と私を連行していった。憲兵は銃剣をつきつけた。拒否して暴れることをおさえるためだろう。その後、在萬はどこへ連行されたのかもわからず、消息不明である。また在萬の妻も娘も「挺身隊」として連行された。どこへ連行されたのか、どこで死んだのかもわからず、遺骨も帰ってこない。今思い出しても腹がたつ。私も警察に連れていかれ、憲兵に「なぜおまえはここにいるのか」と牛の性器で殴られ、暴行をうけた。私は釈放されたが、在萬は連行されたままだ。いとこの朴六萬も連行されたまま、今もって行方不明だ。

戦後、朝鮮人連盟が結成されると活動に加わった。森町には三〇人くらいいたが、青年隊長になったりした。日本人自らが強制連行されたとし、自分のこととして対応していれば、胸のつかえはおりる。しかし、日本政府は本当のことをいっていない。「遺憾」とか「痛恨」の表現しかない。天皇が素直に謝れば、その度量は尊敬されるのに。私たちに対する優越感は変わらない。差別感情がすぐになくなるとは思わないが、願いをいえば、差別感情がなくなるということ、韓国人の社会的地位の上昇、正しく歴史を教えていくということだ。日本と韓国は引っ越すことができない。だからどうすれば仲良く暮らしていけるのかを考えていくしかない（森町、一九九一年談）。

4 中島飛行機三島地下工場

中島飛行機は沼津市大岡（黄瀬川工場、現・富士ロビン）と三島市谷田（現・遺伝学研究所）に工場を建設した。ここでは機関銃架・機関銃・弾丸などが製造された。三島工場の建設は一九四二年ころから始まり、一九四三年には生産を始めたようである。三島工場では、徴用労働者・挺身隊員・学徒が動員され、昼夜の労働で兵器が生産された。地下工場も谷田押切の方面から掘削された。工場用敷地工事、地下工場トンネル掘削には朝鮮人が従事した。三島地下工場については『三島にも戦争があった・中島飛行機三島工場　地下工場建設と朝鮮人の強制労働』に調査記事がある。

「昭和一九年度中島飛行機三島製作所第二期生同窓会住所録」は、この三島工場に「技能者養成工」として入った人々の名簿である。この名簿を編集した増田秀雄さんによれば、三島工場と地下工場の状況はつぎのようになる。

三島工場内には第一・二・三工場まであり、ここで製造されたのは航空機用の機関銃・機関銃架・弾丸だった。第一工場ではアルミニウム製の円盤に鉄の枠をはめて銃架を製造し、板金もおこなった。第二工場では弾丸・機銃を製造した。第三工場には仕上げ工として女性挺身隊も動員され、ターレット（旋盤）・ねじ切り・仕上げの工程があり、製品の仕上げがおこなわれた。また熱処理をおこなう冶金工場と射撃試験場もおかれていた。

地下工場の工事が始まったのは一九四三年末ころからと思う。工事に従事したのは朝鮮人であり、請負業者は池田組だった。岩質は軽石状土であり、トンネル内に松丸太を入れて補強した。七本のトンネルが昼夜の突貫工事で掘られ、それらを横に結ぶトンネルも三本ほどが掘られた。

冶金工場の横から滑車で地下工場の上に旋盤などの機械を運び、竪坑を掘ってトンネル内に配置した。運ばれたのはターレットなどの小型機械だった。それらはトンネル内の横の通路に配置された。

地下工場では機関銃の弾丸が製造された。私は第二工場で働いていたが、地下工場で働くことになった。工場内は湿気が強く、奥に行くにつれて水が多かった。長靴をはいての作業であり、漏電が多かった。フライスの上に機械を乗せて仕事をしたが、二〇〇ボルトの電流が漏電し、うかつに手を機械から離すと火花が出るほどだった。モーターも湿気た。地下工場は一九四五年春ころから操業をはじめた（三島にて、一九九一年談）。

別の元養成工はつぎのように語る。地下工場に移ったのは第二工場だった。私が働いていたのは第三工場であり、機関銃の組立と仕上げが仕事だった。中島飛行機工場周辺の防空壕は従業員が避難するためのものだった。朝鮮人は工場用敷地工事・地下トンネル工事に従事していた。

地上の工場建設工事に従事した山田重利さんはつぎのようにいう。工場は徴兵（一九四三～四五年）される前に完成した。格納庫として使うような地下施設もあり、内部で繋がっていた。自動車で出入りできるほどだった。現・錦川小学校の崖の下の並木町に朝鮮人の飯場があった。バラック建ての長屋風の棟に一〇〇人くらいが居住していた（一九九一年談）。

▲…中島飛行機三島工場・朝鮮人飯場跡

戦後、トンネルは自然に陥没した。入口が二か所ほど残っていたが、宅地造成がすすむなかで土地の陥没などが問題とされ、県の砂防工事で一九八〇～八一年にかけて封鎖された。三島市の調査によれば五本の縦穴（一〇三～一一六メートル）、三本の横穴（二〇・四～八六・一メートル）という。

国立遺伝学研究所から南東部、山の中腹に大小の防空壕が残っていた。米軍艦載機による攻撃があり、貨物列車を狙っての射撃ののち、工場が攻撃されたこともあったという。朝鮮人飯場跡での聞き取りでは、戦後、韓国へ帰ったとのことだった。

地下工場建設現場で働いた朝鮮人の話をまとめてみよう。

魯春鶴さんは黄海道鳳山郡出身、長男として生まれ、結婚して二人の子がいた。一九四一年一一月末、日本鋼管川崎工場へと七五〇人とともに連行された。「一年契約」とされ、川崎のコークス工場での労働を強いられた。班長にされ

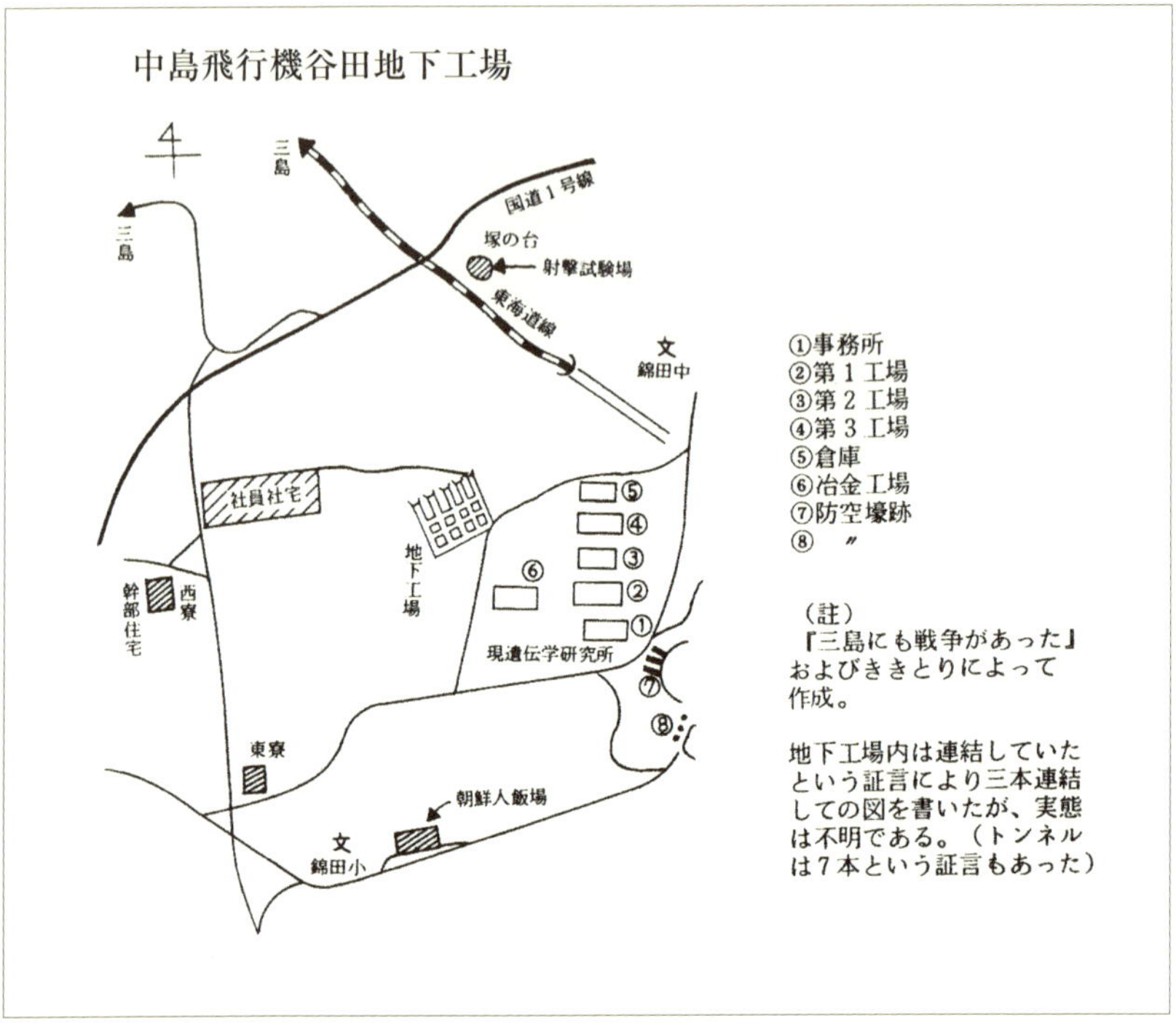

中島飛行機谷田地下工場

たので、日本人の上役に「タバコが一週間遅配だがどうしてですか」と話に行った。しかし、「このやろう、なまいきだ」と事務所で皮のスリッパで顔をメチャクチャに殴られた。思わず手近にあったイスを振りまわした。連絡をうけた憲兵によって憲兵隊へ連行され、四〇日間放り込まれた。空襲のときに逃走し、川崎から小田原をへて、根府川にいった。くたくたで空腹で倒れそうになっていたところ、一人の老婆に芋をもらって、むさぼるように食べた。熱海に着いたときに同胞に行き先を問われ、行くあてがないというと「私といこう」ということになり、三島に着いた。

中島飛行機工場建設の土木は池田組が請け負い、小野が世話役だった。並木町の飯場だけで一五〇〜一六〇人ほどいた。地下工場建設工事は一つの穴を一五〜六人くらいで担当し、ツルハシで掘り、トロッコで運んだ。手に豆ができ、血の汗が出た。七〇メートルほどの本線を掘り、それからムカデの足のように掘った。敗戦一週間くらい前に、三島から山梨へと出張させられ、五日にわたり壕掘りをさせられた。

故郷へと五四年ぶりに帰った。朝鮮戦争のため故郷がメチャクチャになり区画名称がすっかりかわっていた。そして妻・子ども二人・孫一二人が今もいることを告げられ、胸がつまり、泣けて、泣きつづけた（『朝鮮人強制連行調査の記録中部東海編』二七七頁〜、『三島にも戦争があった・中島飛行機三島工場　地下工場建設と朝鮮人の強制労働』二二頁〜）。

5　三菱重工業静岡工場工事

戦時下、静岡市の三菱重工業と住友金属工業の工場が建設された。建設には朝鮮人が動員され、高松地区に朝鮮人集落が形成された。

静岡市の三菱の発動機工場は地下工場として用宗・焼津間の国鉄トンネルを利用した。トンネル内には工作機械が四九六機おかれ、一九四五年六月から操業された。ここでは二五組ほどのシリンダー・発動機部品が製作されたという。三菱は大井川上流の藤川地域の発電用トンネルも利用しようとしたが、この計画は交渉中に敗戦となり、実施されなかった。

三菱は静岡市丸子の山あいに分散工場を計画し、赤目ケ谷に木造カマボコ型の工場がつくられた。三菱の分散工場については静中静高百年史編集委員会『静中静高百年史』下による（七二〜七三頁）。

静岡の三菱工場建設に朝鮮人の徴用があったと、朴洋采さん（一九二五年生）はいう。

朴さんは全羅南道の和順郡の出身、父はかつて義兵闘争に参加し、朝鮮北部へと追われた末、日本に渡った。福岡の炭鉱で働き、一時朝鮮に帰り、母と結婚した。その後、山口県の徳山方面のダム工事現場で働いたが、そこで朴さんは生まれた。朴さんの父は徳山での工事の後、奈良県のダム工事を経て、大井川鉄道工事の現場でトンネルや橋梁工事に従事し、一九二八年に静岡に来た。静岡では下水道工事をおこない、勝呂組の配下となり、柳町に長屋を借りた。

小学校に入ったのは一九三二年の頃、小学校を卒業する少し前まで、「松山茂」と名のっていた。父は五〜六人の飯場を経営し、平井組の孫請けになって大河内村の砂防工事の飯場に入った。朴さんは一九三八年頃、一時期、本名を名乗ったが、創氏改名により新井へと姓を変えられた。

特高警察の下に、協和会の組織が作られ、皇民化政策が強められた。当時若かったが、準協和会員として駆り出された。月に一回は集合させられ、皇国臣民の誓詞を唱和させられた。

戦争が始まると、高松に三菱の工場が建設された。竹中飯場などが作られ、そこにたくさんの朝鮮人が来た。なかには徴用されてきた人もいた。高松に朝鮮人の集落が形成された。徴用された人たちは、「いつかこの恨みを返したい」、「お前が行かないと親戚を引っ張るといわれてここに来た」、「泣き泣き、徴用された」などといっていた。城内の高等小に特別訓練所がおかれ、教練がおこなわれ、高松からも来ていた。朴さんも準会員として動員され、そこで話を聞く機会があった。戦後一旦、高松から朝鮮に帰っても、軍政下のため戻ってきた人もいた。田町の朝鮮人集落は戦前からのもので、高松と田町では朝鮮人集落の成立が異なる。

当時、朝鮮人は人間以下の生活状況に置かれ、蔑視されていた。母は朝早くから紙くずを集め、仕分けして紙の原料用に出すことで生活費を得ようとしていた。歩兵第三四連隊から残飯を買ったりもした。朝鮮人がなぜこんな生活をしなければならないのかと、父母を恨んだこともある。一九三八年に、予科練を受験しようと思ったが、「おまえは植民地民族だから軍に入れない」といわれた。その後、葵文庫で大韓帝国関連の本を読み、かつては朝鮮に国があったことを知った。それをきっかけに、何かがおかしいと考えはじめ、親を恨むのではなく、社会と植民地支配について考えるようになった。

静岡大空襲の頃には神明町の望月鉄工所で働いていた。鉄工所は海軍工廠に旋盤を納入していた。大空襲では、B29が焼夷弾を投下した。八・一五のとき、鉄工所の仕事の徹夜明けだった。日本の敗戦を知り、これで灯火管制がなくなると思った。

父は韓国併合の「勅諭」と明治天皇の「ご真影」を踏みつけ、燃やした。「倭奴《ウェノム》らはオレを忠実な皇国臣民と思っていただろうが、オレは亡国の恨みを忘れてはいない」と語った。田町の一〇人ほどが、日帝から解放されたと集まり、「解放万歳《ヘバンマンセー》」と語りあっていた。父はすぐに帰国しようとしても、下関で止められると様子を見ていた。結局、日本に残ることになった。

かつては「暴戻支那を膺懲する」と宣伝して、日本は戦争を始めた。その戦争で暴虐を働いたのは、日本軍だった。いまの日本の動きは、かつてのこのような戦争準備の宣伝と似ている。すでに有事立法をつくり、さらに憲法改正を語る状況は不気味な感じがする。在日朝鮮人のみならず、日本人も戦争の苦しみを味わうことになる。ともに平和な時代をつくりたい（二〇〇五年、静岡市での聞き取り）。

6　軍地下施設工事

(1)　第二海軍技術廠島田実験所

島田に第二海軍技術廠島田実験所が開所したのは一九四三年六月のことだった。ここでは「Z研究」という電波兵器研究が理論物理学研究者を動員しておこなわれた。磁電管（マグネトロン）が発生する電磁波を利用した電波兵器を開発し、来襲した飛行機に照射して破壊したり、砲弾を起爆させようとしたのである。

この研究所は一九四五年になると、大井川対岸の金谷町牛尾山と本川根町崎平へと移転・疎開をはじめた。崎平にある日本発送電の水力発電所の電力を利用する計画のもとで、トンネルを選定し、七月に入ると工作機械が搬入された。

牛尾山北東部では春ころから半地下式施設の建設がすすめられた。工事により、事務棟・宿舎・研究室・電源室・発振室などがおかれたが、強力な電磁波を照射するパラボラ反射鏡の組み立て途中で敗戦になった。

金谷町牛尾山の西南側に曹洞宗の養福寺がある。ここでの聞き取りによれば、一九四五年、寺に五〇人ほどの徴用の労働者が宿泊して工事に従事した。労働者の多くは朝鮮人だった。軍の命令によって寺が宿舎とされた。本堂に長期間居住したため、寺にたくさんシラミが出た。寺で労働者たちは炊事をした。軍の責任者が近くの民家に宿泊して、工事を監視した。山の中腹に半地下施設が建設されたが、五月ごろ事故が起きて倒壊してしまった。そのため設計担当の技師が自殺した。その後も復旧建設作業が昼夜兼行で続いた。空襲になると寺の防空壕へ逃げたという（一九九一年談）。

「『阪復』 静岡県区内接収関係」（防衛省防衛研究所図書館蔵）には牛尾実験所の図面と地下施設の一覧がある。それによれば、トンネルは五つ掘られ、半地下施設が五つ建設された。地下室も二つあった。

この実験所の中心施設は牛尾山を削って設置された発電室と発振室である。土木工事は藤枝飛行場工事を担当した横須賀施設部の派遣隊がすすめ、清水組が請け負った。土木作業に多くの朝鮮人が動員された（新間雅巳「『島田実験所』の沿革」）。

牛尾実験所跡のあった牛尾山は大井川治水工事の開削対象地域となった。そのため、島田市教育委員会は

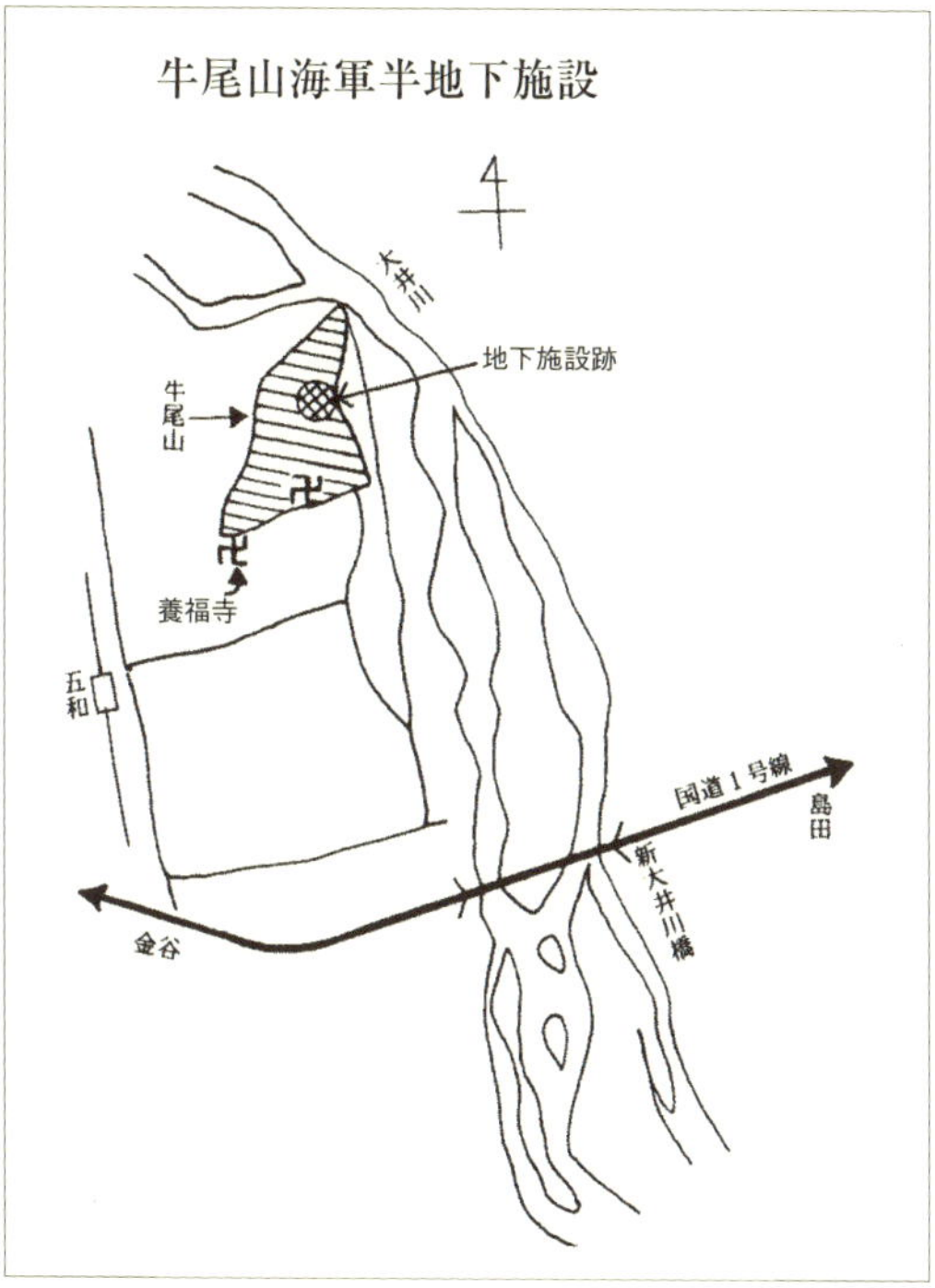

▲…朝鮮人収容・養福寺

▲…牛尾山海軍施設遺構・発電室跡

二〇一三年一二月から発掘調査をはじめた。二〇一四年には実験所の電源室と発振室のコンクリート基礎、その横にあるパラボラ反射鏡用の架台などが公開されたが、二〇一五年一月に牛尾山の遺跡は破壊された。

(2) 沼津海軍工廠地下工場

つぎに沼津海軍工廠の疎開についてみてみよう。

沼津海軍工廠の建設工事は一九四二年から始められ、一九四三年六月に操業した。ここでは電波探信機（レーダー）や航空用無線器などが製造された。このころ各地での海軍工廠建設に朝鮮人が動員されたことから、沼津海軍工廠の建設工事にも動員されていたとみられる。

一九四四年七月から沼津海軍工廠へと学徒動員された佐藤一正『学徒通年動員日記』によれば、一九四四年一二月二八日、学徒は伊豆長岡へと貨車からの木材積み降し作業に動員された。この作業は長岡に地下工場を建設する工事の手伝いだった。そこでかれは「朝鮮人の労働者も二〇人位いた」と記している。この記述から地下工場建設に朝鮮人が動員されていたことがわかる。「『阪復』静岡県区内接収関係」には沼津の地図があり、長岡駅の西側に沼廠天城出張所と記されている。これは長岡の地下工場を示すものだろう。また、函南の柏谷出張所についても記されているから、ここにも地下工場が建設されたとみられる。

伊豆長岡町（現伊豆の国市）の古奈での聞き取りによれば「西琳寺に海軍工廠の労働者が宿泊した」「堋之上の狩野川放水路の南側にあった石切場のトンネルが利用された」「古奈の山に防空壕がつくられた」とのことだった。日本飛行機も伊豆長岡にトンネルを建設したが、途中で倉庫に転用したという。

朴魯英さんは一九四五年一月にソウルから軍属として沼津に連行され、二か月ほどたつと伊豆長岡に送られた。そこで洞窟内での整地作業をさせられた。洞窟の近くに、麦畑を鉄条網で囲んだ幕舎があり、そこで暮らした。部隊が占拠していた場所には温泉が一つあった。朴さんによれば、動員された部隊名は第一二三施設隊である。朴さんはこの施設隊が関わっている洞窟は飛行機の付属品工場になると聞いた（朴魯英証言『朝鮮というわが

▲…伊豆長岡・海軍工廠関係地下工場跡

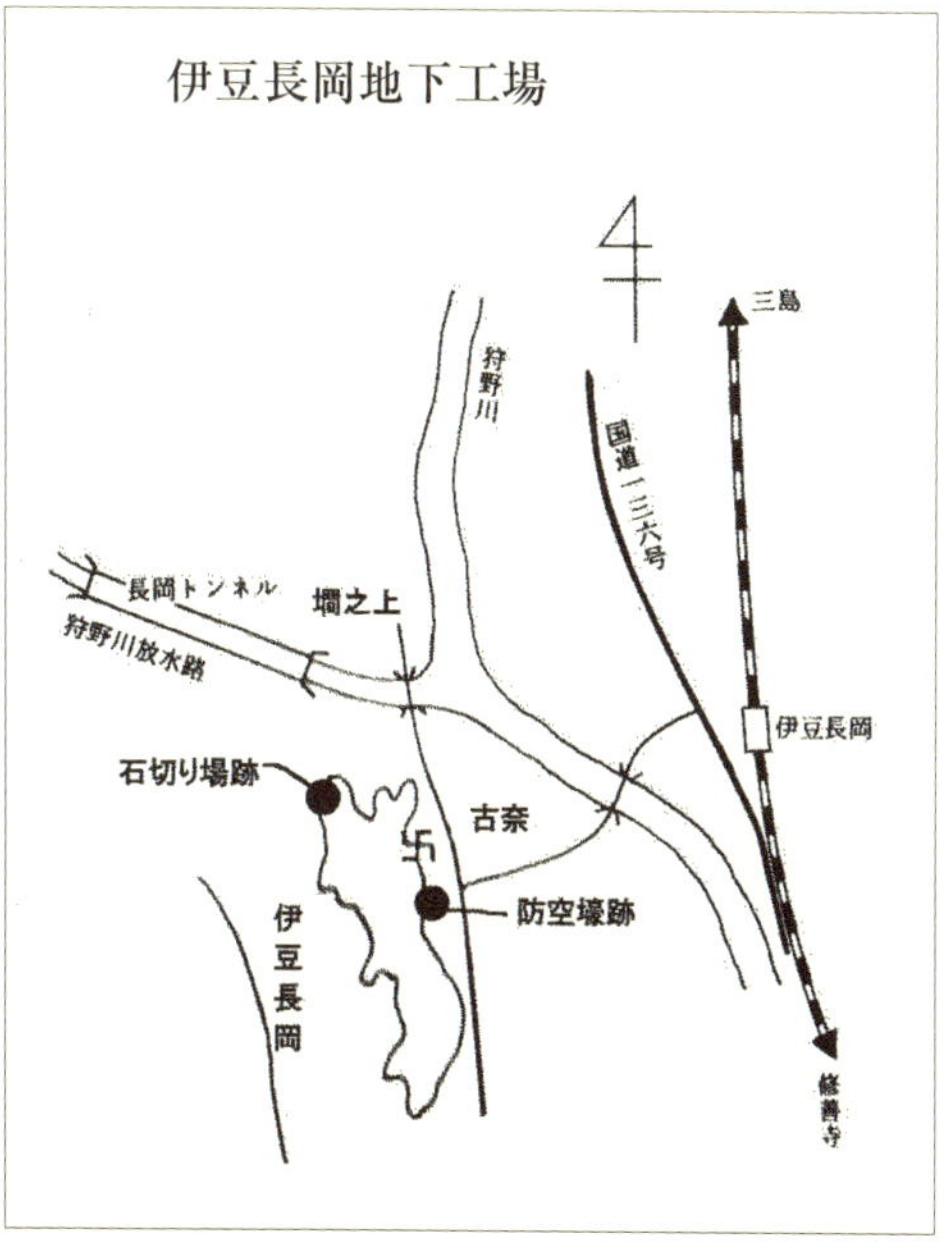

国があったんだ』所収)。

この証言からも伊豆長岡の地下工場建設に朝鮮人が動員されていたことがわかる。ここにでてくる第一二三施設隊は海軍の横須賀施設部で編成された第一二三部隊とみられる。

李容鎮さんは一九四四年三月に間組によって秋田県の夏瀬ダムの道路工事現場に連行された。その後、群馬県月夜野の現場を経て、一九四五年二月には神奈川県逗子の地下工場建設現場に送られた。一か月後、李さんは逗子の現場から逃走し、横浜や船橋などを経て、伊豆長岡の現場で働いた(神奈川県朝鮮人強制連行真相調査団の聞き取りによる。『百萬人の身世打鈴』にも李容鎮さんの証言がある)。李さんが動員された伊豆長岡の現場は海軍関係の地下施設建設の現場とみられる。

▲…海軍技術研究所多比地下工場跡

(3) 海軍技術研究所音響研究部・多比地下工場

沼津市江浦の多比には海軍技術研究所音響研究部の地下工場がつくられた。

海軍技術研究所音響研究部は一九四一年一二月、沼津市下香貫に設置された。ここでは空中聴音機、潜水艦探知機、音響魚雷、爆雷などの研究をしていた。

空襲が激しくなると海軍技研は多比や江間(伊豆長岡)の石切場跡を利用して地下工場にした。多比の地下工場への移転は四五年七月のことだった。この地下工場

海軍技術研究所（音響研究部）多比地下工場

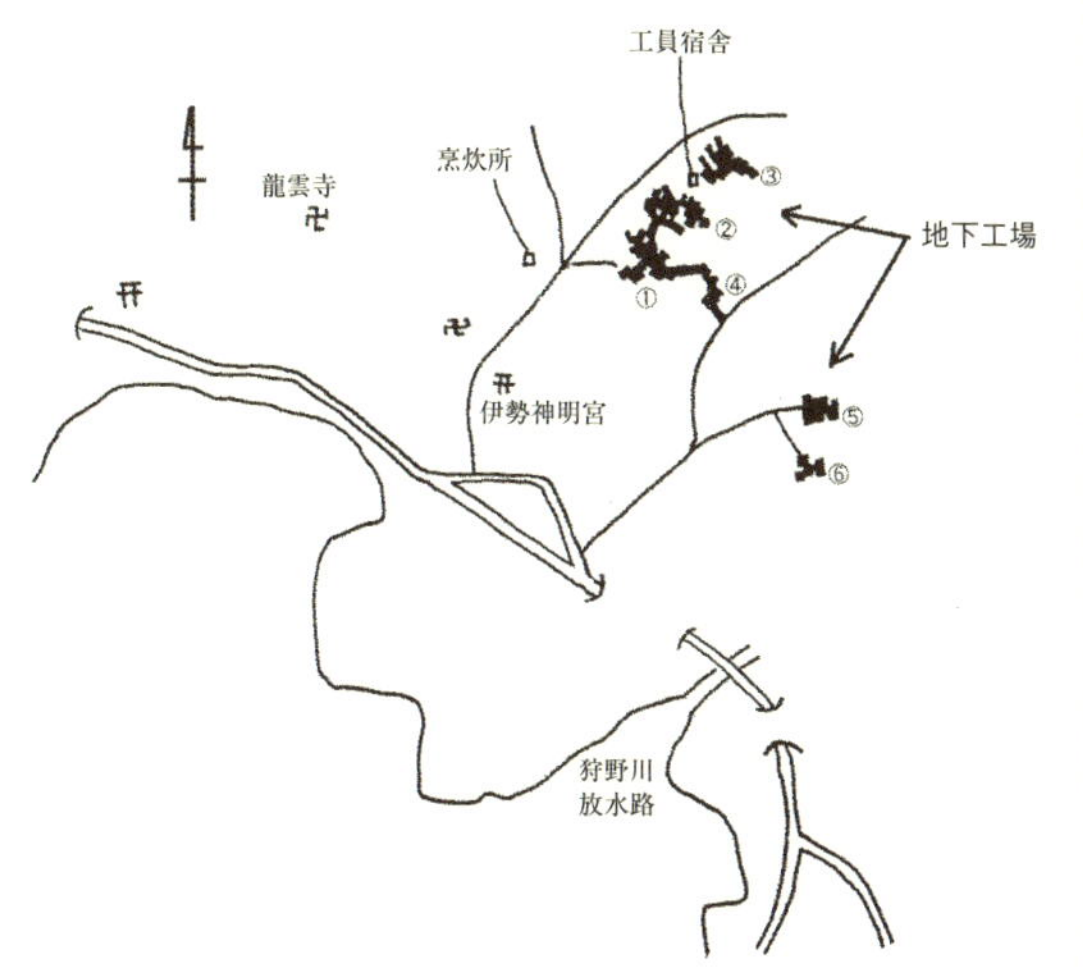

建設にも朝鮮人が動員された（沼津市明治史料館『昭和の戦争と沼津』）。「『阪復』静岡県区内接収関係」のなかには多比地下工場の地図があり、工場が六か所おかれたことがわかる。

多比公民館から神明宮と桂林寺にはさまれた小道を上っていくと右手に壕の入口がある。入口は低いが内部は広い。

(4) 浜名海兵団建設

浜名海兵団の工事は一九四四年二月に始まり、五月に開庁した。横須賀海軍施設部が工事を担当し、請負業者が建設した。建設のために源太山を崩して山土が採取された。この山土の採取と整地作業に約一〇〇人の朝鮮人が従事した。あるとき土砂崩れで二人の死者が出た（杉浦克己『艦砲射撃のもとで』一〇頁）。浜名海兵団建設でも朝鮮人が動員されていたことがわかる。

浜名海兵団は一九四五年四月には浜名警備隊となり、伊勢、伊良湖、御前崎、網代に分遣隊を派遣した。新居町内でも源太山、橋本、大倉戸、中之郷、三ツ谷、湖西の女河浦、三ケ日の大谷などに陣地を構築した（『新居町史』三六七頁）。女河浦の陣地は特攻基地だった。

「『阪復』静岡県区内接収関係」には、新居の海兵団と防備陣地の図面がある。そこには、海岸にはトーチカが一三個、山地には三一個の洞窟陣地と三個の弾薬庫が作られたとある。三ツ谷陣地では、機銃陣地と弾薬庫が作られ、陣地の深さは二〜三〇メートルあった。平治ヶ谷の山頂には見張り用の壕が掘られた。その山頂の壕は地下に垂直に入り、東西三〇メートルの壕に連絡していた。三ツ谷の山中の角江には中腹を北から南へと貫く、一〇〇メートルほどの大規模な壕が掘られた（『艦砲射撃のもとで』三三頁）。

これらの地下施設建設への朝鮮人動員については不明であるが、軍属や兵士の形で動員されていた可能性が高い。浜名海兵団で教育を受けた朝鮮人兵士もいた。

(5) 清水の砲台

駿河湾を見下ろす有度山（日本平）には、本土決戦部隊（護古部隊）が掘ったという八〇〇メートル余りの巨大な地下壕がある。トンネルは一九四五年三月ころから掘られた。台座には高射砲が備え付けられる予定だった。二〇人ほどを収容できる兵舎と武器庫も建設された。谷田からは弾丸が、草薙からは食料が、トンネルを通って山頂付近の前線基地と武器庫に運ばれるようになっていた。兵士たちは静岡市の平沢寺とその周辺に居住し、三交代で建設にあたった。松丸太をトラックで運び、作業現場までは人力で運んだ。トンネルが完成するころ、周辺に多数の軍用壕を掘った（「日本平の巨大軍用トンネル」『毎日新聞静岡版』一九九八年一一月一九日付記事）。

護古部隊とは東海軍隷下の第一四三師団のことであり、清水で陣地構築をおこなった部隊は歩兵第四一〇連隊だった。『阪復』静岡県区内接収関係」には清水砲台の配置図があり、壕をもった砲台が駿河湾防衛に向けて清水の有度山と袖師、さらに沼津の久料にも建設されたことがわかる。有度山砲台の配置図によれば、内部には居住区、弾薬庫が作られ、日本平と久能山方面に出入口がつくられていることがわかる。この工事に朝鮮人が動員されていた可能性は高い。

7　焼津・日本坂トンネル工事

(1) 連行前史　丹那トンネルと三信鉄道工事

一九一〇年代以降、鉄道工事の現場で多くの朝鮮人が労働している。静岡県内でも御殿場線・身延線・二俣線・東海道線・大井川鉄道などの鉄道工事において朝鮮人が働いていた。これらの労働は、戦時下の強制連行での動員と性格が異なるが、ともに植民地支配にともなう日本への労働力としての移動である。

ここでは強制連行前史として、一九二〇年代における朝鮮人の労働現場から、熱海線での丹那トンネル工事と三信鉄道工事についてみておきたい。

丹那トンネル工事

丹那トンネル工事は一九一八年から一九三四年にかけておこなわれた。朝鮮人労働者が増えたのは一九二〇年代に入ってからである。熱海線工事では丹那トンネル、観音松トンネル、谷田トンネルなどが掘削され、これらのトンネル工事で一〇〇〇人をこえる朝鮮人が労働した。

丹那トンネル工事は富士山系の無数の断層、火山岩石、湧水などの中を掘り進む工事であった。丹那トンネルの長さは約七・八キロメートルであるが、芦ノ湖三杯分といわれる湧水を抜くために水抜き坑が約一四・五キロ

▲…丹那トンネル工事追悼碑（熱海口）

▲…丹那トンネル工事追悼碑（函南口）

メートルも掘られた。

丹那トンネル工事の東口側を鉄道工業、西側を鹿島組が請け負った。工区が細かく区分され、下請け業者が出来高払いで請け負ったが、その現場に投入された労働者のなかに、多くの朝鮮人がいた。その数は年々増えていった。丹那トンネル完成まで一〇年以上働いた人々の記事があるが、記事にある九〇人中、七人が朝鮮人名である（『丹那トンネルの話』二一九頁）。当時、朝鮮人は安価な労働力として差別賃金のもとで搾取されていた。

丹那トンネルの東口（熱海口）と西口（函南口）には工事で生命を失った人々の名を刻んだ碑があるが、東口の碑には七人の朝鮮人名がある（西口は六人）。これはトンネル工事の直轄現場での死者である。他にも死者が出たとみられる。東口の碑に「福本伯太郎」と刻まれている人物は、朝鮮人の金白竜である。熱海線での朝鮮人の労働については、泉越トンネル工事を請け負った有馬組の労働者約四五〇人のうち約二〇〇人が朝鮮人という記事（『静岡新報』一九二三年八月一日）があり、二〇年代、労働者の半数近くが朝鮮人であるような現場が多かった。丹那トンネル西口の「大竹飯場」には三〇〇人近い朝鮮人が集住するようになった。

工事ではダイナマイト、トロッコ、落盤、出水、感電などによる事故が絶えなかった。一九三〇年一一月におきた地震にともなう落盤事故のようすをみると（『丹那隧道工事誌』二七六頁）、朴順介（二九歳）は自力ではい出し、日本人運転手は救出されたが、連結手の李賢梓（二二歳）、労働者の金芳彦（四一歳）、孫壽日（三一歳）は死体で発見された。

丹那トンネルが完成に近づくと朝鮮人の解雇が多くなった。これに対し朝鮮人は日本人とともに抵抗した。一九三一年四月、鹿島組による解雇に対し、六五人（うち朝鮮人一二人）が争議に入った。一九三二年末には東口、熱海の朝鮮人失業者三〇〇人余りが職を求め、熱海海岸道路建設現場（飛島組請け負い）に就労した。熱海には失業者同盟が組織され、この失業者同盟が東豆労働組合となり、一九三〇年代の地域労働運動の共闘の核になった。

一九四一年五月には新丹那トンネル工事の杭打ちが始まり、用地買収がすすめられた。この新丹那トンネル工事には強制連行された朝鮮人が使われたとみられる。厚生省勤労局名簿には運輸省熱海地方施設部への斡旋による連行者六人の名がある。このほかにも動員されていた朝鮮人がいたとみられる。

三信鉄道工事

三信鉄道工事は一九二九年八月から一九三七年七月までおこなわれた。工事は南信州の飯田と三河川合を結ぶ約六七キロメートルの山峡を縫ってのものだった。

▲…三信鉄道工事追悼碑

浜松市天竜区佐久間には一九三八年八月に三信鉄道と熊谷組が建てた「三信鉄道建設工事殉職碑」がある。その碑には、橋梁一七・隧道一七一がつくられ、暴風雨による崩壊やトンネル・築堤工事での事故で、五〇数人が命を失ったことが記されている。碑には五四人の名前が刻まれ、揚炯周・金道石・朴相熙・朴東浩・洪性柱・安克珠・鄭泰仁・張在命・李允文・金基道・閔泳學・余應祚・安漢柱・金榮泰・鄭辛道などの朝鮮人名がある。他の日本人名のなかにも朝鮮人が入っているかもしれない。

愛知・静岡・長野を結ぶ鉄道が、中国への侵略がすすむなかで建設されたわけであるが、ここには多くの朝鮮人労働者の姿があったのである。

＊丹那トンネル工事については、盧在浩証言（『静岡県の昭和史』上・一八八頁）があり、『静岡県労働運動史』の年表にも記事がある。一九三〇年におきた三信鉄道争議については、金賛汀『雨の慟哭』、平林久枝「三信鉄道争議について」（『在日朝鮮人史研究』一）、朴広海「労働運動について語る（二）」（同二〇）、斎藤勇「一九三〇年夏・三信鉄道争議」（『東海近代史研究』八）、『朝鮮時報』一九八五年一月一七日付記事などに記述がある。

(2) 日本坂トンネル工事

一九三九年、東京と下関を結び、最高速度二〇〇キロメートル、東京・下関間の所用時間九時間、東京・大阪間を四時間半とするあらたな鉄道を設置する計画がたてられた。この計画は第七五帝国議会で議決され、一九四〇年から着工された。いわゆる「弾丸列車」計画である。

この計画によって静岡と焼津を結ぶあらたなトンネル工事がおこなわれることになり、その工事を大倉土木が請け負った。トンネルの全長は一六五八メートル、工事は一九四一年八月から始まり、四四年八月に完成した（『大成建設社史』三六七頁）。

労働力の主体は朝鮮人であり、労働者不足は強制連行によって補充された。日本坂トンネル工事現場へは、中央協和会「移入朝鮮人労務者状況調」によれば、一九四二年六月末までに朝鮮半島から二一三人が連行された。厚生省勤労局調査によれば、一九四二から四四年にかけての朝鮮半島からの連行者は四二七人である。連行された四二七人のうち、逃亡は三一八人、帰国者は八一人、死者は六人とされている。連行された人々のほとんどが逃亡するか帰国し、残留者は二二人だった。

日本坂トンネルが完成すると、残った朝鮮人の一部は東京、浅川の中島飛行機地下工場の建設現場へと連行された。一九四三年三月に慶尚南道晋陽郡琴山面から日本坂工事現場に連行され、浅川に転送された姜壽熙さん（一九二二年生）はつぎのように語っている。

釜山から家に帰ってきたときに、「日本に行けば金がもらえる」「皇国臣民として日本のために働け」といわれ、着の身着のままの姿でトラックに乗せられた。晋州府から一〇〇人、晋陽郡から一〇〇人の計二〇〇人が連行された。二〇人に一人の班長、一〇〇人に一人の隊長という形で編成され、日本坂トンネル工事現場に連行された。大倉土木の下の池田組の配下とされた。一年前に山清郡から連行された一〇〇人がいた。そのほかにも多くの労働者がいた。一棟に五〇人ほどが入れられ、丸坊主頭の国民服姿でトンネル掘りやズリ出しを昼夜交替でおこ

図表7-2　大倉土木・日本坂トンネル工事への朝鮮人強制連行

連行年	連行者数	逃走	帰国・送還	死亡	8・15残留解雇
1942	218	102	15	4	
1943	140	192	65	2	
1944	69	24	1		
計	427	318	81	6	22

註　厚生省勤労局調査静岡県分から作成。日本坂トンネル分は数値だけで名簿は含まれていない。

なった。日本に憧れのようなものを持っていたが、強制的に連れてこられてはじめて、日本がどんなところかわかった。

姜さんはトンネルから出る土を捨てる仕事をさせられた。今日どのように生きられるかという生活だった。夜は飯場に鍵をかけられ、鉄筋を持った男たちが監視し、逃亡して発見されると半殺しの目にあった。便所は飯場内にあり異臭がただよっていた。親が恋しくて泣いた。不満をもらせば、命がなかった。人間扱いされなかった。食事は一般の労働者が食べた後だった。半年も経たないうちに隣村の人が上から落ちて死んだ。遺体は会社が処分した。

一九四三年末、晋州からきた隊長がリーダーになって、約束がちがう、人間扱いしろと賃金や監獄部屋の改善をもとめて争議を起こした。しかし日本刀を持った警官隊がトラックで来た。村の消防団も動員された。隊長は連行され、戻ってこなかった。待遇は変わらなかった。あとはどう逃げられるのかだけを考えた。休みのときに草刈りやみかん取りなどをして農家を手伝うこともあった。夜の逃亡が多く、夜、仕事に出たまま山へ逃げる人が多かった。しかし、逃げた現場で徴用され、南方に軍属として送られて死んだ人もいる。

一九四四年一月か二月頃、晋陽郡出身者と逃走し、九州の親戚を頼って汽車で移動した。しかし、小野田セメントのあたりで移動刑事に捕らえられ、下関の警察に留置された。会社の人間が受け取りに来た。姜さんは飯場頭のビンタで済んだが、ひどい飯場頭は労務係と一緒に殴り、半殺しにした。

姜さんは、池田組配下の「谷川」という朝鮮人の飯場頭のもとにいた。工事は一九四四年暮れまでには完成

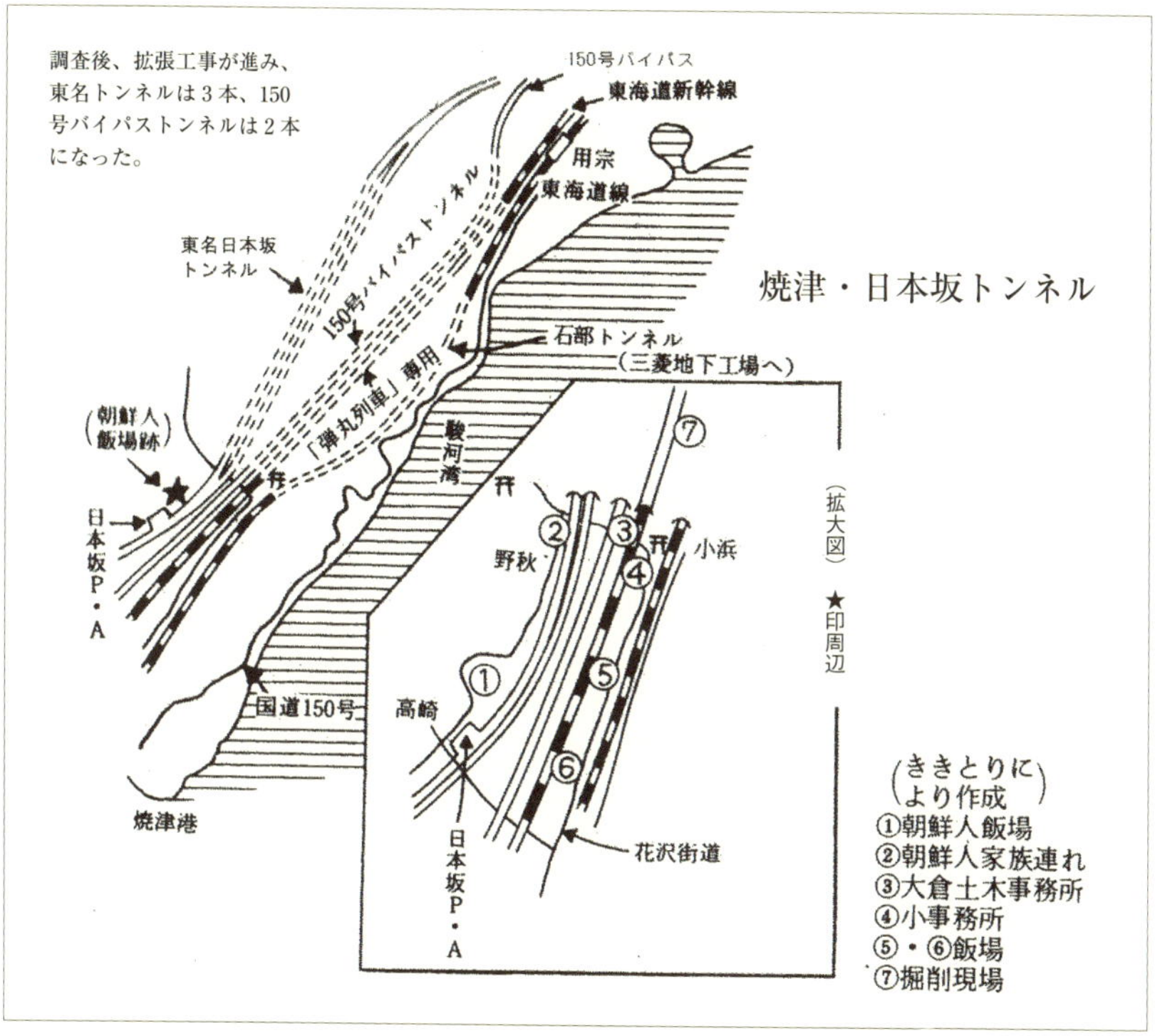

焼津・日本坂トンネル

し、四五年には後片付けをした。これまで仕事をしていた日本坂トンネル作業場から、もう一人の「山本」という飯場頭の配下の労働者とともに一九四五年の四月頃、浅川に移った。二人の親方が四〇〜五〇人ほどの労働者を連れて、焼津から浅川（八王子市高尾）へと移動した。連行されてきた二〇〇人の九割方は逃げ、五〜六人ほどしか残っていなかった。浅川には三〇〇〇人ほどが集められていた。そこでは倉庫番をした（姜さんの証言は『これが運命　姜壽熙さんの聞き取り』、『百萬人の身世打鈴』、斎藤勉『地下秘密工場』による）。

朴慶植『朝鮮人強制連行の記録』には、焼津トンネル工事に従事したという二人の朝鮮人の証言が収められている。

それによれば、「焼津トンネル工事をやったが、多くの同胞が連行されてきた」（盧敬接さん）、「大倉組の下で長く土木工事に従い、静岡県焼津トンネルの仕事をしているとき発

▲…強制連行朝鮮人が掘削した日本坂トンネル

破のため耳をやられ、その後高尾で働いた」（朴さん）という（二五頁・一五二頁）。ここに出てくる高尾は、浅川の地下工場建設工事である。

現在、日本坂には、北から東名高速道路用、国道一五〇号バイパス用、新幹線用、ＪＲ東海道線用のトンネルがある。現在の新幹線用日本坂トンネルが戦時下に掘削されたものである。トンネルは貫通し、東海道線がこのトンネルを使用した。東海道線が使用していたトンネルは三菱の地下工場として転用された。戦後の新幹線工事にともない、旧弾丸列車用トンネルは補修され、日本坂トンネルとして利用されるようになった。

ここで焼津の東益津での聞き取りをまとめておこう。

原川皓平さん（一九三〇年生）はいう。

当時、高等二年生だった。トンネル工事はドリルをまわし、発破をかけておこなわれていた。三間くらいの大きさだったか、いちおう貫通して、貫通式がおこなわれ、朝鮮人劇団がきてお祝いをしていた。貫通後、内部の工事をおこない拡張した。松丸太をかすがいで止めての工事だった。学校の一つの組に七～八人の朝鮮人の子がきた。全校で三〇～四〇人ほどになった。同級生に李という子が来たが、日本語は片言だった。戦争下、農家は徴兵のため人手をとられ最低の生活だった。人手が足りず、朝鮮人の年輩女性に茶摘み・みかん狩りなどを手伝ってもらった農家もあった。朝鮮の女性たちが太田川の川辺で洗濯物を棒でたたき、洗った物を頭に乗せて歩いていた。夏には朝鮮人は裸で働いていた。仕事は昼夜の交代制だった。村人も夜、雇われて働きにいった。飯場は数か所つくられていた。大倉組の事務所がトンネル工事の人口近く、小事務所が野秋の神社の近くにあった（焼津、一九九〇年談）。

大石さんはいう。今の新幹線トンネルは朝鮮人がつくった。大倉組の下請けの池田組の下に朝鮮人がいた。日本人も夜、手伝いにいった。完成前にひとり汽車にはねられて死んだと聞く。労働者は一〇〇〇人以上いたと思う。朝鮮人の子どもは東益津の小学校に行った。全部で五〇〜六〇人いたのではないか。「金田」「金子」「新井」という姓だった。レールを引いて先頭にディーゼルをおいてトロッコを一〇台ぐらい連結して引いていった。登校するときに乗って遊んだ（焼津、一九九〇年談）。

▲…日本坂トンネル工事・朝鮮人飯場跡

聞き取りでは、むやみに人を使えばいいというやり方だった。朝鮮人が野菜物を買いにきた。高崎に飯場があった。今の東名高速道路上り線の日本坂パーキングエリアから北東のところの畑地、そこに四〇〇〜五〇〇人くらいいたと思う。飯場の跡地にコンクリートが残っている、飯場の便所のあとだ。こわす手間がかかるからそのままになっているといった話もあった。

弾丸列車用日本坂トンネルは、大倉土木・池田組などの下で働く朝鮮人によって掘削された。そのなかには強制連行された人々もいた。約二キロメートルのトンネルが昼夜の労働によって完成した。連行された人々の多くが自由を求めて逃走した。完成後、労働者の一部は浅川へと送られた。労働者の労働実態・事故の状態など、多くが不明であり、工事記録・学籍簿・過去帳・理火葬認可証などの調査が求められる。

8　共立水産工業大場工場

ここで地下工事ではないが、静岡県三島市にあった共立水産大場工場への連行についてみておきたい。三島から伊豆箱根鉄道に乗り、四つめの駅が大場である。この大場には伊豆箱根鉄道の本社があるが、その本社の敷地にかつて共立水産工業大場工場があった。この工場では鯨皮を用いて皮革材を生産していた。厚生省勤労局の調査名簿（一九四六年）によれば、一九四五年五月に全羅北道完州郡から二〇人が徴用により強制連行された。

この共立水産大場工場に連行された全北完州郡在住の李萬求さん（一九二二年生）は次のようにいう。

私が生まれた高山里はそのころ六〇戸ほどの村だった。私は三男で父母と兄が二人いた。学校の先生が姓をつくり、一九四〇年ころ、川原という姓にかえさせられた。

一九四五年三月ころ面の職員から徴用令状をうけた。全北の道庁に二三人が集められた。任實郡の雲岩川をせきとめる仕事をするということだったが、徴用されて日本へと連行されることになった。日本から伊藤という男がきていた。かれは朝鮮語ができた。

朝鮮服のまま、金も与えられず、全州駅から汽車で釜山まで行き、船で下関に着いた。救命具をつけられたので無事に着くことを祈った。下関まで伊藤が連れていった。工場から迎えにきていた坂田が責任者になって汽車で三島へと連れていった。

共立水産工業大場工場は鯨皮工場だった。塩水に鯨皮を入れたり、厚い皮をローラーで伸ばしたり、皮を乾燥させたりする仕事があった。私は鯨の皮をリヤカーで倉庫に運ぶ仕事をした。一人負傷して小さな船で故郷へ帰り、また戻ってきた。

大場工場内に合宿所があり、そこに入れられた。坂田が監視役だった。家族への連絡はできなかった。工場の外へは出入りができた。逃亡した人はいなかった。食糧が少なく腹がへって畑や山に入って食べざるをえなかった。農作業の人は「半島人はしょーがない、しょーがない」といった。

一九四五年八月一五日、会館にあつめられ「天皇陛下が直接放送する」といわれて放送を聞いた。日本人は泣いていたが、私たちは日本語がよくわからず、なんのことかわからなかった。日本人が泣くのだから負けたのかと思った。そのあとも一〇日間くらい仕事をつづけた。

帰国に際し、工場側が引率して私たちを下関に連れていった。下関に一五日ほど泊まって、一〇月ころに帰国した。帰るとき、少しだけの金と通帳と証明書をもらったが、船の中で盗まれてしまい、何も残らなかった。連れてこられたときには釜山から下関まで八時間ほどだったが、帰るときには二四時間かかった。大きな船に九〇〇人ほどが乗った。ともあれ故郷に帰ることができた。あれから長い時間が流れた（韓国全州市在住、一九九六年談）。

一九四四年から軍需工場への連行者が増加した。共立水産への連行もそのひとつである。このような形での連行が全国各地であったとみられるが、その全貌は明らかではない。

以上、戦時下での地下工場・地下施設建設について静岡県を中心にみてきた。戦時下、朝鮮人は民族性を否定され、「皇民」としての生を強要され、動員された。一九四四年年末からは軍需工場の疎開・地下工場建設への動員が強化され、軍監視下で労働し、トンネル掘削などの危険な現場を指定され、侵略戦争に加担する労働を強制された。

参考文献

斎藤勉『地下秘密工場』のんぶる舎一九九〇年
高橋泰隆『中島飛行機の研究』日本経済評論社一九八八年
山田昭次「日立鉱山朝鮮人強制連行の記録」『在日朝鮮人史研究』七　一九八〇年
埼玉県立滑川高校郷土部『比企』六　一九八七年
『原爆と朝鮮人』五　長崎・在日朝鮮人の人権を守る会一九九一年
林えいだい『地図にないアリラン峠』明石書店一九九四年
山本リエ『金嬉老とオモニ』創樹社一九八二年
静岡県退職婦人教師の会小笠支部『緋のもんぺ』一九九一年
鄭明秀証言「朝鮮時報」一九八五年一月一七日付記事
『掛川市における戦時下の地下軍需工場の建設と朝鮮人の労働に関する調査報告書』掛川市一九九七年
「浜松市内に於ける疎開工場事業場」『浜松戦災史史料綴』一九四六年 浜松市立図書館蔵
小池善之「消える地下工場跡」『静岡県近代史研究会会報』六五　一九八四年二月
田林圭太「一五年戦争をめぐる国民意識　中島飛行機原谷地下工場を事例として」『静岡県近代史研究』二六　二〇〇〇年
佐用泰司・森茂『基地設営戦の全貌』鹿島建設技術研究所出版部一九五三年
『名古屋支店百年の歩み』清水建設一九九一年
遠州機械金属工業発展史編集委員会『遠州機械金属工業発展史』浜松商工会議所一九七一年
『大成建設社史』一九六三年
朝鮮人強制連行真相調査団『朝鮮人強制連行調査の記録　中部東海編』柏書房一九九七年
厚生省勤労局「朝鮮人労務者に関する調査」静岡県分一九四六年

戦争の記録を残す高槻市民の会編『地下軍需工場の記録』一九八二年
兵庫朝鮮関係研究会編『地下工場と朝鮮人強制連行』明石書店一九九〇年
静中静高百年史編集委員会『静中静高百年史』下　静岡県立静岡高校同窓会一九七八年
森薫樹「Z研究」『静岡県の昭和史』下　毎日新聞社一九八三年
小屋正文・小林大治郎・土居和江『明日までつづく物語』平和文化一九九二年
河村豊「敗戦時「引渡目録」にみるZ兵器開発の状況」『イルサジアトーレ』三七　二〇〇八年
永瀬ライマー桂子・河村豊「日本における強力電波兵器開発の系譜」『イルサジアトーレ』四一　二〇一四年
新間雅巳「「島田実験所」の沿革」島田市教育委員会文化課主催報告会資料二〇一四年一一月
佐藤一正『学徒通年動員日記』沼津市立図書館一九七六年
沼津郷土史研究談話会『沼津史談』一八号・二五号
『人間兵器震洋特別攻撃隊』図書刊行会一九九〇年
杉浦克巳『艦砲射撃のもとで』ぺんぺん草庵一九九七年
『新居町史』一九九〇年
『阪復』静岡県区内接収関係」防衛省防衛研究所図書館蔵
鄭鴻永「小豆島の特攻基地と朝鮮人」『同胞と社会科学』七 在日本朝鮮社会科学者協会西日本支部一九九一年
朴広海「労働運動について語る二」『在日朝鮮人史研究』二〇 在日朝鮮人運動史研究会一九九〇年
斎藤勇「一九三〇年夏・三信鉄道争議」『東海近代史研究』八 東海近代史研究会一九八六年
三島市平和委員会『三島にも戦争があった・中島飛行機三島工場　地下工場建設と朝鮮人の強制労働』一九九一年
「中島飛行機株式会社（会社報告第二号）」『米国戦略爆撃調査団報告書（太平洋戦争）』第一八巻
「三菱重工業株式会社（会社報告第一号）」同第一六巻
「住友金属工業株式会社プロペラ製造所（会社報告第六号）」同第二一巻
「日本楽器製造株式会社（会社報告第九号）」同第二四巻
朴聖澤「私の徴用体験と戦後静岡の朝鮮人運動」『静岡県近代史研究』二一　一九九五年
「特殊地下壕調査個別データ表」『平成一三年度特殊地下壕実態調査』静岡県分二〇〇一年

「平成一七年度特殊地下壕実態調査中間とりまとめ」国土交通省二〇〇五年
「李容鎮証言」神奈川県朝鮮人強制連行真相調査団による聞き取り資料
『朝鮮というわが国があったんだ』口述記録集九　日帝強占下強制動員被害真相糾明委員会二〇〇八年
中央協和会「移入朝鮮人労務者状況調」一九四二年
東京都立館高校フィールドワーククラブ『これが運命　姜壽熙さんの聞き取り』一九九四年
「百萬人の身世打鈴」編集委員会編『百萬人の身世打鈴』東方書店一九九九年
朴慶植『朝鮮人強制連行の記録』未来社一九六五年
鉄道省熱海建設事務所編『丹那トンネルの話』工業雑誌社一九三四年
『丹那隧道工事誌』鉄道省熱海建設事務所一九三六年
盧在浩証言『静岡県の昭和史』上　毎日新聞社一九八三年
加藤好一「外国人労働者丹那を掘る」熱海新聞一九九五年一二月五・六・七日
静岡県労働運動史編さん委員会編『静岡県労働運動史』静岡県労働組合評議会一九八四年
金賛汀『雨の慟哭』田畑書店一九七九年
平林久枝「三信鉄道争議について」『在日朝鮮人史研究』一　在日朝鮮人運動史研究会一九七七年

＊河鎮祥、朴在琓、金桂房、李龍石写真は静岡県朝鮮人歴史研究会提供

（初出「戦時下の地下工場・飛行場建設と朝鮮労働者動員上」『静岡県近代史研究』一八・一九九二年、「共立水産工業大場工場への朝鮮人強制連行」『静岡県近代史研究会会報』二一八　一九九六年一一月）

第8章●港湾

1 小樽

小樽と朝鮮人については、琴坂守尚「小樽の掘り起こし」(賀沢昇『続・雪の墓標』二〇一〜二〇九頁)、同「小樽と朝鮮人」(民衆史道連『続・掘る』二〇四〜二一四頁)があり、小樽での調査記録(能山優子さん収集資料)がある。ここでは、それらの調査報告をふまえて、戦時の小樽での朝鮮人労働についてまとめていきたい。

(1) 小樽と朝鮮人

一八八〇年に小樽の手宮と札幌をむすぶ鉄道が開通することで、小樽は北海道への入口となり、空知の石炭をはじめ海産物や木材などの輸出やサハリン(樺太)への中継地として栄えた。小樽運河の倉庫群はそのような時代を今に伝える。

そのなかで多くの労働者が小樽に集まるようになり、一九二二年には人口が約一二万人になった。一九二〇年

の国勢調査での朝鮮人数は、函館二六四人、小樽一〇三人であるが、その後朝鮮人の数は増加し、港湾労働者数三〇〇〇人のうちの三分の一ほどが朝鮮人になったという。小樽の木材積取関係労働者のなかにも朝鮮人が多かった。小樽市内の積取労働者の朝鮮人専用の下宿は三五軒ほどがあり、色内町から稲穂町にかけて、特に塩谷街道沿いに多かった。

一九二〇年代の北海道では、小樽は函館とともに朝鮮人が多い地域になった。小樽には朝鮮人親睦会、朝鮮人労働青年会といった朝鮮人団体も結成された。朝鮮人親睦会は二二〇人ほどの組織であり、会長は玄雲煥であった。かれは新聞外交員であり、総務の金孟学は積取労働者の飯場頭であるが、ともに「思想」監視対象者とされていた。朝鮮人労働青年会の会員は二〇人ほどであり、会長は金竜植であった。料理店経営の金玄奎も結成に参加した。この団体を結成した金竜植は一九二五年一〇月に起きた小樽高等商業学校での軍事教練反対闘争に参加している。軍事教練の想定は、地震の際に「無政府主義団」が「不逞朝鮮人」を煽動して暴動をおこし、それを鎮圧するというものであった。これに対して地域在住の学生、社会運動者、朝鮮人は団結して抗議運動をおこなった。

朝鮮人労働青年会は一九二六年の北海道で最初の手宮公園でのメーデーにも参加した。金竜植はその際、「万国の労働者よ、団結せよ。失うは鉄鎖あるのみ。得るは自由なり」というメーデー宣言を朝鮮語で再読したという。

一九二七年に金融恐慌が起きると港湾での失業者も増加した。六月には小樽合同労働組合を中心に二四〇〇人が参加してのストライキがおこなわれたが、朝鮮人倶楽部に組織された石炭現場の労働者もストライキに参加した。この朝鮮人倶楽部は二七年五月に組織されたものであり、集団的な労働契約を求めて団結し、行動した。

戦争が拡大した一九四三年、小樽市役所の出納係だった李京洙は「朝鮮独立」を主張したという理由で検挙され、懲役三年の判決を受けた。かれは小樽商業の卒業生であり、小樽の稲穂町に居住していた。住所は塩谷街道沿いであり、積取労働者が集住する地域であった。このような抵抗の志は小樽での朝鮮人の運動の歴史の系譜のなかで形成されてきたものだろう。

北海道炭礦汽船は戦前から元山や釜山で労働者募集をおこない、元山から小樽へと朝鮮人を連行した。港湾都市小樽と釜山、仁川との間には航路があった。朝鮮人の強制連行が始まると、小樽に輸送し、小樽経由で空知の炭鉱や千島の軍事基地工事に送られたケースもある。小樽第一埠頭にあった浜小樽の駅では、貨車に朝鮮人を詰め込んで空知へと連行したという。入船の「南廓」、手宮の「北廓」などには遊廓があった。ここには性の奴隷とされた朝鮮女性もいたとみられる。

解放後の一九四五年一〇月二一日、帰還と生活安定にむけて、花園町で在日本朝鮮人連盟小樽支部が結成された。

(2) 小樽の陸軍部隊と地下壕

戦時下、小樽は陸軍暁部隊の拠点になった。陸軍暁部隊は陸軍の船舶輸送部隊の通称であり、小樽には第五船舶輸送隊がおかれていた。この輸送部隊は、輸送司令部、海上輸送隊、揚陸隊、船舶工兵隊、船舶通信隊、野戦船舶廠、特設水上勤務中隊などで編成されていた。

色内町の銀行街には暁部隊の本部が置かれた。この暁部隊はサハリン・千島方面の陸軍基地と部隊への物資補給を担っていた。小樽には大湊海軍警備府の運輸部もおかれ、樺太・千島方面へは函館や小樽を経由して兵員や物資が運ばれた。

小樽の稲穂には陸軍の軍事物資の集積所がおかれた（現在の斎藤自動車整備工場と小樽竹材商会の真向かい）。その資材は朝鮮人を使って運搬された。朝鮮人のなかには、アイゴーと泣く人もいた（二〇〇五年・貝塚さん談、能山資料）。

小樽には中国人も連行され、菅原組が小樽の除雪、日本港運業界小樽華工管理事務所が港湾荷役に中国人を使った。小樽華工管理事務所は小樽石炭港運、北海道石炭荷役、小樽港運作業などの港湾業者によって運営されていたが、これらの小樽港湾での物資荷役・揚陸関係の事業所に朝鮮人が連行されていた可能性も高い。

陸海軍の軍事基地が千島の占守（シュムシュ）島、幌筵（パラムシル）島、松輪（マトゥア）島、択捉（イトゥルップ）島などに建設され、多くの朝鮮人が連行されたが、小樽はこの工事に向けての軍需物資と人員の集積場になった。

高島の暁部隊地下壕建設

軍事輸送の拠点となった小樽には数多くの軍用地下壕が掘削された。行政による調査では小樽市内で二〇〇五年の集約で四四か所、二〇一三年にはさらに六か所が確認されているが、多くが軍用とみられる。西陵中学校の近くの壕の内部は数百メートルに及ぶという。

▲…小樽・高島の特攻艇壕跡

小樽の高島に掘られた地下壕についてみてみよう。

カヤシマ岬には特攻艇の基地として二本の壕が掘られた。戦後、その一つは高島トンネルとして使用されたが、今は封鎖されている。海岸に沿って岬に向かうともうひとつの壕口がある。高島の稲荷神社には暁部隊の第四野戦船舶廠（六一九五部隊）の本部の壕が掘られた。高島漁港の北側（新高島トンネルと高島トンネルの間）には地下工場用の壕が五本掘られた。

これらの地下壕の工事に朝鮮人が動員された。関係者や住民はつぎのように語っている。

朝鮮人は「特別志願軍属」の二〇代の青年であり、三〇人ほどの二つの分隊で編成され、「松岡班」と呼ばれ、造船所を宿舎にしていた（第四野戦船舶廠技術将校・花輪文男さん記事・二〇〇五年、能山資料）。

朝鮮人たちは岩山をツルハシで掘らされていた。岩山を掘った後の土砂をトロッコに積み、港までレールに乗せて押していった。アリランを歌っていた。看視の部隊に見つからないように、朝鮮人にスケソウダラを細かくちぎり、あげた（初瀬さん談・二〇〇五年、能山資料）。

朝鮮人がトロッコ押しをしていた。軍服を着ていた。光雲寺付近には三角兵舎が二つ作られ、付近には火薬庫もできた。その近くには遊廓もおかれた（小林さん談・二〇〇九年、能山資料）。

家の隣が暁部隊の本部の防空壕だった。発破をかけて岩を崩し、トロッコに乗せて浜に埋め立てた。トロッコを押していたのは軍属の朝鮮人だった。三角兵舎には軍曹や兵長が泊まり、兵士は高島座（映画館）や高台寺などの寺院に泊まった。どこで働いていた朝鮮人かは不明だが、逃げていく朝鮮人を兵士が追いかけることもあった（島本さん談・二〇〇九年、能山資料）。

朝鮮人が壕を掘り、トロッコ押しをした。戦争が終わって中に入ったら、大きなものだった。丸太を組み、横穴も二か所あった（北さん談・二〇〇九年、能山資料）。

これらの証言から高島での軍用壕の掘削に朝鮮人が動員されていたことがわかる。

手宮の地下壕建設

千島に連行される朝鮮人は手宮や花園などの国民学校に一時収容された。一九四三年の秋には手宮国民学校に三〇〇人ほどの朝鮮人が三日間ほど滞在し、学校の裏山に防空壕を掘った。

全金乭さんや黄鐘守さんの証言によれば、連行はつぎのようである（『百萬人の身世打鈴』、『告発・証言集二』）。

一九四四年五月末に楊口・麟蹄・原州・横城・准陽など江原道の各地から陸軍軍属とされた五〇〇人ほどが連行された。かれらは釜山に送られ、下関から列車に乗り、函館へと連絡船で送られ、列車で小樽に連行された。小樽では手宮国民学校に一時収容され、陸上・海上などの軍事教練をうけた。小樽での地下壕建設にも動員された。この江原道からの連行者五〇〇人は、七月になると黄海道の五〇〇人とともに「太平丸」に乗せられて千島方面に連行されたが、幌筵島の近くで魚雷攻撃を受け、半数以上の死者を出した。生き残った人々は占守島で軍事飛行場建設の強制労働をさせられた。そこには平安道、忠清道、京畿道、全羅道などから連行された一〇〇〇人の朝鮮人が労働を強いられていた。全金乭さんはさらに占守島から小樽に転送され、石炭荷役をさせられ、鉱山にも連行された。

証言から、手宮の防空壕は手宮国民学校に一時収容されていた連行朝鮮人が掘削したものとみられる。『小樽市史』から一九四五年での国民学校の軍事転用の状況をみれば、色内（暁部隊、戦時救護病院）、若竹（暁部隊）、高島（暁部隊、食糧営団）、花園（暁部隊、戦時救護病院）、手宮（達部隊）、堺（達部隊）、奥沢（鏑部隊）、天神（北部軍管区経理部）、長橋（陸軍軍需統制部、食糧営団）、手宮西（戦時救護病院）、緑（食糧営団）となり、市立中学には暁部隊、北部軍管区経理部、大湊軍需部がおかれ、市立高女や市立女子商には戦時救護病院や陸軍病院の分院がおかれた。このように学校の兵営化がすすんだ（『小樽市史六』五六五〜五六七頁）。

ここでの、達は第五方面軍、鏑は第一飛行師団、暁は陸軍船舶部隊の通称である。陸軍の北部軍管区経理部、達や鏑の部隊には軍事基地構築用の部隊があり、そこに朝鮮人が連行され、組み込まれていた。

河崎瑞枝「従軍看護婦の夢は消えたが……」には、小樽で負傷した朝鮮人が天神小学校に収容されていたとある（『こもれび』小樽道新文化センター一五頁）。天神には陸軍の北部軍管区経理部がおかれていたから、この朝鮮人は陸軍の軍事工事に動員された人かもしれない。小樽は千島での軍事基地建設工事への中継地であり、小樽の学校が軍事基地建設用部隊の収容施設になったとみられる。

(3) 菅原組・日通・三栄精機地下工場

菅原組による連行

菅原組は荒巻山（石山）で砕石し、稲穂町第一通りから手宮の目抜き道、十間通に直通する道の開削工事をお

▲…菅原組・荒巻山現場の岩肌

こなった。そのために飯場を置いたが、一九四四年春には発疹チフスが流行し、朝鮮人も死亡した。小樽の飯場は、菅原組が「タコ」と呼ばれた拘束労働者を北海道各地に配給するための労働者集積場でもあった。

菅原組は小樽駅前に菅原組本社を置き、荒巻山の「タコ」の飯場のほかに色内町の望月病院を買い取って詰所兼宿泊所をつくった。東雲町には大きな寮があった。小樽運河沿いの石造倉庫には朝鮮人や「タコ」労働者が収容されたこともあった。戦後、菅原組は荒巻山の現場から去り、開削は中断されて現在に至る。切り立った岩肌は戦時の強制労働の遺跡でもある。

日本通運銭函地下施設工事

戦時下、日本通運は軍需用物資の輸送を担ったが、その輸送や地下施設の建設に連行朝鮮人を使った。

小樽高等女学校を卒業し日本通運の銭函の出張所に動員された沢山千鶴子さんはつぎのようにいう。

銭函には日本通運の油の集積場があり、貨車で毎日ドラム缶が輸送されてきた。一九四三年の冬から一九四四年の秋にかけてこのドラム缶の備蓄用の地下壕を掘削するために、毎日、朝鮮人がトラック二台に乗せられて連行されてきた。朝鮮の大田から連行されたという。棒頭の下で穴掘りと貨車からドラム缶を下ろす作業をさせられていた。寒い中、薄い服と藁靴で震えながらの作業だった。ドラム缶が滑り、足の爪が割れて血が吹き出し、アイゴーアイゴーと叫んでいたため、赤チンを持ってきて、手足に塗って治療してあげた（二〇〇八年談・能山資料、北海道新聞二〇〇八年八月一五日付記事）。

三栄精機製作所地下工場建設

小樽市新光の三栄精機製作所の地下工場建設にも朝鮮人が動員された。三栄精機製作所は小樽で鉱業用機械・器具を販売していた三栄商店の製造部門として設立された。工場ではエアモータやエアウインチなどを生産していたが、戦時体制のなかでアンモニアガス発生装置や航空機部品の製造をはじめた。

この工場に動員された元小樽第二工業学校の生徒はつぎのように語る。この工場には鉱炉、鋳物、旋盤、組立などの部門があり、五〇〇人ほどが徴用されていた。地下工場建設は朝里川の工場の向かい側に建設され、工事は朝鮮人によっておこなわれた。地下工場の建設状況をグラフにする係にされ、朝の作業前に掘削状況を測定した。地下工場の入口は三か所あり、一日のノルマがあった。工事は軍事機密であり、他言できなかった。朝鮮人が連行されてきたのは一九四四年の秋か一九四五年の初頭だった。食堂の脇に朝鮮人の寮があり、夜遊びに行った。外には出られず、自由がなく、強制的に動員された人々だった（桜井金治さん談、二〇〇九年、能山資料）。

(4) 不再戦・友好

小樽での朝鮮人死亡者

一九四〇年から四五年までの小樽市の「執葬認許証」からは二〇人を超える朝鮮人の死亡を確認できる。菅原組の飯場・稲穂寮（稲穂町東一丁目七番地）では、竹村成根、河本漢琦、金鎮休、宣井炳化らが亡くなっている。

このうち竹村成根、河本漢琦、金鎮休は一九四四年の一月末から二月初めに発疹チフスで死亡している。「被徴用死亡者連名簿」には、昭和丸の泉原鐘寛（全南谷城出身）、金本博司（慶南金海出身）が一九四三年七月六日に小樽沖で死亡、大湊海軍施設部の金本漢龍（慶北軍威出身）が一九四五年二月一〇日に小樽で病気のために死亡したことが記されている。ともに海軍軍属と記録されている。

また、古平港では射水丸の金村炯斗（全南長興出身）が一九四五年七月一五日に死亡した。『古平町史』第三巻によれば、射水丸は港で稲倉石鉱山のマンガン鉱石を積載中にグラマン機の攻撃を受けて沈没した。『古平町史』には射水丸と鉱山関係死亡者二一人の氏名が記されているが、一人の氏名は不明とされている。また、空襲で行方不明になった二人の遺骨は戦後、沈没した射水丸の解体処理の際に引き上げられ、無縁塔に埋葬されたが、その氏名は不明とされている。この不明とされている遺骨のひとつは金村炯斗のものかもしれない。

▲…仁木町・日中不再戦友好碑

不再戦・友好碑

小樽の港は戦争にともない軍と労働者移送の拠点とされたが、一九六六年、小樽近郊の仁木町の墓地に「日中不再戦友好碑」が建てられた。この碑は小樽の港湾や仁木町の大江鉱山に連行されて亡くなった中国人を追悼する碑である。

大江鉱山はマンガン、亜鉛、鉛などを産出した鉱山である。一九二九年には日本鉱業の所有となり、戦時下では隣接する稲倉石鉱山と共にマンガン鉱山として重視された。

大江鉱山には、増産がすすめられるなかで朝鮮人・中国人が強制連行された。

毎年この「日中不再戦友好碑」がある場所で、北海道全体の中国人強制連行犠牲者を追悼する「中国人殉難者全道慰霊祭」が開催されている。植民地主義は戦争と強制労働をもたらしたわけであるが、この植民地主義と戦争を克服する意味でも、日本と朝鮮、日本と中国との友好に向けての事業は欠かせない。

小樽の旭展望台からは街を展望できる。小林多喜二の碑がこの旭展望台の近くにある。多喜二の碑は本郷新の作品であり、本を見開きにした形状に漁業労働者をイメージした顔と多喜二の顔を組み込んでいる。それは、一九三三年二月二〇日に東京の築地署で拷問死した彼の未完の思いを伝えるものである。その思いを受けとめ、この地に生きた人々の歴史について考えたい。

2 函館

函館での朝鮮人労働については『函館市史』通説編三、通説編四に詳細にまとめられている。ここではこの記録を中心に、函館での朝鮮人労働についてみていきたい。

(1) 函館と朝鮮人

一九二〇年の国勢調査では函館には二六四人の朝鮮人が確認されている。一九二三年の『函館新聞』の記事では、三〇〇人ほどの朝鮮人が東雲町、大黒町、東川町などに在住していた。また函館は北海道の内陸部やカム

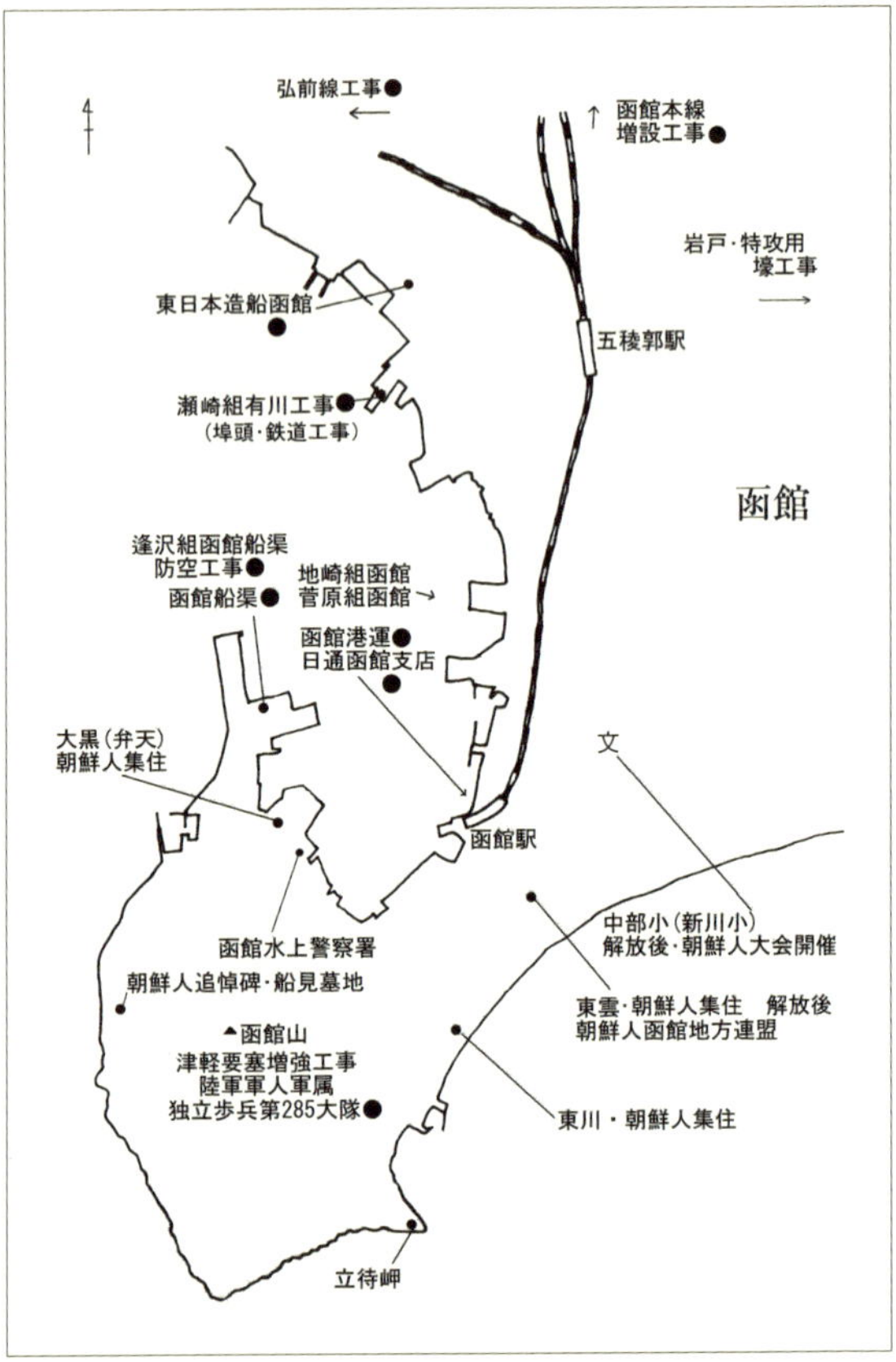

チャッカ方面に向けての中継地であり、年のべ二〇〇〇人の朝鮮人が函館を通過した。

朝鮮人の増加により、一九二三年には函館の朝鮮人が東雲町を拠点に就業や親睦・共済のための「労働組合」を結成した。組長は金承浩、副組長は宋桂祥であった。

一九三〇年の国勢調査では函館の朝鮮人は七三四人（男五四九人、女一八五人）であり、一九二〇年と比べれば三倍になっている。報道記事からも、このころ七〇〇人ほどが居住していたことがわかる。在留朝鮮人の団体としては一九三二年には相親会（千歳町・会長具全泰、一五〇人）や自省会（新川町）があり、一九三七年には新興共済会（会長魏春源、三〇〇人）などの活動があった。この函館の新興共済会は強制連行がはじまる一九三九年後半には協和会傘下へと組み込まれていった。

(2) 函館への強制連行

函館での朝鮮人の強制連行先は造船工場と港湾運輸関係である。造船では函館船渠と東日本造船函館工場に連行された。港湾運輸関係では函館港運や日本通運函館支店などの港湾荷役、運輸労働の現場に連行された。また港湾工事にも数多くの朝鮮人が連行され、函館本線増設や弘前線など鉄道工事への連行もなされた。

函館船渠（現・函館どっく）への連行は一九四三年三月から始まり、少なくとも一三〇人が連行され、青雲寮・至誠寮に収容された。

函館船渠では舎監による叱責を原因とする一九四三年一〇月の落書き事件を、一二月になって「脅迫罪」として立件し送局するという事件がおき、一九四五年三月には「不敬言動」を「朝鮮独立宣伝煽動」容疑で検挙するという事件がおきた。このような事件から、「半島戦士」名で強制的に動員し、軍隊的に統制・管理し、些細な落書きや言動を犯罪として処分していったことがわかる。

函館船渠については金興基さんの証言がある。金さんは慶北栄州郡伊山面出身、長崎の崎戸炭鉱や福岡の炭鉱に連行され、さらに一九四三年六月ころ、函館船渠に連行された。函館では高いところで鳶の仕事をさせられ、敗戦が近くなると土を運ぶ機関車の釜焚きやミキサーの運転もさせられた。宿所は二階だてであり、二階に徴工が入れられた。空腹と寒さに震えながらの生活であり、母がつくった綿入りの服を着ていたところ、監督たちに殴打され、服を引き裂かれたこともあった。連行生活のなかで衰弱してしまい、解放後の帰国は一年間の療養の後のことだった（『告発・証言集二』所収）。

東日本造船函館工場への連行は一九四三年九月から始まり、少なくとも二五八人が連行され、清風寮に収容さ

図表 8-1　函館・戦時朝鮮人死亡者名簿

	氏名	本籍	生年・年齢	住所・事業所等	申請者	死亡年月日	死因
1	金鐘成	—	1922	函館船渠・訓練工	—	1943.7.6	臀部挫創
2	金本好槇	忠北 鎮川 鎮川	1912	(函館船渠) 大黒 78	佐藤	1945.5.11	頭蓋内出血
3	大山富弘	慶北 善山 善山	1921	函館船渠・工員 大黒 78	佐藤	1945.9.1	腸チフス後肋膜炎症
4	江本聖燦	江原 平昌 平昌	1920	函館船渠・構内土木	松源	1944.6.8	心臓麻痺
5	金山陽福	咸南 咸興 朝日	1912	造船工（東日本造船）亀田 195	田島	1945.5.5	脳脊髄膜炎
6	南完石	慶北 栄州 豊基	1914	松前・大沢	成清	1943.12.8	腰椎圧迫骨折
7	西原青正	京畿 楊州 蘆海	1921	松前・小島・ 堀内組	篠山	1943.12.15	胸椎圧迫骨折
8	岩本両吉	—	1905..	松前・大沢	平沼	1944.1.17	胸椎圧迫骨折
9	朴正洙	慶北 栄州 栄州	1921	落部・野田 (鉄道工事)	大矢	1944.8.17	腰椎圧迫骨折
10	黄元起雲	全南 和順 朱	1911	上磯　萩原組	遠藤	1944.6.4	腸破裂
11	井川鐘洛	全南 和順 梨陽	1903	上磯　萩原組	井川	1944.7.11	肺壊疽
12	金本貞徳	慶北 安東 安東	1900	軍属・臨時工員 柳 1	青野	1945.8.8	脚気衝心
13	朱晩洙	慶南 蔚山 斗東	1900	亀田・昭和 146	澄川	1943.8.13	圧死
14	高山学得	—	1917	亀田・昭和 146	澄川	1943.12.9	脳溢血
15	連城徳五	全南 谷城 立	1924	亀田・昭和 146 澄川組	澄川	1944.7.20	機関車轢死
16	新井桂順	慶北 義城 比安	43	亀田・港 315	立花	1944.1.1	急性肺炎
17	青山相招	慶北 義城 比安	1918	亀田・港 315	立花	1944.1.3	急性肺炎
18	延山昌圭	京畿 楊州 榛接	1917	亀田・港 315	立花	1944.1.3	胃潰瘍
19	金川桂渕	慶北 義城 比安	28	亀田・港 315	立花	1944.1.17	脚気
20	金平藤太郎	慶北 義城 比安	40	亀田・港 315	立花	1944.1.18	大腸カタル
21	柳雲石	慶北 義城 新平	1910	亀田・港 315	立花	1944.1.25	気管支炎
22	山口達錫	慶北 義城 鳳陽	29	亀田・港 315	立花	1944.2.2	気管支炎
23	山村雲甲	慶北 義城 比安	38	亀田・港 315	立花	1944.2.9	胃腸カタル
24	金山萬碩	京畿 楊州 広積	34	亀田・港 531 石川飯場	立花	1944.2.12	胃腸カタル
25	千原大鳳	慶北 義城 鳳陽	36	亀田・港 315	立花	1944.2.15	神経衰弱
26	柳 福	京畿 楊州 米根	28	亀田・港 315	立花	1944.2.21	疑似発疹チフス
27	昌原章奉	京畿 龍仁 龍仁	1919	亀田・港 315	立花	1944.3.9	発疹チフス
28	城山聖石	京畿 利川 暮加	1905	亀田・港 315	大沢	1944.3.10	発疹チフス
29	大原英盛	京畿 利川 長湖院	1908	亀田・港 315	川林	1944.4.21	発疹チフス
30	石山容変	慶北 義城 比安	1920	亀田・昭和 130	川林	1944.5.17	心臓麻痺
31	金海投原	京畿 楊州 桧泉	1920	亀田・港 315	川林	1944.5.19	喉頭結核
32	金山正龍	京畿 安城 陽城	28	土工　万代 228	立花	1944.1.24	肋膜炎
33	西原連奉	京畿 楊州 瓦阜	23	土工　万代 228	立花	1944.1.7	急性気管支肺炎

34	永川栄田	慶北 慶山 南山	1922	土工　松風 1-1	立花	1943.7.29	下腿複雑骨折
35	中村泰基	慶北 義城 安平	1924	土工　五稜郭駅構内	森山	1944.6.20	轢死
36	金澤徳奎	慶南 泗川 枏洞	23	亀田・昭和 江川飯場	江川	1944.7.9	溺死
37	新本性天	忠南 礼山 光時	1912	亀田・港通 3 第 2 共和寮	田中	1945.5.4	急性肺炎
38	鹿山激周	慶南 蔚山 下廂	1916	亀田東川　台 43	五月女	1944.1.23	発疹チフス
39	金栄吉	平南 龍岡 海聖	1922	逢沢組川原宿舎 台 43	川原	1945.5.26	縊死
40	白容基	全南 光山 河南	1914	五稜郭	内山	1944.8.13	心臓弁膜
41	三山誠玉	全南 羅州 金川	1920	土工　港 203	松本	1945.7.26	腹膜炎
42	星木東晩	慶北 栄州 順興	1918	土工　台場 51	中村	1944.9.25	結核性脳髄炎
43	定山龍大	慶南 泗川 枏洞	1921	土木	藤田	1944.3.22	胸椎圧迫骨折
44	宝村判九	—	1921	土木	兼本	1944.1.11	腸破裂
45	任良之	—	1919	土工　仲浜	宮崎	1944.10.20	脳腫瘍
46	金沢用伴	慶北 軍威 古老	1893	土木　千才・ 室蘭汽車中	若月	1944.10.19	心臓性脚気
47	金泰道	慶南 迎日 竹長	1922	労働　万代 197	都原	1943.11.21	感電
48	高泳珠	全北 益山 春浦	1889	労働　千才 9	朱	1944.4.30	胃癌
49	梁川在宣	忠南 礼山 大興	1913	労働　海岸	田谷	1945.2.27	肺炎
50	金井勇一	慶南 蔚山 蔚山	1898	労働　浅野	宝○	1944.3.22	肺結核
51	金吉龍	全南 宝城 福内	1895	港湾荷役・弁天 23	宋山	1945.5.20	腹膜炎
52	金本永伊	慶南 陜川 草渓	1924	函館・網工 金堀	島田	1944.2.11	肺結核
53	南宮埈	忠南 洪城	1918	鉱夫・塩川	鈴木	1943.7.21	肺結核
54	金谷判山	全北 金堤 鳳南	1891	鉱夫・松風 12-3	三浦	1945.11.17	心臓麻痺
55	新田植久	京畿 仁川 花	1924	船員	江川	1944.11.30	火傷
56	林采俊	全南 莞島 青山	1916	船員	中里	1943.12.7	病

註　「埋火葬許可証複写（中国人・朝鮮人）」「市町村埋火葬認許証による殉難・受難者」（北海道開拓殉難者調査報告書・北海道立文書館蔵から作成。埋火葬史料から労働者とみられるものを抽出し、事業場ごとに並べた。事業所の欄の（　）は筆者による推定。○は判読不明。

石山容変は同調査報告書の他の史料（北海道平和愛泉会『朝鮮半島出身戦争犠牲者名』）に石容燮・亀田鉄道工事とある。埋火葬申請者の立花は動員現場の管理者とみられる。「亀田・港 315」も鉄道関連の土木現場であり、集団的な連行がなされた場所であろう。

松前線工事関係ではこの史料から 3 人が判明した。松前線工事については、浅利正俊「国鉄松前線敷設工事に伴う朝鮮人中国人らの強制労働」（『松前藩と松前』23）に 50 人ほどの死亡者名が掲載されている。また、北海道開拓殉難者調査報告書には藤城線工事の死亡者名 8 人が明らかにされている。

れた。東日本造船の釧路工場にも朝鮮人が連行された。函館工場は港町にあり、中国人も強制連行された。

連行期には函館の朝鮮人数も増加した。一九四五年の人口調査によれば朝鮮人数は一二六〇人（男九七六人、女五九人）である。北海道開拓殉難者調査資料には函館の埋火葬関係史料がある。埋火葬史料からは函館船渠、函館の土木工事、弘前鉄道工事などでの朝鮮人死亡者の存在を知ることができる。ここで戦時の函館での朝鮮人死亡者の名前をあげておこう（図表8-1）。

函館港は朝鮮からの強制連行者の中継地でもあった。一九三九年一〇月三日には鉱業への連行者三五〇人が島谷汽船の長成丸で到着し、検疫の後、函館駅から列車で札幌方面に送られ、手稲鉱山と轟鉱山へと連行された。

函館は連行先から逃走した朝鮮人を取り締まる拠点でもあった。一九四一年はじめに函館水上警察署員が増員された。この増員は、これまでに北海道に連行された二万人のうち三〇〇〇人が逃走し、函館で一〇〇〇人が発見されていることによる。取締りの徹底のための増員であった。

函館山には津軽要塞があり、戦争末期には要塞への軍の集中と要塞の増強工事がおこなわれた。そこに動員された朝鮮人も多かったとみられる。一九四五年五月下旬には北方に配置されていた独立歩兵第二八五大隊と二九〇大隊が津軽要塞守備隊へと編入されたが、『陸軍留守名簿』の第五方面軍分からは独立歩兵第二八五大隊に組み込まれた朝鮮人の名前や出身地などがわかる。この第二八五大隊は占守島から転送された。この部隊の朝鮮人兵士は全羅北道出身者であり、一九四三年に軍事動員された人々である。名簿には二七人分が掲載されているが、移動中にサハリン沖などで一二人が戦死している。

「被徴用死亡者連名簿」京畿道分には、松本聖禄（第五方面軍司令部所属）が一九四四年一二月二一日に函館陸軍病院で死亡したとある。松本は陸軍の勤務隊員として陣地構築などに動員されていたとみられる。

(3) 函館での帰国運動

解放後の一九四五年一〇月一四日には、函館の新川国民学校に五〇〇人が集まり、渡島管内在住朝鮮人大会を開催した。大会での司会は魏春源だった。このころの函館・渡島・檜山の朝鮮人数は一万人ほどになっていたという。

▲…立待岬・中央が函館山

この大会を経て、朝鮮人函館地方連盟（委員長魏春源、副委員長申弼龍、田春道、洪淳範）が結成され、一一月中には一〇〇〇人の帰国にむけての活動を始めた。連絡事務所は東雲町一五番地に置かれた。かれらは治安隊を結成し、朝鮮人による自治と闇業者の取り締まりをおこなった。夕張や空知などの炭鉱をはじめ各地の連行朝鮮人が函館へと帰国のために送られてきた。朝鮮人自身が帰国朝鮮人を管理する必要があった。函館地方連盟は、朝鮮人の援護活動により自治力を強め、帰国運動を担ったとみられる。

このころ在日本朝鮮人連盟函館支部も結成された。一九四六年一一月には朝鮮人連盟函館支部の創立一周年記念式がもたれた。一九四七年の国勢調査では函館在留の朝鮮人は四五六人であり、戦前からの居住者で残留したものがいることがわかる。朝鮮人連盟の支部活動は彼らによって担われていた。

函館山の東端には立待岬がある。戦時下、津軽海峡を望む立待岬や函館

▲…函館・朝鮮人追悼碑と納骨庫

山は津軽要塞とされ、一般の立ち入りや写真撮影などが禁止されていた。この立待岬は「涙の岬」であり、自殺の場所だった。『函館市史』には、一九三二年三月に二〇歳と二一歳の二人の朝鮮人女性が生きる希望を失い、ここで身を投げたという記事が紹介されている。函館で性の奴隷とされ、生きる希望を失った人々もいたのである。

船見町の墓地の上方には、一九九〇年に建てられた朝鮮人追悼碑と納骨庫がある。そこには松前線工事関連の遺骨と解放後の無縁の遺骨が納められている。その一人ひとりの歴史に思いを馳せることから、この函館の風景を見つめなおしていきたい。

（二〇一〇年一一月調査）

3　室蘭

室蘭は北海道の軍需工業地域であり、軍港であった。北海道炭礦汽船は石炭積み出しのために室蘭へと鉄道を引き、石炭の搬出港とした。一八九三年には軍港に指定された。日本製鋼所や輪西製鉄所がつくられ、ここで鉄や兵器の生産がすすめられた。この室蘭に戦時下、労働力として、たくさんの朝鮮人、中国人、連合軍捕虜が連行されてきた。

連行された人びとは、港湾や工場での労働を強いられた。戦時統制の中で、港運業は石炭・雑貨・製鉄関係に統合され、その下に朝鮮人・中国人が配置された。朝鮮人兵士も連行された。

室蘭の港運関係では、室蘭港運、室蘭石炭港運、日鉄室蘭港運、日本通運室蘭支店などへの連行予定数

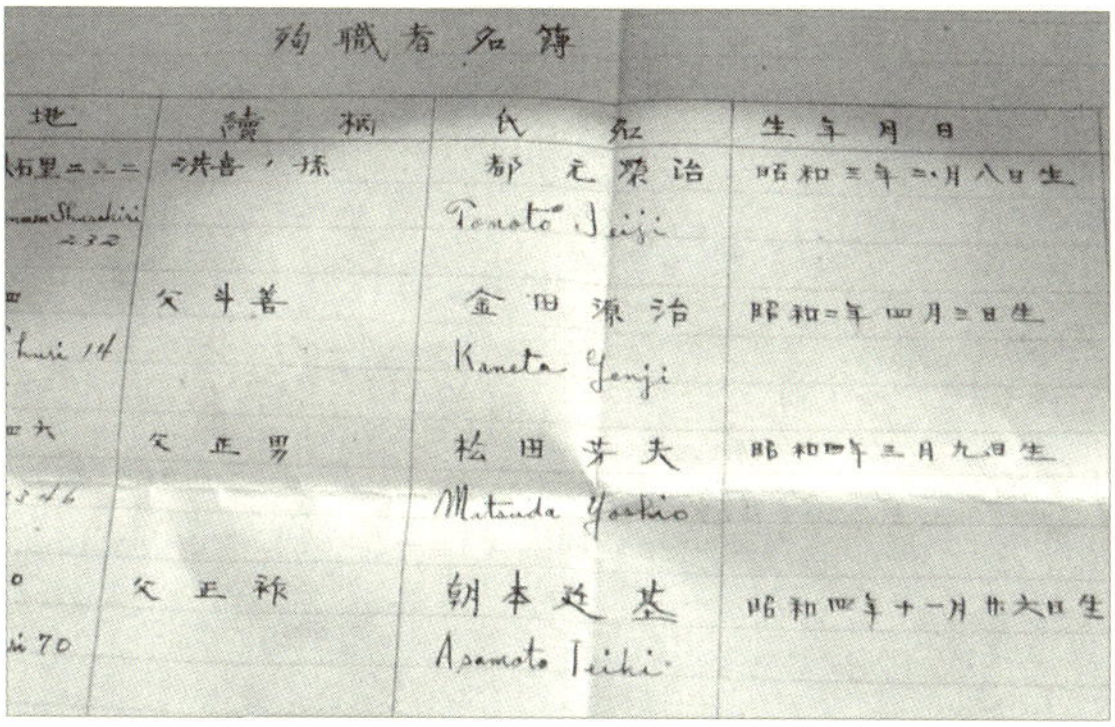

▲…遺骨とともに発見された名簿（日鉄輪西製鉄所分）

が、北海道庁の「昭和二〇年一月第三次勤労動員実施計画表」からわかる。一九四五年一月の動員予定はそれぞれ、一〇〇人、一五〇人、三五〇人、五〇人となっている。工場では函館船渠室蘭工場に五〇人が予定されている。社史や企業資料から、一九四五年六月末の現在員数では、日鉄室蘭港運に四六人、工場では日本製鉄輪西製鉄所に二二四八人、日本製鋼所室蘭製作所に四〇五人を確認できる（『北海道と朝鮮人労働者』所収統計記事、一七四〜一七七頁）。合計すると三〇〇〇人を超える朝鮮人が室蘭に連行されたことになる。室蘭で最も多く朝鮮人を連行したのは日本製鉄輪西製鉄所である。室蘭での連行は製鉄・製鋼現場での労働と港湾での石炭や鉄鋼の輸送のためにおこなわれた。

日本通運室蘭支店への連行については白善鐘さんの証言がある。それによれば、日通室蘭支店へは一九四三年三月から三回の連行がなされた。一回目は忠清道から六七人、二回目は一九四四年に京畿道から一三〜四人、三回目は一九四五年三月のことだった。連行された朝鮮人は一六〇人ほど

であり、タコ部屋から逃げ出したりして転入した朝鮮人を入れると二五〇人ほどになった（『朝鮮人強制連行強制労働の記録　北海道・千島・樺太篇』三一五頁）。

室蘭へは一九三九年一〇月二日に北炭の専用船膽振丸が三九八人の朝鮮人を乗せて到着した。これは北海道への強制連行者の第一陣であり、かれらは北炭の夕張、平和、空知分の連行者だった。夕張分の中には全北扶安郡からの連行者がいたが、そのなかの一青年が二〇〇人に対して危険な作業の拒否や団結と抵抗を呼びかけた（「特高月報」一九三九年一〇・一一月分、『北海道と朝鮮人労働者』一一一、一一八頁）。連行への抵抗はすぐに始まったのである。

姜明奉さんは北炭夕張炭鉱に連行され、一九四五年の春先に逃走して室蘭に来た。栗林商会が請け負った日鉄の仕事などをして暮らしていたが、労務者狩りにあった。下宿からトラックに乗せられ、汽車で留萌に運ばれ、留萌から船で大泊を経て、千島に連行された。そこで特攻艇の壕や飛行場建設を強いられた（『朝鮮人強制連行強制労働の記録　北海道・千島・樺太篇』三一七・三一八頁）。

室蘭の光昭寺には、日本製鉄輪西製鉄所に連行され、艦砲射撃で死亡した鄭英得さん、李廷基さん、具然錫さんの三人の遺骨が残されていた。これらの遺骨は二〇〇八年二月に市民団体によって韓国の遺族に返還され、望郷の丘に納骨された。

一九四〇年代なかばに日本の一三五か所へと連行された中国人は延べ約三万九〇〇〇人、北海道へは五八の事業所に約一万六三〇〇人が連行された。北海道は戦時下、労働収容所の島でもあった。このうち、室蘭へ連行された中国人は五事業所の一八五五人であり、半年あまりで五六四人が命を失った。一九五四年になってイタンキ浜から一一二五体に及ぶ中国人の遺体が掘り出された。浜の近くの丘に中国人を追悼する碑が一九七二年に再建された。

新日鉄の工場の南方の丘から工場群と室蘭の港を展望できる。前方には新日鉄の工業用の石炭・コークスが見え、かなたに白鳥大橋がある。

一九九五〜六年の入港記録を見ると、計七〇隻ほどの日本の軍艦が入港し、一九九九年には米第七艦隊の旗艦ブルーリッジが寄港した。新たな日米の軍事協力の指針のもとで日米共同作戦が準備され、港湾の軍事使用がねらわれてきた。軍艦の寄港が増加し、二〇〇四年二月には自衛隊のイラク派兵のためにも使われた。室蘭を再び軍港としない取り組みが求められる。軍港と強制労働の歴史に学び、港湾は平和と友好の場となるべきだ。

▲…室蘭中国人追悼碑

太平洋からの波に打ち寄せられた貝殻が浜に白く点在する。浜の砂は細かい。砂は風に吹かれて音を放つ。晴れた冬空の下、室蘭岳とイタンキの浜は、平和に向けて歴史を語り継ぐ動きを待つようだった。

（二〇〇四年二月調査）

4　横須賀

横須賀はいまでは米軍と日本軍（自衛隊）の基地の街、かつては日本の海軍基地がこの地域一体を占めていた。JR横須賀駅を降りると、港があり、そこにはアメリカのフリゲート艦と日本の潜水艦が見え、かなたには住友

▲…横須賀・夏島の海軍地下壕

のマークがあった。右側には米軍基地があり、地図を見ると広大な面積であることがわかる。

この横須賀で一九九五年一二月に朝鮮人強制連行真相調査団の全国集会がもたれた。全国集会の分科会では、この地域の学校での朝鮮人労働に関する授業報告が多く出された。翌日には横須賀市の協力も得て、当時掘削された壕である夏島の地下壕の調査がおこなわれた。

戦時下、横須賀への朝鮮人の連行状況についてみておけば、海軍工廠、海軍施設部、横須賀線延長工事、浦賀船渠、海軍地下施設建設工事などに多数の朝鮮人が連行されている。横須賀の丘陵には数多くの地下施設が掘削され、現存しているものもある。

たとえば、夏島・浦郷・貝山には海軍航空関連の地下施設や地下工場、田浦には海軍工廠の地下工場がつくられ、病院や貯蔵庫などの地下施設もつくられた。地下施設は逗子方面にもつくられている。この地域には多くの地下壕ができたのである。夏島の地下施設は飛行機を収納できるような大きな壕だった。

横須賀には一九三二年に横須賀海軍建築部が置かれ、一九四三年には横須賀海軍施設部へと改編された。戦時下、横須賀関連の施設部隊には一万人を超える朝鮮人が連行された。横須賀は南方への派兵の拠点であり、ここで六〇を超える設営隊が編成され、太平洋地域や日本各地の軍用工事現場へと送られていったが、そのなかには多くの朝鮮人が含まれていた。

横須賀から派遣された設営隊が関わったものをみれば、ガダルカナル、アンボン、ラバウル、ブイン、ビヤク、バギオ、クラーク、サイパン、八丈島、父島、母島、伊賀上野、八日市、郡山、岡崎、厚木、木更津、松島、大井などの飛行場をはじめとする軍事施設の建設工事があり、さらに第二燃料廠の岐阜の地下施設、浅川や掛川の中島飛行機の地下工場などの建設工事があった。

一九三八年九月には横須賀海軍建築部に大湊出張所が設置され、一九四三年八月には大湊施設部へと改編されている。横須賀から大湊に送られ、さらに千島など北方での軍事基地建設現場に送られた朝鮮人も数多いのである。

設営隊員の派遣とともに、横須賀での軍事施設建設や地下施設工事もすすめられた。横須賀での軍事基地工事のなかでは朝鮮人の死亡者も出たが、その歴史を示す碑が横須賀市の良長院にある「横須賀海軍建築部請負工事殉職者弔魂碑」である。そこには朝鮮人の名前も刻まれている。海軍建築部による工事は横須賀の軍事施設、軍用工場、軍用道路や鉄道工事、そして地下施設などさまざまなものがあった。建築部（施設部）や建築部の下請

横須賀の海軍地下施設

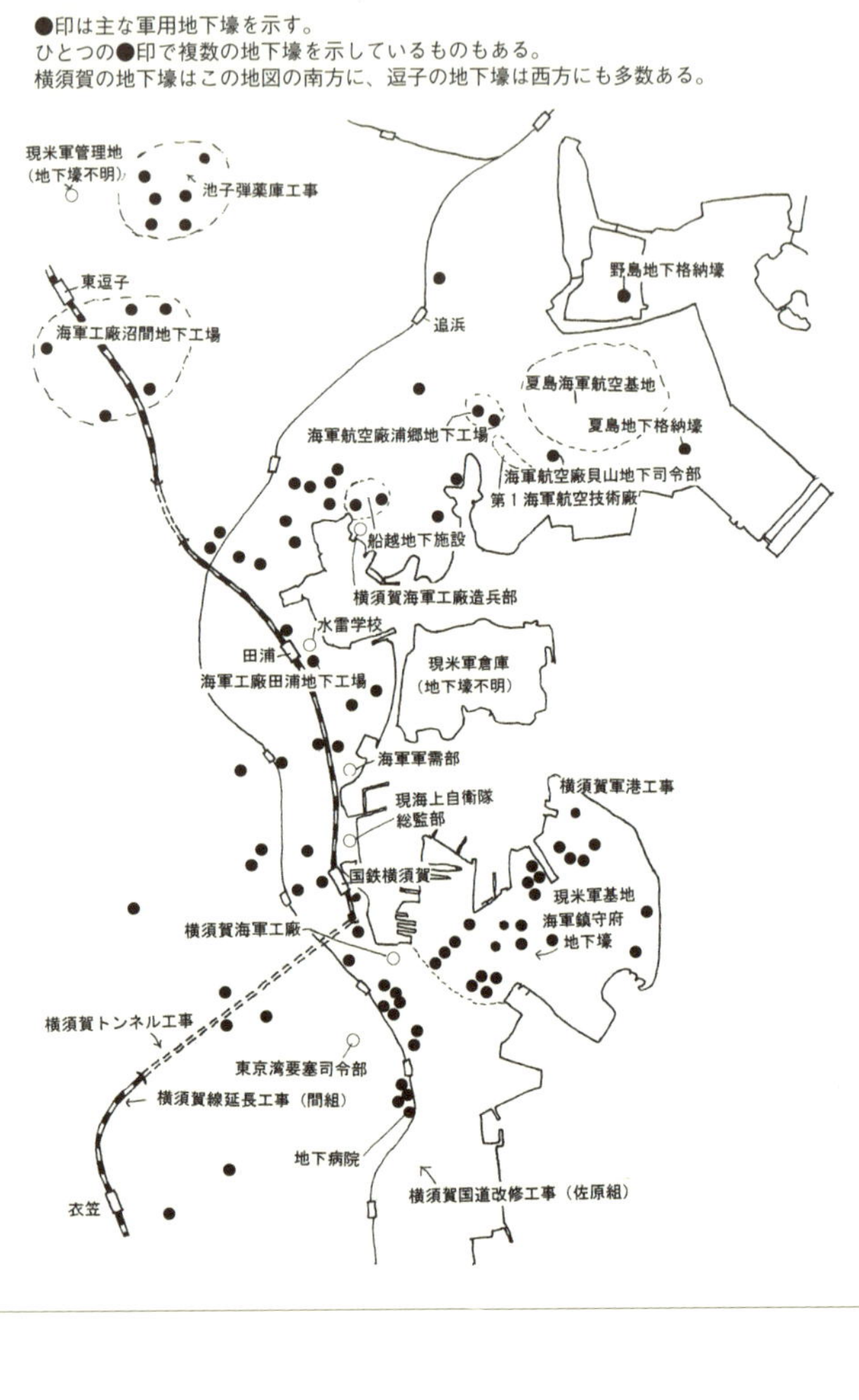

けの土建の組などで数多くの朝鮮人が働いていた。
横須賀海軍施設部はさまざまな部隊を編成して地下施設建設などの軍用工事の現場に送った。たとえば、横須賀施設部の追浜の工事には第一一三部隊、宮城の松島の飛行場工事には第一一六部隊、宮城の船岡での第一火

薬廠疎開工事には第一一二一部隊などが送り出された。解放による朝鮮人の帰国の状況を示す資料である「朝鮮人集団移入労務者送出ニ関スル件」には「横須賀海軍施設部第一一三部隊四六九人」とある（『内鮮関係書類綴』新潟県警察部特高課一九四五年所収文書）。第一一二一部隊については、二〇〇人の朝鮮人がいたという（『海軍施設系技術官の記録』四六二頁）。大船・深沢の施設部部隊の徴用工員のほとんどが朝鮮からのものだったともいう（同四九七頁）。佐世保の第四二一部隊は国分第二航空基地の滑走路を建設したが、日本人五〇〇人、朝鮮人五〇〇人の部隊だった（同六一八頁）。このように、これらの施設部隊には数百人の朝鮮人が含まれていた。

横須賀市土木部の調査では、横須賀市内での軍による地下壕の数は一〇〇か所を超えている。ここには、米軍基地内の旧日本軍の地下壕は含まれていない。隣接する逗子市内にも横須賀の海軍工廠や弾薬庫の地下施設が建設され、その数は逗子市の一九七三年の防空壕実態調査では七三か所である。ここにも米軍の管理地の池子弾薬庫での調査は入っていないから、実際の数は一〇〇を超えるものになるだろう。つまり、横須賀と逗子での横須賀の海軍関係での地下壕の数は二〇〇を超えることになる。

海軍施設部はこのような地下壕工事も担ったのであり、追浜では第一一三部隊が工事をすすめた。今回見学した夏島の地下壕は追浜にあり、この壕掘削に朝鮮人が動員された可能性は極めて高い。戦時下、このようにつぎつぎと地下壕が掘られていくわけであるが、それは軍都横須賀の地下要塞化でもあった。

横須賀の海軍の施設部隊は全国各地から南洋にまで派遣された。そのなかには朝鮮人も含まれ、南洋での死亡者数も多い。その実態の一端は『被徴用死亡者連名簿』からも明らかにできる。海軍の施設部隊や設営隊への朝鮮人の連行者数は万を超える規模であるが、その実態調査は今後の課題である。

（一九九五年一二月調査）

5 呉

二〇〇〇年一二月二三日～二四日と呉で強制連行調査ネットワークのフィールドワークがあった。過去の侵略戦争において、広島の宇品は陸軍の出撃拠点であったが、呉は海軍の出撃と軍需生産の拠点であった。

呉はもともと小さな漁村であったが、一八八〇年代末、軍港化にともない強制移転がなされた。呉海軍工廠ができ、となりの広にも拡張され、それが広第一一海軍航空廠となった。横須賀とともに海軍と軍拡の拠点となり、軍用機や軍艦が製造された。戦艦「大和」も建造された。そのためこの地域は米軍によるはげしい空襲を受けた。

▲…広第 11 海軍航空廠地下工場跡

▲…倉橋島・大浦崎の軍用地下壕

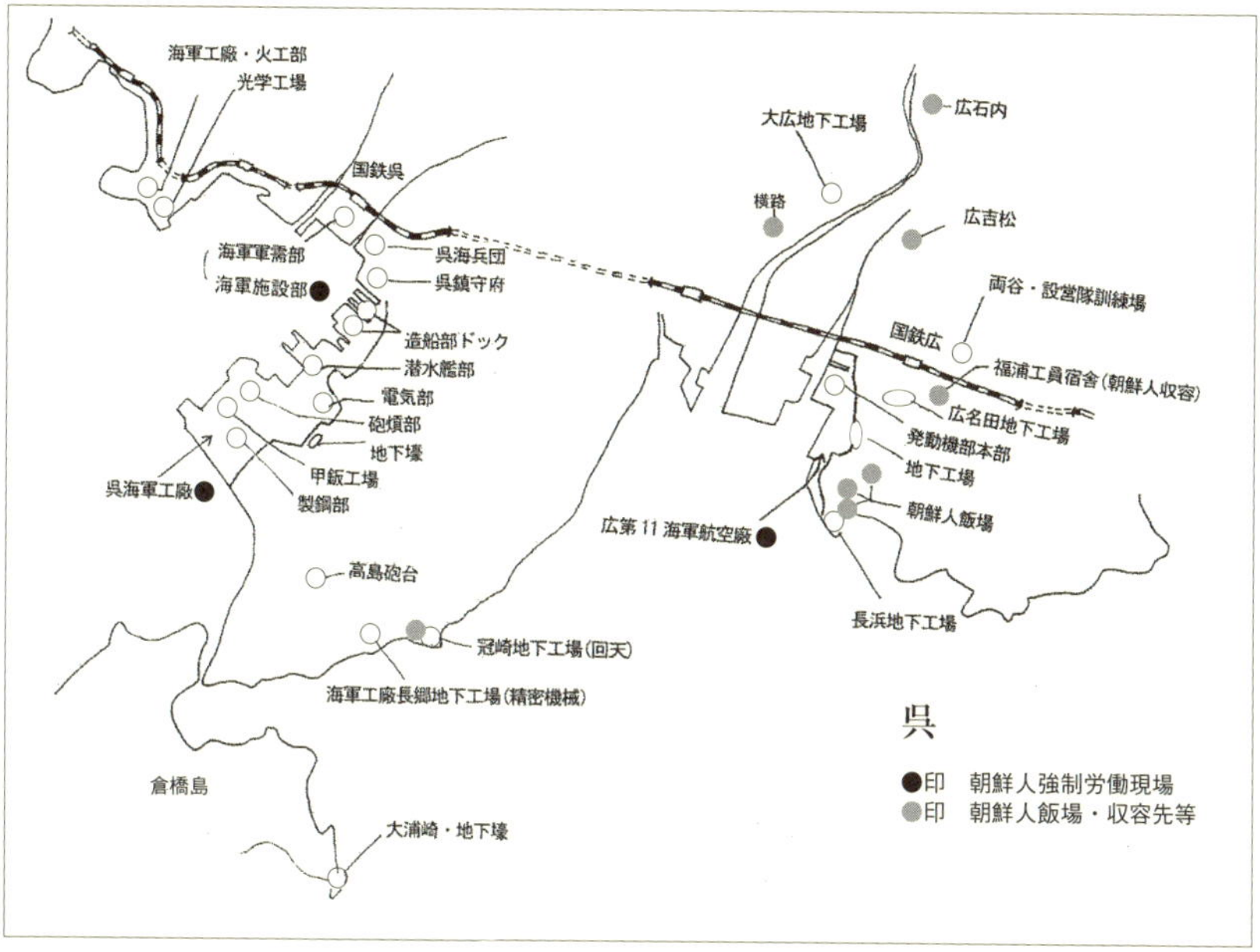

空襲の激化に伴い地下工場・地下施設の建設がすすめられたが、この地下工場・地下施設の建設に海軍軍属や土木会社の労働者として朝鮮人が大量に動員された。呉には数多くの軍用壕が残っている。

今回のフィールドワークでは呉市の広第一一航空廠地下工場、倉橋島の大浦崎地下施設、亀ケ首砲台跡、大和の碑などを見た。地下工場の暗闇には、解放の日を待ち望みながら壕を掘った朝鮮人の思いが刻まれている。その解放は未完のまま、訪れる者に平和を問いかける。

呉の海軍工廠への連行者については、福浦第二寄宿舎の名簿「舎生帰郷先」がある（『強制連行された朝鮮人の証言』所収名簿）。朝鮮人が呉市広の福浦に収容されたのは一九四五年一月一二日と二月一一日のことだった。福浦第二寄宿舎には正気寮、神洲寮、不二寮、萬朶寮の四寮があり、そこに連行朝鮮人が収容された。解放後、福浦から帰国した朝鮮人は一三六四人という。名簿にはこの帰国者のうちの一〇四五人の名前と住所などが記されている。

正気寮は七〇室ほどの部屋を持つ大きな施設だった。

一部屋に八人ほどが収容された。この寮に収容された人々は、造船では鍛工、船具、船具運搬、船渠、造機では器具、作業、鍛錬、機械、製罐、運搬などの現場に動員された。この寮には、咸北では明川、茂山、富寧、吉州、咸南では咸州、平南では平壌、江原では三陟、蔚珍、江陵、横城、准陽、金化、春川、高城、洪川、平昌、鉄原、伊川などからの連行者が収容された。咸北明川と平南平壌からの連行者が多い。

不二寮も大規模な施設であり、名簿の記載状況から一部屋に一〇人ほどが収容されていたとみられる。連行者の出身地は、咸南では咸州、興南、元山、文川、平北では鉄山、宜川、定州、渭原、平南では鎮南浦、成川、价川、江原では鉄原、春川、平昌、旌善、三陟、通川、平康、横城、洪川、麟蹄、寧越、蔚珍、江陵などである。これらの人々は砲運、砲鍛、電気などの現場での労働を強いられた。

萬朶寮には、平北では江界、平南では順川、全北では南原、錦山などの出身者が収容された。この寮への連行者は総務部の運輸、会計部の物資・利材・造兵などに送られた。

神洲寮へは、全南の宝城、咸平、順天、光山などからの連行者が収容された。この地域からの連行者で山桜隊が組織された。

この名簿は八・一五解放後の帰国者のものである。この名簿から、呉海軍工廠への一九四五年に入っての連行が、咸鏡道で約二〇〇人、平安道で約二〇〇人、江原道で約三〇〇人など主に朝鮮北部からおこなわれ、全羅道からも三四〇人ほどが連行されたことがわかる。

福浦第二寄宿舎に連行された人々の帰郷者数が一三〇〇人を超えていることから、呉海軍工廠全体、さらに広の第一一海軍航空廠のなどへの連行者を加えれば、二〇〇〇人を超える人々が連行されたとみられる。

今回の調査で印象に残ったことは、現在の呉の軍港としての姿である。呉海軍工廠の跡地には海自の実戦部隊（掃海艇、潜水艦、護衛艦、揚陸艦など）と教育隊、司令部がおかれ、米軍の秋月弾薬廠司令部、そして石川島播磨、日新製鋼、淀川製鋼などの工場がおかれ、軍事基地と軍需工場を持つ軍都になっている。

「歴史が見える丘」の戦艦大和の碑の碑文には、呉市民の力で大和を建造した旨が刻まれていた。軍民一体の思考が戦後もとぎれることなく続いている。丘からは、過去の侵略戦争と兵器生産の反省を欠落させ、そのうえに現在の軍拡と侵略拠点化がすすめられてきた歴史を知ることができる。呉の歴史は、軍都化にともなう侵略と空襲の歴史であった。表現されるべきは反戦平和の民衆史である。そこには反戦水兵や反基地の運動、強制連行や空爆死をふまえての人々の歴史が含まれる。動員学徒の追悼碑は「殉国之塔」とされている。死者たちはいまも天皇制国家に呪縛され、解き放たれることなく、死を強いた者たちの責任を追及できない枠組みのなかにある。

一九九一年四月、平和船団が抗議するなかで、軍艦マーチと日の丸の旗の下で海軍旗をはためかせ、呉からペルシャ湾へと掃海艇が出ていった。広島原爆は語られても、呉への空襲を示す表現は少ない。呉や広島からの出撃の歴史、軍需拠点という加害の歴史についての問いはさらに少ない。

強制労働跡の地下壕は、戦争責任・植民地責任を追及するとともに、過去と現在を貫く軍都化を問うものである。その問いは、死を強いられた人々の復権にむけての作業を求めているように思われた。

（二〇〇〇年一二月調査）

6 舞鶴

舞鶴市内の五老岳から港を眺望すると鶴が舞うような風景であるという。若狭にある美しい舞鶴の港は軍港と

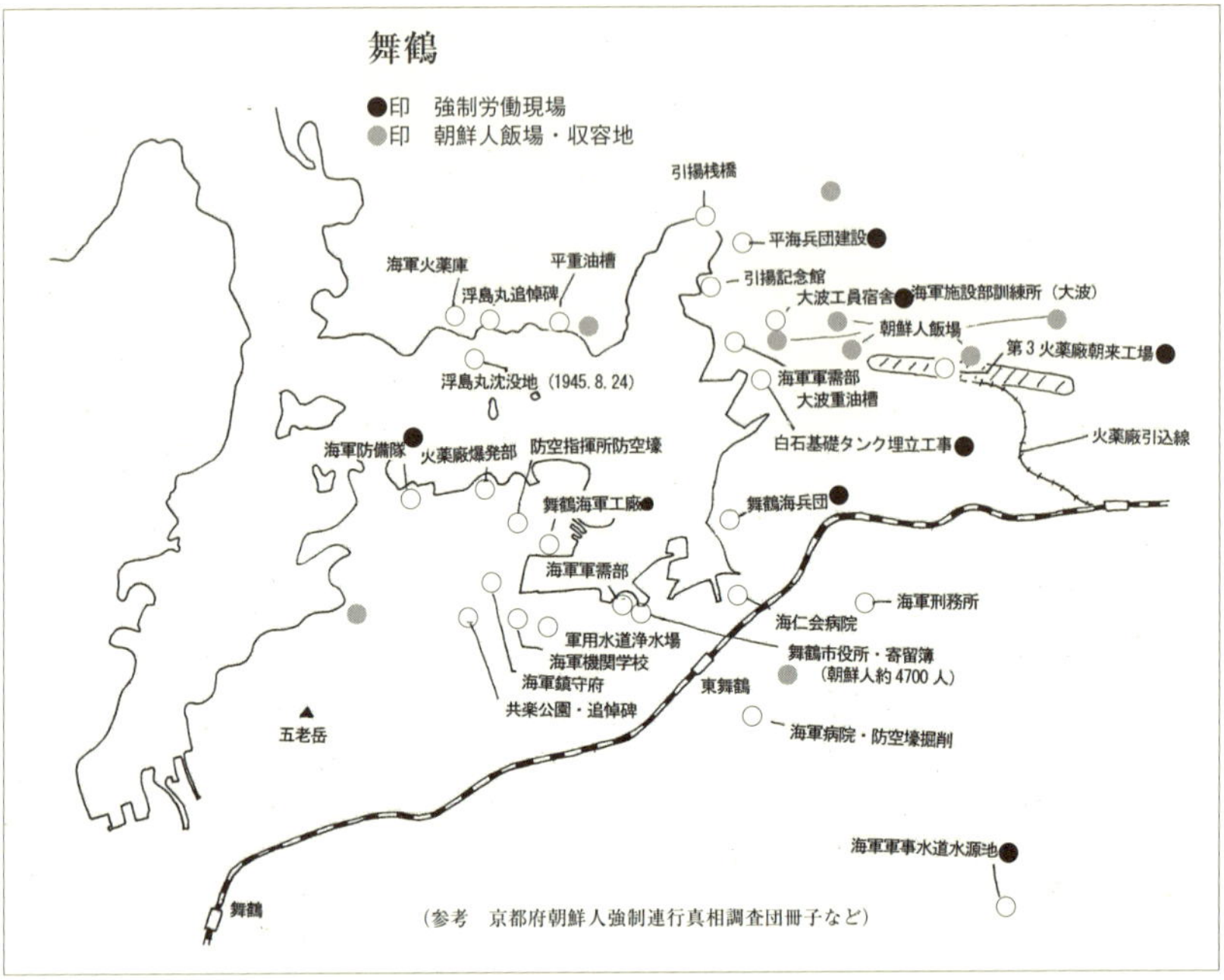

（参考　京都府朝鮮人強制連行真相調査団冊子など）

して整備されてきた。その整備は日清戦争で得た賠償金を使って一八九七年からはじめられ、一九〇一年に舞鶴鎮守府が開庁した。その後、軍縮の動きのなかで鎮守府が閉ざされたこともあったが、一九三七年の中国への全面侵略にともなう軍港の拡充のなかで、建設労働力や兵士として朝鮮人が動員された。舞鶴内の軍事基地建設、海軍工廠、火薬廠での軍需生産、日通での運輸労働などで多数の朝鮮人が連行され労働を強いられた。

舞鶴海軍工廠は一九四五年七月、米軍の空爆をうけ、八四人が死亡したが、そのなかには連行された朝鮮人も含まれていた。市内の共楽公園内にある追悼碑の横には犠牲者名が刻まれている。そこには「金山秤鉉」「柳鉉昌」「三共相萬」といった朝鮮人名もある。

軍都舞鶴の歴史は中国・朝鮮からの収奪を基礎とするものであり、舞鶴各所に残る旧軍史跡にはアジアの民衆の血と汗が結晶している。

一九四五年八月、日本の敗戦にともない朝鮮人は解放された。青森の大湊から帰国のために出向した浮島丸は、八月二二四日に舞鶴港に入った。そのとき、船は爆発して沈没した。この事故で五〇〇人以上の朝鮮人が生命を失った。正確な死亡者の数はいまもわからない。沈没地点から遺体が佐波賀の浜へと流れついた。浜には浮島丸犠牲者を追悼する碑がある。像は地元の教員たちが作ったものであり、建立は一九七八年八月のことである。

▲…解説する李秉萬さん

▲…舞鶴の浮島丸追悼碑

毎年八月二四日に追悼集会がこの碑の前でもたれている。浜に打ちあげられた約二〇〇体の死体は、一時埋葬され、現自衛隊教育隊のグランド地点で火葬された。遺骨は京都、呉を経て、東京の祐天寺におかれた。浮島丸事件の真相究明が南北朝鮮・日本でとりくまれている。二〇〇一年に提訴された在韓軍人軍属裁判の原告のなかには浮島丸事件の幸存者も含まれている。

日本軍の軍人・軍属として連行された朝鮮人は三〇数万人とみられるが、遺骨が返還されない、遺族に通知されない、給与が不払いのまま供託されたというケースが多く、戦後は外国人とされ、補償の対象から外されてきた。連行された人々への謝罪や賠償はなされなかった。

舞鶴現地で浮島丸事件の真相を追究する李秉萬さん（八〇歳）は「死者の正確な数は今もわからない。真相が究明されるべきであり、政府は悪かったと謝罪すべき」と語る。二〇〇〇年には浮島丸の追悼碑文のアクリル板が破壊され、「植民地支配」と記された文字が消されるという事件がおきた。植民地支配という事実を否定する動きは、強制連行などの過去の戦争犯罪を教科書から消し去り、軍拡を肯定する動きとつながっている。

防空指揮所・大波重油タンク・平海兵団・海軍火薬廠など旧軍都の跡は各所に残っている。タンク跡は若浦中学校にあるが、雪が降るとタンク跡の線がうかびあがるという。地下施設の壕は約二〇〇本あり、半分は自衛隊が今も使っているという。市役所前にも壕が二つ残っていた。海底に沈められた遺体の無念の思い、地下壕の中に刻まれた解放への思いは、再び軍都化がすすむ舞鶴の現実を問い続けているように思われた。

▲…舞鶴の地下壕

軍転法によって舞鶴は平和への道を歩むはずだった。しかし、朝鮮戦争にともない舞鶴は再び軍港の道を歩むようになった。街路名が三笠通り、大門通りであったり、舞鶴を眺望するタワーが軍艦の司令塔の形をしていたり、公園の日時計が大砲の形をしていたりと、街並みは軍艦のイメージで形象され、軍事文化に満ちている。現在ではイージス艦が配備され、新ガイドライン安保のもとで戦争の拠点とされている。

旧軍の地下壕に閉ざされたままの解放への叫び声、海底にしずめられた無数の死体の恨、軍事文化に彩られた街並のなかにある生命への思い、戦争協力拒否への市民のメッセージ、舞鶴の歴史から平和に向けての言葉を紡いでいくことが舞鶴の出撃基地化を止める力になるだろう。過去の侵略戦争によって死を強いられた人々の無念をふまえ、その戦争責任・植民地責任を問い、戦争も軍隊もない社会にむけてのとりくみが求められる。

（二〇〇一年三月調査）

＊横須賀・呉・舞鶴・佐世保などにあった海軍の施設部・工廠などに海軍軍属として連行された人々の数については、『調査・朝鮮人強制労働③発電工事・軍事基地編』の第一〇章で詳述した。軍属としての連行者数は佐世保一万五五〇〇人、呉一万二七九七人、舞鶴五四四八人、芝浦二万七二〇人、横須賀（含・大湊）一万九〇六九人、鎮海三六七四人である（判明分）。さらに舞鶴には海軍軍人とされた朝鮮人二一〇〇人ほどが連行された。

7　下関

(1)「遺族とともに遺骨問題の解決へ」集会

二〇〇六年に「遺族とともに遺骨問題の解決へ」集会が東京、福岡、北海道など各地で開催された。その集会には、強制動員によって消息が不明のままの人々や遺骨が返還されていない人々の遺族が参加し、問題解決を訴えた。そこには崔洛勛さんや姜宗豪さんの姿があった。

崔洛勛さんはつぎのように語る。

わたしは一九四〇年にソウルで生まれた。父の崔天鎬は一九一六年生まれで、わたしが生まれたころは清涼里近くで働いていたが、一九四一年に全北の金堤に移住して農業をした。けれども生活は厳しく、父は一九四二年三月頃にソウルに行って仕事を探した。その一か月後に日本に行くという手紙がきた。弟は父が日本に行ってから生まれ、父の温もりを知らず、愛情も受けられなかった。

一九四五年の解放後、旧盆のころに帰国するという手紙を受け取ったが、その後、消息が途絶えた。母は祖父の家で、ずっと父を思い待ち続け、田舎で行商をしながら三人の子を育てた。母はため息と涙の恨の日々を過ごした。母と一緒に幼いわたしも何度も泣いた。家の暮らし向きが悪く、学校は遠いために出席率は悪く、卒業証書を受け取ることができないまま学校生活を終えた。

一六歳のときに家出して、ソウルに行った。最初は物乞いをして駅で寝る生活だったが、篤志家に出会い、技術を身につけた。地位をえて、家族をソウルに呼び寄せて生活できるようになった。しかし、父のいない空白は埋められない。その空白を生涯感じ、耐えてきたが、亡くなった母を考えると、空虚感でいっぱいになる。どこかで生きているという気持ちを持ち続けていたため、母が生きている間は、戸籍を整理することができなかった。母は二〇〇七年に亡くなり、その死亡申告とともに父の戸籍を整理した。本当に悲しかった。

子として、父の記録を見つけ出し、遺骨を受け取り、母と一緒に祀りたい。日本政府は記録を明らかにし、公開してほしい。父が強制徴用された後に送られてきた手紙のなかに「協和訓練隊員昭和一七年九月一三日記念撮影」という写真がある。その写真を手掛かりに、東京や新潟などを歩いた。厚生省や社会保険業務センターで聞いてもわからないという。被害者遺族はいまも傷をいやすことができない。

日本が韓日間の友好と平和を考えるのなら、強制動員被害者のために過去事関連法を制定すべきである。問題解決のために努力すれば、被害者の痛みは少しずつ治癒される。その努力が新しい時代を開く。それが苦痛を被ってきた遺族の希望である。

姜宗豪さんはつぎのように話す。

父（姜太休）は一九二三年六月に済州島の南済州郡中文面下貎里で生まれた。祖父は農業をしていたが、暮らしは難しく、父は船員になった。父は一九四〇年に本家の養子となり、一九四一年五月にわたしが生まれた。父は徴用され、帰ってこなかった。母はわたしが五歳のときに済州市の実家で暮らすことになったが、宗家の子孫であるわたしは母と別けられ、祖父母の手で育てられた。一九四八年に四・三事件が起きた。父が不在であるために左翼とみなされ、祖父母が連行され、銃殺された。わたしが連行されていく祖母にしがみつくと、周囲の大人たちがわたしを引き離した。

その後、わたしは一人で生きてきた。親戚はいたが、左翼の烙印を押された家の子どもの世話をすることは容易ではなかった。中学校に行きたくてもお金がなくて行けなかった。母を訪ねて学校に通えるように頼んだが、再婚した夫が朝鮮戦争で死亡し、暮らし向きが悪いため、母は支援できなかった。その時に母は、祖父から父が日本に徴用され、南洋群島で亡くなったという通知を受けたと聞いたと話した。中学に通い始めたが、学費が払えないため、すぐに退学させられた。掲示板の退学通知書をみて、死にたい気持ちになった。

軍人を相手にじゃがいもを売り、靴を磨いて生活した。学校に行きたくて、済州市の海洋少年団を訪ねたところ、養母と出会った。養母の食堂の手伝いをしながら、夜間学校に通った。

父の生まれた六月に祭祀をしているが、祭祀の日には、故郷に行って親戚の人たちと会い、父のことを聞いている。あるとき、父と長崎で出会った人を尋ねた。その人は日本に留学していたが、偶然父と長崎で出会い、うどんを一皿ずつ食べながら話をした。その時、父が、「鉄船が爆撃で全部破壊されたので、物資を乗せて南洋群島に行く、どうやら帰ってこれなそうだ」と話したという。父は海で亡くなったのかもしれない。

わたしは父の顔を知らない。父がどこで亡くなったのかもわからない。このままでは目を閉じることができない。父の記録はかならずどこかにあると思う。一九六五年の韓日協定の際に、日本政府が被害者に対する調査をきちんとし、関係資料を韓国政府に渡していれば、父の資料も見つかったと思う。海軍軍属とされ連れていかれたという話と最後に会ったという人の証言があるだけである。日本政府は最小限の誠意をみせ、調査に積極的に協力してほしい。

このような二人の思いを受けて、遺骨問題集会を担った人々を中心に日本国内での足跡調査がおこなわれた。

(2) 日本での足跡調査

崔洛勛さんの父・崔（菊村）天鎬さんの足跡調査は、同僚と収容寮の前で写した「第一協和訓練隊員」「昭和一七年九月一三日」という一枚の写真を手掛かりに始まった。写真には建物の前に九人の姿があり、裏面には出身郡や名前が記されていた。韓国の強制動員調査・支援委員会には日本政府から供託金関係資料が提供されていたが、貝島大之浦炭鉱の未払い金記録に写真の九人のうち、高山竜雨・金川錫俊の二人の名前があった。しかし、崔天鎬さんの供託記録はなかった。この写真が貝島大之浦炭鉱の収容施設の可能性が高まった。貝島現地を調査し、年金事務所を訪問してみたが、崔天鎬さんの年金記録はないとのことだった。

そのため、朝鮮人が連行された工事現場がある福岡、広島、山口、島根、新潟、秋田などの主な事業所名をあげて、六県の年金事務所に調査を依頼した。依頼にあたっては寮の写真や九人の名簿、戸籍、委任状、証言記録などを同封した。この調査でわからなければ、長崎や青森などの資料を集めての調査も予定した。二〇一四年になって、秋田の年金事務所から、崔さんを含め写真の四人が貝島大之浦炭鉱の年金記録にあるという連絡がきた。年金記録は電算化がすすめられているが、調査要請を受け、秋田の年金事務所の職員が誠意を持ち、古い記事から菊村天鎬の名を探しあてたのである。写真が大之浦炭鉱のものであることが確実になった。

二〇一四年五月、菊村天鎬の厚生年金保険記録が中福岡年金事務所から出された。そこには貝島大之浦での資格取得年月日が一九四二年六月一日、喪失年月日が一九四三年四月一八日となっていた。おそらく天鎬さんは動員されて一年を経る前に、現場を離れた。そして八・一五を経て、家族へと帰国を連絡した後に、消息を絶ったのだろう。

年金事務所での調査では、姜（和田）太休さんの船員保険の記録があることもわかったが、会社名などがわからないと詳細は示せないとのことだった。そのため戦没船や所有会社の調査をすすめ、長崎や山口など各地の徴用船名や済州島関連の徴用沈没船名などをあげて年金事務所に調査を依頼した。それにより、二〇一四年二月になって姜さんが下関市の西大洋漁業統制㈱の第二六北新丸に機関長として勤務していたことを確認できた。

年金事務所は沈没船名、所有会社名などの資料を手がかりに船員保険の記録を明らかにしたのだった。同年五月に下関の年金事務所が出した記録によれば、船員保険の資格取得年月日は一九四四年二月二日、資格喪失年月日は同年の三月一五日であり、約一か月間である。死亡したとすれば前日の一九四四年三月一四日である。南方での輸送中に亡くなったとみられる。

▲…貝島炭鉱跡フィールドワーク

二〇一四年五月一七日から一八日にかけて、強制動員真相究明ネットワークによる筑豊フィールドワークがおこなわれ、一七日の夜には真相究明ネットの前事務局長であった福留範昭さんの五周忌が福岡市内でもたれた。福留さんは二〇〇六年の「遺族とともに遺骨問題の解決へ」集会を支援し、通訳もしたが、二〇一〇年五月に亡くなった。ここでみてきたように二〇一四年に崔さんの父が貝島大之浦炭鉱に動員され、姜さんの父が西大洋漁業統制の船に乗っていたことが判明した。二人は福留さんの五周忌を兼ね、父の記録を確かめるために来日した。二人は一七日に貝島炭鉱跡、一八日に下関港で、父を追悼する祭祀《チェサ》をおこなった。

(3) 下関

下関には関釜連絡船の埠頭があり、関門海峡は海運と軍事の拠点であった。国鉄下関駅、下関運送、日通下関支店、下関港運などが輸送の中心になり、国鉄の関門トンネル工事もおこなわれた。下関の彦島には三菱重工業下関造船所、三井鉱山三池精錬所彦島工場、東洋高圧工業彦島工業所、林兼造船などの軍需工場があった。下関では地下壕工事や軍用工事もおこなわれた。これらの軍需工場、港湾輸送、地下工事に多くの朝鮮人が動員された。

関門トンネルの入口近くの構内に工事の殉難碑がある。そこには李磧琴、吉龍東、孫為景、辛性允、新井潤圭などの朝鮮人名も刻まれている。彦島公民館の近くには、戦時に建設された旧国鉄の変電施設用の地下壕が残されている。内部はL字の二段式という。

▲…関門トンネルと追悼碑

関釜連絡船は一九〇五年に山陽鉄道が下関・釜山間に定期航路をひらいたことから始まる。航路の拡大は植民地支配の強化と一体のものだった。戦時期におこなわれた強制連行により、下関駅の東方の旧倉庫群には連行された人々が押し込められた。今ではそれらの倉庫群はない。関釜連絡船の発着場跡地は海峡ゆめ広場となり、その一角に下関鉄道栈橋跡の碑がある。下関鉄道の栈橋は一九一四年に関釜連絡船用につくられた岸壁であり、二個の繋船柱が保存されている。

下関警察署と下関水上警察署には特別高等警察の巡査が配置され、下関を通過する朝鮮人などの外国人や関釜連絡船や鉄道などでの人々の移動を監視した。

彦島の江の浦の検疫所は戦時には、軍の管理下で彦島傷病兵俘虜収容所として使われた。ここで強制連行された中国人や連合軍俘虜の検疫・消毒作業がなされた。連行された人々はここから日本各地の炭鉱などに送られていった。その後、門司検疫所彦島措置場として使われた。連行され下関で死亡した中国人は、下関市椋野町の円陵寺裏の市営関山墓地に土葬された。一九五五年、中国人遺骨送還運動のなかで七三体が発掘された。一九八五年には「日中平和祈念慰霊の碑」が建てられた。

下関には朝鮮人の集住地ができた。それがいまの神田町であり、山口朝鮮初中級学校や韓国寺の光明寺、在日大韓基督教下関教会などがある。集住当初は下水処理がなされず、汚物がたまり、トングルトンネ（糞窟村）ともいわれた。細い道の先には神田公園があるが、ここはかつて火葬場だった。近くには刑務所支所もおかれていたが、今では市民センターとなっている。朝鮮学校は解放後に建設されたが、朝鮮人の民族教育への思いの結晶

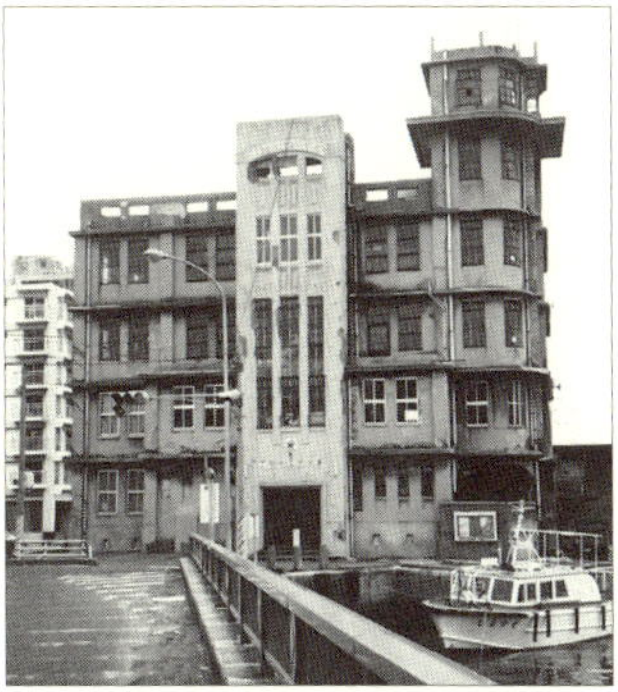

▲…下関水上警察署（旧建物）

▲…下関埠頭跡

▲…彦島の旧国鉄地下壕

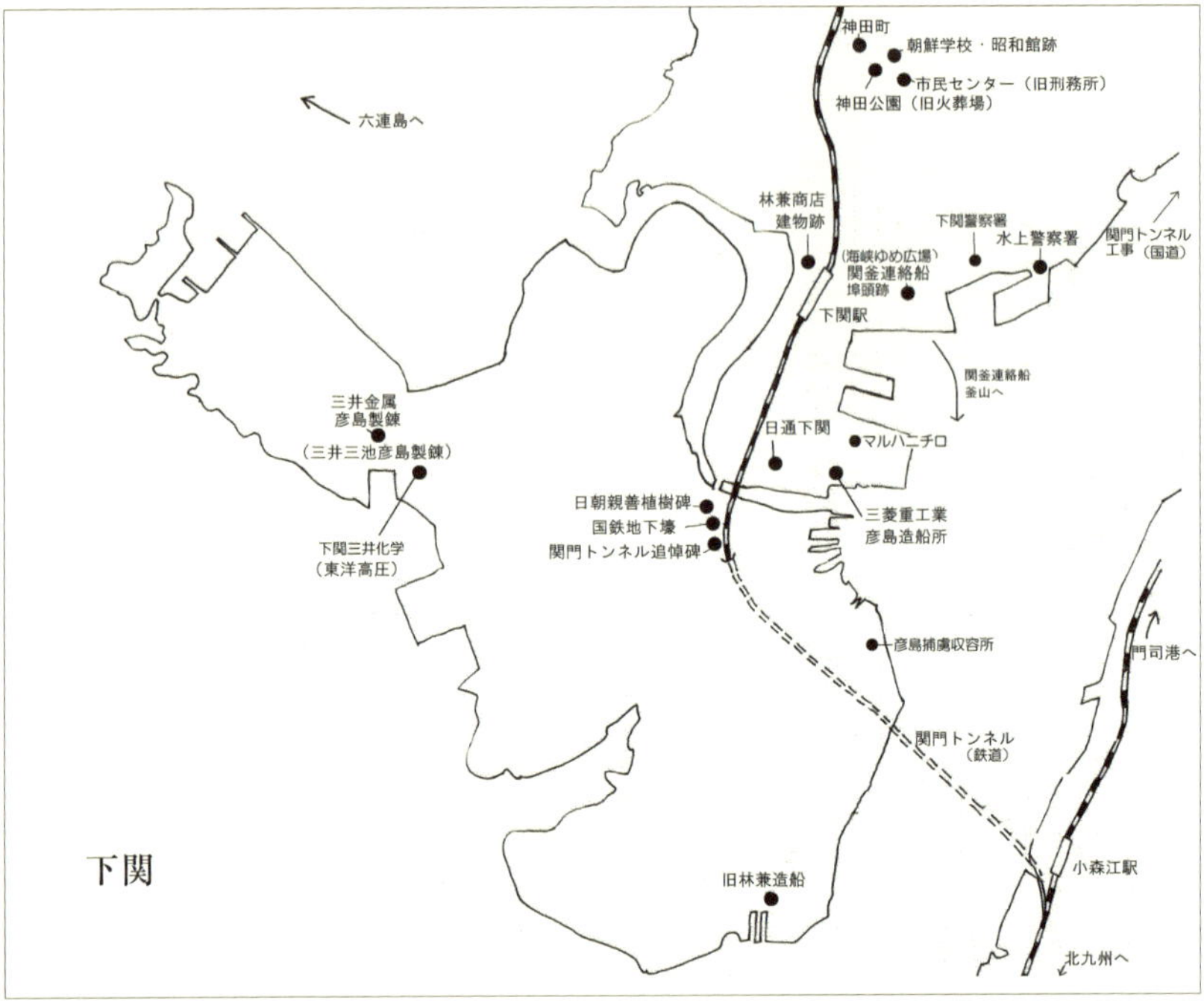

である。

朝鮮学校の入口近くにはかつて昭和館があった。昭和館は「内鮮融和」のために職業紹介や保護救済などの社会事業をおこなうために一九二八年に建てられた。解放後に朝鮮学校の校舎として利用されたこともあった。その後、建物は警察の寄宿舎などに使われ、一九八五年ころまであった。いまでは石垣を残すだけである。「内鮮一体」「皇国臣民化」に向けて一九三七年に山口県協和会が設立され、下関には東和会、彦島には労友会があった。神田町の東和館のなかに東和会がおかれ、解放後は、その建物が朝鮮学校の寄宿舎として利用された。

神田町一帯には一〇〇〇人余りの朝鮮人が居住している。戦後のトタン屋根の建物も残っているが、夏は熱気に蒸され、雨の日は叩きつけられるような音の中で暮らしたという。この地域は在日朝鮮人がさまざまな歴史を刻んできた場である。

彦島にも朝鮮人労働者が集住していた。彦島公民館の横に「在留彦島朝鮮人帰国記念植樹」の碑がある。この碑は一九六〇年一月に建てられたものであり、彦島から朝鮮へと帰国した人々の歴史と友好への思いを物語るものである。

下関は徴用船舶の拠点でもあった。水産統制の動きのなかで、日本水産など一八社で帝国水産統制㈱が設立され、一九四三年に入り、日本水産が日本海洋漁業統制㈱、林兼商店（マルハ）系は西大洋漁業統制㈱、日魯漁業などは北太平洋漁業統制㈱に統合された。下関を拠点としていた林兼商店は存続したが、遠洋漁業に使用できる多くの漁船が徴用船舶とされ、軍事輸送に動員された。

西大洋漁業統制は戦後、大洋漁業となり、マルハを経て、企業統合のなかで、現在はマルハニチロとなっている。下関駅の西口には大洋漁業の本社ビルがあったが、その跡地に大洋漁業の碑がある。その碑には一九三六年に林兼商店が本社をここに建設したことなどが記されている。戦後、下関は引き揚げの拠点となり、駅近くには朝鮮人も多数居住した。マルハ通りにはかつて朝鮮人連盟下関支部が置かれた。この通りを過ぎると漁港があり、竹崎の渡船場からは六連島へと連絡船が出ている。

▲…下関で父に呼びかける姜さんの祭祀

この渡船場で姜宗豪さんが祭祀をおこなった。祭祀の際には、麻の白装束を着て、布を敷き、果物を置いた。そこには「お父さん会いたいです」と記された追慕の幕も掲げられた。姜さんは父が船出した海に向かって祈り、「アボジー」と叫び、声を震わせた。父を失い、四・三事件で祖父母を失い、学ぶ機会を奪われながら、生き抜いてきた。そのなかで持ち続けた父への思いが詩篇のように語られていく。

強制動員され消息を絶って七〇年、その間、辛い思いが心のなかに積み重なった。遺族による「アボジー」の叫びは、そのような思いから自らを解き放とうとするものだった。その祭祀は、残された者の魂を鎮める行為であり、真相調査への意思を分かちあう場を新たに形づくるものだった。

（一九九六年一一月、二〇一四年五月調査）

参考文献

小樽調査記録・能山優子提供資料
小樽市「執葬認許証」
『被徴用死亡者連名簿』
琴坂守尚「小樽の掘り起こし」賀沢昇『続・雪の墓標』朝日新聞社一九八八年
「小樽と朝鮮人」民衆史道連『続・掘る』一九八八年
武井幸夫編『こもれび』小樽道新文化センター二〇〇七年
朝鮮人強制連行真相調査団『朝鮮人強制連行・強制労働の記録　北海道・千島・樺太篇』現代史出版会一九七四年
朝鮮人強制連行実態調査報告書編集委員会『北海道と朝鮮人労働者』北海道一九九九年
全金乭証言『百万人の身世打鈴』東方出版一九九九年所収
黄鐘守証言・金興基証言『告発・証言集　二』朝鮮日本軍「慰安婦」・強制連行被害者補償対策委員会二〇〇三年所収
『北千島に眠る　「太平丸事件」と朝鮮人強制連行』「北千島に眠る」刊行会二〇〇二年
『小樽市史』六　一九六九年
『古平町史』三　一九九八年
『函館市史』通説編三　一九九七年
『函館市史』通説編四　二〇〇二年
『海軍施設系技術官の記録』同刊行委員会一九七二年
『強制連行の傷跡』神奈川朝鮮人強制連行真相調査団一九九三〜九四年

逗子市朝鮮人労働調査委員会『戦時下逗子の朝鮮人労働者』一九九五年
朝鮮人強制連行真相調査団『朝鮮人強制連行調査の記録　関東編一』二〇〇二年
朝鮮人強制連行真相調査団『朝鮮人強制連行調査の記録　中国編』二〇〇一年
福浦第二寄宿舎「舎生帰郷先」朝鮮人強制連行真相調査団『強制連行された朝鮮人の証言』明石書店一九九〇年所収
徳山宣也『年表で語る大洋漁業の歴史』二〇〇一年
前田博司『波乱の半世紀を探る　下関をめぐる国際交流の歴史』長周新聞社一九九二年
「崔天鎬・姜太休関係調査資料」在韓軍人軍属裁判の要求実現を支援する会二〇一四年
「未来への架け橋」七七　在韓軍人軍属裁判の要求実現を支援する会二〇一四年五月

第9章●静岡県の朝鮮人強制連行

ここでは、静岡県を事例に朝鮮人の強制連行の状況について、労務での動員を中心に、連行先、連行者数、統制と抵抗の状況、帰国の順にみていきたい。

1　朝鮮人の連行先と連行者数

静岡県下では、伊豆や奥天竜の鉱山・各地の軍事飛行場・軍工場・地下工場建設・発電工事現場などで朝鮮人の強制連行がおこなわれ、連行先は県内五〇か所以上、連行者数は一万五〇〇〇人を超えるものになる。また、中国人も五か所に一二六〇人が連行された。

静岡県内に在留していた朝鮮人の数をみると、一九二〇年には一五〇人ほどであったが、一九二三年には一四〇〇人、一九三一年には五二〇〇人、一九三七年には六七〇〇人と増加した。一九三九年には一万人近くなり、連行がすすむと一九四四年には二万人を超えた。一九二〇年代から三〇年代にかけての県内での朝鮮人の労働先を『静岡新報』『静岡民友新聞』などの記事からみると、鉄道、発電、道路、埋立、水道、軍事基地などの土木建設、港湾荷役、鉱山、紡績・製糸工場、料理店などがある。

(1) 連行先

一九三九年以降の朝鮮人の連行先については、中央協和会「移入朝鮮人労務者状況調」から一九四二年六月末段階での朝鮮人の連行先とその数がわかる。

この史料から静岡県分の強制連行先をあげると、鉱業では、日本鉱業峰之沢鉱山（磐田郡龍山村）、日鉱河津鉱山（賀茂郡稲生沢村）、土肥金山土肥鉱山（田方郡土肥町）、縄地鉱山（高根鉱業所・賀茂郡白浜村）、古河久根鉱業所（磐田郡佐久間村）、中外鉱業持越鉱山（田方郡上狩野村）、長尾炭砿（榛原郡中川根村）、土建業では、西松組富士川第二出張所（庵原郡松野村）、飛島組富士川第二出張所（庵原郡富士川町）、大倉土木芝川出張所（庵原郡内房村）、大倉土木日本坂作業所（志太郡東益津村）、大倉土木徳山出張所（志太郡徳山村）、間組日発久野脇発電所工事（榛原郡中川根村）、軍需工場では、東京麻糸紡績沼津工場（駿東郡大岡村）、日本軽金属（庵原郡富士川村）、港湾業では鈴与商店（清水市）などがある。

一九四二年の中央協和会の『協和事業年鑑』には一九四〇年当時の「労務者訓練所開設状況」の記述があり、東京麻糸紡績沼津工場、大倉土木芝川作業所・下稲子作業所、鈴与商店、間組中川根作業所、久根鉱業所での状況が記されている。

また、戦後に集約された厚生省勤労局「朝鮮人労務者に関する調査」（一九四六年）の静岡県分の名簿からも連行先と連行数がわかる。その連行先をあげれば、日本鉱業河津鉱山、日本鉱業峰之沢鉱山、古河鉱業久根鉱山、

図表 9-1　静岡県への朝鮮人強制連行

	連行企業名	1939	1940	1941	1942	1943	1944	1945	連行者数
1	日本鉱業河津鉱山		107	58	73				238
2	中外鉱業持越鉱山				49				49
3	縄地鉱山		41						41
4	土肥鉱業		79	114	90	50	31		364
5	湯ヶ島鉱山					33			33
6	戦線鉱業仁科鉱山						98	388	486
7	宇久須鉱山						75	413	488
8	古河鉱業久根鉱山		30	41	112	50	129	96	458
9	日本鉱業峰之沢鉱山		50	84	46	94	157	40	471
10	西松組　日軽金富士川発電	(400)	(145)						545
11	大倉土木　日軽金富士川発電	(300)	(150)	(141)					591
12	飛島組　日軽金富士川発電		255						255
13	間組　日発久野脇発電工事		797	402	397	131		7	1734
14	大倉土木　日発久野脇発電工事			187	275	73			535
15	大倉土木　日本坂トンネル工事				218	140	69		427
16	運輸省熱海地方施設部				1	4	4	2	11
17	日本軽金属								不明
18	鈴与商店		119						119
19	清水港運送						74		74
20	黒崎窯業清水工場						74	39	113
21	豊年製油清水工場							42	42
22	日本鋼管清水造船所							8	8
23	日通静岡支店						47		47
24	日通浜松支店							37	37
25	日通富士支店					1	1		2
26	鈴木式織機							118	118
27	東京麻糸紡績沼津工場	45	50	174	200		302		771
28	共立水産工業							20	20
29	土屋組						30		30
30	中村組						263	153	416
	年度別集計	745	1823	1201	1461	576	1354	1363	8523

註　厚生省勤労局「朝鮮人労務者に関する調査」静岡県分、中央協和会「移入朝鮮人労務者状況調」から作成。

厚生省勤労局調査の連行数のうち、湯ケ島・日通浜松・土肥・峰之沢・中村組・土屋組等については名簿から集計したものを用いた。

中央協和会調査の数は割当数から推定して年度別にふりわけた。

軍施設・軍工場・地下施設等の建設に大量動員された朝鮮人については表 9-2「静岡県への朝鮮人強制動員（土木建設関係）」。

中外鉱業持越鉱山、土肥鉱業、湯ヶ島鉱山、戦線鉱業仁科鉱山、宇久須鉱山、間組日発久野脇発電工事、大倉土木日発久野脇発電工事、大倉土木日本坂トンネル工事、運輸省熱海地方施設部、清水港運送、黒崎窯業清水工場、豊年製油清水工場、日本鋼管清水造船所、日通静岡支店、日通浜松支店、日通富士支店、鈴木式織機、東京麻糸紡績沼津工場、共立水産工業、土屋組、中村組などである。

これらの史料から、一九三九年以降、県内で朝鮮人が強制連行された場所を集約すると三〇か所ほどになる。これ以外にも軍事基地や地下工場建設、軍人軍属などで朝鮮人が動員された。それらの現場を含めれば、県内で

図表9-2　静岡県への朝鮮人強制動員（土木建設関係）

	動員現場（土木建設）	動員企業名
1	宇久須鉱山土木	鹿島組
2	戦線鉱業仁科鉱山選鉱場工事	栗原組
3	戦線鉱業仁科鉱山索道工事	鹿島組
4	日本鉱業峰之沢鉱山選鉱場工事	日産土木
5	中外鉱業大嶽鉱山工事	勝呂組
6	中島飛行機浜松工場工事	清水組
7	中島飛行機原谷地下工場工事	清水組・勝呂組
8	中島飛行機三島工場工事	
9	中島飛行機三島地下工場工事	池田組
10	中島航空金属森地下工場工事	
11	日本楽器天竜疎開工場工事	
12	鈴木織機二俣地下工場工事	
13	三菱重工静岡工場工事	竹中工務店
14	住友金属静岡工場工事	鹿島組
15	日立製作所清水工場工事	鹿島組・飛島組
16	日発清水火力発電工事	間組
17	日軽金浦原工場工事	竹中工務店
18	日軽金清水工場工事	竹中工務店
19	日軽金清水工場桟橋工事	清水組
20	日本無線浜松工場工事	大倉土木
21	沼津兵器工事	鹿島組・竹中工務店
22	大井川陸送設備工事	間組
23	大間発電所土木	間組
24	沼津海軍工廠工事	
25	沼津海軍工廠地下工場工事	
26	海軍技術廠島田実験所工事	
27	海軍技術研究所沼津地下工事	
28	袖浦天竜飛行場工事	戸田組
29	大井航空隊工事	佐藤工業
30	大井航空隊地下施設工事	
31	清水航空隊工事	三木組
32	清水航空隊地下施設工事	
33	藤枝飛行場工事	菅原組
34	藤枝への字山地下弾薬庫工事	佐藤工業
35	富士田子浦飛行場工事	熊谷組
36	浜松・三方原飛行場拡張工事	
37	伊豆特攻基地工事	
38	富士宮戦車学校工事	

註　朝鮮人が動員されたおもな軍事基地、軍需工場、鉱山関係の土木工事現場である。1ヵ所に仮に200人の動員として7000人ほどの動員となる。

朝鮮人が強制動員された現場は五〇か所以上になる（図表9-1、9-2）。

(2) 連行者数の増加

内務省警保局保安課内鮮警察資料

一九三九年から一九四三年までの労務動員による朝鮮人の連行状況については、内務省警保局保安課の内鮮警察の資料「労務動員関係朝鮮人移住状況調」（一九四三年末現在）から、各年の都道府県ごとの動員状況がわかる。この資料は警察の人員を増加させるために予算請求した際に提出されたものである。静岡県分をみると、一九三九年に二一四〇人、一九四〇年に三〇六七人、一九四一年に一九〇五人、一九四二年に一八七九人、一九四三年に八六七人の計九八五八人が労務動員され、移住していることがわかる。

一九四三年末までに約一万人が労務動員によって移住させられたわけであり、この時点での強制連行者数を約一万人とすることができる。ここには一九三九年から四一年六月までの縁故募集者約一三〇〇人が含まれている。

また、内務省警保局保安課が予算請求の際に提出した内鮮警察資料に「昭和一九年度新規移入朝鮮人労務者事業場別数調」がある。この史料では、静岡県への一九四四年度の連行予定数が三六七八人となっている。その内訳をみると金属山で八八三人、土木建築で二三五四人、工場その他で四四一人である。この年度の動員は、計画に基いて、徴用の適用も含めて執拗におこなわれていったことから、計画通りに四〇〇〇人近い人々が動員されたとみられる。

さらに一九四五年に入ると、地下工場・地下施設工事に多数の朝鮮人が動員されていった。一九四三年までの動員数約一万人、四四年度の動員数四〇〇〇人に、四五年に入っての地下工事関係の動員者などを加えれば、労務動員による静岡県への連行者数は一万五〇〇〇人を超えることになるだろう。

つぎに、内務省警保局による「特高月報」や「社会運動の状況」の数値から静岡県への連行の状況をみてみよう。内鮮警察の資料では縁故募集者を含めて移住者統計がとられていたが、「特高月報」などの資料では、募集・官斡旋による集団移入者が計上されている。そのため連行者数は内鮮警察の統計資料よりも少なくなるが、一万人ほどの連行者の存在を推定することができる。

「募集」

「社会運動の状況」から一九三九年の動きをみれば、静岡県の鉱山では「募集」により一一〇人が連行されたが、一九四〇年末までに四二人が去る。四二人のうち、逃亡が一九人、本国送還が二一人、自己都合帰国が二人であった。土建関係では「募集」で一五〇〇人が連行を認可され、一九三九年に八〇〇人、一九四〇年に六八六人が連行された。土建の計一四八六人の連行者のうち、逃亡は二一三人、本国送還は四六人、自己都合による帰国は四五人であり、一九四〇年末の残留者は一一八二人である（「社会運動の状況」一九四〇年、朴慶植編『在日朝鮮人関係資料集成』四　四七四頁、以下『集成』と略記）。静岡県下へと鉱山と土建で合わせて一五九六人が連行されたが、一九四〇年末まで減員数は三四六人だった。

朝鮮人の抵抗は逃走や改善を求めての争議など、さまざまな形でおこなわれた。一九四一年の特徴は逃走者の増加である。一九四一年末までに連行された朝鮮人は三四〇八人であったが、逃走者は一四〇三人に増えた。三人に一人が逃亡したのだった。発見されたのは二〇三人である。さらに「不良」「病弱」にともなう送還者は一五四人であり、減員数は一八五一人となった。

さらに争議には動員者二〇五六人のうち四二五人が参加した（「社会運動の状況」一九四一年、『集成』四所収、七〇四頁、七一〇頁)。争議の多くは「慰留」によって「解決」しているが、労働者の要求をとり入れる形でその場を収めることが多かったとみられる。

逃亡者が激増するなかで、政府は朝鮮人を管理するために、協和会員章の全国一斉調査をおこなった。静岡県内では一九四二年八月一五日から九月三日までの約半月の調査で六六七五人が取り調べられた。このうち無所持は三三一人であり、逃亡者と判明したのは三五人だった。本国への送還は四人、八人が元の職場へ送りかえされた。二四六人の労働者に対しては就労させて会員章を交付するという手続きをとった。七五人は照会中とされている(「協和会員章無所持者の一斉調査並に措置状況」、「社会運動の状況」一九四二年、『集成』四 九三五頁)。

「官斡旋」

一九四二年になると、「募集」という形での連行に加えて、「官斡旋」による連行がおこなわれた。

一九四二年末までに静岡県下へと「募集」され、連行された労働者は四五八九人であり、他県から三二六人が転入した。他県からの転入者を含めると、計四九一五人になる。このうち、逃亡は一九五一人、「不良」送還は一〇一人、期間満了帰国は七四二人、その他八二人、他県転出七一九人であり、減員数は二八七六人になる。残っていたのは一三二〇人だった(「社会運動の状況」一九四二年『集成』四 九二二頁)。

「募集」による連行者について、一九四三年末の数値をみれば、県内へと連行された四五八九人のうち、二三五八人が逃亡し、九三四人が期間満了帰国、他県転出が九二二人であり、現場に残っているのは六〇三人という状態だった(「朝鮮人運動の状況」一九四四年二月分、『集成』五 三五三頁)。

静岡県では一九四二年に九〇〇人の「官斡旋」による連行が承認され、六九二人が連行された。このうち四二年末までに逃亡が二六人あった。「官斡旋」者は静岡県下で一九四三年六月末までに一二三四人(うち逃走二六五人)、一二月末までに一五六五人(うち逃走五七二人)と増加した。連行をすすめても、六月から一二月までに三〇〇人以上が逃走し、半年間で、連行した人員相当分が逃走するという状況であった(「官斡旋」者数の変化については「社会運動の状況」、「特高月報」による。『集成』四　八九四頁、『同』五　二二五頁、三五六頁)。

「特高月報」では、一九四三年末までに静岡県へと連行された者を、募集四五八九人、転入三七七人、官斡旋一五六五人の計六五三一人としている。これに、呼び寄せ家族(一九四三年末までに五〇六人)を加えれば、静岡県内には七〇〇〇人を超える連行者があったことになる。この数値は内鮮警察の統計よりも三〇〇〇人ほど少ない。一九四三年度分の残数の連行は一九四四年の初めにかけておこなわれたため、連行者数はさらに増加しただろう。

また、この一九四二年の一〇月には在日朝鮮人の徴用が強化され、海軍直轄事業場での土木建設工事への動員がなされた。この徴用に対しても出頭を拒否するなど、徴用忌避がおこなわれた(「社会運動の状況」一九四二年、『集成』四　九〇〇頁)。これらの人々は軍関係工事への労務動員者であり、海軍工員とされ、軍属として扱われた。

「徴用」

一九四四年九月からは「徴用」による連行がはじまる。先にみた内鮮警察の「昭和一九年度新規移入朝鮮人労務者事業場別数調」では、静岡県への一九四四年度の連行予定数を三六七八人としている。厚生省勤労局調査(一九四六年)での静岡県への一九四四年・四五年の連行者は判明数で二七〇〇人ほどである。この厚生省調査は事業所の欠落が多い。『特高月報』による一九四三年末までの連行者数に、この一九四四年度の「新規移入朝鮮人労務者事業場別数調」での連行者予定数を加えると、約一万人の連行者数となる。

この一万人には、縁故募集で動員された人々、四三年度の残数分の連行者、四五年以後、地下工場建設へと動

図表 9-3　静岡県の朝鮮人強制連行者数

年	内鮮警察（年度毎）	内鮮警察（累計）	特高月報（累計）	協和会統計（累計）	厚生省勤労局（年度毎）	在静岡朝鮮人数（年度毎）
1939	2140	2140	910	1610	45	9855
1940	3067	5207	2268	3010	1113	15726
1941	1905	7112	3408	4270	1060	14784
1942	1879	8991	5613	4537	1461	17077
1943	867	9858	6531		576	17215
1944	3678	13536			1354	22418
1945					1363	30150

内鮮警察は、内鮮警察の統計資料の数値。1939 年から 43 年は「労務動員関係朝鮮人移住状況調」（1943 年末現在）の数値。44 年は連行予定数であり、「昭和 19 年度新規移入朝鮮人労務者事業場別数調」からの数値。年度ごとの連行数と累計数を示した。

「特高月報」は「特高月報」、「社会運動の状況」から「募集」「斡旋」「他県からの転送」を加えた累計数。

厚生省勤労局は、厚生省勤労局調査名簿からおもな連行先での連行者数を集計したもの。自由募集による少数のものは除いた。年ごとの連行数を示す。この数値は判明分であり、欠落が多い。

協和会統計は「移入朝鮮人労務者状況調」（1942 年）の数値。1939 ～ 41 年の年度ごとの割当数を累計した。42 年は 6 月までに実際に連行された者の累計数。

在静岡朝鮮人数は、『在日朝鮮人関係資料集成』「社会運動の状況」『地方長官会議綴』などに収録されている資料から採用したもの。年度ごとの数値。

この表から、1 万 3000 人を超える静岡県内への連行者を確認できる。労務動員による静岡県への朝鮮人連行者数は 1 万 5000 人を超えるとみられる。

員された人々、軍人軍属、性的奴隷（「慰安婦」）として連行された人々などは含まれない。静岡県内へと連行・動員された朝鮮人が一万人以上いたことは確実である。最初にみたように、内鮮関係資料を使えば、一万五〇〇〇人を超えるとみることができる。

静岡県内在住の朝鮮人数の推移をみれば、一九三九年には一万人以下だった在住者数は一九四四年には二万二〇〇〇人をこえ、一九四五年には三万人を超えた。一九三九年から一九四四年までの逃走や帰国などによる減少数をふまえれば、一九四五年までに三万人を超える朝鮮人が県内にきたとみることができる。このうち半数近くが労務動員による強制連行者とみられる。

なお、一九四三年三月末での静岡県内の朝鮮人の職業状況については「協和事業ニ関スル件」（『藤岡今松知事重要事項事務引継書』一九四三年七月）からわかる。この史料では、一九四三年三月末の県内の朝鮮人数を一万七〇七七人、世帯数を二八二八とし、人口は男一万一四一三人、女五六六四人としている。職業では、

朝鮮半島から静岡県への集団的な連行

（厚生省名簿、逃走者名簿、証言などから作成）

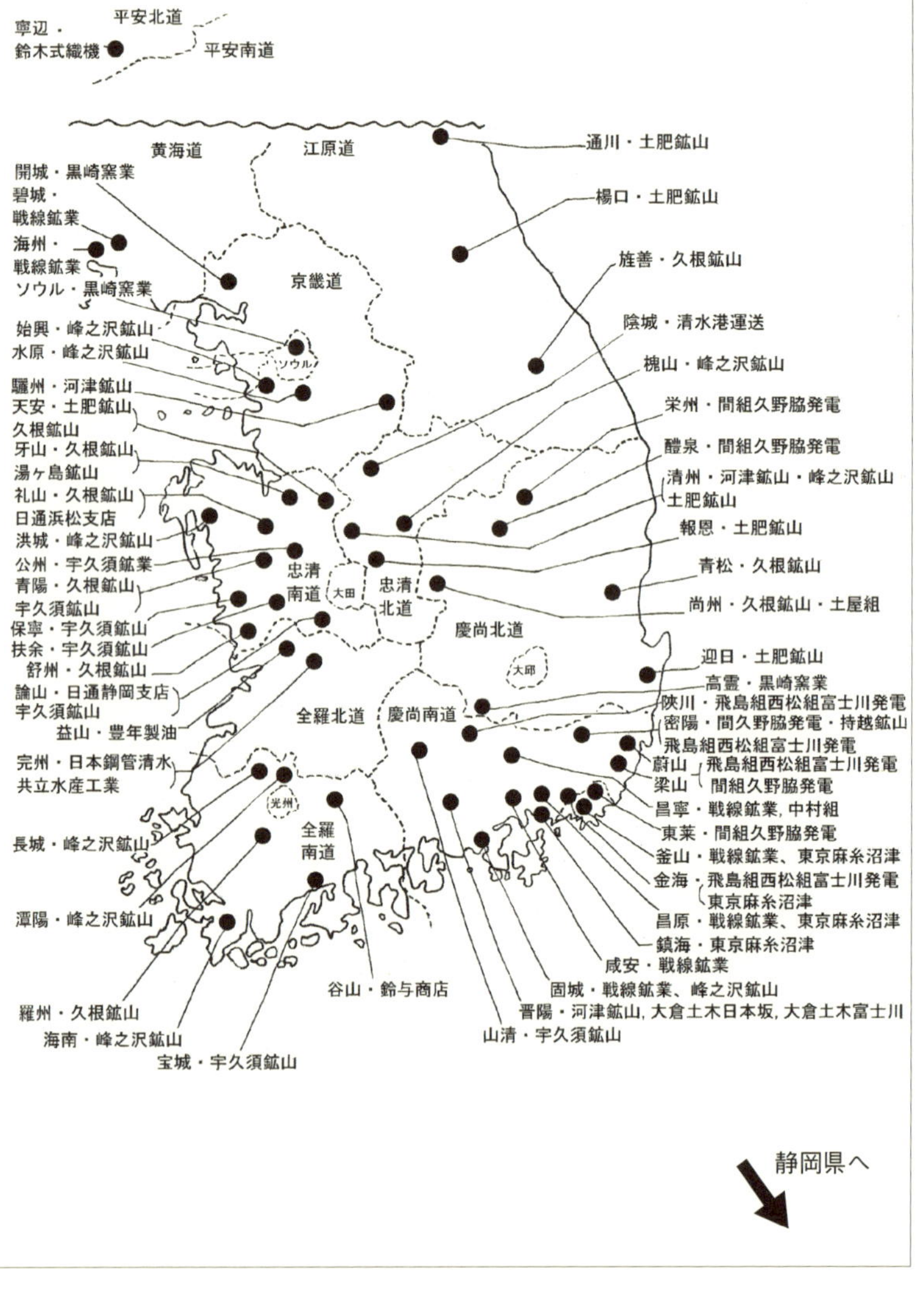

土木建築五六二六人、商業八九八人、繊維工業七九六人、鉱業七一二人、その他の労働者三七五人、その他の有業者二二六人、接客業者六二人、学生生徒六二人、国民学校児童二〇三二人、在監者五六人、農業一一人、有識的職業四〇、無職五四七五人と分類している。

思想動向としては、八割が労務者であり、思想的な運動に関心をもつものはほとんどなく、時局認識が薄く、利己的で移動性が高いため、国防献金や勤労奉仕により、時局の認識を高めると記している。このような権力側の表記は、民衆のなかにあった亡国の無念と独立・解放への思いをとらえたものではない。

2 統制と抵抗

(1) 静岡県協和会

静岡県の朝鮮人数が増加するなかで、朝鮮人団体の結成がすすんだ。一九二〇年代半ばころから結成された団体を、「社会運動の状況」や新聞記事からみると、小山朝鮮人労働友和会一九二四年、相愛会静岡県本部一九二六年、浜松融和協会一九二八年、清水市融和親睦会一九二八年、清水内鮮同和会一九三〇年、静岡日鮮融和会一九三〇年、三ヶ日町親睦会一九三一年、東亜会一九三一年、極正団一九三一年、静岡協東会一九三二年、東豆労働組合一九三三年、沼津内鮮融和事業協会一九三三年、労友親睦会一九三三年、共助組合一九三三年、富士郡朝鮮人親睦会一九三四年、大井川親睦会一九三四年、三信親睦会一九三六年などがある（団体名の下の年は設立年あるいは記事掲載年を示す）。

これらの団体は親睦、相互扶助、融和などをすすめるものが多いが、なかには、東豆労働組合のように失業朝鮮人を中心にして結成された組織もあった。静岡合同労働組合や社会運動団体の全国組織に参加した朝鮮人もいた。

侵略戦争の拡大によって、朝鮮人が日本国内へと強制連行されるようになると、一九三九年一二月、静岡県協和会が連行した人々を統制し、その抵抗をおさえるために設立された。一九四〇年三月、県協和会は各警察署を拠点に二五支会で約一万一〇〇〇人を組織するようになった。

静岡県下では結成前から地域や職場で協和会につながる運動があった。一九三九年には、地域では岳南協和会、磐南一心会、熱海同和会などの活動があり、現場では一九三九年八月に日本軽金属の富士川発電工事現場で西松、大倉、飛島の各組が職場協和会を結成した。

静岡県協和会の結成と各支会の組織化によって、行政、警察、軍、資本が一体となって朝鮮人を統制するようになった。それは朝鮮人の強制連行に対応した組織であった。県協和会の活動を追っていくと、天皇への忠誠を強要し、軍事教練、献金、日本語教育、思想生活統制、勤労奉仕、志願兵募集などをおこない「皇民化」をすすめたことがわかる。年を経るごとに、日本人化して徴用し、徴兵していくための活動が強められた。協和会は徴用や徴兵制導入のための調査、勤労報国隊の組織化、逃亡者の調査、銃後支援の活動などをおこなった。

一九四四年に協和会は興生会へと再編されていくが、静岡県内での活動についての解明は不十分である。警察史料を中心とした協和会関係史料の調査が求められる。

(2) 連行された人々の抵抗

静岡県内に連行された朝鮮人は先にみたように、一九四一年一二月までに二〇五六人中四二五人が争議に参加

図表 9-4　静岡県・朝鮮人労働争議

年月日	事業所	所在地	争議内容
1940.4.20	日本鉱業河津鉱山	賀茂郡稲生沢	朝鮮人監督更迭要求
1940.7.17	日本鉱業河津鉱山須崎鉱	賀茂郡浜崎	林海成ら 28 人がストライキ、家族呼び寄せの履行などを要求
1940.9.21	日本軽金属富士川発電工事・大倉土木	富士郡芝川町下稲子	大倉土木芝川出張所、金在山ら 24 人がストライキ、強制貯金の廃止などを要求、金は本国送還
1941.10.5	日本鉱業峰之沢鉱山	磐田郡龍山	朝鮮人飯場頭に対し、原田星鶴ら 20 人が殴打、7 人検挙、本国送還
1941.10.11	土肥鉱山	田方郡土肥	協和寮の日本人労務への直接行動、11 人検挙、8 人送局
1942.7.6	日本発送電久野脇発電工事	榛原郡中川根	柿間沢工事現場で、1 人不明となり、130 人がストライキ（連行者数 1038 人）
1942.10.18	中外鉱業持越鉱山	田方郡上狩野	祭典時の逃走への監視に対して、11 人が帰国要求
1943.9.21	日本鉱業峰之沢鉱山	磐田郡龍山	飯場頭への殴打など 34 人、2 人検挙
1944.2.14	土肥鉱山	田方郡土肥	期間満了に対し 24 人が帰国を要求しサボタージュ
1944.9.27	宇久須鉱山	賀茂郡宇久須	殴打された金本を 30 人が支援し、闘争、10 人検束、起訴

註　『在日朝鮮人関係資料集成』4・5、『静岡県労働運動史』から作成。
「社会運動の状況」によれば、県内で 1940 年 6 件、41 年 13 件、42 年 5 件、1943 年 1 件の争議があると記されている。連行者が増加する 1944 年以降の争議件数については不明である。ここに示したものは争議の一部である。

した。一九四三年末までに争議は一二五件あり、七〇〇〇人以上が参加した。同年末までの逃亡率は四五％ほどである。厚生省調査名簿から逃亡者をみても、四～五割の逃亡者がでている現場が多い。

朝鮮人の逃亡状況についてはサハリンの公文書館に残されていた警察署文書から日軽金富士川発電所工事現場からの逃亡者の氏名が数多く判明した（長澤秀編『樺太庁警察部文書　戦前朝鮮人関係警察資料集』）。

朝鮮人の争議は、帰国、家族呼び寄せ、強制貯金反対、暴力的管理反対、収容所改善などのさまざまな要求をもって起こされた。

連行された人々は争議への参加や現場からの逃亡によって日本帝国主義による労務動員政策に現場から抵抗していった。それは日本の戦争遂行能力を生産現場から低下させ、日本の敗戦と朝鮮の解放をもたらすことにつながっていた。

3　帰国と監視

(1) 帰国の動き

八・一五解放により、朝鮮人の帰還がはじまった。政府は連行朝鮮人を優先的に計画輸送しようとしたが、下関や博多には多くの朝鮮人が集まったため、待機状態となった。静岡県では静岡・清水・浜松・沼津の空爆跡の清掃作業がおこなわれたが、そこには帰還前の朝鮮人の姿もあった。

厚生省名簿には帰国（退所）の年月日が記されているものがある。それによれば、八月末には黒崎窯業清水、峰之沢鉱山、日通浜松、九月に入り豊年製油、鈴木式織機、清水港運送、鈴与、宇久須鉱山、富士紡小山、一〇月には共立水産工業、久根鉱山、日本鋼管清水などから帰還している（『静岡県史』通史編六近現代二　四七六頁〜）。掛川の中島飛行機地下工場に連行された勝呂組の朝鮮人は一二月に帰還した（『掛川市における戦時下の地下軍需工場の建設と朝鮮人の労働に関する調査報告書』八六頁）。

このように集団的に連行された朝鮮人の帰国は一二月までにおこなわれていった。その背景には連行朝鮮人による帰国の要求があった。また、連行した側が、未払い賃金の支払いや賠償の要求を回避しようとした意図もあっただろう。

一九四五年九月二〇日の次官会議「引揚民事務所設置ニ関スル件」の付表には「内地在住朝鮮人帰鮮者希望者見込数」（一九四五年九月二五日）がある。そこには一九四四年末の静岡県の朝鮮人数は二万二四一八人と記され、強制連行者である集団移入労務者の現在員数を二一二三人と記している。当時の連行状況からみて連行者数が少ないように思われるが、ここには工事が終了して他の場所へ移動した人々や帰国者数、逃亡者数は記されていない。一般在住者二万二九五人のうち、帰国希望は八一二八人となっている。

静岡県庁に保存されている『地方長官会議綴』の一九四六年二月の報告書類には、厚生課による「朝鮮人、台湾人帰還ニ関スル件」が収録されている。この史料には一九四五年九月一日付けの朝鮮人在住数が記されている。その数は三万一五〇人であり、一九四六年二月二〇日までに、二万二七二五人が帰国している。現在数は七四二五人となっている。八・一五解放後の九月の集約で、静岡県には三万人を超える朝鮮人がいたわけである。

この史料によれば、朝鮮人連盟静岡県本部が結成され、朝鮮人連盟が帰還希望者を取りまとめて輸送順位を決め、静岡県が「帰鮮計画輸送証明書」を交付して指定列車に乗車させた。一九四六年二月からは送還を促進するために市町村長が「帰還証明書」を発行・交付し、指定列車に乗せるようになった。静岡県での一日の帰還の割り当て人員は一一五人とされ、市町村長扱い六〇人、朝鮮人連盟扱いが五五人とされていた。残留見込みの朝鮮人数は約二〇〇〇人となっている。

帰還を促進させるために、GHQは一九四六年三月一八日を期して登録をおこなった。それによると静岡県内での朝鮮人登録者数は八九四九人、帰還希望者はそのうち六九〇九人だった。翌年四月時点の県内の朝鮮人数は七六五八人となっている（『静岡県史』通史編六近現代二　四七八頁、四八一頁）。一九四六年以降の駿東郡・沼津市などでの朝鮮人帰国の状況を示す史料が『外国人登録関係綴』（御殿場市印野支所文書）である。

一九四六年五月二二日付駿東地方事務所長による「皈鮮希望者ノ皈還ニ関スル件」には、帰還希望者と未帰還者について報告を求める資料が付され、六月の駿東郡・沼津市などからの帰還の割当が示されている。そこには、六月二日沼津市九〇人、六月一四日駿東郡富士岡村二〇人、深良村一六人、御殿場町八人、小山町二九人、沼津市二三の計九〇人、六月二三日三島市四〇人、清水村一四人、大平村五人、印野村二人、富士岡村三八人の計九九人、七月六日沼津市五〇人とある。また、五月三一日付の朝鮮人の輸送計画表には乗車駅が記されている。七月、駿東地方事務所長は三月一八日の登録の際に帰還を希望した朝鮮人の職業別分類を求めている（『外国人登録関係綴』）。

沼津から列車に乗って帰国する人々の姿をある老人は次のように記している。「沼津駅を発車する際突如として、アリランの大合唱が大きなうねりとなり澎湃として辺り一面に響き、頬を濡らして歌っていた」（『戦争体験記』県老人クラブ連合会七頁）。帰国はこのような解放の喜びのなかですすめられた。

(2) 供託と監視

帰国者が増加するなかで、未払い賃金や死亡や負傷への賠償が問題になった。この未払い金の状況を調べるために一九四六年、厚生省勤労局は全国調査をおこなった。その調査報告書が「朝鮮人労務者に関する調査」である。日通静岡支店の厚生省勤労局名簿に、朝鮮人連盟が退職手当として一人一〇〇〇円（逃亡者五〇〇円）を要求し、一人三〇〇円（逃亡者は一五〇円）で解決しようとしたが、未解決とあるように、この調査は各地で朝鮮人連盟による交渉がすすめられたことに対するものだった。

政府・厚生省は企業側にたって、朝鮮人連盟の賠償要求を「不当要求」とみなした。一九四六年一月、厚生省は国籍による差別的取り扱いを禁止したが、それを朝鮮人の要求を拒むために使った。六月には一九四五年一一月二七日以前の給与と九月一日以前の退職金への請求権を否定し、朝鮮人連盟を労働組合ではないとして、その交渉権を否認した。厚生省は、朝鮮人連盟による強制連行・強制労働への賠償要求を「不当」とし、その交渉権と請求権を認めず、賠償支払いを止めようとしたのである。

さらに厚生省は一〇月、関係企業に対し未払い金を供託するように指示した。そして本人や家族と十分な連絡をとることもなく、一〇年後に供託金への請求権を時効で消滅させた。このとき、朝鮮半島との国交はなかった。韓国との国交回復はこの供託金の請求権消滅から約一〇年後のことになる。他方、企業側は華鮮労務対策委員会をつくり、政府に補償金を要求した。それに応じて政府は巨額の補償金を支払った。

連行者は十分な支払いのないままに送還された。政府は朝鮮人連盟による連行や未払い金への賠償要求を「不当」とし、未払い金などは供託させた。そして、朝鮮人への監視が強められた。県内には七〇〇〇人ほどの朝鮮人が在留することになったが、一九四七年五月、外国人登録令が残留朝鮮人を監視・管理するために導入された。朝鮮人に、登録証の常時携帯義務を強要し、強制送還をちらつかせながら統制・監視しようとしたのである。一九四九年には朝鮮人連盟を解散させ、資産を没収した。

さらに一九五二年、外国人登録法により、指紋押捺を含めての登録を強要した。しかし朝鮮人側の登録への抵抗は強かった。一九五二年一〇月一〇日の「外国人登録証明書の切替について」（『外国人登録関係綴』）からは、戸籍係の朝鮮人数報告と八月末までの登録証明書発行数の報告を比べ、登録状況を調査しようとしたことがわかる。それによれば、八月末の時点で、沼津の四六五人中、四三二人が登録、駿東郡全体では六四一人中、五一七人の登録があったことがわかる。この時点での登録者数は八割ほどであった。それは、朝鮮戦争下での在日朝鮮人の運動を監視するための導入だった。

最後に強制連行期の静岡県での動きを年表の形でまとめておこう。

図表 9-5　強制連行期静岡県朝鮮人史年表 1939 ～ 45 年

年	月日	記事	典拠
1939	2.11	岳南協和会、夜間部を開設、皇国臣民の誓詞を 1000 部印刷配布、8.3 修了証書	2・5
	3.10	北遠協和会結成	5
	3	日本軽金属・富士川発電工事着工（～ 1941.12）	14
	4.10	伊豆忠愛会、毎夜講習会を実施	2
	5.19	熱海同和会総会開催 300 人、武運祈願祭	43
	8.28	富士川発電工事・大宮で大倉協和会結成	2
	8.29	富士川発電工事・蒲原日本軽金属工事により西松組協和会、飛島組協和会結成	2・7
	10.1	磐南一心会、24 人で神社参拝・戦勝祈願・宮城遥拝	5
	11	静岡県内朝鮮人数 5745 人	52
	12.1	静岡県協和会設立	2
	12.1	協和事業地方事務打合会（～ 12.2）	5
	12.13	静岡県､労務動員（朝鮮人連行）計画に伴い､協和事業打合会。浜松・掛川・静岡・吉原・下田・沼津で実施（～ 12.19）	12
	—	東京麻糸紡績沼津工場へと 45 人連行	1
	—	袖浦で陸軍飛行場建設工事始まる、朝鮮人動員（～ 1942.4）	41
	—	1939 年度分 2140 人の朝鮮人労務動員	52
1940	2.7	静岡県協和会発会式	2
	2.7	静岡県産業報国会連合会結成	6
	2.16	日本鉱業河津鉱山に忠北清州郡から 22 人連行	1
	3.18	日鉱河津鉱山に忠北清州郡から 20 人連行（～ 3.22）	1
	3.19	日本鉱業峰之沢鉱山へと忠南洪城郡から 50 人連行	1
	3	静岡県協和会の各支会の設立、県下 25 支会、警察署単位	9
	4.2	河津鉱山蓮台寺鉱で争議、朝鮮人監督更迭要求	4
	4	大倉土木富士川発電工事芝川で 300 人に時局講話、国語作法訓練	11
	5.1	県協和会「協和会について」を配布	11
	5.15	協和事務関係者協議懇談会	11
	5	海軍大井航空隊工事開始、朝鮮人の動員	33
	5	間組、日本発送電・久野脇発電工事現場の 798 人に対し、毎日 2 時間の団体訓練・精神訓話	11
	6.18	協和事業指導者講習会（～ 6.19）	11
	6	この月、峰之沢鉱山から 15 人以上が逃走	1
	6 末	県協和会、11818 人を組織	9
	7.17	河津鉱山須崎鉱で争議、林海成ら 28 人がストライキ、家族の呼び寄せ等を要求	2
	7	協和会沼津支会、千本浜公園の清掃	11
	7	県協和会、兵器献納資金募集運動	5
	7	県協和会藤枝支会と三島支会の神社参拝	11
	8.12	協和事業指導者協和懇談会、280 人（～ 8.16）	11
	8.18	古河鉱業久根鉱山へと慶北尚州郡から 30 人を連行	1
	8.25	久野脇発電工事・間組金谷支会、映画講演会「道はひとつ」「日の丸兄弟」1855 人参加（～ 8.26）	11

	9.21	芝川町富士川発電工事・大倉土木現場、金在山らストライキ、強制貯金反対	2
	9.25	協和会第1回補導員講習会42人	2
	9	河津鉱山へと慶南晋陽34人、忠北清州6人等42人を連行	1
	9	日軽金発電所工事で労働者の負傷事故続く	51
	10.4	河津鉱山へ慶南晋陽郡17人等23人を連行	1
	10.10	土肥鉱業へ慶北迎日58人等59人を連行	1
	10.21	協和会第1回協和事業補導員講習会43人	2
	10	大倉土木、富士川発電下稲子で150人に対し時局講話・国語作法の訓練	11
	11.2	土肥鉱業へ慶北迎日郡18人等、20人を連行	1
	11.3	磐田支会、教化座談会	11
	11	間組久野脇で体育大会、720人参加	11
	11	協和会静岡支会で軍事教練、三島・沼津・大宮でも実施	11
	11	三島・清水・磐田の各支会で神社参拝	11
	12.11	沼津支会で教化座談会	11
	12	日本鉱山協会半島人労務者調査に河津鉱山分記載	4
	12末	県内朝鮮人数、15726人	2
	—	久根鉱山で、一般教化訓練、国語作法	11
	—	築地町鈴与商店清和寮の100人に、夜間精神訓話・国語作法	11
	—	東京麻糸沼津工場、工場内で270人に2時間の教育、この年50人を連行	1・11
	—	間組、久野脇発電工事に797人を連行	1
	—	1940年度分3067人の朝鮮人労務動員	52
1941	1.1	磐田支会、袖浦村天竜建築工事場で儀式訓練	11
	1.20	二俣支会700人に映画会	11
	1.30	磐田支会、映画講演会「銃後の国民の覚悟」800人	11
	1	河津鉱山へと慶南晋州から連行	1
	2.8	協和事業事務主任者協議懇談会	11
	2	金谷支会、神社参拝	11
	2	河津鉱山へ忠北清州から連行	1
	2	清水支会・飛島組分会・西松組分会で矯風教化訓練に対して表彰、54人	11
	3.12	静岡支会の崔承貴舞踏会1899人、3.13浜松での公演には1770人参加	11
	3.20	河津鉱山へ京畿驪州26人等28人を連行（～3.22）	1
	春	大仁鉱山で朝鮮人約100人が労働	41
	4.5	土肥鉱業に忠南天安30人等31人を連行	1
	4.13	久根鉱山へ慶北尚州30人を連行	1
	4	本川根の林野局、朝鮮人入山・32人	47
	5.10	大倉土木・久野脇発電工事徳山に慶北高霊等から連行	1・5
	5	河津鉱山へ慶南統営から連行（～6月）	1
	5	新丹那トンネル工事の杭打ちはじまる	51
	5	佐藤謙三・前川益以「国内資源ニ依ルアルミニウム及ビ加里原料自給国策樹立ニ就テ」で明礬石採掘の国策会社設立を訴える	34
	6.20	土肥鉱業へ忠南天安76人等83人を連行	1

	7.17	峰之沢鉱山へ京畿水原 44 人・始興 27 人等 84 人を連行	1
	8.14	久根鉱山へ慶北尚州 9 人等 11 人を連行	1
	秋	久野脇発電工事・中川根の水川国民学校に多数の朝鮮人の子どもが入校、学級人数倍増、1 学級の朝鮮人数は 24 ～ 5 人へ	35
	9.11	県協和会、協和会補導員錬成講習会	2
	9	日軽金清水工場操業式、富士川第 1 発電所完成	14
	10.5	峰之沢鉱山争議、原田星鶴ら 20 人が飯場頭を殴打、7 人検挙	2
	10.6	協和会川崎支会・役員 2、補導員 14 人で役員会、一時帰国の心得等	5
	10.11	土肥鉱山争議、協和寮の労務を襲撃、11 人検挙	2
	10.20	金谷支会、支会役員と大倉土木協和事業主任の引率で静岡陸軍病院を慰問・市内見学	5
	10.23	二俣支会、陸軍療養所への勤労奉仕	5
	10.25	沼津支会で総会、優良会員表彰，勤労奉仕，青年部員指導を打ち合わせ	5
	10.31	大仁支会で補導員会、映画会・総会・神棚奉斎・陸軍志願兵募集・補導員講習会の打ち合わせ	5
	10	大宮支会、教練・時局講演・国語教育	5
	10	三島支会で夜学校（日本語教育）週 5 日午後 5 時から 9 時	5
	10	清水支会、日本軽金属青年学校講堂で事業主と共催して講習会、69 人	5
	10	峰之沢鉱山からの逃走者 15 人を超える	1
	11.1	磐田支会、袖浦天竜事業場で勤労奉仕、72 人	5
	11.1	静岡支会婦人部結成 62 人、推進員任命、愛国貯金、青年訓練日の変更、講習会開催を協議（11.7）	5
	11.11	浜松支会、伊勢神宮・橿原神宮参拝・奈良京都の協和事業の視察、15 人（～ 11.12）	5
	11.16	清水支会、集団生活地での指導懇談会を決める（入江・折戸・清水国民学校）	7
	11.29	朝鮮人接客業者に対して時局講演会、「奢侈・享楽的慰安」への刷新を指導	2
	11	河津鉱山へ忠北清州から 11 人等 13 人を連行	1
	12.1	磐田支会、袖浦天竜建築現場で勤労奉仕 80 人、130 円の報労金を国防献金へ	5
	12.18	労務係員養成講習会、県下鉱業所日本人労務係員 30 人召集（～ 12.19）	2
	12 末	県内朝鮮人数、14784 人	2
	—	日本鉱業所長会議で峰之沢鉱山、取り締まり方法の確立について発言	8
	—	大倉土木・久野脇徳山へと 187 人連行、間組・久野脇へと 402 人連行	1
	—	東京麻糸沼津工場へと 174 人連行	1
	—	1941 年末までに計 3408 人の連行、うち逃亡は 1403 人、争議への参加者は 2056 人中 425 人	2
	—	1941 年度分 1905 人の朝鮮人労務動員	52
	—	この頃金嬉老、姉と鈴与煉炭工場で働く	13
1942	1.30	久根鉱山へ忠南青陽から 20 人連行	1
	2.7	移住朝鮮人労務者使用事業主協議懇談会開催、事業主側 11 人参加	2
	2.13	土肥鉱業へ忠北清州 48 人、報恩 40 人等 90 人を連行	1
	2.16	協和会補導員錬成会、西部可睡斎 2.16、東部修善寺 2.20	2

	3.10	持越鉱山へ慶南密陽40人咸安6人等49人を連行	1
	3末	3月末までに峰之沢鉱山134人、河津鉱山104人、土肥鉱業260人、縄地鉱山41人、久根鉱山80人、持越鉱山46人、日発久野脇発電間組へ1321人、同大倉土木402人、富士川発電西松組545人、同飛島組255人、同大倉土木591人、日本坂トンネル大倉土木138人、東京麻糸沼津工場215人、鈴与商店119人を連行	10
	4.5	河津鉱山へ慶南晋州・晋陽6人、忠北清州6人の12人を連行	1
	5.15	久根鉱山へ慶北尚州9人等11人を連行	1
	5.24	峰之沢鉱山へ慶南固城から46人を連行	1
	5.30	久根鉱山へ忠南青陽から40人を連行	1
	6〜	河津鉱山へ忠北清州8人等13人を連行（〜7月）	1
	6	警察、朝鮮の旱魃と反戦思想の結合を監視、県内2人に対し「厳諭」	2
	6末	6月末までに、峰之沢鉱山180人、河津鉱山200人、土肥鉱業269人、久根鉱山120人、日本坂大倉土木213人を連行	10
	7.6	久野脇発電・柿間沢現場で130人がストライキ、1人不明が契機	2
	7.31	県内で列車移動中の「達城信雄」、不穏言辞を理由に列車内で検挙、「厳諭」	2
	7	戦時金属非常増産強調期間官民懇談会に河津・縄地・土肥・大仁・持越・清越・久根・峰之沢の各鉱山から参加、朝鮮人の移動防止などを協議	12
	8	富士宮少年戦車学校開校、建設に朝鮮人	37・41
	8.14	清水の朝鮮人9人、国債割り当てを申出	7
	8.15	県協和会、6675人の会員章を検査、うち無所持者は331人（〜9.3）	2
	8.25	清水支会補導員会議、清水・庵原の2000人の支会員への時局認識について協議、週1回の夜学、貯金報国、勤労報国隊の組織化、青年の団体訓練、翼賛の強化などを決定	7
	9	日軽金蒲原工場で新規徴用、清水工場は43年9月に徴用	14
	10.3	清水支会で70人余の青年勤労報国隊を組織	2
	10.8	持越鉱山で11人が帰国を要求	2
	10	協和会名簿から軍徴用者名簿を作成し245人に出頭命令、86人が出頭を拒否、出頭者180人中、100人に徴用令書を出す、在日を海軍直轄事業場へと連行	2
	10.14	三島支会員青島吉洪の徴用に対し、三島署で壮行会	12
	10頃	清水・万世町の福永五郎、朝鮮人志願兵となる	42
	11.6	久根鉱山へ忠南礼山43人を連行	1
	11	河津鉱山へ忠北清州48人を連行	1
	12	富士川第2発電所の全装備が完成	14
	12末	募集により計4589人が連行され、うち逃走1981人、転送326人、斡旋で計698人が連行され、うち逃走は26人	2
	—	1942年度分1879人の朝鮮人労務動員	52
	—	沼津海軍工廠・中島飛行機三島工場・静岡三菱発動機工場・住友金属工場の建設始まる、朝鮮人労働	41
	—	西伊豆でボーキサイト代用鉱としての明礬石の開発が進む	14
	—	鈴与が業務部を設立、日軽金・東亜燃料・三菱静岡・住友静岡へと労務供給、業務部が朝鮮人寮の管理へ	15
	—	この年、久野脇発電工事・間組397人、大倉土木275人を連行	1

	—	この年、日本坂トンネル工事大倉土木へ 218 人連行	1
	—	この年、東京麻糸沼津工場へと 200 人連行	1
1943	1.23	三島支会、勤労報国隊を結成	3
	1.26	湯ヶ島鉱山へ忠南牙山 31 人等 33 人を連行	1
	1	日立清水工場建設始まる、朝鮮人労働	16
	1	協和会、銃後の活動として献金（19 団体 31 個人）、戦勝武運祈願祭（5 団体）	3
	2.5	県、「半島人遺家族」の徴用扶助援護を通牒	12
	2	二俣支会、神社清掃と道路改修	3
	2	河津鉱山から日立鉱山へと 94 人を転送（～ 3 月）	1
	3	日本鉱業下の河津鉱山から日光鉱山へ 64 人、木戸ヶ沢鉱山へ 10 人、吉野鉱山へ 4 人を転送	1
	3	県協和会、徴兵のための朝鮮同胞男子調査を実施（県内男子総数は 10718 人）	3
	3.10	伊東支会、戦没将兵の墓地清掃	3
	3	清水支会、港湾荷役の勤労奉仕 2 日間、3.15 傷病兵の慰問	3
	3 末	県内朝鮮人人口、17215 人、男 10936 人、女 6279 人	12
	3	日本坂トンネル工事に晋州などから 200 人連行	46
	3	中島飛行機浜松工場の建設始まる、朝鮮人労働	38・41
	4	協和会の勤労奉仕、3 件 11 日、のべ 570 人を動員	3
	5.5	持越鉱山から久根鉱山へ 11 人を転送（1942 年 3 月の連行者から）	1
	6.9	久根鉱山へ慶北青松 39 人・盈徳 5 人等 50 人を連行	1
	6.9	峰之沢鉱山へ忠北清州 48 人を連行	1
	6 末	斡旋による県内への連行数 1234 人となる、うち逃走 265 人	3
	8	久根鉱山から 10 数人が逃走	1
	9	宇久須鉱業設立（西伊豆明礬石採掘）	14
	9.21	峰之沢鉱山で争議 34 人参加、飯場頭殴打、2 人検挙	3
	10.8	峰之沢鉱山で忠南洪城 46 人を連行	1
	11	戦線鉱業設立、日軽金・鹿島組による仁科鉱山整備、明礬石開発	14
	12.14	土肥鉱業へ江原通川 20 人、揚口 11 人等各地から計 50 人を連行	1
	12 末	1943 年末までの県内への連行者総数は 6189 人、募集による連行者 4589 人、うち逃走 2287 人、斡旋による連行者 1565 人、うち逃走 572 人、逃走率は 4 ～ 5 割へ	3
	—	1943 年度分 867 人の朝鮮人労務動員、計 9858 人を連行、朝鮮人数は 20948 人へ	52
	12	協和会の銃後献金に 6 団体 7 個人	3
	—	この年、日本坂トンネル工事大倉土木へと 140 人連行	1
	—	この年、久野脇発電・大倉土木徳山へ 73 人連行、久野脇間組へ 131 人連行、間組は 1943 年度までに慶南密陽 102 人、梁山 108 人、栄山 9 人、慶北醴泉 82 人、栄州 49 人等の連行	1
1944	1.9	久根鉱山へ忠南舒川 34 人を連行	1
	1.18	峰之沢鉱山へ全南海南 29 人を連行	1
	1	協和会・新丹那トンネル工事への勤労奉仕・木炭 7 千俵搬出奉仕	3
	1	海軍藤枝飛行場建設工事（静浜）、朝鮮人徴用	26
	2.14	土肥鉱山争議、期間満了により 24 人が帰国を要求しサボタージュ	3

	2	中央協和会、「移入労務者」定着指導のために静岡へも派遣団	3
	3.26	久野脇発電所、発電開始	36
	3.29	峰之沢鉱山へ全南潭陽 13 人を連行	1
	4.26	峰之沢鉱山へ全南長城 46 人を連行	1
	4 頃	東京麻糸紡績沼津工場へと女子勤労挺身隊として昌原・鎮海などから連行	44
	5.15	久根鉱山へ全南羅州 36 人・光山 5 人・忠南青陽 6 人等 54 人を連行	1
	5.25	宇久須鉱山へ全南宝城等 75 人を連行	1
	6.14	峰之沢鉱山へ全南長城等 19 人を連行	1
	6.15	土屋組へ慶北尚州 10 人等各地から 30 人を連行	1
	6	陸軍富士飛行場建設始まる、熊谷組請負、朝鮮人労働（～ 1944.12）	39
	6	峰之沢鉱山からの逃走者 30 数人	1
	7	浜名用水工事・中村組、慶南 109 人・慶北 66 人・全南 28 人等各地から 257 人を動員	1
	7.26	土肥鉱業へ江原揚口 25 人、麟蹄 6 人計 31 人を連行	1
	7	静岡市二丁町の遊廓に朝鮮人「慰安婦」約 100 人転送	27
	8.19	黒崎窯業清水工場へ慶北高霊 50 人を連行	1
	8	伊豆明礬石鉱山の積極的開発へ	14
	9.9	清水港運送へ忠北陰城 74 人を連行	1
	9.27	宇久須鉱山で争議、朝鮮人への殴打に抗議し、10 人が検挙・起訴	3
	9	清水海軍航空隊開設、建設に朝鮮人労働	13・28
	9	日軽金、明礬石臨時国産推進本部設立	14
	10.20	沼津海軍工作学校に鎮海から朝鮮人兵士入校、45 年 1 月、2 月にも入校、計約 350 人	54
	10	富士飛行場建設工事へと中国人 504 人を連行（10.8、10.22）	17
	10	富士飛行場の中国人、総隊長・労工協会・警察官・組員らの暗殺計画を理由に 6 人検挙・うち 4 人獄死	17
	10	久根鉱山から 20 人余が逃走	1
	10	海軍藤枝飛行場建設現場で「自治修練会」設立	18
	11.5	戦線鉱業へ慶南釜山から 98 人連行	1
	11.7	久根鉱山へ忠南牙山 41 人を連行	1
	11.8	峰之沢鉱山へ忠北清州 50 人を連行	1
	11	協和会、興生会へと再編	3
	12.16	黒崎清水工場へ京畿開城 24 人を連行	1
	12.24	日通静岡支店へ忠南論山 47 人を連行	1
	12.28	龍山村役場で「中国人移入」に際しての懇談会	12
	12	沼津海軍工廠疎開工事に朝鮮人	19
	12 末	県内朝鮮人数 22418 人へ	3
	—	1944 年度分 3678 人の朝鮮人労務動員の予定	52
	—	中島飛行機三島工場の地下工場工事・池田組、朝鮮人労働	29
	—	朴得淑ら、佐世保・長崎・熊本・三保・富士の飛行場工事や壕掘削工事に動員される	13
	—	三方原での基地拡張工事すすむ	41
	—	大倉土木日本坂トンネル工事に 69 人連行	1
	—	東京麻糸沼津工場へ 302 人連行	1

	—	この年、厚生省名簿関連で約1350人、飛行場・地下施設関連で約2000人、「慰安婦」約100人など連行	41
	末	富士飛行場で誘導路建設工事	41
	末	藤枝飛行場工事第2滑走路建設工事	26
1945	1.6	峰之沢鉱山へと中国人197人連行、連行途中死亡15人	17
	1.7	戦線鉱業へと中国人200人連行、連行途中死亡22人	17
	1.13	清水港運送へと中国人160人連行、連行途中死亡4人、河北省から連行	17
	1.16	鈴木式織機へ平安北道寧辺118人を連行	1
	1.18	戦線鉱業へ黄海海州50人・碧城80人の計130人を連行	1
	1.19	久根鉱山へ江原旌善44人を連行	1
	1.19	峰之沢鉱山へ忠北槐山40人を連行	1
	1.21	戦線鉱業へ慶南固城38人等58人を連行	1
	1.26	峰之沢鉱山の中国人、隊長・通訳の暗殺・逃走計画により検束	17
	1.30	宇久須鉱山へと中国人199人を連行、山東省から連行	17
	1	久根鉱山から20数人が逃走	1
	1	陸軍、鈴木式織機に対して工場疎開を命令、二俣・金指に地下工場建設へ、工事に朝鮮人	20
	1	軍需省航空兵器総局内に伊豆明礬石開発本部設置、戦線鉱業・宇久須鉱業での開発が本格化	14
	1	藤枝への宇山弾薬庫建設工事・佐藤工業、朝鮮人徴用	31・41
	2.10	宇久須鉱山へ慶南山清16人・泗川8人・晋陽7人等48人を三菱名古屋から転送	1
	2	戦線鉱業へと三菱名古屋から朝鮮人を転送	41
	2.15	戦線鉱業へ慶南昌原81人、昌寧60人、咸安37人の計178人を連行	1
	2.15	宇久須鉱山へ忠南論山111人、公州92人、扶余52人、青陽32人、保寧24人等365人の連行	1
	2.15	黒崎窯業清水工場へ京畿22人等39人を連行	1
	2.28	峰之沢鉱山から中国人3人逃走、拘束	17
	2	宇久須鉱業の経営に住友鉱業が参入	14
	2	日本楽器、天竜に佐久良疎開工場を建設、工事に朝鮮人	21・41
	2	海軍大井航空隊の地下施設工事はじまる、工事に朝鮮人	32
	3.14	新潟華工事務所から清水へと中国人1人を転送	17
	3.23	日通浜松支店へ忠南礼山25人等37人を連行	1
	3.26	戦線鉱業へ慶南昌寧14人咸安8人の22人を連行	1
	3.27	峰之沢鉱山の中国人2人が逃走するが発見	17
	3	戦線鉱業の経営に古河鉱業が参入	14
	3	中村組、慶南32人・慶北58人等140人を動員（～4月）	1
	3	清水港運送で戦時服務規則を設定	15
	3	伊豆・稲取に震洋格納壕の建設、海軍設営八田隊・縄地・蓮台寺の鉱夫動員、和歌の浦・小稲・長津呂・三津浜・三保でも建設工事がすすむ	22・23
	3	戦線鉱業から20人余が逃走	1
	3	黒崎窯業清水から10人余が逃走	1
	4.5	峰之沢鉱山火災のため休鉱へ、峰之沢から石川県尾小屋鉱山へと60	1・17

		人を転送、中国人は日立鉱山へ転送へ	
	4.13	豊年製油清水工場へ全北益山 42 人を連行	1
	4.16	日本鋼管清水造船所へ全北完州 8 人を連行	1
	この頃	宇久須鉱山土木工事に鹿島組 200 人、日軽金仁科選鉱場施設工事に栗原組 100 人割当	45
	春	中島飛行機原谷地下工場の建設へ、朝鮮人 2000 人を動員、原谷国民学校の児童数倍増	24・25
	この頃	牛尾山に海軍島田実験所の半地下施設建設へ、朝鮮人動員	31・41
	4	戦線鉱業から 50 人余が逃走	1
	5.5	宇久須鉱山の中国人 5 人逃走するが、拘束	17
	5.10	宇久須鉱山へと土肥鉱山から 92 人を転送	1
	5.16	共立水産工業へ全北完州郡から 20 人を連行	1
	5.26	久根鉱山へ忠南天安 32 人・舒川 16 人等 52 人を連行	1
	5.29	大井川上空で日本軍機の朝鮮人死亡	50
	5	戦線鉱業から 20 人余が逃走	1
	6.18	久根鉱山へ峰之沢鉱山から 30 人を転送	1
	6	大井航空隊の分散基地建設、壕掘削に朝鮮人	40・41
	6	宇久須鉱山から 20 余、戦線鉱業から 20 余、久根鉱山から 30 余人が逃走	1
	6 末	戦線鉱業の中国人 8 人検挙、投獄、のち清水へ転送	17
	7	富士飛行場熊谷組の中国人、7.6 高山、7.10 松本へと転送	17
	7	宇久須鉱山 30 人余、戦線鉱業 20 人余が逃走	1
	7	日本楽器、空襲のために生産の主力を疎開工場に移転、移転業務に日本通運が協力	21
	8	宇久須鉱山から 20 人余が逃走	1
	—	間組久野脇へと 7 人を連行	1
	—	間組静岡出張所島田に 160 人を連行	1
	—	金谷に海軍大井航空隊用専用「慰安所」約半数が朝鮮人	41
	—	藤枝海軍航空隊用の「慰安所」に静岡から転送	27
	—	富士紡小山に東京麻糸沼津工場から 334 人を転送	1
	—	この年、厚生省名簿関連で約 2000 人、地下施設関連で約 3000 人の連行（推定）	41
	—	伊豆船舶兵、島田・富士川鉄道兵、浜松歩兵、弁天島・清水高射砲兵などに朝鮮人兵士	41・48
	—	伊佐見・三ケ日・磐田・富士宮方面に朝鮮人農耕隊兵	49
	8 末	黒崎窯業清水、峰之沢鉱山、日通浜松などから帰国	1
	9	県内朝鮮人数 30150 人、うち 22725 人が 46 年 2 月までに帰国	53
	9	豊年製油、鈴木式織機、清水港運送、鈴与、宇久須鉱山、富士紡小山などから帰国	1
	10	共立水産工業、久根鉱山、日本鋼管清水などから帰国	1

［年表・典拠文献名］
1　厚生省勤労局「朝鮮人労務者に関する調査」 1946
2　朴慶植編『在日朝鮮人関係資料集成』4　1976
3　朴慶植編『在日朝鮮人関係資料集成』5　1976
4　朴慶植編『朝鮮問題資料叢書』2　1981
5　朴慶植編『朝鮮問題資料叢書』4　1982
6　静岡県労働組合評議会『静岡県労働運動史』 1984
7　清水市『清水市史資料・現代』 1972
8　朴慶植『朝鮮人強制連行の記録』 1965
9　静岡県社会事業協会『静岡県社会事業概覧』 1941
10　中央協和会「移入朝鮮人労務者状況調」 1942
11　中央協和会『協和事業年鑑』 1942
12　静岡県『静岡県史　資料編 20』 1993
13　山本リエ『金嬉老とオモニ』 1982
14　日軽金『日軽金 20 年史』 1959
15　鈴与『鈴与 170 年史』 1971
16　日立清水工場『清水工場 4』 1994
17　中国人連行関係「事業場報告書」 1946
18「大田良元治関係史料」
19　佐藤一生『学徒通年動員日記』 1976
20　鈴木自動車工業『50 年史』 1970
21　日本楽器『社史』 1977
22　東伊豆町老人クラブ連合会『歴渦』 1994
23　震洋会編『人間兵器震洋特別攻撃隊』 1990
24　静岡県近代史研究会『史跡が語る静岡の十五年戦争』 1994
25　静岡県退職婦人教師の会小笠支部『絣のもんぺ』 1991
26　静岡県歴史教育者協議会『静浜基地の歴史と基地闘争』 1984
27　小長谷澄子「静岡の遊郭二丁町（4）」（静岡県近代史研究 9） 1983
28　清水市中央図書館「清水海軍航空隊について」 1993
29　三島市平和委員会『三島にも戦争があった』 1991
30　兵庫朝鮮関係研究会『地下工場と朝鮮人強制連行』 1990
31　小屋・小林・土屋『明日まで続く物語』 1992
32　諸田平八「大掴みの大井空」
33　松本芳徳『大井海軍航空隊』 1990
34「山本階関係史料」
35　小笠農学校昭和 13 年 3 月卒同級会『卒業 50 周年記念高田ヶ丘』 1988
36　中部電力『大井川』 1961
37　富士宮市『富士宮市史下』 1986
38　高橋泰隆『中島飛行機の研究』 1988
39　富士市『富士市史下』 1970
40　朝日新聞静岡支局『静岡の戦争』 1985
41　筆者調査
42　サンケイ新聞静岡支局編『ああ静岡 34 連隊』 1963
43『熱海新聞』
44『東京麻糸紡績沼津工場朝鮮人女子勤労挺身隊公式謝罪等請求訴訟資料集』 1999
45　日本土木建築統制組合「昭和 20 年度第 1 次朝鮮人労務者割当表」 1945
46『これが運命だ　姜壽熙さんの聞き取り』館高校フィールドワーククラブ　1994
47　本川根・林野局「4 月入山増員名簿」 1941
48「朝鮮人陸軍軍人軍属調査名簿」
49　塚﨑昌之「朝鮮人徴兵制度の実態」（在日朝鮮人史研究 34）、第 1 農耕勤務隊名簿
50　本川根町『本川根町史　通史編 3 近現代』　　　　2003
51　静岡新報
52　内務省警保局保安課「労務動員関係朝鮮人移住状況調」、「昭和 19 年度新規移入朝鮮人労務者事業場別数調」
53「朝鮮人、台湾人帰還ニ関スル件」『地方長官会議綴』静岡県　1946
54「海軍軍人軍属名簿」

参考文献

厚生省勤労局「朝鮮人労務者に関する調査」（静岡県分）一九四六年
中央協和会「移入朝鮮人労務者状況調」一九四二年
中央協和会『協和事業年鑑』一九四二年（復刻）社会評論社一九九〇年
「労務動員関係朝鮮人移住状況調」（昭和一八年末現在）『種村氏警察参考資料第一一〇集』所収
「昭和一九年度新規移入朝鮮人労務者事業場別数調」『種村氏警察参考資料第九八集』所収
「長官会議資料」一九四五年五月『地方長官会議綴』所収・静岡県庁蔵
「協和事業ニ関スル件」一九四三年七月（『藤岡今松知事重要事項事務引継書』）『地方長官会議綴』所収文書・静岡県庁蔵
『掛川市における戦時下の地下軍需工場の建設と朝鮮人の労働に関する調査報告書』掛川市一九九七年
『外国人登録関係綴』御殿場市印野支所蔵
『静岡県史　資料二〇近現代五』静岡県一九九三年
『静岡県史　通史編六近現代二』静岡県一九九七年
朴慶植編『在日朝鮮人関係資料集成』四・五　三一書房一九七六年
古庄正「朝鮮人強制連行問題の企業責任」『経済学論集二四―二』駒沢大学経済学会一九九二年九月
『戦争体験記』静岡県老人クラブ連合会二〇〇六年
長澤秀編『樺太庁警察部文書　戦前朝鮮人関係警察資料集』三・四　緑蔭書房二〇〇六年

＊本章では、静岡県への労務での連行について記した。軍人軍属など軍務での動員については、『調査・朝鮮人強制労働③発電工事・軍事基地編』第九章に記した。

（二〇〇六年記事）

第10章●強制労働調査のために——文献資料紹介

ここでは、日本での朝鮮人強制連行・強制労働の調査について、日本各地での強制連行調査の歴史、強制連行調査のための史資料、強制連行調査の課題の順にみていく。

筆者が強制連行・強制労働の地域調査を始めたのは、一九八〇年代の後半である。地域史、アジア関係史、民衆運動史などに関心があったが、天皇代替わりのなかで民主主義と戦争責任が問題となった。そのなかで地域の戦争責任や植民地支配の責任について考え、静岡県での強制連行の調査をはじめた。

朝鮮人中国人強制連行強制労働を考える全国交流会にも参加し、静岡での強制連行調査や東京麻糸紡績沼津工場朝鮮女子勤労挺身隊裁判などに関わった。地域の調査だけではこの問題が解決できないと考え、一九九〇年代半ばからは全国の連行先の調査をはじめ、連行先を示す都道府県ごとの全国地図を作成した。二〇〇〇年に入って真相究明の動きが高まるなかで、死亡者名簿の作成、連行者数・未払い金・遺骨の調査、軍人軍属名簿や行政文書などの分析をおこなった。

調査をすすめるなかで、朝鮮半島からの強制連行について、どう定義すべきかについて考えた。日本による朝鮮の植民地支配があり、その下で皇国臣民化と集団移入による戦争動員がおこなわれた。それは「人道に対する罪」での奴隷化や強制移送（強制連行）にあたるものであり、戦争犯罪である。とくにその強制性への歴史認識が求められると考えるようになった。

1 日本での強制連行調査の歴史

最初に、日本各地での強制連行調査の歴史からみよう。ここでは連行がすすめられた一九四〇年代から現在に至るまでをみていく。

(1) 一九四〇年代

一九四〇年代前半は、国家総動員体制により、皇民化政策が強められ、朝鮮半島からの労務や軍務での強制的な動員がおこなわれた時期である。このときの行政の調査は連行をすすめ、動員した朝鮮人を監視するためになされた。

内務省警保局保安課の内鮮警察が朝鮮人を監視した。内鮮警察はその人員確保のために予算を請求した。その際に労務動員朝鮮人の統計を作成した。それが、「労務動員関係朝鮮人移住状況調」（一九四三年末現在）、「昭和一九年度新規移入朝鮮人労務者事業場別数調」、「労務動員実施後ノ朝鮮人労務者移住状況調」（一九四四年九月現在）などであり、これらの史料から、一九三九年から一九四三年までに約五〇万人、一九四四年九月までに約六〇万人が動員されたこと、年度ごとの各都道府県への連行数状況、二九万人が四四年度に動員を予定されていたことなどがわかる(『種村氏警察参考資料』所収　国立公文書館蔵、アジア歴史資料センターのウェブサイトで公開)。

これらの統計から、朝鮮半島から日本への労務動員数を約八〇万人とすることができる。この数値は縁故募集による労務動員者を含むものである。内鮮警察は縁故募集者も含めて労務動員者数を出し、監視の対象として予算を請求した。「内鮮警察参考資料」、「国民動員計画に伴ふ移入朝鮮人労務者並在住朝鮮人の要注意動向」(『種村氏警察参考資料』所収)などは動員前と動員末期の総括的な文書であり、強制動員に関する基礎史料である。

中央協和会「移入朝鮮人労務者状況調」一九四二年には、四二年三月と四二年六月までの都道府県ごとの移入数と事業場名が記され、六月の時点での移入数は一七万四一七〇人、動員事業場は約四〇〇か所である。この史料は官斡旋による連行がおこなわれはじめた時期での統計であり、内務省警保局保安課『協和事業関係』(陸海軍返還文書)に含まれていたものである。この『協和事業関係』には一九四三年三月の「移入労務者就労職場数調」、「移入朝鮮人労務者数調」も収録されている。ここからこの時期の動員現場が五二二事業場、動員数が二八万二九三一人であったことがわかる。この頃、連行企業の側の視点で記されたものが、前田一『特殊労務者の労務管理』一九四三年である。

内務省警保局保安課「特高月報」、「社会運動の状況」にも募集や官斡旋、家族呼び寄せなどの連行者数が記されている。「移入者現在調」から都道府県ごとの移入数が一九四三年一二月まで判明する。政府調査による県レベルでの調査が、宮崎県「昭和一八年一二月事業場別移入朝鮮人調」(地方長官会議書類一九四三年)、福岡県特高課「労務動員計画ニ依ル移入労務者事業場別調査表」(一九四四年一月現在)などである。地域史料からは動員先の企業名や人数がわかる。

朝鮮からの動員数(送出数)を示す史料が、朝鮮総督府財務局の「第八五回帝国議会説明資料六　労務事情」一九四四年九月、「第八六回帝国議会説明資料四　労務事情」一九四四年一二月などにある。ここには、それまでの朝鮮からの年度ごとの送出数、軍要員送出統計が記されている。送出数を集約していた部署が朝鮮総督府鉱工局勤労動員課である。この鉱工局勤労動員課関係の資料調査が重要である。朝鮮総督府関係資料については『帝国議会説明資料』(全一七巻)が復刻されている(一九九四～九八年)。

また、厚生省「朝鮮人勤労状況報告」(一九四四年一二月)がある。ここには一九四四年三月までの動員数、三九万二九九七人の記載がある(金英達収集史料)。

動員朝鮮人の名簿も作成されている。企業作成の名簿類もあるが、名簿については、つぎの「強制連行調査のための史資料」の項でみていく。軍関係の名簿では陸軍「留守名簿」、「工員名簿」、海軍「軍人履歴原表」「軍属身上調査表」などが作成されている。

戦後の行政調査についてみれば、厚生省勤労局「朝鮮人集団移入状況調」(一九四五年一〇月)があり、動員数を調査している。また、未払い金が問題になるなかで、厚生省勤労局による「朝鮮人労務者に関する調査」一九四六年がおこなわれた。この調査では、事業場ごとの名簿が作成され、一七府県分が集約された。未払い金問題については供託がなされたが、この実態調査は、労働省『朝鮮人の在日資産調査報告書綴』一九五〇年にまとめられ、のちに大蔵省『経済協力 韓国一〇五 労働省調査 朝鮮人に対する賃金未払債務調』に集約された。

また、一九四六年三月には外務省「華人労務者就労事情調査報告書」(全五分冊)が作成された(一九九五年復刻『中国人強制連行資料―外務省報告書全五分冊ほか』)。これらは「華人労務者就労顛末報告書」(一三五事業所)をまとめたものである。「華人労務者就労顛末報告書」には朝鮮人についての記載があるものもある。これらの書類は東京華僑総会に所蔵され、一九九四年に日本政府は実物と認知した。現在、複写物を外交史料館で閲覧でき、原本は中国にある。

さらに一九四六年には『日本人の海外活動に関する歴史的調査』の調査が始まった。同書の通巻八朝鮮編七、同一〇朝鮮編九には労務動員の統計が収録されている。

日本建設工業会「華鮮労務対策委員会活動記録」一九四七年からは、動員した側が、政府から補償金を獲得したことがわかる。

南北分断国家の成立前から徴兵・徴用への賠償要求があった。一九四九年二月には、韓国で対日賠償審議会が設置され、「対日賠償要求調書」が作成された。植民地支配や徴用（強制連行）が賠償請求の対象とされたのである。敗戦後の四〇年代後半には、隠蔽や過去の正当化に対し、責任追及と真相調査がはじまった。

(2) 一九五〇年代

一九五〇年代の特徴は、朝鮮戦争と日本の独立、日韓交渉の開始とそこでの日本による植民地支配の正当化、中国人連行者の遺骨送還の開始などである。

一九五一年一〇月には第一次日韓交渉がはじまったが、この交渉での請求権委員会で、韓国側は対日請求項目を提示し、そこには被徴用韓人未収金の項目があった。一九五三年四月には第二次日韓交渉、一〇月には第三次日韓交渉がはじまるが、植民地支配を肯定する久保田発言により、会談は止まった。日本側が久保田発言と在韓日本人私有財産の請求を撤回することで、一九五八年四月に第四次日韓交渉がはじまるが、北への帰国事業問題で対立し、中断した。

日韓交渉がすすむなかで、法務省入国管理局総務課「終戦後朝鮮人海軍軍人軍属復員事務状況」一九五三年、「朝鮮人人員表（地域別）分類表（陸軍）」（一九五三年ころ作成）などの書類が作成された。ここでは朝鮮人軍人軍属数は約三七万人とされる。五三年五月、外務省調査員から入国管理局総務課に法務事務官として入った森田芳夫は「数字からみた在日朝鮮人」（『入管執務調査資料』八　法務省入国管理局一九五三年）、「在日朝鮮人処遇の推移と現状」（『法務省研究報告書』四三―三法務研修所一九五五年七月）などを記した。ここでは労務動員を約六〇万人とした。一九五七年には朴在一『在日朝鮮人に関する綜合調査研究』も出された。

この時期には、未返還の朝鮮人遺骨も問題になった。呉地方復員部は『朝鮮出身死没元海軍軍人軍属御遺骨等奉安名簿』一九五五年を作成した。

韓国側に対抗して、外務省は「在日朝鮮人の渡来および引揚げに関する経緯、特に、戦時中の徴用労務者について」（記事資料一九五九年七月）で入管の資料を利用して、徴用者数は少ないとするキャンペーンをおこなった。この宣伝のために集約された資料をみると、徴用数が少なくはないことがわかる。森田は五九年八月に外務事務官として北東アジア課に勤めるようになった。

一九五〇年代は、民間での中国人強制連行の調査がすすんだ。一九五〇年一一月、東京華僑連合会主催「花岡殉難者四一六烈士追悼会」が開催され、一九五三年二月には中国人俘虜殉難者慰霊実行委員会が発足した。全国各地で連行調査と遺骨発掘事業が展開され、六四年までに約二三〇〇体、九次の遺骨送還がなされた。また、各地で報告書が発刊された。その活動には在日朝鮮人も参加した。一九六〇年には中国人殉難者名簿共同作成実行委員会により『中国人強制連行事件に関する報告書』全三篇がまとめられた。この報告書や中国人連行者名簿はのちに、『資料中国人強制連行』一九八七年、『資料中国人強制連行の記録』一九九〇年などの形で復刻された。

(3) 一九六〇年代

一九六〇年代の特徴は、ベトナム戦争の拡大と日韓条約の締結である。冷戦下のアメリカの政治意思が日韓支配層を結合させ、植民地支配は未清算のまま、経済協力金による国交回復となった。アメリカのベトナムへの軍事介入と韓国のベトナム派兵、日韓条約・協定の締結は一体のものだった。

一九六〇年五月に第五次日韓交渉が始まると、韓国側は「対日請求要綱（八項目）」を提示したが、そこには、被徴用韓人の未収金、人的被害補償などの請求が含まれていた。しかし交渉は、一九六一年五・一六の朴正熙クーデターで中断した。

一九六一年一〇月には第六次日韓交渉がはじまり、被徴用者未収金などの具体的な交渉がなされた。しかし、一九六二年一〇・一一月の大平正芳・金鍾泌会談で「経済協力」による決着がすすめられ、一九六五年六月二二日の日韓条約・協定の締結へとつながった。この第六次日韓交渉では一九六二年二月に一般請求権委員会の下に被徴用者等関係専門委員会がもたれ、外務省会議室で計四回の交渉がもたれた。ここで徴用問題（連行）での具体的なやり取りがなされた。

この第六次日韓会談下での日本政府による調査資料が重要である。資料には、豊島陞「朝鮮人の労務動員に関するメモ」（元朝鮮総督府鉱工局勤労動員課長、外務省への一九六一年提示資料）、大蔵省理財局「韓国請求権補償金問題参考資料」（理・外）一九六一年一〇月、外務省「被徴用韓人関係資料」一九六一年一〇月、外務省北東アジア課「朝鮮人移入労務者数」一九六二年二月、外務省北東アジア課「韓国人移入労務者数について―討議用資料」一九六二年二月、厚生省援護局「朝鮮在籍旧陸海軍軍人軍属出身地別統計表」一九六二年などがある（金英達収集史料）。

外務省北東アジア課の「韓国人移入労務者数について―討議用資料」では、外務省は厚生省資料から集団移入朝鮮人労務者数を六六万七八六四人、終戦時現在数を三二万二八九〇人と認知している。韓国側主張の被徴用韓人の数値と同様のものを認めていたわけである。

この間の日本側の賠償に関する数値の検討資料をまとめたものが、大蔵省理財局『日韓請求権問題参考資料』一九六三年である。この史料は国立公文書館に所蔵されているが、情報公開請求のなかで、主要な数値は黒塗りで「公開」された。また、一九六四年一月に『日韓会談における韓国の対日請求八項目に関する討議記録』もまとめられているが、これも現時点では黒塗り公開である。また、一九六三年四月には「朝鮮人労務者の動員と徴用経緯について」(『入管管理月報』三二)が出ている。

外務省北東アジア課は『日韓国交正常化交渉の記録』の編纂を一九六七年に指示し、一 総説、二 手記談話、三 資料の形で、森田芳夫らが編集をすすめた。この文書も一・三の主要な部分が黒塗りで公開された(復刻・浅野豊美・吉澤文寿編『日韓国交正常化問題資料 基礎資料編 六』二〇一一年)。二 手記談話は後に公開された。

森田芳夫は「戦前における在日朝鮮人の人口統計」(『朝鮮学報』四八 一九六八年、『数字が語る在日韓国・朝鮮人の歴史』一九九六年再録)を記した。さらに一九七〇年には外務研修所で講演し、その内容は『日韓関係史』外務省北東アジア課一九七三年にまとめられている。ここで森田は朝鮮での戦争動員についてもふれている。森田芳夫の経歴については「森田芳夫先生略年譜」(『年報朝鮮学』三 九州大学 朝鮮学研究会一九九三年)に詳しく記されている。なお、強制連行の問題については一九六五年一二月、参議院日韓条約等特別委員会で黒柳明が強制労働とそれへの補償について質問した。

このように徴用(強制連行・強制労働、軍人軍属も含む)への賠償要求が出されるなかで、日本国内での民間調査がすすんでいった。

太平洋戦争中朝鮮人殉難者慰霊準備委員会「朝鮮人殉難者資料」、「太平洋戦争時朝鮮人殉難者慰霊大法会報告」から、一九五九年に「太平洋戦争時朝鮮人殉難者慰霊大法会」がもたれたことがわかる。朴慶植は『太平洋戦争中における朝鮮人労働者の強制連行について』(朝鮮大学校地理歴史学科一九六二年)を中国人強制連行調査に触発されながら記した。連行され、死亡した朝鮮人が多い筑豊では、福岡県在日朝鮮人殉難者慰霊祭実行委員会が『兄弟よ安らかに眠れ「朝鮮人殉難」の真相』を一九六三年に発行した。また、大島渚・牛山純一『忘れられた皇軍』一九六三年が制作され、元日本軍在日韓国人傷痍軍人会の人々が描かれた。

法政大学大原社会問題研究所の『日本労働年鑑　太平洋戦争下の労働者の状態』（一九六四年）の第二編第三章「産業労務動員と国民徴用」は、朴慶植の仕事を引用して記述した。この六四年には、中国人強制連行事件資料編纂委員会編『草の墓標—中国人強制連行事件の記録』も出版された。

日韓条約は植民地支配下での強制連行問題を解決することなく調印されようとしていたが、それを批判して朴慶植は調印前の一九六五年五月に『朝鮮人強制連行の記録』を出版した。この本の最後に「在日朝鮮人に関する文献目録」があり、当時の調査状況がわかる。

一九六七年には、松村高夫「日本帝国主義下における植民地労働者」（『経済学年報』一〇　慶應義塾経済学会、『日本帝国主義下の植民地労働史』二〇〇七年に再録）が記されている。現地調査では、信州大学朝鮮文化研究会『長野県における朝鮮人強制連行の実態調査について』一九六七年、日朝協会仙台支部『太平洋戦争中の細倉鉱山における朝鮮人労働者の実態』一九六八年などが出された。

(4) 一九七〇年代

一九七〇年代には、韓国朴政権による政治弾圧が強まり、政治犯救援運動がたかまった。民間での朝鮮人強制連行の調査もはじまった。

民間での運動としては、一九七二年の朝鮮人強制連行真相調査団の結成がある。朝鮮人強制連行真相調査団は朝鮮人と日本人が共同して一九七二〜七五年と北海道、沖縄、東北調査をおこなった。その活動は『第二次大戦時沖縄朝鮮人強制連行虐殺真相調査団報告書』一九七二年、『朝鮮人強制連行強制労働の歴史―北海道・千島・樺太編』一九七四年、資料集『一九七〇年代強制連行真相調査団の記録』（一九九二年復刻）などにまとめられた。一九七二年には北海道在日朝鮮人の人権を守る会が『ホッカイドー！ホッカイドー！生きて再び帰れぬ地』という冊子を出した。

朴慶植らは一九七六年六月に東京で在日朝鮮人運動史研究会を結成し、一九七九年には関西部会が活動を始めた。この会は『在日朝鮮人史研究』を発行し、そこには強制連行調査関係論文や資料が掲載された。

朴慶植は『在日朝鮮人関係資料集成』全五巻一九七五〜七六年で「特高月報」・「社会運動の状況」や裁判調書などを復刻した。四・五巻には強制連行期の史資料が多数収録されている。中央協和会「移入朝鮮人労務者状況調」一九四二年や北炭史料などを収録した小沢有作編『近代民衆の記録一〇　在日朝鮮人』一九七八年、金賛汀『証言朝鮮人強制連行』一九七五年、山田昭次「朝鮮人・中国人強制連行研究史試論」（『朝鮮歴史論集下』一九七九年）なども出された。

また、地域での調査もすすめられ、小池喜孝『鎖塚　自由民権と囚人労働の記録』一九七三年、『掘る　北海道の民衆史掘り起し運動』北海道歴史教育者協議会一九七七年、『相模湖ダムの歴史を記録する会　中間報告』相模湖ダムを記録する会一九七七年、『松代大本営工事朝鮮人強制連行・強制労働の実態調査報告書』長野県朝鮮人強制連行・強制労働調査準備会、『戦時下松本市里山辺における朝鮮人強制連行・強制労働の実態調査報告書』一九七七年、『調査報告・中島飛行機吉見地下工場』中島飛行機朝鮮人強制連行の歴史を調査する会一九七七年などの報告書が出された。戸塚秀夫「日本帝国主義の崩壊と『移入朝鮮人労働者』―石炭産業における一事例研究」（隅谷三喜男編『日本労使関係史論』一九七七年）や朝鮮人被爆者についての朴秀馥・郭貴勲・辛泳洙『被爆韓国人』一九七五年、広島朝鮮人被爆者協議会『白いチョゴリの被爆者』一九七九年などが出され、サハリン在住朝鮮人の調査も始まった。

一九七〇年代には、三菱、三井、帝人、大成、鹿島、間など企業の侵略責任を問う動きも起きた。

(5) 一九八〇年代

一九八〇年代は、韓国で民主化運動がすすみ、一九八七年には韓国で太平洋戦争犠牲者遺族会の活動が再出発した。日本では指紋押捺拒否の運動が高まり、そのなかで植民地主義の継続が問題になった。また、八〇年代は各地で市民による調査が民衆史運動として展開した時期である。さまざまな調査・研究の成果が出版され、それらの活動が一九九〇年の第一回朝鮮人中国人強制連行強制労働を考える全国交流集会開催につながった。

資料集としては、朴慶植編『朝鮮問題資料叢書』一・二巻（戦時強制連行労務管理政策）一九八一、八二年、『同叢書』四巻（協和会機関誌）一九八二年、『同叢書』一三巻（日本敗戦前後の在日朝鮮人の状況、千葉県警察部特高課『昭和二〇年内鮮報告書類編冊』、新潟県警察部特高課『昭和二〇年内鮮関係書類綴』）一九九〇年があり、『戦時強制連行「華鮮労務対策委員会活動記録」』アジア問題研究所一九八一年も復刻された。一九八六年には辛基秀の記録映画『解放の日まで』が上映された。

労務での連行を調査したものを北海道から九州の順にみれば、森岡武雄『はるかなる海峡　蔡晩鎮物語』一九八二年、『続　掘る』民衆史道連一九八八年、『笹の墓標　朱鞠内・ダム工事掘りおこし』一九八六年、石田真弓『故郷はるかに』一九八五年（常磐炭田）、埼玉県滑川高校郷土部「比企地方の地下軍事施設」『比企』三・一九八四年、和田登『図録松代大本営』一九八七年、沢田猛『石の肺』一九八五年、金浩「日本軽金属㈱による富士川水電工事と朝鮮人労働者動員」(『在日朝鮮人史研究』一九)一九八九年、『悲しみを繰り返さないようここに真実を刻む』東南海地震旧三菱名航道徳工場犠牲者調査追悼実行委員会一九八八年、川瀬俊二「もうひとつの現代史序説」一九八七年、兵庫朝鮮関係研究会『兵庫と朝鮮人』一九八五年、金慶海・徐根植・宋成一・鄭鴻永・洪祥進『鉱山と朝鮮人強制連行』一九八七年、県北の現代史を調べる会『戦時下広島県高暮ダムにおける朝鮮人強制労働の記録』一九八九年、内藤正中『日本海地域の在日朝鮮人』一九八九年、梶村秀樹「海がほけた」(『在日朝鮮人史研究』一〇 長生炭鉱)一九八二年、林えいだい『強制連行強制労働』一九八一年、同『消された朝鮮人強制連行の記録』一九八九年、上野英信・趙根在『アリラン峠 写真万葉録筑豊 九』一九八六年、鄭清正『怨と恨と故国と』一九八九年、李興燮『アボジが越えた海』一九八七年、林えいだい『朝鮮海峡』一九八八年、立教大学史学科山田ゼミナール『生きぬいた証に—ハンセン病療養所多磨全生園朝鮮人・韓国人の記録』一九八九年などがある。

樋口雄一『協和会』一九八六年は朝鮮人を監視した協和会についてまとめたものである。田中直樹『近代日本炭礦労働史研究』一九八四年には連行初期の朝鮮人坑夫の統計や明治平山への連行状況を示す表がある。

軍務での連行については、内海愛子・村井吉敬『赤道下の朝鮮人反乱』一九八〇年、内海愛子『朝鮮人BC級戦犯の記録』一九八二年、宮田節子『朝鮮民衆と皇民化政策』一八八五年、福地曠昭『哀号朝鮮人の沖縄戦』一九八六年、海野福寿・権丙卓『恨!朝鮮人軍夫の沖縄戦』一九八七年、川田文子『赤瓦の家』一九八七年、浮島丸事件殉難者追悼実行委員会『浮島丸事件の記録』一九八九年などが出された。

被爆者についても、吉留路樹『アイゴ!ムルダルラ』一九八〇年、長崎在日朝鮮人の人権を守る会『原爆と朝鮮人』一~六 一九八二年~九四年、朴壽南『もうひとつのヒロシマ』一九八二年、鎌田定夫編『被爆朝鮮・韓国人の証言』一九八二年、広島長崎の証言の会『イルボンサラムへ』一九八六年、伊藤孝司『原爆棄民』

一九八七年などが出された。

映像としては『文部省非検定教科書日帝三六年韓国・朝鮮と日本』日本テレビ一九八二年、牛山純一『あの涙を忘れない』（江華郡）テレビ朝日一九八九年などがある。

(6) 一九九〇年代

一九九〇年代は、強制連行、戦争責任、植民地支配責任、戦争被害者個人への賠償などについての問題が提起され、歴史認識が問われた時期である。裁判や証言での連行被害者の訴えや市民の支援のなかで、日本政府も一九九三年の河野談話で「慰安婦」の問題を認め、一九九五年の村山談話で植民地支配への謝罪の意を示した。戦争被害者の声が時代を動かしはじめたが、他方、九〇年代後半からは歴史改ざんの流れ、強制連行否定の宣伝が強められた。

名簿・資料

韓国での過去清算の動きのなかで、一九九〇年の盧泰愚訪日の際、日本側に名簿調査を求めた。その結果、発見された名簿類が韓国に提供された。労務動員の名簿で主なものは厚生省勤労局「朝鮮人労務者に関する調査」一九四六年である。軍務動員では、陸軍「留守名簿」、「軍属名簿」（工員名簿）、海軍「軍人軍属名簿（軍人履歴原表・軍属身上調査表）」、「臨時軍人軍属届」、「兵籍戦時名簿」、「軍属船員名簿」、「病床日誌」、「俘虜名票」などが集約され、送られた。

しかし日本政府はこれらの名簿を日本国内では公開しなかった。厚生省勤労局「朝鮮人労務者に関する調査」

の名簿類は、韓国民団が日本国内で公開したことにより、九三年に市民団体も見ることができるようになった。NHKは『調査報告・朝鮮人強制連行　初公開六万七〇〇〇人の名簿から』一九九三年を制作した。

真相調査がすすむなかで、一九九〇年に第一回朝鮮人中国人強制連行強制労働を考える全国交流集会が名古屋で開催された。開催の呼びかけ団体はピッタムの会である。その後、交流集会は、九一年兵庫、九二年広島、九三年奈良、九四年長野、九五年高槻、九六年岐阜、九七年松江、九八年金沢、九九年九州などで開催された。交流集会では開催にあたり、開催現地での調査をまとめた資料集などを発行した。このような運動の連携のなかで資料調査もすすんだ。

飛田雄一・金英達・高柳俊男・外村大「共同研究　朝鮮人戦時動員に関する基礎研究」（『青丘学術論集』四　韓国文化振興財団一九九四年二月）では、戦時動員の概念整理と行政や企業の資料の整理がなされた。飛田雄一・金英達編『朝鮮人・中国人　強制連行強制労働資料集』一九九〇年〜九四年（新聞記事・文献目録）では、その間の新聞が収集され、文献目録も作成された。

梁泰昊編『朝鮮人強制連行論文集成』一九九三年は、これまでの研究をふまえて、主要論文を収録し、各地の文献論文目録を掲載した。そこには、朴慶植「朝鮮人強制連行」、山田昭次「朝鮮人強制連行研究史覚書」をはじめ、長澤秀「戦時下南樺太の被強制連行朝鮮人炭礦夫について」、佐久間昇「太平洋戦争下山形県における朝鮮人労働者の強制連行をめぐって」、伊田稔「山形県における朝鮮人強制連行の概況」、古庄正「在日朝鮮人労働者の賠償要求と政府及び資本家の対応」（岩手）、長澤秀「戦時下常磐炭田における朝鮮人鉱夫の労働と闘い」、佐藤泰治「新潟県における朝鮮人中国人強制連行に関するノート」、相沢一正「茨城県における朝鮮人中国人強制連行に関するノート」、戸島昭「徴用・動員・強制連行—戦時下山口県の工場労働者」、山田昭次「筑豊炭田の朝鮮人強制連行」などが掲載され、富士川発電、神岡鉱山、多賀城海軍工事、古河永松鉱山、日立鉱山、白根地下工事（山梨）、松代、平岡ダム、峰之沢鉱山、中島飛行機半田、高槻、鳥取、高暮ダム、高知、沖縄戦など各地の調査が集録された。

また、つぎのような史料集も出版された。

戦後補償問題研究会編『戦後補償問題資料集』全一一巻一九九〇〜九四年は、一 戦時動員資料（企画院・軍需省、陸軍省）、二 労務動員統計（戦時・戦後）、三 軍事動員、四 兵力動員実施、五 新聞スクラップ一九八九〜九一、六 戦後補償関係法令通達一（援護・日韓協定）、七 戦後補償関係法令通達二（未払金・軍事郵便貯金）、八 GHQ文書（未払い金）、九 解放帰国関係、一〇 BC級戦犯、一一 傷痍軍属補償裁判資料などで構成された。主要な資料が数多く収録されている。

林えいだい編『戦時外国人強制連行関係史料集』全七冊一九九一年は、Ⅰ俘虜収容所 Ⅱ朝鮮人一 林えいだい（上下）、Ⅲ朝鮮人二 白戸仁康・美唄、加藤博史・北炭、守屋敬彦・鴻之舞、Ⅳ中国人・朝鮮人・オランダ人・イギリス人 林えいだい・白戸仁康・武松輝男などで構成されている。それまでに発見された史料類が数多く収録されている。

長澤秀編『戦時下朝鮮人中国人連合軍俘虜強制連行資料集 石炭統制会極秘文書』全四巻一九九二年には炭鉱関係の資料が収録された（「半島人労務者供出状況調」、石炭統制会「労務者移動状況調」、「県別炭砿労務者移動調」、「労務状況速報」他）。石炭統制会労務部京城事務所の「半島人労務者供出状況調」は一九四三年の朝鮮半島から日本の各地炭鉱への集団的な連行数を示す史料として重要である。長澤秀編『戦時下強制連行極秘資料集』全四巻一九九六年（常磐炭鉱ほか）なども出版された。

協和会関係では、『協和事業年鑑』（一九四一年）復刻一九九〇年、樋口雄一編『協和会関係資料集』全五巻一九九五年などが出された。また、愛知県朝鮮人強制連行調査班・日朝協会愛知県連編『朝鮮女子勤労挺身隊と勤労動員・朝鮮「毎日新報」(一九四三〜四五)から』一九九三年などの記事調査もなされた。

全国調査

一九九〇年代には、全国各地で現地調査がすすんだ。全般的なものとしては、朴慶植「朝鮮人強制連行についての調査研究」一九九一年七月(『在日朝鮮人・強制連行・民族問題』所収)、林えいだい『清算されない昭和』一九九〇年、大阪人権歴史資料館『朝鮮侵略と強制連行』一九九二年、「百萬人の身世打鈴」編集委員会『百萬人の身世打鈴』一九九九年(証言集)、西成田豊『在日朝鮮人の「世界」と「帝国」国家』一九九七年などが出された。

全国各地の調査では、朝鮮人強制連行真相調査団の活動がある。朝鮮人強制連行真相調査団編による『朝鮮人強制連行調査の記録』が、四国 一九九二年、兵庫 九三年、大阪 九三年、中部東海 九七年、中国 〇一年、関東I 〇二年と一〇年ほどでまとめられた。また、真相調査団による各地の調査や発見資料をまとめた「資料集」一〜二〇(一九九二〜二〇〇七年)が出され、『資料集』一〇には、国鉄の「半島人労務者配置状況」一九四五年(国会図書館憲政資料室蔵・米国戦略爆撃調査団資料)などが収録された。証言集としては『強制連行された朝鮮人の証言』一九九〇年が出された。また調査団は各種の連行名簿を収集し、公開した。

各地の調査団関係団体が発行した報告書には、京都府朝鮮人強制連行真相調査団『京都府の朝鮮人強制連行』一・二 一九九一・九三年、朝鮮人強制連行の真相を調査する千葉県朝日合同調査団『第二海軍航空廠と朝鮮人労働者』一・二 一九九一年、神奈川県朝鮮人強制連行真相調査団『強制連行の傷跡』一〜四 一九九三〜九四年、大分県朝鮮人強制連行共同調査団『朝鮮人「強制連行」大分県の記録』一九九三年、山口県朝鮮人強制連行真相調査団『朝鮮人強制連行調査の記録』、『続・朝鮮人強制連行調査の記録』一九九四年・九五年、愛知県朝鮮人強

制連行真相調査団『活動記録資料集』一九九四年、静岡県朝鮮人歴史研究会『朝鮮人強制連行の傷跡』一九九五年、西東京朝鮮人強制連行真相調査団『あの忌まわしい過去は再び繰り返されてはならない』一九九七年、埼玉県朝鮮人強制連行真相調査団『朝鮮人強制連行調査の記録　埼玉編　中間報告』一九九八年、栃木県朝鮮人強制連行真相調査団『遥かなるアリランの故郷よ』一九九八年、野添憲治『秋田の朝鮮人強制連行』一九九九年、李鐘泌『私の見てきた大分県朝鮮民族五〇年史』一九九二年などがある。このほかに兵庫や大阪などの調査団も報告書を出している。

全国各地の調査を北海道から九州の順にみていけば、北海道では、桑原真人『戦前期北海道の史的研究』一九九三年、杉山四郎『語り継ぐ民衆史』一九九三年、釧路かささぎの会『一枚の火葬認許証から』一九九四年、鄭哲仁『当事者が書いた強制連行』一九九九年、守屋敬彦「第二次大戦下における朝鮮人強制連行の統計的研究」（北炭への集団的連行表作成。『道都大学教養部紀要』一三　一九九四年）などがある。一九九一年には『北海道開拓殉難者調査報告書』が出され、この調査時に北海道各地でおこなわれた調査の資料は北海道立文書館に収蔵され、閲覧ができる。ここには強制労働関係の調査資料も数多くある。サハリン関連でも、朴亨柱『サハリンからのレポート』一九九〇年、高木健一『サハリンと日本の戦後責任』一九九二年などが出された。

東北では、李又鳳『傷跡は消えない』一九九一年（花岡）、大塚一二『トラジ　福島県内の朝鮮人強制連行』一九九二年、許在文・金潤任『はてしなき涯』一九九二年（田老）、『アイゴーの海　浮島丸事件　下北からの報告』下北の地域文化研究所一九九四年、佐藤光安『韓国の心を知る旅』一九九六年（古河永松鉱山）などが出された。

関東では、日吉台地下壕保存の会『日吉台地下壕』一九九三年、斎藤勉『地下秘密工場　中島飛行機浅川地下工場』一九九〇年、東京都立館高校フィールドワーククラブ『これが運命だ　姜壽熙さんの聞き取り』一九九四年、群馬県朝鮮人韓国人強制連行犠牲者追悼碑を建てる会『「消し去られた歴史」をたどる』一九九九年、江東在日朝鮮人の歴史を記録する会『東京のコリアンタウン枝川物語』一九九五年、一條三子「埼玉県比企地域の地下軍事施設と朝鮮人労働者」（『在日朝鮮人史研究』二二）一九九六年などがある。

中部では、岐阜の地下工場や神岡鉱山での死亡者を調べた『ピッタム・地下軍事工場と朝鮮人強制連行の記録』一九九〇年をはじめ、『証言する風景　名古屋発朝鮮人・中国人強制連行の記録』一九九一年、瀬戸地下軍需工場跡を保存する会『証言・資料集　瀬戸地下軍需工場』一九九八年、内田すえの・此川純子・堀江節子『黒部底方の声』一九九二年、澤田純三「太平洋戦争下の雄神地下工場について」（『近代史研究』一五　富山県近代史研究会）一九九二年、強制連行の足跡をたどるIN富山『草民譜』一～八　一九九一～九五年、小松現代史の会『石川県における朝鮮人戦時労働力動員』一～三　一九九二～九三年、石川県教組金沢支部平和教育専門委員会『地域に学ぶ日本の侵略史』一九九三年、加端忠和「白鳥地下軍需工場建設（未完）の強制連行朝鮮人と直下村の人々」（『えぬのくに』三七　江沼地方史研究会）一九九二年、長野県歴史教育者協議会『戦争を掘る』一九九五年、里山辺朝鮮人中国人強制労働調査団『里山辺における朝鮮人中国人強制労働の記録』一九九二年、『故郷への轍』同冊子刊行委員会一九九五年、強制連行展ぎふ一九九六実行委員会『岐阜県強制連行ガイドブック』一九九六年などが出された。『静岡県史通史編六』一九九七年には厚生省勤労局名簿や地域調査をふまえた強制連行に関する記述が入った。

関西方面では、兵庫朝鮮関係研究会『地下工場と朝鮮人強制連行』一九九〇年をはじめ、鄭鴻永『歌劇の街のもうひとつの歴史』一九九七年、脇本寿『朝鮮人強制連行と私』一九九四年、田中寛治編『朝鮮人強制連行強制労働ガイドブック　奈良編』一九九七年、高野真幸編『朝鮮人強制連行強制労働ガイドブック　天理・柳本飛行場編』一九九九年、高槻「タチソ」戦跡保存の会『朝鮮人強制連行強制労働ガイドブック　高槻「タチソ」

編』一九九九年、『ワシらは鉱山で生きてきた』丹波マンガン記念館一九九二年、久保井規夫『地下軍需工場と朝鮮人強制連行』一九九五年、石田米子「岡山県における在日朝鮮人史の概要および研究の状況」（『在日朝鮮人研究の現段階』在日朝鮮人運動史研究会関西部会）一九九一年、和久田薫『地域で育てる社会認識』（大江山鉱山一九九〇年、岡山一五年戦争資料センター『岡山の記録』一　一九九九年、花房英俊『はじまりはアリランから』一九九二年、亀島山地下工場を語りつぐ会『亀島山地下工場』一九九〇年などが出された。

中国・四国では、広島の強制連行を調査する会『地下壕に埋もれた朝鮮人強制労働』一九九二年、深川宗俊『海に消えた被爆朝鮮人徴用工』一九九二年、『忘れられた兵士たち　ヒロシマ朝鮮人救援部隊』NHK一九九一年一〇月、鄭忠海『朝鮮人徴用工の手記』一九九〇年、『山陰強制連行ハンドブック』全国交流会山陰実行委員会一九九七年、尾上守・松原満紀『住友別子銅山で「朴順童」が死んだ』一九九七年などが出された。

九州・沖縄では、林えいだい『死者への手紙』一九九二年（三菱高島）、田中直樹「第二次世界大戦期における朝鮮人『移入』労働者について」（『日本大学生産工学部研究報告B』二六―一）一九九三年（明治平山炭鉱）、八幡製鉄の元徴用工問題を追及する会『八幡製鉄と強制連行』一九九八年、長澤秀「貝島炭砿と朝鮮人強制連行」（『青丘学術論集』一四）一九九九年、坪内廣清『「募集」という名の強制連行』一九九八年、小松裕「近代の縮図　球磨郡深田銅山の歴史」（『文学部論叢』五七　熊本大学）一九九七年、高實康稔『韓国・朝鮮人被爆者と強制連行』一九九六年、『九州の強制連行』全国交流集会九州実行委員会一九九九年などが出された。

軍務での動員については、樋口雄一『皇軍兵士にされた朝鮮人』一九九一年、伊藤孝司『棄てられた皇軍』一九九五年、一・二〇同志会『虐げられた青春』一九九一年、林えいだい『証言集　朝鮮人皇軍兵士』一九九五年、金元栄『或る韓国人の沖縄生存記』一九九一年、朴壽南『アリランのうた　オキナワからの証言』一九九一年、金成寿『傷痍軍人金成寿の「戦争」』一九九五年、李佳炯『怒りの河』一九九五年、姜徳相『朝鮮人学徒出

陣　もう一つのわだつみのこえ』一九九七年などがまとめられた。

朝鮮内での連行については、広瀬貞三「『官斡旋』と土建労働者　『道外斡旋』を中心に」(『朝鮮史研究会論文集』二九)一九九一年がある。

戦後補償裁判・行政調査

一九九〇年代の特徴は、戦後補償裁判が始まり、日本政府と連行企業の責任が問われたことである。企業裁判関係では、古庄正編『強制連行の企業責任』一九九三年、山田昭次・田中宏編『隣国からの告発』一九九六年、三菱広島元徴用工裁判を支援する会『三菱は未払い賃金を支払え』一九九六年、全国一般労働組合長崎連帯支部『三菱重工と日本政府の戦後責任を問う』一九九二年、戦後責任を問う関釜裁判を支援する会『強制動員された朝鮮の少女たち』一九九五年、金景錫さんの日本鋼管訴訟を支える会『訴えられる日本鋼管』一九九三年などが出された。浮島丸訴訟、朝鮮女子勤労挺身隊関係の不二越訴訟、三菱名古屋訴訟、東京麻糸沼津工場訴訟などの裁判資料も出された。

軍人軍属関連の訴訟では、『アジア太平洋戦争韓国人犠牲者補償請求事件訴状』第二版一九九二年、『韓国朝鮮BC級戦犯者の国家補償等請求事件訴状』一九九一年などが出された。現地調査では、ラバウルへの連行調査『金飛虎さんらは訴える』一九九三年などがある。

市民の声に押されて行政による調査がすすめられた。行政の調査では『松本市における戦時下軍需工場の外国人労働実態報告書』松本市史近代現代部門編集委員会一九九二年、『神奈川と朝鮮』神奈川県と朝鮮の関係史調査委員会・神奈川県一九九四年、『半田の戦争記録』半田市一九九五年、『戦時下逗子の朝鮮人労働者』逗子市一九九五年、『掛川市における戦時下の地下軍需工場の建設と朝鮮人に関する調査報告書』掛川市一九九七年、

『北海道と朝鮮人労働者』朝鮮人強制連行実態調査報告書編集委員会一九九九年などが発行された。

北海道は一九九四年に朝鮮人強制連行実態調査委員会を設置し、調査をはじめた。『北海道と朝鮮人労働者』には北海道関係強制連行の史料や文献、年表などが掲載されている。また、編集にかかわった白戸仁康報告「労務動員関連資料の所在状況―北海道の強制連行実態調査資料を中心に」(日帝強占下強制動員被害真相糾明委員会 出帆一周年記念国際シンポジウム二〇〇五年)には、数多くの資料の所在が明らかにされている。

(7) 二〇〇〇年代

二〇〇〇年代の特徴は、二〇〇四年に韓国で日帝強占下強制動員被害真相糾明委員会が結成されたことである。韓国内では一九九〇年代の運動のなかで二〇〇一年に太平洋戦争被害者補償推進協議会が結成され、被害者への補償にむけて運動をすすめた。韓国内で過去清算の運動がすすみ、立法による過去清算のための各種委員会が組織された。強制動員被害真相糾明委員会はその一つである。

また、二〇〇一年にダーバン会議(人種主義、人種差別、排外主義、および関連する不寛容に反対する世界会議)が開催された。各地の植民地主義の克服を求める動きをふまえて植民地責任論が提起され、略奪文化財の返還も課題とされるようになった。二〇〇二年の日朝平壌宣言では植民地支配の過去の清算が明示され、日朝国交正常化にむけての交渉が開始されることになった。

日本では一九九〇年代の全国交流会に続いて、二〇〇〇年からは強制連行調査ネットワークの主催で交流集会がもたれた。集会は二〇〇〇年に神戸と呉、〇一年大阪、〇二年花岡、〇四年北海道、〇六年済州島と開催された。この動きに続いて、韓国での真相糾明委員会の設立に応えて、二〇〇五年七月には強制動員真相究明ネットワークが結成された。ネットワークは名簿などの史料調査、遺骨の調査や発掘、未払い金調査をおこない、全国研究集会を開催した。集会は〇六年に福岡、〇七年東京、〇九年・一一年神戸、一二年・一三年東京、一四年京都と続いた。

日韓会談文書公開運動や遺骨の返還をすすめる運動も始まった。日本の過去の清算を求める国際連帯協議会も組織され、二〇〇二年の平壌集会以後、結成集会が〇三年に上海でもたれ、以後、〇四年ソウル、〇五年東京集会、〇六年マニラ、〇八年ハーグなどで開催された。

二〇〇四年に設立された日帝強占下強制動員被害真相糾明委員会は、資料調査、調査報告書や証言集の発行、二〇万人に及ぶ被害申告の調査と被害の認定、海外での遺骨調査、釜山での強制動員資料館の建設をすすめた。二〇一〇年には対日抗争期強制動員被害調査及び国外強制動員犠牲者等支援委員会となり、これまでの事業を引き継ぎながら、被害認定と支援金の支給、動員戦犯企業リストの作成などをおこない、被害者支援のための財団設立にも関与した。このような活動がすすむなかで、日本政府は韓国政府へと埋火葬史料、供託名簿（発見分）を提供し、軍人軍属遺骨（朝鮮南部分）の返還をすすめた。

韓国内では、太平洋戦争被害者補償推進協議会、民族問題研究所、強制動員&平和研究会、韓日民族問題学会などによる民間の研究もすすみ、多くの書籍が出版された。『韓日民族問題研究』には強制連行関連の論文も収録されている。これらの韓国での調査・研究報告については金廣烈による文献目録が『第六回強制動員真相究明全国研究集会報告集』二〇一三年にある。

韓国内での強制動員に関する過去清算の運動は、二〇一二年の韓国大法院による強制動員判決をもたらした。その判決は、三菱広島と日本製鉄による動員被害者の訴えを認め、強制動員は不法であり、個人の損害賠償請求権は存在するとし、会社には支払い責任があり、時効は認めない、それが信義・誠実であるというものだった。

二〇一三年の差し戻し審では原告が勝訴し、新たに提訴した三菱名古屋の原告も光州地裁で勝訴した。

二〇〇〇年に入っての資料集や全般的な調査報告をみてみよう。庵逧由香編『朝鮮労務』（朝鮮労務協会 全四巻・別冊一）二〇〇〇年は官斡旋動員のためにつくられた朝鮮労務協会の雑誌の復刻である。資料集としては、樋口雄一編『戦時下朝鮮人労務動員基礎資料集』全五巻二〇〇〇年、長澤秀編『戦前朝鮮人関係警察資料集』全四巻二〇〇六年（サハリン警察文書）、塚﨑昌之編『大阪府特高警察関係資料昭和二〇年』二〇一一年、山田昭次編『朝鮮人強制動員関係資料』全二巻二〇一二年などが出されている。

新聞資料としては、広島の強制連行を調査する会『広島在留朝鮮人関係新聞記事データベース』二〇一一年、広島韓国・朝鮮社会研究会『戦前日本在留朝鮮人関係新聞記事資料集』二〇〇八年などがある。戦前の記事については「戦前日本在住朝鮮人関係新聞記事検索」（京都大学水野直樹ウェブサイト）がある。

福岡県での情報公開請求によって「火葬許可願綴」飯塚市、「火葬認許証控綴」穂波町、「埋火葬許可原簿」宮田町・笠松村（宮若市）、「埋火葬書類」小竹町、「山田町役場受附帳」山田市などが公開された。この公開によって炭鉱関連の死亡者が多数明らかになった。

全般的な調査・研究としては、山田昭次・古庄正・樋口雄一『朝鮮人戦時労働動員』二〇〇五年、外村大『朝鮮人強制連行』二〇一二年、内海愛子『戦後補償から考える日本とアジア』二〇〇二年、『告発・証言集二　強制連行編』朝鮮日本軍「慰安婦」強制連行被害者補償対策委員会二〇〇三年、野添憲治『遺骨は叫ぶ』二〇一〇年、吉沢佳世子「内地派遣朝鮮農業報国青年隊の研究」（『姜徳相先生古希退職記念 日朝関係史論集』二〇〇三年、室田元美『ルポ悼みの列島』二〇一〇年などがある。

各地での動きをみれば、北海道フォーラムによる遺骨調査、筑豊での無窮花堂の建設、紀州鉱山、長生炭鉱、神戸港湾、群馬などで追悼碑建設、北海道・東川、長野での証言調査などがある。

労務動員に関する調査報告としては、北海道・サハリンでは、強制連行・強制労働犠牲者を考える北海道フォーラム『二〇〇七年浅茅野調査報告書』二〇〇七年、西田秀子「戦時下北海道における朝鮮人「労務慰安婦」の成立と実態」（『女性史研究ほっかいどう』一）二〇〇三年、石純姫「北海道近代における朝鮮人の定住化とアイヌ民族」（『東アジア教育文化学会年報』三）二〇〇六年、片山通夫『追跡！あるサハリン残留朝鮮人の生涯』二〇一〇年、今西一「樺太・サハリンの朝鮮人」（『小樽商科大学人文研究』一二二）二〇一一年などがある。

東北では、野添憲治『秋田県における朝鮮人強制連行』二〇〇五年、加藤昭雄『あなたの町で戦争があった』（岩手）二〇〇三年、大信田尚一郎「岩手県内朝鮮人受難者追悼之碑」二〇〇九年、龍田光司『炭鉱に「強制連行」された朝鮮人』（常磐炭鉱）二〇一〇年などがある。

関東・中部では、群馬県朝鮮人強制連行犠牲者の追悼碑を守る会『記憶・反省そして友好』、下野チョソン問題研究会「栃木、茨城県下における強制連行、労働に関する調査状況」（『強制連行調査ネットワークの集い神戸資料集』）二〇〇〇年、相沢一正『茨城県における朝鮮人中国人の強制連行』二〇一一年、東京大空襲・朝鮮人罹災を記録する会『東京大空襲・朝鮮人罹災者の記録』一〜三　二〇一〇年、『学び・調べ・考えようフィールドワーク浅川地下壕』浅川地下壕の保存をすすめる会二〇〇五年、『新潟県内における韓国・朝鮮人の足跡をたどる』新潟県高教組平和教育研究委員会二〇一〇年、広瀬貞三「佐渡鉱山と朝鮮人労働者」（『新潟国際情報大学情報文化学部紀要』三）二〇〇〇年、『不二越強制連行未払い賃金訴訟』太平洋戦争韓国人犠牲者遺族会二〇〇一年、山川修平『人間の砦』二〇〇八年（三菱名古屋裁判）、『韓国聞き取り調査報告』長野県強制労働調査ネットワーク二〇一三年などがある。

関西・中国・四国では、神戸港における戦時下朝鮮人中国人強制連行を調査する会『神戸港強制連行の記録』二〇〇四年、飛田雄一「アジア・太平洋戦争下、神戸港における朝鮮人・中国人・連合軍捕虜の強制連行・強制労働」（『世界人権問題研究センター研究紀要』一四）二〇〇九年、篠山市人権同和対策研究協議会『デカンショのまちのアリラン』二〇〇六年、和久田薫『大江山鉱山　中国人拉致・強制労働の真実』二〇〇六年、河かおる・稲継靖之「滋賀県の近現代史のなかの朝鮮人」（滋賀県立大学人間文化学部地域文化学科編『大学的滋賀ガイド　こだわりの歩き方』）二〇一一年、日本韓国の市民友好と地域の国際化を考える会『アジア太平洋戦争期の島根県雲南地方における韓国朝鮮人の生活記録』二〇〇八年、三菱広島元徴用工被爆者裁判を支える会『恨　三菱・廣島・日本』二〇一〇年、『ガイドブック高知の戦争遺跡』平和資料館草の家二〇〇〇年、日本コリア協会・愛媛『植民地朝鮮と愛媛の人々』二〇一一年などがある。

九州では、福富登巳男・林えいだい『異郷の炭鉱　三井山野鉱強制労働の記録』二〇〇〇年、林えいだい『筑豊・軍艦島　朝鮮人強制連行、その後』二〇一〇年、芝竹夫『炭坑と強制連行』二〇〇〇年、同編『次世代へのメッセージ・裵来善さんの遺言』二〇〇八年、金光烈『足で見た筑豊』二〇〇四年、同『風よ、伝えよ　筑豊朝鮮人鉱夫の記録』二〇〇七年、長崎在日朝鮮人の人権を守る会『軍艦島に耳を澄ませば』二〇一一年、鄭根埴『韓国原爆被害者苦痛の歴史』二〇〇八年、『鹿児島、韓国封印された歴史を解く』二〇〇二年などがある。金光烈調査により、寺院の過去帳から筑豊での朝鮮人死亡者が数多く明らかになった。

軍務動員については、樋口雄一『戦時下朝鮮の民衆と徴兵』二〇〇一年、『未来への架け橋』在韓軍人軍属裁判を支援する会二〇〇二年、河田宏『内なる祖国へ　ある朝鮮人学徒兵の死』二〇〇五年、塚崎昌之「朝鮮人徴兵制度の実態」（『在日朝鮮人史研究』三四）二〇〇四年などがある。北原道子「『朝鮮人第五方面軍留守名簿』にみる樺太・千島・北海道部隊の朝鮮半島出身軍人」（『在日朝鮮人史研究』三六　二〇〇六年）は、軍人軍属名簿資料から動員実態を明らかにした（北原道子『北方部隊の朝鮮人兵士』二〇一四年所収）。また、雨宮剛『もう一つの強制連行　謎の農耕隊』二〇一二年により、農耕隊員として動員された朝鮮人の調査がすすんだ。樋口雄一『戦時下朝鮮の民衆と徴兵』には軍人軍属に関する文献目録がある。

遺骨問題については、内海愛子・上杉聡・福留範昭『遺骨の戦後』二〇〇七年、曹洞宗人権擁護推進本部『東アジア出身の犠牲者遺骨問題と仏教』二〇〇七年、韓国・朝鮮の遺族とともに全国連絡会「名古屋全国集会資料」二〇〇七年七月、『遺骨の声に応える』強制連行強制労働犠牲者を考える北海道フォーラム二〇〇九年、殿平善彦『遺骨　語りかける命の痕跡』二〇一三年などが出された。

北海道フォーラムは日本に残された朝鮮人遺骨について、遺骨が犠牲者の生命を引き継ぐものとして大切に扱われること、遺骨に対する遺族の決定権を尊重し、返還の際にはその連行の歴史が究明されること、政府と企業による謝罪・賠償がともなわれること、その史実の継承・記憶が求められることなどを提起した。

映像としては、NHKが『韓国・朝鮮人戦犯の悲劇』二〇〇八年、『もうひとつのシベリア抑留・韓国朝鮮捕虜の六〇年』二〇〇九年、『朝鮮人皇軍兵士　はるかなる祖国』二〇一〇年、『戦争に動員された人々』(日本と朝鮮半島三)二〇一〇年などを制作した。また、前田憲二『百萬人の身世打鈴』二〇〇〇年、『散華・或る朝鮮人学徒兵の死』静岡放送二〇〇五年、影山あさ子・藤本幸久『笹の墓標』森の映画社二〇一三年などもある。

2　強制連行調査のための史資料

つぎに強制連行調査のための史資料についてみていく。

(1) 史料調査報告

史料調査の報告としては、飛田雄一・金英達・高柳俊男・外村大「共同研究　朝鮮人戦時動員に関する基礎研究」(『青丘学術論集』四　韓国文化振興財団一九九四年)に多くの史料の所在がまとめられている(金英達著作集Ⅱ『朝鮮人強制連行の研究』二〇〇三年に収録)。ここには、連行・労務管理・逃走・治安対策・軍事動員・「慰安婦」などの通牒類、概況報告、治安状況報告、地方行政文書、中央協和会、地方協和会、翼賛団体、企業等作成文書、労務関係調査などの史料の一覧表がある。また、『朝鮮』『高等外事月報』『総動員』『協和事業』『石炭時報』『内外労働週報』『労務時報』『東洋之光』などの雑誌類の朝鮮人動員関係記事の見出しの紹介もある。

国会図書館の史料については、金英達『GHQ文書ガイド—在日朝鮮人教育問題』一九八九年、金英達「国会図書館憲政資料室のUSSBS資料群のなかの朝鮮人戦時動員関係の資料について」一九九五年が役に立つ。

北海道の北炭などの企業文書については、姜徳相「開拓記念館所蔵　朝鮮人鉱山労働者関係史料について」(『在日韓国・朝鮮人の戦後補償』一九九一年)に紹介がある。また、北海道の調査にかかわった白戸仁康「労務動員関連資料の所在状況—北海道の強制連行実態調査資料を中心に」にも多くの情報が記されている。

韓国の強制動員被害真相糾明委員会による『強制動員の名簿解説集一』二〇〇九年、韓国強制動員調査支援委員会の『強制動員の名簿解説集二』二〇一三年にも多くの名簿類の紹介がある。『名簿解説集一』には三〇三種の名簿の一覧表が掲載されている。なお、韓国委員会では収集資料目録を作成している。

(2) 行政史料

行政史料については、白戸仁康「労務動員関連資料の所在状況―北海道の強制連行実態調査資料を中心に」に紹介がある。以下、そこに紹介されたものを中心にみていく。

国立公文書館には『種村氏警察参考資料』があり、「労務動員関係朝鮮人移住状況調（昭和一八年末現在）」、「昭和一九年度新規移入朝鮮人労務者事業場別数調」、「朝鮮人就労事業場数調」、「労務動員実施後ノ朝鮮人労務者移住状況調」、「内鮮警察参考資料」、「国民動員計画に伴ふ移入朝鮮人労務者並在住朝鮮人の要注意動向」などが収録されている。これらの史料から、一九三九年から一九四三年までの労務動員による朝鮮人の各年の都道府県ごとの動員状況、四四年度の動員予定数などがわかる。

国立公文書館には、「政府返還文書」、「昭和一八年臨時地方長官警察部長会議書類」（昭和一八年度国民動員計画など）、「昭和一九年一一月～一二月勤務日誌」、「昭和二〇年雑書綴」などもある。

国立国会図書館憲政資料室文書としては「旧陸海軍関係文書」に、『協和事業関係』内務省警保局保安課一九四四年、『朝鮮人関係書類』内務省警保局一九四一～一九四二年、『協和会関係会議書類』内務省警保局一九四三年、『年度別朝鮮人治安維持法逮捕検挙調』内務省警保局一九三六～一九四五年などがある。

米国戦略爆撃調査団報告書関係では、「内地渡航朝鮮契約労働者数」（『米国戦略爆撃調査団報告書』五三、翻訳本『アメリカ合衆国戦略爆撃調査団　日本戦争経済の崩壊』）や『米国戦略爆撃調査団報告書』四二『日本の生活標準と労働力の活用』用基礎資料があり、E-No四一「Pacific Survey Reports and Supporting Records 1928-47」（「太平洋戦争の調査報告及び援用資料一九二八―四七年」）Roll249には、厚生省勤労局「朝鮮人集団移住状況調」

一九四五年、国鉄「昭和二〇年度半島労務者移入計画表」一九四五年二月、日本土木建築統制組合「昭和二〇年度第一次朝鮮人労務者割当表」等が所収されている。

大野緑一郎関係文書には「内地在住朝鮮人帰鮮希望者見込」一九四五年九月、「全国炭礦労働者移動状況調」一九四三年八月〜一九四四年七月、「咸境北道管内状況」一九四二年などがある。

柏原兵太郎関係文書（寄託）の目録には、物資動員関係史料があり、企画院第三部「新事態対処人的動員計画確立に関する方策要綱案」、企画院第二部「北海道炭礦視察報告」（労務状況と所見）などがある。目録はウェブサイトでみることができる。「石原産業株式会社海南島田独鉱山現況」「海南島石碌鉄山開発計画」、企画院第二部「伊豆明礬石開発利用に関する件」といった資料などもある。関連して原朗・山崎志郎編『後期物資動員計画資料』全八巻二〇〇一年が出ている。

「ＧＨＱ／ＳＣＡＰ ＲＥＣＯＲＤＳ」では、法務局（ＬＳ）に、赤平炭鉱の中国人朝鮮人鉱夫に関する文書、三井三池炭鉱の労働者名簿などがある。民間財産管理局（ＣＰＣ）文書には、北海道から引き揚げた朝鮮人の未決済口座、朝鮮人のために北海道で集められた金額等（一九四六年五月一日〜一九四八年二月一八日）、一九四六年五月以降の未払い金処理関係文書（一九四六年五月三一日現在）、北海道第七四軍政中隊からＧＨＱ／ＳＣＡＰ管理口座に預金された金額などの文書がある。

外務省外交史料館には、「太平洋戦争終結による内外人保護引揚　旧日本国籍人」（第一六回公開史料）に朝鮮人関係がある。

引揚・未払い金関連では、『ＧＨＱへの日本政府対応文書総集成』全二四巻一九九四年、一巻「朝鮮人の引揚に関する件」ほか、二巻「朝鮮人炭鉱労働者の郷里送金」、「朝鮮人の船舶による引揚計画」ほか、三巻「朝鮮人炭鉱労務者の貯金送金」、四巻「朝鮮人炭鉱労働者の郷里送金」ほか、五巻「朝鮮人引揚者手荷物に関する件」

ほか、六巻「朝鮮人台湾人中国人労務者に対する未払金」ほか、七巻「帰還邦人朝鮮人の持参金有価証券に関する件」ほか、八巻「帰還邦人朝鮮人の持参金有価証券」ほか、九巻「日本の炭鉱朝鮮人労務者の郷里での預金、特別手当支払いに関する件」ほかの文書がある。

地方での朝鮮人の動向を記した文書としては『知事事務引継書』、『長官事務引継書』、『参事会関係書類』などがある。史料公開によって、北海道、栃木、京都、神奈川、三重、兵庫、山口ほかで朝鮮人の動向が判明している。防衛省防衛研究所図書館では、南方への動員の文書である西部支庁土木課『朝鮮人労務者関係綴』などが発見されている。現在ではウェブサイトで資料目録を検索できるようになった。「アジア歴史資料センター」での文書検索も便利である。

(3) 企業史料

企業史料についてみてみよう。

北海道炭礦汽船関係では、北炭本社資料（北海道大学附属図書館）、北炭札幌事務所寄託史料（北海道開拓記念館）、北炭万字炭鉱関係史料（北海道開拓記念館）などがある。北大図書館にある北炭の本社史料のなかでは「釜山往復」「争議関係」が重要である。開拓記念館にある北炭史料のうち、万字炭鉱関係は公開されているが、札幌事務所史料は北炭の許可が必要である。この開拓記念館の札幌事務所史料については「北炭札幌事務所寄託資料目録」があり、「災害事変報告」、「朝鮮募集」や「移入半島人関係綴」などの重要な史料があることがわかる。

住友鉱業関係の史料は、住友鴻之舞鉱山（北海道開拓記念館、紋別市立博物館）、住友歌志内（北海道立図書館）

などがある。紋別市立博物館には「住友鴻之舞鉱山文献資料目録（第一次稿）」一九八八年があり、「労務手帳関係書類綴　解用報告書（半島）」、「貯金番号簿附申込書綴（半島労務員の部）」、「住友鉱業株式会社八十士鉱移住半島鉱員名簿」、「新規徴用者名簿」、「半島労務員募集関係書類」、「伊奈牛坑半島労務員名簿」、「半島人等名簿」、「被保険者台帳（喪失分）」、「被保険者証」などが所蔵されていることがわかる。紋別市立博物館の住友鴻之舞史料の閲覧は制限されている。

他には日曹鉱業天塩炭鉱（北海道開拓記念館）、明治鉱業平山鉱業所（九州大学記録資料館）などの史料の所在が明らかになっている。日曹鉱業天塩炭鉱の史料は公開されている。『九州石炭礦業史資料目録』をみると、九州大学記録資料館には明治平山以外にも朝鮮人関連の記載のある文書が所蔵されているとみられるが、閲覧は制限されている。

慶応大学図書館の日本石炭産業関連資料コレクションのデータベースからは、北炭平和坑「鉱員台帳」（一九四二～六〇）、北炭真谷地楓坑「楓坑鉱員名簿」（一九三九～一九六九）があり、北炭本社関係資料には「朝鮮募集関係」「朝鮮募集・社外関係」（コピー）などの史料があることがわかる。

『調査・朝鮮人強制労働①炭鉱編』でみたように、北炭万字炭鉱と明治平山炭鉱には強制連行の実態を示す資料が多数ある。

⑷ 連行者名簿

労務動員された朝鮮人の名簿についてみていこう。厚生省勤労局「朝鮮人労務者に関する調査」が一六府県分発見されている。この史料から一〇〇人以上が連行され、その名簿が残されている事業所をあげると以下のようになる。

秋田・花岡鉱山、小坂鉱山、三菱尾去沢鉱山、鹿島組花岡、鹿島組不老倉、小真木鉱山、醍醐村明沢溜池工事、多田組相内鉱山、多田組小坂鉱山、日本鉱業花輪鉱山、発盛鉱山、堀内組先達、宮城・菅原組多賀城、西松組塩釜、三菱細倉鉱山、東北配電新花山、新潟鉄工三本木鉱山、間組小牛田、萬歳鉱山、茨城・日本鉱業日立鉱山、日立製作所水戸工場、羽田精機、栃木・古河足尾鉱山、日産土木、日本鉱業木戸ヶ沢鉱山、日本鉱業日光鉱山、古澤組、静岡・宇久須鉱山、戦線鉱業仁科鉱山、古河久根鉱山、日本鉱業峰之沢鉱山、中村組、黒崎窯業清水工場、鈴木式織機、土肥鉱山、日本鉱業河津鉱山、間組久野脇発電、岐阜・三井神岡鉱山、長野・鹿島組御嶽、相模組大町、飛島組波田、三重・石原産業紀州鉱山、兵庫・川崎重工葺合工場、川崎重工兵庫工場、神戸製鋼本社工場、日亜製鋼、播磨造船所、三菱生野鉱山、三菱明延鉱山、三菱中瀬鉱山、三菱重工業神戸造船所、春日鉱山、大倉土木桜山、神崎組、神戸貨物自動車、神戸船舶荷役、住友電工伊丹製作所、大日本セルロイド網干工場、日本製鉄広畑工場、日本制動機、日本パイプ製造園田工場、広畑港運、吉原製油西宮工場、福岡・三井三池炭鉱万田坑、宝珠山炭鉱、三菱化成黒崎工場、三菱鯰田炭鉱、浅野セメント、黒崎窯業、東海鋼業若松工場、博多港運、佐賀・貝島岩屋炭鉱、唐津炭鉱、杵島炭鉱、小岩炭鉱、川南工業浦ノ崎造船、麻生久原炭鉱、唐津港運、杵島北方炭鉱、立川炭鉱、立山炭鉱、西杵炭鉱、新屋敷炭鉱、長崎・川南工業深堀造船所、伊王島炭鉱、中島鯛之鼻炭鉱、中島徳義炭鉱、日窒江迎炭鉱、日鉄鹿町炭鉱、神林炭鉱、三菱崎戸炭鉱、三菱高島炭鉱、大志佐炭鉱、清水組、平田山炭鉱、長崎港運、町営溜池工事、三菱長崎製鋼。

その他の名簿には、北炭幌内・万字炭鉱「坑夫名票」一九三九~四五年、「住友鴻之舞鉱山名簿」、明治炭坑「雇入異動簿綴」一九三九年、「船尾鉱業保険者名簿」、東洋工業「半島応徴士身上調査表」一九四五年、「霧島隊便覧」川南工業香焼造船所、「三井染料・電気化学工業大牟田工場朝鮮人労務者（徴用）調」、日鉄二瀬「勤労隊半島鉱員索引」中央坑「報告控（特務）」、サクション瓦斯機関製作所「半島労務者ニ関スル書類」一九四五年、「都茂鉱山調査表」、「長崎朝鮮人被爆者一覧表」長崎市一九八二年、呉海軍工廠福浦第二寄宿舎「舎生帰郷先」一九四六年、「豊川海軍工廠工員給与調査表」、明治鉱業平山名簿、「日本製鉄朝鮮人名簿」（古庄正「連行朝鮮人未払い金供託報告書」『経済学論集二三－一』駒沢大学経済学会一九九一年）などがある。

軍人軍属関係の名簿についてみれば、陸軍では「留守名簿」、「軍属名簿」（工員名簿）、海軍では「軍人軍属名簿（軍人履歴原表・軍属身上調査表）」などがあり、さらに「臨時軍人軍属届」、「兵籍戦時名簿」、「軍属船員名簿」「病床日誌」「俘虜名票」などもある。

陸軍の「留守名簿」には約一六万人、海軍の軍人軍属名簿には約一〇万人分が記されている。陸軍留守名簿は一一四冊に及ぶものであり、中国北部、中国南部、朝鮮南部、関東軍、航空軍、朝鮮北部、フィリピン、ビルマ、南方軍、船舶軍、日本国内、島嶼、北方、台湾、農耕隊、歩兵補充隊の順に整理されている（これらの留守名簿の一覧表は竹内編『戦時朝鮮人強制労働調査資料集』二に掲載）。

(5) 死亡者資料

つぎに死亡者関係の史料をみてみよう。

労務関係では、大日本産業報国会『殉職産業人名簿』一九四二年をはじめ、北海道関係では、北海道産業報国会『殉職産業戦士名簿』一九四〇年・四三年、北海道平和愛泉会『朝鮮半島出身戦争犠牲者名』一九七九年、北海道炭砿汽船北海道支店真谷地坑「過去帳」、北海道炭砿汽船平和鉱業所真谷地砿登川「殉職者過去帳」、「平和鉱殉職者過去帳」、北海道炭砿汽船北海道支店萬字坑「過去帳」、北海道炭砿汽船夕張砿「過去帳」、幌内砿美

流渡死亡者名簿（北炭の過去帳史料類は加藤博史編『戦時外国人強制連行関係史料集』Ⅲ朝鮮人二中所収）、「美唄朝鮮人関係死亡者調査書」、「安楽寺追悼碑」（住友上歌志内坑分）、「住友歌志内砿殉職者名簿」・「韓国人遺骨奉安過去帳写」・「（茂尻砿）殉職者名簿」・「（宝性寺）過去帳」（杉山四郎『語り継ぐ民衆史』一九九三年）、幌加内・風連埋火葬認許証（『和解の架け橋　続笹の墓標』空知民衆史講座一九九四年）、「泊村埋火葬認許証」、「小樽執葬関係資料」、本願寺札幌別院「遺骨遺留品整理簿」、「牧之内飛行場死亡者名簿」、猿払村「埋火葬認許証」、浜頓別村「埋火葬認許証」、信証寺過去帳（浅茅野）、蔡晩鎮『北海道朱鞠内ダム工事朝鮮人犠牲者名簿』一九八三年、「赤平市殉職者名簿（外国人）」、平和炭鉱労働組合『平和よ永遠に解散記念誌』一九七七年、『太平洋炭鉱労働組合三〇年史』太平洋炭鉱労働組合一九七六年、浅利正俊「国鉄松前線敷設工事に伴う朝鮮人中国人らの強制労働」（『松前藩と松前』一三、一九八五年）など、さまざまな名簿がある。「北海道開拓殉難者調査報告書」（北海道立文書館蔵）のなかには朝鮮人死亡者の名簿があり、イトムカ、函館などの各地の埋火葬関係資料も含まれている。

本州では、塩釜埋火葬認許下附資料（朴慶植文庫）、花岡朝鮮人関係死亡者資料（同文庫）、宮城県朝鮮人死亡者資料細倉鉱山（同文庫）、花岡鉱業所「七ツ館遭難者朝鮮人名簿」、長澤秀「戦時下常磐炭田の朝鮮人鉱夫殉職者名簿」、茨城県朝鮮人慰霊塔管理委員会「本山寺・朝鮮人殉難病没者名簿」、「浮島丸死没者名簿」、沼倉水力発電所建設工事朝鮮人殉職者追悼碑・碑文、「戦災死者遺骨名簿」東京都一九七二年、横須賀・良長院「殉職者弔魂碑」碑文、平岡村「埋火葬認許証口頭受付簿」、神岡町「埋火葬認許証関係史料」、金静美「紀州鉱山朝鮮人死亡者名簿」、石原産業「従業物故者忌辰録」、塚﨑昌之「大阪朝鮮人死亡者調査」、鄭鴻永「甲陽園地下工場調査資料」、「播磨造船所戦災殉職者名簿」、「広島朝鮮人被爆者調査資料」、「岩美鉱山朝鮮人関係資料」、宇部炭鉱関係過去帳調査（朴慶植文庫）、布川宏「長生炭鉱犠牲者名簿の総合」（『宇部地方史研究』一九）などがある。

九州では、筑豊関係過去帳調査（朴慶植文庫）、貝島大之浦炭鉱「炭鉱災害報告書」・「貝島炭鉱殉職者名簿」・

「貝島炭鉱朝鮮人殉職者名簿（六・七坑）」、「小倉炭坑朝鮮人坑夫殉職者」、明治鉱業「変災報告書」・「明治鉱業所赤池炭鉱殉職者名簿」、三菱上山田「西照寺万霊塔」（林『史料集』）、三井三池炭鉱「死亡者調査表」、「安楽寺過去帳」、金光烈筑豊調査（『足で見た筑豊』など）、「田川郡川崎町過去帳調査資料」（古河大峰）、「収集遺骨名簿」無窮花の会、崎戸町「埋火葬認許可交付簿」、高浜村「火葬認許証下附申請書」（端島）、長崎市「長崎朝鮮人被爆者一覧表」、「朝鮮人連盟長崎県本部遺骨名簿」、「過去帳資料」（佐賀県分・金旻栄『日帝の朝鮮人労働力収奪研究』）、大鶴炭鉱・光明寺墓碑などがある。九州の史料は、林『史料集』に多数収録されている。

軍務関係では、厚生省から韓国政府に渡された資料から、『被徴用死亡者連名簿』一九七一年が作成されている。ほかには「戦没船員調査表」朝鮮人分名簿、『朝鮮出身死没元海軍軍人軍属御遺骨等奉安名簿』呉地方復員部一九五五年、「平和の礎」朝鮮人分（沖縄県）などの資料がある。

＊ここでは労務・軍務関係での動員の資料についてまとめた。日本軍「慰安婦」に関する史資料については別稿で記したい。

3　強制連行調査の課題

調査の課題を記す前に、朝鮮人強制連行の定義について記しておこう。この定義については、朝鮮人強制連行真相調査団による『朝鮮人強制連行調査の記録』での定義を参考に、本書では次のように規定した。

「この本での朝鮮人強制連行とは、国家総動員法の下での一九三九年からの労務動員計画による朝鮮本土からの連行、国民徴用令による日本国内からの動員や現員徴用、一九三八年からの志願兵や一九四四年からの徴兵による軍人としての動員、軍要員、工員、軍夫など軍属としての動員、軍や事業所関係での「慰安婦」としての動員など、戦時下の朝鮮人への甘言や暴力による強制的な動員・連行を示すものとして用いている。労務動員は「募集」「官斡旋」「徴用」の三段階でなされた。この本では朝鮮人強制労働を、さまざまな形で連行・動員された朝鮮人の労働実態を示すものとして用いている」。

また、強制動員真相究明ネットワークの「強制動員Q＆A」二〇一二年では朝鮮人強制動員について次のように規定した。

「アジア太平洋地域での戦争の拡大にともない、日本が多くの朝鮮人を労務や軍務などに動員したことをいいます。その動員は朝鮮内外でなされ、日本政府による労務動員計画や軍の命令により実施されました。動員では、詐欺や暴力をともなう強制的な連行がなされ、動員現場では労働が強制されました。これを朝鮮人強制動員あるいは朝鮮人強制連行といっています。強制動員や強制連行は歴史用語です。日本に住んでいた朝鮮人も動員されました。

動員計画にともない、企業は必要な人数を政府に申請して許可を受け、朝鮮現地で動員に関わり、連行して労働させています。ですから、企業にも責任があります。韓国では真相究明と被害者の救済にむけて、二〇〇四年に韓国政府内に日帝強占下強制動員被害真相糾明委員会が設立されました。この委員会は二〇一〇年に対日抗争期強制動員被害調査及び国外強制動員犠牲者等支援委員会となりました。強制連行・強制労働のことを韓国では強制動員としています。強制連行と強制動員の用語に大きな違いはありません」。

最後に、戦時の強制連行・強制労働問題の解決に向けての課題を五点にまとめてみよう。

○強制性についての歴史認識と連行責任

第一に、一九〇五年保護条約と一九一〇年併合条約による植民地支配が、日本による朝鮮での植民地戦争の結果であること、その支配の不法性を認識することである。植民地支配は詐欺と暴力によるものである。戦時の皇国臣民化政策による植民地民衆の奴隷化と労務・軍務での動員の強制性について理解し、認識すべきである。植民地支配の強制性と動員・連行の強制性への歴史認識が大切であり、その認識によって、国家責任と企業責任が明確になる。

○政府による歴史調査と歴史史料の公開

第二に、日本政府がこの問題に関する史料を公開し、その歴史の調査をおこない、報告書を出すことである。韓国側の調査資料なども提供され、活用できるだろう。歴史を歪曲しようとする動きを否定できる史料は、ここで示してきたように日本政府内に保管されている。政府が持つ動員関係の史料を公開すれば、歴史歪曲のプロパガンダは一掃されるだろう。労務・軍務関係名簿、厚生年金や供託の名簿などは公開すべきものである。

○強制労働被害者救済のための立法

第三に、政府が主導し、連行企業が参加する強制労働賠償基金を日本で設立することが求められる。それをもって韓国での被害者救済にむけての財団と共同すべきである。強制連行に関わった企業は現在も数多く存続している。それらの企業は、その歴史的な責任を果たすことで社会的な信頼をえることができる。強制労働被害者個人を救済するためにドイツが「記憶・責任・未来」基金を設立し、個人補償と記憶の社会的な継承に努めたことに学ぶべきである。

○民衆の側からの調査

第四に、強制連行の全体像を明らかにするための、民衆の側からの研究・調査が求められる。連行数・連行先の把握、朝鮮内外での動員状況の解明、東アジア・東南アジアでの民衆動員の実態把握、企業・行政資料の発掘、労務連行者名簿の発見や整理、軍人軍属関係名簿の分析・整理、抵抗の歴史、死亡者・遺骨の調査・返還、証言の歴史資料としての整理、強制労働関係史料の収集と出版なども課題である。韓国の真相糾明のなかで出版された書籍類の日本での翻訳・紹介も求められる。引揚の記録や徴用船員の詳細な調査も課題である。

○植民地責任を問う民衆運動

第五に、この問題解決に向けて現地での活動をすすめ、強制労働の現場を国際的な友好と平和の場とする活動を強めることである。それは、過去の清算の活動を地域で担い、歴史認識を高め、記憶を継承し、歴史を自らのものとし、地域から国際的な連帯をつくりあげていくことである。各地に残る朝鮮人遺骨の調査と返還にむけての行動をすすめることは、戦争責任、植民地責任をとることにもつながる。

（初出「日本での朝鮮人強制連行調査の現状と課題」（『第六回強制動員真相究明全国研究集会報告集』強制動員真相究明ネットワーク　二〇一三年）

おわりに

朴慶植が一九六五年に『朝鮮人強制連行の記録』を出して、日韓条約締結に抗議の意思を示してから約五〇年、日本では数多くの調査・研究が市民の側からおこなわれ、韓国では二一世紀に入り、政府による強制動員被害の真相を究明する委員会の活動がおこなわれてきた。

これらの真相究明の活動は、隠蔽されてきた歴史の闇を照らし、過去の清算をすすめるものである。その中で「志願」者や「応募」者も、強制動員被害者であるという歴史認識が形成されてきた。強制性に関する歴史認識の深化は、「対日協力者」という眼差しからの解放をもたらした。

二〇一一年には、韓国憲法裁判所が「慰安婦」問題や在韓被爆者への韓国政府の不作為を違憲とし、さらに二〇一二年には韓国大法院が強制動員関係被害者の個人賠償権を認めた。韓国内では「戦犯企業」の提示もおこなわれ、被害者救済のための財団設立に向けての討議もすすんだ。

戦争と植民地支配を正当化するのではなく、誤りとして批判的に捉えなおすべきである。そのような批判的な歴史認識のうえに、東アジアの民衆の友好と平和がある。戦時下、強制労働を強いられた人々や戦争被害者の側から歴史をみつめて表現すべきであろう。

戦争と植民地支配は、国家の暴力によって人間の生命が破壊されていった歴史である。その歴史は、わたしたちに生命の大切さを示すものである。個々の生命が尊重されるためには、平和的な関係性がなければならない。そのような平和的な関係性を形成するために歴史認識が必要である。その歴史認識は、植民地主義や「冷戦」支配、そして現在のグローバル戦争の危機に対抗できるようなものであるべきだ。

過去の清算は民衆による歴史獲得にむけての運動である。強制性に関する歴史認識を深め、真相究明によって真実を共有し、正義の実現にむけて心ある共同と文化の創造が求められる。

一九六五年の日韓基本条約・日韓請求権協定から二〇一五年で五〇年となる。日韓条約・請求権協定は強制連行・強制労働被害者の権利と尊厳を回復するものではなかった。その回復に向けて現在に至るまで、多くの人々が活動を重ねてきた。二〇一五年には被害者の権利と尊厳を回復できるような新たな日韓の合意が求められる。本書がそのような新たな合意形成にむけての基礎資料となり、新たな歴史認識、東アジアの共同への一歩となれば幸いである。

（二〇一四年一二月）

[著者紹介]
竹内康人（たけうち・やすと）
1957年浜松市生まれ。
1980年代後半から、静岡県での戦時期の強制連行の調査を始め、1990年代後半から全国調査へ。2005年、強制動員真相究明ネットワーク結成に参加、日本や韓国での資料調査をすすめ、軍人軍属の動員、未払い金の実態などについて研究。
著書に『戦時朝鮮人強制労働調査資料集』１・２、共著に『朝鮮人強制連行調査の記録 中部・東海編』、『未解決の戦後補償─問われる日本の過去と未来』、論文に「日本での朝鮮人強制連行調査の現状と課題」（『第6回強制動員真相究明全国研究集会報告集』）など。
連絡先　E-mail: paco.yat@poem.ocn.ne.jp　fax.053-422-4810

調査・朝鮮人強制労働④軍需工場・港湾編

2015年3月1日　初版第1刷発行
著　者＊竹内康人
装　幀＊後藤トシノブ
発行人＊松田健二
発行所＊株式会社社会評論社
東京都文京区本郷2-3-10　tel.03-3814-3861/fax.03-3818-2808
http://www.shahyo.com/
印刷・製本＊倉敷印刷株式会社

Printed in Japan